HENRI JOLY

1973

LA FRANCE

CRIMINELLE

Concerne la Couverture

PARIS

LIBRAIRIE LÉOPOLD CERF

13, RUE DE MÉDICIS, 13

—

1892

LA FRANCE

CRIMINELLE

OUVRAGES DU MÊME AUTEUR

Le Crime, 1 vol. in-16, 3 fr. 50 (L. Cerf). (Ouvrage auquel l'Académie des Science   orales et politiques a décerné une récompense de 3,00   ancs — Prix Audiffret).

L'Instinct, ses rapports avec la vie et avec l'intelligence, ouvrage couronné par l'Académie française; 2ᵉ édition, 1 vol. in-8°, 7 fr. 50 (Thorin).

L'Homme et l'Animal, ouvrage couronné par l'Académie des sciences morales et politiques; 2ᵉ édition, 1 vol. in-16, 3 fr. 50 (Hachette).

L'Imagination, étude psychologique; 2ᵉ édition, 1 vol. in-16, 2 fr. 25 (Hachette).

Psychologie des Grands Hommes ; 1 vol. in-16, 3 fr. 50 (Hachette).

Cours de Philosophie, 8ᵉ édition, 1 vol. in-16, 5 fr. (Delalain).

Eléments de Morale, 2ᵉ édition, 1 vol. in-16, 2 fr. 50 (Delalain).

Notions de Pédagogie, 1 vol. in-16, 3 fr. (Delalain).

HENRI JOLY

LA FRANCE

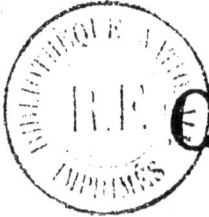

CRIMINELLE

PARIS

LIBRAIRIE LÉOPOLD CERF

13, RUE DE MÉDICIS, 13

1889

AVANT-PROPOS

Il y a un an j'offrais au public un livre sur le *Crime,* sur sa nature, sur les caractères qui le distinguent de la folie, sur les effets qu'il produit dans l'âme humaine . ... J'annonçais en même temps que je consacrerais un second volume à l'examen des causes d'ordre social qui augmentent ou qui diminuent le penchant au crime. — Ce deuxième volume, le voici.

Pour apprécier l'intensité des causes, il faut constater les effets et essayer de dégager la loi d'après laquelle ils se développent. Tant de gens trouvent des explications vraisemblables et ingénieuses pour des choses qui n'existent pas, qu'on ne saurait prendre ici trop de précautions. Mais chercher à enregistrer les effets, partout où il se commet des délits, était une tâche trop vaste. Je me suis donc borné à la France, de 1825 à 1889. Il m'a semblé que c'était là plus qu'une monographie, et qu'un exemple de cette ampleur pouvait justifier beaucoup d'inductions scientifiques, beaucoup de conclusions pratiques.

Les astronomes qui cherchent à expliquer les mouvements des corps n'ont pas à leur disposition l'univers entier. Mais il a suffi à plus d'un de suivre attentivement les révolutions d'un groupe céleste et d'y démêler certaines perturbations apparentes, pour y découvrir des lois applicables à toute la nature. Peut-être en est-il de même dans les recherches qui nous occupent. En tout cas il est plus aisé de déterminer quelques lois et quelques causes en étudiant des mouvements actuels. Les relations visibles encore, quelquefois même modifiables, de certains phénomènes sociaux aident plus sûrement à trouver les forces qui précipitent ou qui troublent ces mouvements, et qui n'agissent ainsi que par une sorte de vertu permanente, par l'effet d'un rapport constant d'où provient la nature de leur influence.

Chaque année, les journaux et les revues rendent compte, en passant, de ces fluctuations de notre criminalité. Mais c'est tout au plus si les auteurs de ces études rapides comparent l'année actuelle à celle qui l'a précédée. Puis, la plupart du temps, ils terminent leur travail par cette question qu'ils laissent sans réponse : « A quoi tout cela tient-il ? » — A quoi tout cela tient, c'est précisément ce que j'ai cherché. La statistique pose les problèmes, ce qui est déjà beaucoup : elle est très loin d'en donner les solutions toutes faites. Pour dégager ces solutions, il faut multiplier les comparaisons dont les différentes statistiques fournissent les éléments ; mais par de là les chiffres abstraits il faut essayer de voir de près la vie et l'action des existences compliquées, dont ces chiffres ne font que compter les mouvements tout extérieurs.

J'ai donc suivi dans ce second volume la même méthode que dans le premier. Je n'ai négligé aucun document : j'ai lu avec soin et avec suite tous les rapports des Comptes généraux de la justice criminelle depuis l'année où ils ont été inaugurés, c'est-à-dire depuis 1825. J'ai compulsé aux Archives nationales ce qu'on appelle les comptes d'assises. J'ai consulté les enquêtes portant directement ou indirectement sur l'état moral du pays. J'ai assailli de questions, dans nos grandes administrations publiques, des hommes d'une érudition et d'une complaisance également inépuisables[1]. Puis, lorsque la statistique m'a révélé quelque foyer de criminalité ou persistant ou récemment allumé, j'ai procédé à mon tour à une enquête personnelle : je me suis rendu sur les lieux : j'ai interrogé les hommes compétents de la région. M. le Ministre de l'Instruction publique avait bien voulu, sur la proposition de M. Xavier Charmes, me confier à cet effet une mission spéciale : j'ai fait ce que j'ai pu pour en tirer bon parti.

Mes efforts ont donc été secondés et encouragés. La Faculté de Droit de Paris m'a fait l'honneur de me demander d'ouvrir pour ses élèves un cours de

---

[1] On trouvera souvent leurs noms dans le cours de ce volume. Mais je dois nommer ici, avec une reconnaissance toute particulière, M. Yvernès, le chef de la division de la statistique au Ministère de la Justice, et M. Turquan, chef du bureau de la statistique au Ministère du Commerce.

science criminelle et pénitentiaire ; une grande partie de ce que contient le présent volume a été exposé chez elle. L'Académie des Sciences morales et politiques a décerné à la première partie de mon travail une haute récompense. J'offre donc à ces savantes compagnies l'expression de ma gratitude, et je travaille de mon mieux pour me rendre tout à fait digne de l'estime qu'elles m'ont témoignée.

Vais-je répondre à toutes les curiosités, satisfaire toutes les exigences ? Je suis très éloigné de le croire.

Un savant critique, fort compétent dans les questions de criminalité, voulait bien espérer [1] que mon deuxième volume contiendrait une explication « du mal »... ; car il paraît qu'il en faut une explication nouvelle. « Jusqu'ici, disait-il, tout l'effort de l'auteur et toutes les parties de son ouvrage semblent converger vers cette conclusion que le criminel est un homme comme un autre. Il le prouve en combattant ses adversaires darwinistes par la méthode même du Darwinisme. » En effet, Darwin s'est flatté d'expliquer l'évolution et la transformation des espèces, à la condition qu'on lui donnât au préalable la vie, dont il n'a pas voulu, semble-t-il, se charger de sonder à nouveau les origines. Ici de même, je prends comme point de départ l'homme faillible, bon et mauvais tout à la fois, incliné à l'égoïsme et capable de pitié, sollicité par mille influences contraires, libre cependant, je le crois, de céder plus complaisamment aux unes ou aux autres.

[1] *Revue philosophique.* Mars 1889. Article de M. Tarde.

Comment cet homme faible, ayant en lui le bien et le mal, glisse-t-il vers le crime qui le déforme et le dégrade peu à peu? Tel était l'objet de mon premier volume.

Comment ce penchant au mal s'est-il accentué ou amorti dans la société? Quels sont les périls que la société met auprès de l'individu aux différentes époques de son existence, dans les places ou dans les rangs que la division du travail social l'amène à occuper? Comment s'opère la transformation de la criminalité individuelle en criminalité collective, ou plutôt la fusion intime et continue de l'une et de l'autre? Comment des hommes qui ne commettent matériellement ou ostensiblement aucun crime sont-ils en partie responsables de ceux qui se commettent? Tel est le problème que j'aborde aujourd'hui.

Je ne cherche donc pas ici à donner du crime une explication métaphysique. Ce n'est pas tout uniment par la liberté, pas plus que par la nature ou par l'humanité, par la « grâce ou la disgrâce divine » que j'en rends compte. Dans la science proprement dite ces choses-là n'expliquent rien en particulier, précisément parce qu'elles expliquent tout ou, si l'on aime mieux, sont au fond de tout.

Mais si ces études n'ont reposé sur aucune théorie spéciale, sur aucune explication, ancienne ou nouvelle, de la liberté, s'ensuit-il que l'idée de la liberté humaine en soit absente? Ceci est une tout autre question. Je crois fermement, au contraire, que ni l'individu coupable, ni la société complice du délit ne sont sous l'empire d'une fatalité insurmontable. J'estime même que cette conclusion ressort à chaque instant de l'étude impartiale du crime, aussi bien dans la vie publique que dans la vie privée. Mais c'est là une doctrine qu'il sera temps de recueillir et de fixer, quand nous aurons à assurer la théorie de la responsabilité individuelle ou collective et à étudier les meilleurs modes de répression.

LA

FRANCE CRIMINELLE

CHAPITRE I

LE CRIME A TRAVERS LE SIÈCLE

1825-1888

I. L'Exposition du Centenaire : la statistique criminelle. — II. Crimes
et délits. — Méthode de classement. — De 1835 à 1838. — III. De
1838 à 1888. — Le mouvement ascensionnel. — Ses temps d'arrêt.
— Accroissements dits exceptionnels : accroissement continu de
la criminalité. — IV. A-t-on créé de nouvelles incriminations ? on
en a créé, on en a supprimé. — Découvre-t-on mieux les crimes ?
Chiffre de ceux dont les auteurs restent ignorés : il s'élève
sans cesse. — V. Caractères successifs du crime parmi nous :
passion, cupidité, dépravation, lâcheté. — Formes diverses de la
banqueroute : la défaillance universelle.

I

L'Exposition universelle de 1889 nous a fait contempler
de nos propres yeux tous les progrès de la civilisation
moderne. Nous les avons vus et nous avons été convaincus. Oui, le génie industriel et artistique de la France a
conservé toute sa vigueur. S'il faiblit d'un côté, il se
relève d'un autre, et si l'on se plaint, par exemple, des

architectes, les éloges mérités par les ingénieurs en dédommagent amplement.

La moralité de la France se soutient-elle avec autant de succès? S'élève-t-elle? ou baisse-t-elle? Notre pays a au moins le mérite de se poser la question et de chercher avec sincérité la réponse exacte. C'est la France qui a organisé la première une statistique criminelle méthodique, dont les cadres, parfaitement tracés, sont remplis d'année en année par des documents authentiques et précis. Que cette statistique soit également sûre partout, jusque dans les détails les plus menus et dans les fractions les plus petites, ce serait trop dire. Les jeunes magistrats qui en recueillent les éléments ont encore quelques progrès à faire pour que ce travail si important arrive à une perfection dont ils devraient se montrer beaucoup plus jaloux. Mais enfin la méthode, inventée par les promoteurs de l'œuvre et imposée aux collaborateurs, est si excellente, que toutes les grandes lignes sont d'une admirable netteté et d'une solidité inattaquable.

Les résultats que cette enquête permanente a donnés pour les cinquante dernières années ont été exposés au Champ-de-Mars. On ne leur a pas réservé une place d'honneur : on leur a même mesuré l'espace avec une parcimonie où il semblait entrer quelque honte. Mais rapprochés les uns des autres et interprétés, ces tableaux et ces diagrammes, qui occupent un panneau de deux ou trois mètres carrés, en disent long : criminalité générale, violence, immoralité, cupidité, paresse et misère, alcoolisme, faillites, suicides, toute la moralité légale de la France du XIXᵉ siècle est là, vue dans son envers. On n'a point voulu fournir au public les éléments d'une comparaison entre notre pays et les pays étrangers. Ce rapprochement, qui eût consolé notre amour-propre national, n'eût pas été très flatteur pour la civilisation européenne : car il est bien certain que le délit augmente partout. Mais puisque nous avons résolu, nous aussi, de nous borner ici à dresser le bilan moral de la France, abordons cet examen avec l'unique souci de l'exactitude. S'il est possible de contribuer à la guérison d'un mal, c'est à la condition d'en connaître parfaitement l'étendue, les progrès et les origines.

II

Si complexe que soit le problème, il est possible d'y apercevoir une unité n'ayant rien de factice.

Dans la langue juridique et même dans la langue ordinaire, on distingue le crime et le délit. « J'ai constamment affirmé, écrivait en 1883 M. Ch. Lucas[1], qu'en France l'augmentation n'existait pas dans le mouvement du crime et ne se montrait que dans celle du délit. » Prise au pied de la lettre, cette affirmation est l'évidence même. De 1825 à 1830, la France voyait accuser annuellement en Cour d'assises 24 individus par 100,000 habitants : elle en était encore là en 1840. Depuis lors ce chiffre est tombé à 20, puis à 15, puis à 11. Il s'est relevé à 14 de 1871 à 1876 : mais depuis 1881 il reste à 11. Nous avions près de 7,000 accusés en 1826 ; malgré les progrès de la population nous n'en avons que 4,298 en 1887, dernière année dont nous ayons en ce moment la statistique[2].

[1] Académie des Sciences morales et politiques, 19 mai 1883.
[2] Je préviens une fois pour toutes que quand je ne renvoie à aucun document spécial, on peut se reporter aux Comptes généraux de l'ad-

Eu police correctionnelle il est loin d'en être de même. Mais ici certaines distinctions sont à faire. Les individus qui passent en police correctionnelle peuvent être pour-suivis 1º à la requête de simples particuliers ou de ce qu'on appelle la partie civile : il s'agit là le plus souvent d'intérêts privés [1] ; 2º à la requête d'une administration pour des contraventions qui n'ont qu'un rapport indirect et quelquefois lointain avec la moralité proprement dite ; 3º à la requête du ministère public : ce sont ces dernières préventions qui intéressent véritablement la moralité sociale.

Or, les prévenus des deux dernières catégories ont baissé, mais ceux de la première ont augmenté dans des proportions très fortes. Depuis 1825, la première ca-tégorie est tombée de 12,000 à 6,000 ; la seconde est tombée de 117,000 à 19,000 [2] ; la troisième s'est élevée de 48,000 à 205,000.

ministration de la justice criminelle, publiés par le ministère de la justice.

[1] Le *Compte général* de 1852 signalait déjà la diminution constante (depuis 1846), des prévenus poursuivis à la requête de la partie ci-vile; et il ajoutait : « encore les 2/5 de ces prévenus sont-ils ac-quittés. »

[2] On lit dans le *Compte général* pour 1860 : « Cette réduction con-sidérable est plus apparente que réelle. C'est dans cette catégorie de prévenus que se classent les délinquants forestiers. Or, leur nombre, après avoir augmenté de 1826 à 1835, n'a pas cessé de décroître depuis, et, de 132,339 qu'il était, année moyenne, entre 1831 et 1835, il est descendu à 26,990 en 1860. On serait heureux de pouvoir attribuer cette décroissance à un plus grand respect de la part des riverains pour les forêts de l'Etat, des communes et des particuliers ; mais il n'en est pas ainsi. La diminution des années 1835 à 1858 a été la conséquence des règles nouvelles tracées par l'administration des forêts à ses agents, pour les poursuites des délits commis dans les bois de l'Etat et des communes. Celle bien plus prononcée qui se remarque en 1859 et en 1860 surtout, dérive du droit de transaction qui a été accordé à cette administration par la loi du 18 juin 1859 :

Devant ce dernier chiffre, peut-on dire que le crime, en prenant ce mot dans le sens le plus large, ait diminué ? On sait que, depuis le commencement du siècle, les pouvoirs publics ont, à plusieurs reprises [1], enlevé un certain nombre d'actes à la juridiction de la Cour d'assises, pour les attribuer à la police correctionnelle. Un acte ainsi « correctionnalisé » (suivant l'expression technique) cesse d'être qualifié de crime : aux yeux de la loi, ce n'est plus qu'un délit. Sa nature intrinsèque et son caractère immoral n'ont cependant point changé. Ce moyen d'alléger le dossier criminel d'une nation risque de lui donner une idée trop flatteuse, et par cela même trompeuse, du progrès de ses mœurs. Il est donc bon de ne pas s'arrêter à cette séparation souvent incertaine et flottante dans les actes incriminés par la loi. Il est équitable et il est scientifique de réunir aux crimes les délits qui intéressent l'ordre social et les mœurs, c'est-à-dire les délits jugés à la requête du ministère public. Le total ainsi formé donnera une idée aussi exacte que possible de la situation morale du pays ou, comme disent aujourd'hui les comptes-rendus de la Chancellerie, de sa « criminalité générale ».

Cette méthode, ai-je dit, est scientifique. D'abord elle annule les effets perturbateurs que les changements successifs de la législation pourraient produire dans les calculs de la statistique. Elle annule également les diversités que la pratique de la « correctionnalisation » peut présenter d'une Cour d'appel à une autre. Une certaine latitude est laissée aux Chambres de mise en accusation pour renvoyer certains actes devant une

en 1860, elle a, en vertu de cette loi, transigé sur 13,228 affaires. » XLVII.

[1] En 1832, en 1844, en 1863.

juridiction ou devant une autre. Dans les ressorts très chargés, à Paris notamment, on correctionnalise beau-coup : c'est une procédure plus expéditive et quelquefois plus sûre, quand certaines circonstances de la cause font redouter une défaillance du jury. En réunissant tous les actes poursuivis par la société, sans tenir compte de la diversité des juridictions, nous sommes certains qu'aucun acte coupable ne nous échappera : les comparaisons que nous ferons entre les périodes, comme celles que nous ferons entre les régions, seront concluantes.

Mais ne réunissez-vous pas ainsi, dira-t-on, des mé-faits et des infractions d'une importance bien inégale ? — Peut-être ! Mais, en Cour d'assises même, il y a bien des degrés avant d'arriver à l'assassinat : tous les crimes ne sont pas des crimes capitaux. Je veux bien que, vue dans son ensemble, la Cour d'assises semble charger plus lourdement la conscience publique par la gravité des actes qu'elle incrimine ; en réalité, la police correctionnelle ne la charge pas moins par le nombre et la répétition des délits dont elle fait le compte. On peut arriver à la même somme avec un petit nombre de grosses pièces ou avec de la petite monnaie accumulée.

J'ai montré d'ailleurs, dans un premier volume, com-ment la perversité intime d'un grand nombre de délin-quants devait être considérée comme plus profonde que celle de beaucoup de criminels proprement dits. Je ne reviens pas sur cette vérité, elle est acquise.

Ce qu'il faut ajouter, c'est que, si le délit est le stage du crime pour l'individu, il l'est aussi pour une époque et pour un pays. On monte du délit au crime avec une très grande facilité ; puis, d'un crime plus ou moins expié, on redescend à la pratique quasi-quotidienne du délit qui fait courir, en somme, de moindres risques. Cela n'est pas rigoureusement vrai pour tous les hommes dont la justice est obligée de s'occuper, mais cela est aisé à vérifier sur les grands nombres.

L'Administration de la justice le sait bien. Avec l'expérience qu'elle amasse et qu'elle se transmet, elle reconnaît souvent l'approche d'une recrudescence générale du crime. Et à quoi? Ce n'est pas seulement à l'accroissement de tels ou tels attentats particulièrement odieux ; c'est plus encore peut-être à la multiplicité de certains faits « moins graves dans l'ordre moral, mais qui souvent (c'est elle qui parle) conduisent à tous les délits [1] ». Ainsi s'exprimait-elle en 1868, alors qu'elle était obligée de constater qu'une certaine période d'amélioration prenait fin. J'aurai à parler de quelques départements dont le compte criminel n'est grossi, dit-on, que par le nombre des délits de chasse. Le nombre de ces délits y est grand, cela est vrai ; mais les coups et blessures n'y sont pas rares. L'un prépare l'autre : l'un amène l'autre.

Ainsi, le doute n'est pas possible : pour savoir si la criminalité générale d'un pays augmente ou diminue, nous devons, à l'exemple de notre chancellerie, réunir ensemble : 1° les accusés ; 2° les prévenus jugés à la requête du ministère public.

III

C'est à partir de 1838, c'est-à-dire pour les cinquante dernières années, que la statistique officielle nous donne les résultats comparés de ce calcul.

---

[1] *Compte général* de 1868.

De 1825 à 1838, dans quel sens le mouvement s'était-il opéré ? Le nombre proportionnel des accusations était resté à peu près le même ; celui des préventions n'avait pas cessé d'augmenter. Il n'y avait eu d'exception que pour l'année 1833 ; et cette exception est d'autant plus à remarquer que certains crimes venaient d'être correctionnalisés par la loi de 1832. L'année nouvelle aurait donc eu le droit, pour ainsi dire, d'avoir un plus grand nombre de délits : elle en avait à peu près 2,000 de moins que l'année précédente. Mais si nous prenons la période entière, nous trouvons qu'elle s'était ouverte par une moyenne de 57,470 prévenus de délits communs [1], et qu'elle se terminait par un chiffre de 80,926. Quel était le genre de délit qui avait le plus contribué à cet accroissement ? C'était le vol.

Arrivons maintenant aux cinquante années qui tiennent le milieu du siècle, et pour lesquelles nous avons des chiffres rigoureusement comparables.

Le point de départ que nous offre l'année 1838 est un chiffre de 237 (accusés ou prévenus jugés à la requête du ministère public) par 100,000 habitants. On peut dire pour ce chiffre ce qu'on a dit pour le milliard du budget : « Saluez-le, car vous ne le reverrez plus. »

L'ascension commence tout de suite ou plutôt se continue. Un instant, elle paraît vouloir se ralentir : c'est en 1841. Mais elle reprend, et cette fois sans s'interrompre, jusqu'à la fin de la monarchie de Juillet ; car en 1847, nous nous trouvons à 375. L'augmentation est de 138 en neuf années. Sur 30,000,000 d'habitants, c'est 41,000 malfaiteurs de plus.

L'année 1848 est comme toutes les années de révolu-

[1] Exception faite des délits politiques et des contraventions fiscales et forestières.

tion : elle marque un temps d'arrêt apparent. Le personnel des parquets est presque entièrement renouvelé, celui de la police ne l'est guère moins ; « la crainte et l'incertitude planent sur la magistrature inamovible : la constitution du jury est changée par décret ; enfin .. perturbation profonde dans tous les services judiciaires [1] ». C'est donc la répression du crime, beaucoup plus que le crime même, qui s'arrête. Mais le mouvement ostensible du crime ne tarde point à reprendre. Le chiffre de 1849 est encore inférieur à celui de 1847 [2] ; mais les années suivantes voient s'effectuer une progression que le coup d'Etat de 1852 est loin de ralentir ; car l'année 1854 nous laisse un chiffre de 480 accusés et prévenus par 100,000 habitants.

Ici s'ouvre une période de onze années, de 1855 à 1866, qui mérite qu'on s'y arrête. C'est la seule pendant laquelle nous ayons à constater dans notre siècle une diminution à peu près continue : diminution rapide et très marquée jusques et y compris 1860 [3], moins forte, mais se soutenant encore jusqu'en 1866, année où la proportion ne dépasse pas 389 [4].

A partir de 1867, cette période de rémission est close. Troublé à ses débuts, le second Empire ne le sera pas moins à son déclin. Ce mouvement ascensionnel du crime et du délit ne se ralentit dans aucune des trois années 1867, 1868 et 1869 [5].

[1] *Compte général* de 1848.
[2] 361 au lieu de 345.
[3] 391 au lieu de 480.
[4] L'année 1863 n'avait eu que 379.
[5] Les chiffres donnés par les tableaux de la statistique judiciaire ne sont, en 1869, que de 399 au lieu de 444 en 1868. Mais l'amnistie du 4 août 1869 avait arrêté toute poursuite au profit de 14,299 inculpés non détenus au 14 août et de 80 placés sous mandat de dépôt.

Les années 1870 et 1871 sont comme 1848. De pareilles époques ne peuvent entrer en ligne de compte dans les statistiques. Une fois de plus, les parquets sont renouvelés, l'administration désorganisée, la guerre et la Commune enlèvent plus d'un million d'adultes à la vie civile. Nombre d'actes criminels, mis sur le compte de l'ennemi, échappent à la justice. Passons donc par dessus ces deux années. Nous allons voir 1872 continuer la série ascendante, et nous trouverons l'année 1874 au chiffre de 512. La proportion baissera légèrement dans les quatre années qui suivront ; mais, à partir de 1879, elle se relèvera, et, repartie de 479, elle nous laissera à 552, dans l'année 1887, la dernière dont nous possédions en ce moment les relevés.

En résumé, depuis que la France note chaque année le nombre de ses crimes et de ses délits, l'accroissement des uns et des autres n'a, pour ainsi dire, point cessé. La série des cinquante dernières années a commencé par 237, elle finit par 552. Dans ce demi-siècle, la criminalité générale de la France a augmenté de 133 0/0.

Ne cherchons pas encore à expliquer les temps d'arrêt, les abaissements momentanés et les sauts plus ou moins brusques dont nous venons de signaler les dates. Mais il est un certain nombre de faits qu'il est bon de mettre en saillie tout de suite.

Depuis 1825, la France a connu bien des régimes : il n'en est aucun qui n'ait vu la criminalité du pays monter et s'abaisser tour à tour, mais finalement monter, monter toujours. Celui qui a eu l'abaissement le plus marqué et le plus prolongé, c'est le second Empire. Il n'en a pas moins laissé la criminalité française plus élevée qu'il ne l'avait trouvée à ses débuts.

Prend-on chaque année l'une après l'autre : on trouvera facilement à invoquer, pour un grand nombre d'entre elles, quelque circonstance extraordinaire qui explique avec vraisemblance une augmentation proclamée d'abord exceptionnelle. L'année même où cette variation s'est produite, les contemporains n'ont pas manqué de trouver leur excuse : c'était une disette, c'était l'élévation considérable du prix de l'hectolitre de blé, c'était une crise commerciale intense, c'était un grand hiver, c'était un krak financier..... Soit ! Il est, en effet, difficile de nier que de pareils accidents éprouvent un grand nombre de consciences et en compromettent beaucoup. Mais la disette fait place à l'abondance, et, cette fois, c'est l'abondance même que les rapports signés par le Garde des Sceaux allèguent pour expliquer les abus de la joie grossière, comme ils allègueront l'accroissement de la richesse mobilière pour expliquer l'accroissement des vols. C'était la difficulté des communications qui faisait les détrousseurs de grande route et les bandits ; mais les chemins de fer ont disséminé les voleurs, les ont transportés rapidement partout, ont facilité leur fuite et leur ont donné des tentations inconnues. Si la circonstance qu'on mettait en avant dans telle année avait été vraiment la seule cause de l'augmentation qu'on regrettait, l'effet aurait dû disparaître avec la cause. Mais, comme disent les financiers, la hausse se consolide et reste acquise. On dirait que l'esprit du mal capitalise les horribles gains faits dans chacune de ces années lucratives, et que les intérêts qu'il en tire s'ajoutent dès lors au revenu annuel de son industrie. En y réfléchissant, est-ce là une métaphore ? N'est-ce pas plutôt la réalité dans toute son exactitude ? On nous dira d'une bande de vauriens : c'est la Commune, c'est la

grève d'Anzin, c'est la crise du bâtiment qui leur a
donné l'idée de se faire voleurs. — Oui, mais voleurs ils
sont restés, et quelques-uns même sont devenus des
assassins de profession. Non seulement ces vétérans du
crime n'ont pas empêché les recrues nouvelles, amenées
constamment par la paresse et par le vice : ils les ont
appelées, formées et entraînées.

IV

Mais il y a un optimisme social qui est tenace. Qui
parle de cet accroissement du délit peut se voir objecter
deux choses : 1° le législateur a inventé des incriminations nouvelles ; 2° la police est mieux faite : elle
découvre tous les jours des méfaits qui, dans le commencement de notre siècle, eussent échappé à la vindicte
de la loi.

Voyons ces deux essais d'explication.

Il est certain que le législateur a, non pas créé des
crimes et des délits, mais fait passer à l'état d'infractions légales divers actes qui n'avaient pas eu occasion de se produire ou dont il ne s'était point ému jusque
là. La loi de 1846 sur la police des chemins de fer a
défini un certain nombre de délits nouveaux. La loi du
16 octobre 1849 sur l'usage des timbres-poste oblitérés
a fait de même ; or, dans la période qui a immédiatement suivi cette dernière invention, et la loi qui en
réglait l'usage, on a eu de ce chef environ 2,000 délits
spéciaux à réprimer tous les ans. Les lois des 27 mars,
30 mai, 9 décembre 1850 et du 5 mai 1855, ont introduit des dispositions nouvelles contre les fraudes com-

mercialos [1], sur le roulage, sur l ouverture illicite et
sur la tenue des cafés et des cabarets. La loi du 9 juillet 1852 sur l'interdiction du séjour de Paris et de Lyon
aux repris de justice a fait poursuivre et réprimer, de
1852 à 1860, près de 1,500 délits, constitués par le mé.
pris des prescriptions qu'elle édictait. La loi du 13 janvier 1873 a fait de l'ivresse publique une contravention
et de la double récidive en matière d'ivresse, un délit.
On a eu là presque tout de suite 3,500 infractions à
enregistrer. On peut dire enfin que la loi du divorce a
fait monter le nombre des adultères, sinon dans la réalité, au moins dans les statistiques : car bien des époux
qui se taisaient font constater l'infidélité de leur conjoint, précisément pour obtenir la rupture définitive du
lien conjugal. C'est pourquoi, en 1883, avant la loi, la
Chancellerie ne notait que 371 adultères ; en 1886,
après la loi, elle en inscrivait 907.

Mais à côté des délits nouveaux, il faut voir les délits
effacés de nos codes, les répressions tombées en désué-
tude et les institutions qui, venant en aide aux misérables, aux criminels même, ont supprimé plus d'une
occasion et plus d'une excuse.

En 1825, il y avait 388 individus prévenus de délits
« contre la religion de l'État ». Inutile de dire que cette
incrimination a disparu. Le délit d'usure est toujours
visé par le Code ; mais c'est là un article de loi qui est
bien près d'être oublié. En 1825, on poursuivait 521
« usuriers » ; nous n'en trouvons plus que 72 en 1860
et 19 en 1880. Non pas qu'ils aient disparu, mais il faut
des circonstances tout à fait exceptionnelles pour que
les tribunaux les poursuivent. La loi du 25 mai 1864 a

---

[1] Tromperie sur la quantité ou la qualité de la marchandise
vendue.

effacé de nos codes le délit de coalition d'ouvriers ; encore une source de fermée. Les expositions d'enfants ont diminué beaucoup. Pourquoi ? Parce que le règlement du service des enfants assistés dans les départements par le décret du 25 mars 1852, puis l'extension donnée à ce service après l'enquête de 1862, puis enfin l'organisation des secours à domicile sont venus en aide aux filles-mères.

La loi du 30 mai 1854 a rendu à la France un service d'une autre nature. Elle l'a débarrassée d'un grand nombre de forçats libérés, c'est-à-dire de récidivistes redoutables. Or, nous pouvons mesurer facilement les conséquences de cette loi Dans les années 1851 et 1853, le nombre des forçats libérés qui se faisaient condamner de nouveau en police correctionnelle ou en cour d'assises dépassait 1,200 [1]. Au fur et à mesure de l'exécution de la loi, qui retient à la Nouvelle-Calédonie un plus grand nombre de forçats libérés, le nombre de ceux qui se sont fait condamner de nouveau descend d'année en année. En 1837, il n'est plus que de 262. C'est, depuis 1851, une diminution de 78 0/0 [2].

Où en serait donc aujourd'hui le flot toujours montant de la récidive [3], si l'on n'en eût fermé ainsi l'une des sources? On en a diminué encore une autre, et, cette fois, au profit des malfaiteurs mêmes qui demeurent dans la mère-patrie. La loi du 27 mai 1885 a supprimé les obligations et formalités imposées par l'article 44 du

---

[1] En 1853, les chiffres étaient les suivants : 169 condamnés de nouveau en cour d'assises, 1,061 condamnés en police correctionnelle.

[2] Ces rapprochements m'ont été donnés par M. Yvernès dans une note manuscrite spéciale.

[3] Il en sera question plus amplement dans un des chapitres suivants.

Code pénal : elle a substitué l'interdiction de résidence dans certaines localités à la peine de la surveillance de la haute police. Presque aussitôt le nombre des prévenus de rupture de ban est tombé de 5,000 à 1,300.

La loi du 29 juillet 1881 a supprimé les délits d'exci-tation à la haine des citoyens les uns contre les autres et contre différentes classes de la sociéé.

Enfin, nous avons vu que la loi du 15 juin 1859 a autorisé les administrations à transiger pour les délits commis dans les bois de l'État et des communes.

Ainsi donc, en face des pénalités ajoutées, il faut mettre les pénalités supprimées : les unes balancent les autres. Est-ce bien d'ailleurs d'un calcul arithmétique qu'il s'agit ici ? Quand l'État cesse d'appliquer ou supprime explicitement une pénalité, c'est qu'il croit que les actes incriminés jusqu'alors ne méritent pas d'être considérés comme des délits : tels sont, à ses yeux, le prêt à intérêt au-dessus du taux dit légal et la coalition des ouvriers. Quand, d'autre part, il édicte des peines nouvelles, n'est-ce pas que les actes qu'il vise ont pris un caractère de fréquence et de malignité qui l'alarme ? C'est l'augmentation des fraudes commerciales qui a contraint le législateur à intervenir ; ce n'est pas l'in-tervention du législateur qui a transformé en délits des actes réputés honnêtes ou indifférents.

En résumé, l'accroissement de la criminalité fran-çaise est bien un accroissement réel ; ce n'est pas une apparence produite par un déploiement nouveau de sé-vérité.

Est-ce une apparence créée par une vigilance plus sûre et plus victorieuse de la gendarmerie, de la police et de la magistrature ? C'est ainsi qu'on répète assez volontiers que nous n'avons pas plus d'aliénés, mais que

nous en enfermons et que nous en soignons davantage.
Les chiffres vont nous répondre.

Chaque année, le Ministère de la Justice compte les
« affaires classées sans suite parce que les auteurs des
crimes ou des délits sont restés inconnus [1] ». Or, le
nombre de ces affaires était d'environ 9,000 en 1825,
année où l'on a inauguré la statistique criminelle. Depuis
lors, elles ont monté successivement à 12,000, à 14, à
22, à 31, à 34, à 41, à 61, à 65, à 72 et finalement à
74,098 [2]. Voilà comment nous réussissons de plus en
plus à faire sortir des ténèbres tous les actes coupables
qui s'y commettent et à les faire arriver sous la lumière
de la justice !

Je sais bien qu'ici encore on donne deux explications
qu'on croit de nature à atténuer le fâcheux effet de ces
révélations. « Il arrive fréquemment, dit le rédacteur
des Comptes généraux, que les malfaiteurs restés inconnus lors de la perpétration d'un premier crime ou d'un
premier délit, ou à l'égard desquels il n'a pu être dans
le principe recueilli de preuves suffisantes pour les défé-
rer aux tribunaux, sont découverts un peu plus tard ou
poursuivis et jugés pour leurs premiers méfaits à l'occasion des nouveaux. » En effet, nous voyons cela tous
les jours : l'arrestation d'un scélérat à la suite d'un
crime retentissant, fait que le magistrat rouvre, pour

---

[1] Il ne classe pas sous cette rubrique les affaires classées sans suite,
« parce que la preuve du crime et du délit n'a pas été faite, ou pour
tout autre motif » (sénilité, démence, folie, etc.). Ces affaires ont un
compte à part.

[2] Sur ce nombre d'affaires, on compte surtout des vols (environ
50,000), mais aussi des incendies (plus de 2,500), 1,500 actes d'escroquerie, même nombre de coups et blessures. Pour les assassinats,
il y en avait (en 1886), 13 laissés sans poursuite par le ministère
public, 69 classés, après ordonnance de non-lieu (pour ignorance de
l'auteur), par le juge d'instruction.

ainsi dire, une piste et qu'il la remonte, avec les témoignages des complices ou les aveux mêmes de l'accusé.

On dit d'autre part, à la décharge de nos agents, que si le nombre absolu des crimes impunis a augmenté, la proportion en reste à peu près la même : elle n'est jamais supérieure à 29 ou à 30 0/0 des crimes constatés. Si ces 30 0/0 arrivent à former 74,000, c'est que le total des actes punissables sur lesquels ils sont prélevés, a augmenté comme on l'a vu. Or, assurément, ce n'est point la faute de la police. On peut dire plus encore : on peut affirmer que les agents chargés de la poursuite des délinquants ont dû redoubier de zèle et d'intelligence pour que cette proportion ne fût pas dépassée ; car en cinquante années (1831-1880) le nombre des plaintes, dénonciations ou procès-verbaux dont le ministère public avait eu à s'occuper chaque année, avait plus que triplé, tandis que le nombre des gendarmes et agents de police réunis n'avait pas tout à fait doublé [1].

Concluons donc volontiers que la justice n'a point faibli parmi nous ; concluons aussi, et avec la même satisfaction, qu'aux 74,000 affaires classées sans suite ne correspondent pas autant d'ennemis invincibles dont la société ne pourra jamais se délivrer. Mais aller au delà est impossible ; car enfin, ces deux explications seraient tout aussi valables, elles seraient même sans contredit plus consolantes encore si, au lieu de monter à 74,000, le nombre des affaires auxquelles on les applique était resté, comme en 1825, à 9,000. Autrement dit, si l'on invoque l'accroissement des actes délictueux pour expliquer celui des actes que l'on ne peut pas punir, il ne faut pas invoquer les succès croissants de la poursuite

[1] Voyez *Compte général* de 1880, XCVIII et tableau p. CLVI.

pour expliquer l'élévation générale des actes incrimi-
nables. C'est la société tout entière qui est responsable
de cette élévation constante ; cette responsabilité, sa-
chons au moins la reconnaître et l'accepter : c'est le
seul moyen de nous mettre en état de ne pas l'aggraver
encore.

V

La quantité des crimes commis dans les diverses périodes de notre siècle nous est connue : reste à en déterminer la nature ou la « qualité ». La criminalité générale de la France a, dans les cinquante dernières années,
augmenté de 133 0/0. Mais il s'en faut que tous les
modes de crime et de délit se soient accrus dans des proportions identiques.

Depuis les débuts de nos statistiques, on peut dire que
la proportion des crimes contre les personnes a toujours
été en diminuant et la proportion des crimes contre les
propriétés toujours en augmentant. Les différences
observées seraient encore plus fortes, si la première
catégorie ne renfermait un genre d'attentat qui s'est
accru continuellement et dans des proportions énormes ;
je veux parler des attentats contre les mœurs et surtout des attentats perpétrés sur des enfants. En 1825, on
n'avait jugé que 83 accusations de cette dernière nature : en 1851, on en comptait déjà 615. En 1875, les
délits d'outrage public à la pudeur se chiffraient par
302 ; en 1880, on en compte 2,592.

La comparaison des motifs présumés dans les divers
actes de criminalité violente donne une indication qui

s'ajoute utilement à la précédente et qui la précise. Les crimes commis sous l'empire de l'amour ou de la haine, ou de la vengeance ou de querelles anciennes diminuent : les crimes commis par cupidité ou à la suite de discussions domestiques augmentent[1].

Dans les crimes mêmes contre les propriétés, le mode d'exécution a subi pareille métamorphose. Le *Compte général* pour 1858 disait : « Il est hors de doute que le nombre des vols commis avec violence ou à l'aide d'escalade et d'effraction tend à diminuer par suite de la grande facilité que trouve aujourd'hui la cupidité à se satisfaire sans recourir à des moyens violents. » Je l'ai déjà fait observer[2], l'industrie pratique de la race anglosaxonne a fait école parmi nous. Il est inutile d'insister de nouveau sur les nombreuses variétés de vols ingénieux qui ont été importés sur le continent, et sur les nouveaux moyens de faire venir commodément à soi l'argent des autres. Tous les procureurs généraux pourraient répéter ce que disaient, sous l'Empire, leurs prédécesseurs MM. de Parieu ou de Cordoën : « Ce qui prend la place du crime féroce, ce sont les actes de dépravation, ce sont les actes d'inventive cupidité, ce sont les délits qui s'appuient sur la fourberie et sur la ruse... »

De la période 1826-1830 à la période 1876-1880, les délits de coups et de blessures sont devenus une fois plus nombreux. Mais les autres délits poursuivis en police correctionnelle ont augmenté bien davantage[3]. Les vols ont augmenté de 238 0/0, l'escroquerie de 323 0/0, les abus de confiance de 630 0/0 ; les délits contre les

[1] *Compte général* pour 1880, L.
[2] Voyez *Le Crime*, chap. VIII.
[3] Voyez *Compte général* pour 1880, LIX.

mœurs de 700 0/0. A la fin de la période, nous trouvons 4 fois plus de vagabondage et de ruptures de ban, 5 fois plus d'outrages aux fonctionnaires et 8 fois plus de mendicité.

Ces derniers chiffres s'appliquent, on se le rappelle, aux délits proprement dits. Comme les crimes jugés en cour d'assises ont diminué, les accroissements semblent moins forts, si on décompose la criminalité générale où crimes et délits sont réunis. Reprenons le tableau de cette criminalité pour les cinquante dernières années seulement; nous trouverons alors les proportions suivantes.

Depuis 1838, la violence a augmenté de 51 0/0.

La cupidité de 69 0/0.

Les suicides dé 162 0/0.

L'immoralité de 240 0/0.

La paresse et la misère (c'est-à-dire la mendicité et le vagabondage punis) de 430 0/0.

Y a-t-il lieu, dans ces cinquante années, de distinguer plusieurs grandes époques et d'attribuer à chacune d'elles un caractère prédominant? Peut-être!

Cette transformation du crime féroce en crime intéressé, cette substitution de la recherche égoïste des jouissances à la satisfaction des passions violentes s'est opérée dans toute la période. Mais c'est en 1854 que la cupidité a atteint son apogée : elle a ensuite baissé, et bien que nous le voyions, depuis dix ans, reprendre un mouvement ascendant, elle reste encore au-dessous de ce qu'elle était cette année-là et dans les trois qui avaient suivi.

C'est le progrès de l'immoralité proprement dite qui devient ensuite le fait saillant. Il caractérise l'ensemble tout entier de la période du second Empire : alors, en effet, que tous les autres genres de méfaits diminuent, celui-là, non seulement ne ralentit pas son mouvement, mais l'accélère.

Quant à la période actuelle, elle se signale par une sorte d'abandon de soi-même et d'affaiblissement contagieux. La cupidité l'a donc emporté d'abord sur la passion ; puis la dépravation l'a emporté sur la cupidité ; puis enfin le vice même paraît tendre à l'inertie et à la lâcheté, le désordre à une impuissance voulue. On crie bien à l'assassin et au voleur ; mais on crie surtout au rouleur et au vagabond, parce que c'est là un groupe de délinquants qui se multiplient plus que les autres. Lorsqu'on a voté la loi sur la relégation des récidivistes, le public a cru d'abord qu'il s'agissait d'hommes féroces et résolus, toujours en train de préparer quelque sinistre attentat. Jusqu'ici l'application de cette loi n'atteint que des ramas d'hommes usés, sans énergie et sans ressort, hôtes assidus..., ce n'est pas assez dire ! amis de la prison, et devenus incapables de travailler avec suite, en quelque endroit qu'on les conduise.

Veux-je dire que ce caractère nouveau d'une grande partie de notre monde criminel ait donné plus de sécurité à la vie humaine ? Peut-on se consoler en disant que l'existence des honnêtes gens est plus à l'abri qu'autrefois ? Eh bien, non ! Les chiffres absolus des divers actes de violence dans les trois dernières années sont les plus élevés que notre siècle ait connus. Je ne dis ou plutôt je ne relève ici rien de contradictoire : car les meurtres mêmes et les assassinats sont plus que jamais les produits d'une violence intermittente ou, ce qui revient à peu près au même, d'une faiblesse irritable qui a ses crises aveugles et bestiales. On se tue ou on tue les autres dans ces moments d'excitation subite qui

rompent la platitude d'une existence livrée à la paresse,
à la débauche, à l'alcoolisme. Nous le voyons tous les
jours au caractère des malfaiteurs et à celui de leurs
victimes. Comme les vieux libertins épuisés s'attaquent
aux petites filles, les jeunes assassins de 18 et de 19
ans tombent sur les vieilles femmes. On dépouille et on
tue les filles de joie dont on vivait, une pauvre con-
cierge de maison modeste, une femme âgée et isolée dont
on est le domestique ; on donne un coup de couteau pour
voler 3 francs. De tous côtés une spéculation facile s'abat
sur des gens naïfs, poussés, il est vrai, vers le piège par
leur propre avidité : car voleurs et volés veulent également doubler leurs revenus sans se donner de peine.

Il ne s'agit pas ici de faire une satire de la société
contemporaine : il ne s'agit même pas d'essayer de
peindre tant bien que mal les mœurs de certaines gens
trop en vue. Il s'agit de noter et de classer des faits
précis. Or, il est certain que le mépris systématique des
engagements et le trafic de son propre déshonneur gagnent tous les rangs de la société.

Depuis 1840, le nombre annuel des faillites a passé de
2,000 à 8,000. On dira que le nombre des commerçants
s'est accru ; il n'a cependant pas quadruplé ! Mais,
comme on l'a déjà remarqué plus d'une fois, c'est surtout
le caractère des faillites qui s'est aggravé. Le nombre
de celles qui ont lieu sur la déclaration du failli diminue ; la proportion de l'actif au passif diminue également dans l'ensemble. Ce qui augmente le plus, c'est la
proportion de celles qui sont déclarées sur poursuite des
créanciers et de celles qui sont closes pour insuffisance
d'actif. On abandonne tout, je veux dire toute obligation
et toute chance de relèvement moral : on s'abandonne
soi-même, **on se dérobe et on disparaît.**

Qu'est-ce que le divorce, sinon la banqueroute du mariage ? Les ménages mêmes qui restent unis font déjà faillite à l'humanité et à la Patrie par la raréfaction scandaleuse des naissances. Puis, au lieu de chercher l'accord par quelques sacrifices ou par le dévouement mutuel, on se tient de plus en plus prêt pour la solution la plus facile, on ne craint pas d'afficher sa honte, on la laisse s'étaler aux yeux du public, si même on ne l'a pas encouragée ou provoquée, afin de reprendre plus aisément sa liberté.

Vient enfin la banqueroute suprême et définitive, qui en enveloppe beaucoup d'autres, banqueroute du fils ou du père ou du mari, banqueroute de l'enfant de l'Eglise chrétienne ou de l'enfant de l'humanité, du soldat ou du citoyen ; c'est le suicide.

On a vu que les suicides s'étaient plus accrus que la moyenne de la criminalité générale, plus que la cupidité et plus que la violence. Il n'y a que l'immoralité et que la paresse et la misère qui aient augmenté davantage. Le rapprochement n'est-il pas significatif ?

Je ne veux pas dire que le suicide soit entièrement assimilable au meurtre ou au vol, je ne veux pas dire non plus qu'il en soit le contraire et qu'il serve toujours de dérivatif au crime contre les autres. Je me suis expliqué du mieux que j'ai pu sur cette question délicate.

Mais il est sûr que cette multiplicité des suicides est un symptôme à ajouter à beaucoup d'autres. Difficulté de plus en plus grande de supporter la souffrance morale, effroi des charges de famille, diminution des naissances [1], abandons d'enfants, alcoolisme engendrant la débilité

---

[1] Voici même que la statistique nous annonce la diminution des mariages.

physique et la débilité mentale, tout cela forme un tout qui se tient.

En 1860, un Conseiller à la Cour d'Orléans qui venait de présider les Assises de Loir-et-Cher, envoyait au Garde des Sceaux un rapport très étudié[1]. Il exposait que sur 11 affaires, il y en avait eu 10 d'attentats aux mœurs, et il ajoutait : « Il faut déplorer l'affaiblissement moral et religieux que révèle certainement cette progression effroyable, dans le ressort, des affaires dont il s'agit. *Aucun de ceux qui étaient à juger n'était animé de passions violentes ; la dépravation paraissait tenir chez eux uniquement au défaut de conscience.* » On pourrait dire de même : les actes de rébellion contre l'autorité publique et les outrages aux fonctionnaires proviennent-ils d'une passion plus ardente pour l'indépendance ? Mais la statistique nous apprend que les deux cinquièmes des individus poursuivis à raison de ce délit sont aussi prévenus pour ivresse.

Dépravation et affaissement, amour de la jouissance facile, défaut de conscience, c'est-à-dire défaut de réflexion et refus de l'effort, entraînement subi sans résistance, attendons-nous à retrouver ces caractères à peu près partout, dans la préparation du mal aussi bien que dans l'exécution même.

---

[1] Archives nationales, *Comptes d'assises* de 1860, LIASSE O. Rapport sur la quatrième session des assises de Loir-et-Cher.

CHAPITRE II

LE CRIME A TRAVERS LES DÉPARTEMENTS

I. Moyenne criminelle de la France. — Les 25 départements les plus criminels. — Les 25 départements les plus honnêtes. — Paris ; la frontière. — II. Nature de la criminalité dominante dans les grandes zones. — Nord et Midi. — D'une partie à l'autre d'un même département. — III. Les départements qui se sont améliorés. — Ceux qui se sont corrompus. — IV. Criminalité interne et criminalité externe. — Nouvelle distribution des départements. — Ceux qui y gagnent, ceux qui y perdent. — V. Statistique nouvelle. — Les gens qui sont meilleurs chez eux. — Les gens qui sont meilleurs au dehors. — Calculs divers sur l'émigration et les déplacements de population à l'intérieur de la France. — Intérêt du problème.

I

Il ne suffit pas de savoir comment la criminalité française s'est développée dans le cours du siècle : il faut chercher comment elle se distribue dans les différentes parties du territoire. Allons successivement des milieux les plus étendus aux milieux les plus restreints : la nature des influences décisives se dégagera peut-être pour nous peu à peu, au fur et à mesure que nous aurons pu classer et surtout comparer les faits. Mais, ces faits, ob-

servons-les d'abord tels qu'ils s'offrent à nous d'eux-
mêmes et ne cherchons pas à les expliquer trop tôt.

Promenons nos regards sur une de ces cartes comme
en dresse le Ministère de la Justice et où les départements sont teintés de noir, de gris ou de blanc, suivant
le chiffre plus ou mois élevé des crimes qui s'y commettent.

De 1878 à 1887, la moyenne de la France est de
517 accusés et prévenus[1] par 100,000 habitants. Cette
moyenne est dépassée dans 25 départements : 61 restent
au-dessous. La criminalité tend donc à s'accumuler dans
certains centres : les masses sombres qui les indiquent
sur la carte attirent notre attention tout de suite.

La première est située sur la Méditerranée. La Corse
et les Bouches-du-Rhône sont, en effet, dans ces dix
dernières années, les départements les plus chargés, les
Bouches-du-Rhône avec un chiffre de 1,015, la Corse
avec 982. Mais les Alpes-Maritimes et l'Hérault, le Var
même étendent la tache de l'ouest à l'est autour du
golfe de Lion.

La seconde masse noire a pour noyau le département
de la Seine, qui atteint 961. Cette nouvelle tache s'étend
à peu près dans le même sens que la première, c'est-à-
dire à l'ouest et à l'est : elle englobe d'abord autour de
Paris les départements de Seine-et-Oise et de Seine-et-
Marne, puis à l'ouest les départements de la Seine-Inférieure, de l'Eure et du Calvados, à l'est, le département
de la Marne. A la rigueur on peut encore agrandir le
cercle ; car l'Oise et l'Aisne au nord, l'Aube à l'est,
méritent d'être teintés d'un gris bien foncé. On a dès
lors un groupe compact de dix départements qui forment

---

[1] Ces derniers jugés à la requête du ministère public.

la moitié des vingt les plus criminels de notre pays.

La tache méditerranéenne en donnait cinq. Où sont les cinq autres ? Ils sont un peu plus disséminés. Néanmoins leur aspect gris, presque noir, les fait trouver facilement.

C'est d'abord le Rhône, puis le Doubs, puis la Meurthe-et-Moselle ; c'est, à une autre frontière, les Pyrénées-Orientales et, au centre d'un massif qui n'est pas aussi blanc qu'on aurait pu le croire, le département de la Lozère.

Voulons-nous épuiser la liste des vingt-cinq départements qui dépassent la moyenne [1] ? Les cinq qui nous restent sont la Gironde, puis, par ordre de criminalité décroissante, le Nord, le Pas-de-Calais, les Vosges et la Somme. On voit que trois de ces derniers contribuent à étendre du côté du nord la grande masse noire ou grise dont Paris semble le noyau.

En résumé, sans vouloir donner aucune explication prématurée et en nous tenant à la description géographique, que distinguons-nous jusqu'ici ? Qu'est-ce qui mérite d'être retenu, au moins provisoirement et plus que toute autre circonstance ? Deux choses : la frontière d'une part, les grandes villes de l'autre.

Cherchons maintenant les vingt-cinq départements les plus blancs. Dix d'entre eux forment, exactement au centre de la France, une bande ininterrompue et légèrement arrondie en forme de demi-cercle. Elle comprend la Vendée, les Deux-Sèvres, la Vienne, l'Indre, la Creuse, le Cher, la Nièvre, Saône-et-Loire, l'Ain et

---

[1] La différence est d'ailleurs assez grande entre le département (la Loire) qui est immédiatement au-dessous de cette moyenne et celui qui est immédiatement au-dessus (la Somme). Il y a entre les deux une différence de 28 points.

l'Isère. Le plus blanc de tous, celu qui occupe le premier
rang dans les plus honnêtes, est le département des
Deux-Sèvres. Des deux extrémités du demi-cercle, c'est
l'extrémité orientale qui est la moins bonne. Là, nous
touchons à une frontière ouverte : ni le Jura, ni les
départements de la Savoie, ni même ceux des Alpes ne
peuvent être englobés dans le demi-cercle qui forme la
région morale par excellence. A l'ouest, au contraire, la
frontière est une frontière maritime qu'on peut dire fermée, car elle n'a pas de grand port de commerce. Aussi,
n'était la Loire-Inférieure avec Nantes, qui nous oppose
une masse un peu grise, pourrions-nous continuer notre
bande blanche à l'ouest et au nord-ouest, comme elle
se continue au sud-ouest avec la Charente-Inférieure.
Nous y engloberions le département du Morbihan et surtout celui des Côtes-du-Nord qui, par le chiffre bas de
sa criminalité, vient immédiatement après les Deux-
Sèvres.

A ce demi-cercle allant de l'ouest à l'est se soudent,
pour ainsi dire, deux bandes d'inégale longueur et dont
la blancheur, quoique moins pure, mérite encore d'être
signalée. Toutes deux partent d'un point commun, qui
est la Creuse. L'une se détache du côté du sud-est : elle
comprend le Puy-de-Dôme, la Haute Loire et l'Ardèche.
Trois obstacles l'obligent à se resserrer comme elle le
fait : le centre lyonnais, le massif montagneux et encore
un peu sauvage, semble-t-il, de la Haute-Auvergne, et
l'approche de la zone méditerranéenne.

L'autre branche, également continue, mais plus longue, se dirige vers le sud-ouest. Elle comprend la Corrèze, le Lot, le Tarn-et-Garonne, le Gers, les Hautes-
Pyrénées ; on peut y rattacher encore les Landes et
l'Ariège. Elle aussi, on le voit, a ses obstacles qui l'em-

pêchent de s'étendre ; c'est le massif de la Haute-Auvergne, à l'est ; ce sont les départements qui gravitent autour du centre bordelais, à l'ouest ; c'est, au midi, a frontière des Basses-Pyrénées, beaucoup moins fermée que les Hautes-Pyrénées et que l'Ariège ; c'est enfin la Haute-Garonne avec la grande ville de Toulouse [1].

Voilà donc les 25 départements où il se commet le plus de crimes et les 25 où il s'en commet le moins. Qu'on cherche les 36 qui ne sont ni blancs ni noirs : on les verra sur les frontières à demi ouvertes ou dans les zones intermédiaires qui se glissent, pour ainsi dire, à égale distance des grandes villes et des régions centrales, ou à égale distance de la frontière et des grandes agglomérations populeuses. Ainsi, quand on quitte l'Aisne, l'Aube et la Marne, teintées de noir, on traverse une ligne composée des Ardennes, de la Meuse, de la Haute-Marne et de la Côte-d'Or. On a là une suite de départements moins criminels que ceux qui les séparent de Paris, moins criminels aussi que ceux qui les séparent de la frontière.

Partons de Paris pour aller du côté de l'ouest ou du côté du centre. Quelle que soit la variété de nos directions, que nous allions du côté de Cherbourg ou du côté de Tours, du côté du Poitou ou du côté du Berry, plus nous nous éloignons de Paris, plus la criminalité diminue. Si nous rencontrons à la fin des obstacles ou, si l'on veut, des points où la criminalité se relève, ces obstacles sont toujours de la même nature ; c'est la Seine-Inférieure avec Rouen, c'est le Finistère avec Brest, c'est la Loire-Inférieure avec Nantes, c'est la Gironde

---

[1] En parlant ainsi d'*obstacles*, il est bien clair que je constate simplement un fait, et que j'exprime, sous une forme symbolique, les données mêmes de la statistique.

avec Bordeaux; de même que du côté de l'est et du sud-
est, c'est la frontière et c'est Lyon.

Telles sont les proportions générales et les grandes
lignes de la criminalité française. A peine pourrait-on
signaler çà et là quelque accident qui semble les rompre.
Il y a là certainement l'effet de lois dont il est aisé d'entrevoir, dès à présent, le sens et la portée.

II

Sont-ce toute espèce de crimes et toute espèce de délits
qui se distribuent de la sorte sur le territoire français ?
On ne peut s'attendre à une pareille uniformité. Il est
bien vrai qu'en superposant les différentes cartes qui
donnent la répartition de la violence, de la cupidité, de
l'immoralité.. , cette fusion redonnerait les proportions
mêmes de la criminalité générale. Il ne saurait en être
autrement. On peut ajouter que, sauf quelques exceptions bien rares [1], les départements qui sont noirs dans la
première carte ne sont blancs dans aucune des autres, et
réciproquement. Mais enfin il y a des inégalités qu'il est
intéressant d'examiner.

Contrairement à l'opinion générale, il y a plus d'actes
de violence [2] (d'assassinats, de meurtres et de coups violents) dans le nord que dans le midi — la Corse [3] étant
mise à part. L'Aisne, l'Eure, le Pas-de-Calais, par

---

[1] Dont une sera expliquée plus bas.

[2] Proportionnellement à la population, ceci est toujours sous-en-
tendu.

[3] La Corse est, en effet, dans des conditions sociales toutes particulières, et dont il sera question.

exemple, en ont plus que le Gard, plus que les Pyrénées-Orientales, plus même que les Bouches-du-Rhône et que le Var. L'Eure en a 137 par 100,000 habitants, et les Bouches-du-Rhône n'en ont que 102. Les Ardennes, la Marne, l'Aube, l'Oise, le Calvados en ont notablement plus que la Drôme, que le Vaucluse, que la Haute-Garonne. L'Oise en a 120 et le Calvados 116; le Vaucluse n'en a que 32 et la Drôme 24.

N'est-ce pas l'alcoolisme qui, dans les pays du nord et dans ceux de l'ouest, supplée trop efficacement aux excitations de la vie en plein air, de la parole ardente et toujours prête à la dispute, du climat enfin? Pour un grand nombre de départements français l'affirmative paraît inévitable. Elle s'impose d'autant plus qu'il est difficile de mettre cette disproportion au compte de la cupidité. Beaucoup de voleurs, on le sait, deviennent meurtriers par occasion : on pourrait donc supposer que c'est le vol qualifié qui fait ainsi couler le sang plus abondamment dans la région septentrionale. Mais c'est là une hypothèse dont il faut se défier. Dans les cartes de la cupidité, les teintes du midi sont moins éloignées de celles du nord que dans les cartes de la violence. Les Alpes-Maritimes, les Bouches-du-Rhône, l'Hérault voient même s'accomplir plus d'actes de cupidité que le Nord, que le Pas de-Calais, que la Somme et que Seine et-Oise.

Il est donc bien probable que c'est l'ivresse qui, dans la région septentrionale et dans l'ouest, pousse aux meurtres et aux coups. La comparaison de la carte de l'alcoolisme et de celle de la violence ne permet guère à l'esprit de se soustraire à cette conclusion pour l'ensemble. Cependant, nous allons être ici avertis une fois de plus de l'extrème complexité du problème. Sur la carte des poursuites pour ivresse, le Finistère est dans la première catégorie : nous voyons même qu'il suffit avec la Seine-Inférieure, à la remplir tout entière. Malgré Brest, il n'occupe que la cinquième [1] dans la carte de la violence. Inversement, la Haute-Savoie qui est dans la deuxième catégorie pour la violence, n'est que dans la cinquième pour l'alcoolisme. Le Rhône, qui est dans la deuxième catégorie pour l'alcoolisme, n'est que dans la cinquième pour la violence, et on pourrait encore observer d'autres contrastes de cette nature.

Ce qu'il y a de vrai dans l'opinion courante sur les différences du nord et du midi, c'est que la proportion des crimes contre les personnes, relativement aux crimes contre les propriétés, est plus forte dans le midi. Autrement dit, le midi est relativement plus porté que le nord aux crimes contre les personnes [2]. Cette différence représente l'action de la nature et des conditions héréditaires. Le surplus réel et absolu que le nord offre, malgré

---

[1] Les cartes du Ministère de la Justice divisent les départements en sept catégories, par ordre de criminalité décroissante.

[2] De 1825 à 1835, les départements signalés comme ayant — non pas plus de crimes ou moins de crimes contre les personnes que tels ou tels autres départements — mais comme ayant, chez eux, plus de crimes contre les personnes que de crimes contre le propriétés, sont : la Corse, le Lot, l'Ariège, les Pyrénées-Orientales, la Lozère, l'Ardèche, l'Hérault, le Gard, la Haute-Loire, les Basses-Alpes, le Tarn, le Tarn-et-Garonne, les Hautes-Pyrénées, l'Aude et l'Aveyron.

Depuis lors, les crimes contre les propriétés sont ceux qui se sont le plus accrus partout. Ainsi le *Compte général* pour 1880, dans son résumé rétrospectif, se borne-t-il à dire : « Je signale les départements de la Corse et des Pyrénées-Orientales comme offrant plus de crimes contre les personnes que de crimes contre les propriétés; et ceux des Hautes-Alpes, des Basses-Alpes, de la Savoie, de l'Aveyron, de la Lozère, comme offrant un nombre égal des accusés de chaque catégorie. Dans les 75 autres départements, au contraire, le chiffre des accusés de crimes contre les propriétés est supérieur et quelquefois de beaucoup, à celui des accusés de crimes contre les personnes. »

tout, dans les crimes mêmes de violences, représente l'action des causes sociales, l'action factice, je ne dirai pas de la civilisation contemporaine, mais de ses excès et de ses abus.

Une autre comparaison peut achever de nous éclairer. Parmi les crimes contre les personnes qui se commettent le plus dans le midi et le moins dans le nord, figurent les attentats à la vie sur les enfants illégitimes [1] : or, il paraît certain que c'est surtout là le genre de méfait qui grossit, dans les départements méridionaux, le contingent des crimes contre les personnes. Lorsqu'on arrive à la carte qui figure la distribution de ce genre de crimes, l'œil est tout de suite frappé par l'interversion des teintes. Cette fois, c'est la masse parisienne avec ses prolongements du nord et du nord-ouest, c'est la frontière de l'est, ce sont le Rhône et les Bouches-du-Rhône qui sont blancs. Les départements les plus noirs, ceux que le Ministère de la Justice met dans la première catégorie, ce sont les Hautes et les Basses-Alpes, c'est le Gard, c'est le Gers et le Lot-et-Garonne, c'est l'Ille-et-Vilaine. Immédiatement après viennent la Savoie, l'Ain, la Nièvre, la Creuse, la Corrèze, le Lot.

Combien, par mille naissances illégitimes, y a-t-il de crimes et de délits contre l'enfance ? Il y en a 1 dans la Seine, 1 dans la Somme, 2 dans la Seine-Inférieure, dans le Nord et dans le Pas-de-Calais, 3 dans les Bouches-du-Rhône et dans le Rhône. Il y en a 18 dans la Corrèze et dans l'Aveyron, 22 dans les Hautes Alpes, 21 dans le Lot-et-Garonne, 27 dans les Basses-Alpes et 29 dans le Gers.

Ces divers chiffres coïncident-ils avec ceux des crimes

---

[1] Infanticides, avortements, suppressions et expositions d'enfants, homicides involontaires d'enfant nouveau-né par la mère.

et délits contre les mœurs ? Nullement ; on peut même
dire qu'il y a comme une tendance marquée à la proportion inverse. Le département où il y a plus d'actes d'immoralité, la Seine, est celui où il y a le moins d'enfants
tués par les filles-mères. J'ai déjà signalé ce fait, et j'en
ai indiqué la cause. Plus on se familiarise avec l'idée
d'une naissance illégitime et de ce que d'autres appellent
le déshonneur, moins on est tenté de sacrifier l'enfant naturel. Est-il besoin de dire que nul ne songe à admirer
cette férocité dans la fille trompée ? l'infanticide aggrave
la faute et ne la répare pas. Ce sont surtout les milieux
sociaux que caractérisent et que jugent ces diversités de
tendances. Là où la fille-mère ne peut supporter son malheur, c'est que le milieu est assez moral pour lui faire
honte, sans l'avoir été assez pour la préserver, sans
l'être assez pour lui persuader la résignation et le rachat
de sa faute.

Quoi qu'il en soit, l'action des conditions physiques
paraît céder ici encore à l'action des influences sociales.
Lyon et Marseille sont au même niveau que Lille et
Rouen : c'est le climat moral de la grande ville qui
règne également dans les unes et dans les autres.

III

Voilà la distribution des crimes et des délits par grandes
catégories et par grandes masses. Le mal, avons-nous
remarqué déjà, s'accumule volontiers sur un petit nombre
de points d'élection. Il y a là de quoi nous encourager
à pousser plus loin notre analyse. On a pu voir quelle
idée confuse aurait celui qui jugerait la France tout

entière d'après la moyenne des quatre-vingt-six départements réunis : car cette criminalité va de 242 dans les Deux-Sèvres à 1,015 dans les Bouches-du-Rhône. Eh bien ! pour juger nos différentes populations, peut-on se contenter de la moyenne de leurs départements respectifs ? Il suffit de connaître ici et là quelques régions du pays et de réfléchir un instant pour être convaincu du contraire.

Que de milieux différents l'un de l'autre ne renferme pas souvent un même département! Ici une grande ville, un port de commerce ou un port de guerre, une cité industrielle, un centre minier, et, à 30 lieues de là, des pâturages, dés montagnes et des forêts. Nous ne parviendrions jamais à démêler les lois et les causes, si nous ne pouvions rapporter exactement les faits aux lieux précis où ils se produisent avec le plus de régularité et d'abondance.

Cette analyse est-elle possible ? Elle est rendue partiellement facile par les chiffres que nous fournissent, dans les Comptes généraux du Ministère de la Justice, les tribunaux d'arrondissement. Nous n'avons là, il est vrai, que les délits. La statistique ne nous dit pas (dans ses publications officielles) de quels arrondissements proviennent les accusés qui arrivent au chef-lieu de chaque Cour d'assises. On peut néanmoins affirmer qu'en général les arrondissements les plus riches en prévenus sont aussi les plus riches en accusés[1]. Le contraire d'ailleurs ne se comprendrait pas.

[1] Pour quelques régions que j'ai étudiées de près, notamment l'Eure et le Calvados, j'ai pu le constater, grâce aux documents administratifs que M. Yvernès a eu l'extrême obligeance de me communiquer. Il serait à désirer que des monographies départementales nous donnassent la vérification de cette loi dans un grand nombre de ressorts.

Il serait difficile et fastidieux de faire cette espèce de ventilation pour toutes les parties de la France dont il a été question jusqu'ici. Je ne veux donner que quelques exemples précis : c'est assez pour faire juger de la méthode et donner une idée nette des résultats auxquels elle conduit.

On ne sera pas surpris, par exemple, que dans les Bouches-du-Rhône, l'arrondissement d'Aix n'ait que 60 prévenus sur 10,000 habitants et que l'arrondissement de Marseille en ait 101 ; que dans le Var, l'arrondissement de Brignoles en ait 56 et que l'arrondissement de Toulon en ait 102 ; que dans la Seine-Inférieure l'arrondissement d'Yvetot en ait 54 et l'arrondissement du Havre 116 [1]. La grande ville est là qui justifie les prévisions pessimistes.

Le département de l'Hérault est aussi divisé en deux parties bien inégales ; d'un côté Lodève, qui ne dépasse pas la moyenne de la France et Saint-Pons, qui est assez loin de l'atteindre ; de l'autre côté, Montpellier et Béziers qui l'ont plus que doublée, car, dans les deux dernières années, l'une est montée à 109 et à 122, l'autre à 119 et à 117. Quelles différences dans des pays peuplés d'individus de la même race et vivant dans un même climat !

Le département du Nord passe pour plus homogène. Voici, en effet, des chiffres qui tendent à se rapprocher beaucoup : arrondissements de Dunkerque et d'Hazebrouck, 71 ; arrondissement de Lille, 78 ; d'Avesnes, 83 ; mais Valenciennes n'a que 68, Douai 58 et Cambrai 44.

Quelques exemples encore. Dans le Lot-et-Garonne, l'arrondissement d'Agen a souvent une proportion de prévenus trois fois plus forte, ou peu s'en faut, que l'ar-

---

[1] Ce sont les chiffres de 1887. La moyenne générale de la France était de près de 58. J'ai pris ici la totalité des prévenus.

rondissement de Nérac. Dans la Lozère, Florac a 60 prévenus par 10,000 habitants, tandis que Mende en a 76 et Marvéjols 89.

Ce n'est pas toujours l'arrondissement du chef-lieu qui est le plus chargé de préventions : les exceptions sont même très nombreuses [1], ce qu'on peut expliquer avec la plus grande vraisemblance par la protection d'une police plus intelligente et plus active.

Faut-il pousser plus loin ? Y a-t-il dans certains arrondissements des cantons plus mauvais que les autres ? Y a-t-il des villages qui, dans des milieux corrompus, jouissent d'une espèce d'immunité ? En est-il ailleurs qui compromettent par leurs mauvais exemples la réputation de leurs voisins ? Je le crois. Ce n'est pas la statistique officielle qui peut nous donner les moyens de le prouver. Mais j'espère montrer, par quelques études personnelles, qu'il en est bien ainsi dans notre pays et qu'il ne serait pas impossible de trouver sur place comment tel ou tel foyer d'immoralité s'allume, s'alimente ou s'éteint.

IV

Mais avant d'en venir à cette étude, posons-nous une question qui nous en fera dégager et, peut-être même résoudre plusieurs autres. Les différentes parties de la France ont-elles toujours occupé, depuis le commencement du siècle, les rangs que nous avons dû leur assigner ? Le problème a son intérêt ; les données qu'il enveloppe peuvent nous aider à dévoiler dans la marche du crime

---

[1] Je citerai, par exemple, le Calvados, l'Eure, l'Aisne, le Nord, la Marne, l'Yonne, etc.

la part qui revient au caractère héréditaire, la part de la tradition et la part des transformations sociales.

Quelques départements n'ont jamais cessé, depuis 1825, de figurer parmi ceux où il se commet le moins de crimes: d'autres n'ont jamais cessé de figurer parmi les plus mal famés. Dans ces derniers, nous trouvons la Corse, la Seine, la Seine-Inférieure, et, quelques rangs après, la Marne et l'Aube. Dans les premiers figurent la Creuse, le Cher, la Nièvre et Saône-et-Loire. Paris, avec ses satellites de l'Est et de l'Ouest, a donc toujours été la zone dangereuse ; les départements du centre situés à l'Est et à l'Ouest du Berry, c'est-à-dire également éloignés de la capitale, des grandes villes et des pays frontières, sont demeurés la zone vertueuse par excellence.

Un certain nombre de départements ont perdu des rangs. Je vois surtout parmi eux le Var, les Bouches-du-Rhône, l'Hérault, le Rhône, l'Ain, le Jura, le Nord, l'Eure et le Calvados. A part les deux derniers qui sont, comme je le montrerai, des foyers tout spéciaux d'une criminalité indigène et spontanée, ces départements ont été de plus en plus corrompus par l'invasion des étrangers : tel est du moins le fait qui s'impose le premier à l'attention.

Quelques-uns, d'autre part, ont gagné : c'est l'Ariège, qui, après avoir été classé le 73e, de 1825 à 1850, s'est fixé, depuis vingt années, dans les 10 premiers rangs ; c'est le Gard, et ce sont la plupart des départements bretons, l'Ille-et-Vilaine, le Finistère, le Morbihan, les Côtes-du-Nord, qui, après avoir figuré dans les 25 ou 30 plus mauvais, sont aujourd'hui dans les 30 meilleurs ; c'est surtout le département de la Vienne qui, jusqu'à la fin du règne de Louis-Philippe, ne sortait guère des 10, quelquefois des 5 départements les plus criminels : depuis

1860 elle n'a point cessé d'être dans les 9 les plus honnêtes. Elle a gagné absolument [1], puisqu'en 1850 elle avait encore 1 accusé sur 3,482 habitants et qu'en 1860 elle n'en avait plus que 1 sur 16,129. Elle a surtout gagné relativement aux autres, puisque dans l'échelle générale de la France elle a remonté de 70 à 75 rangs.

Il est enfin des départements qui ont oscillé dans des proportions parfois considérables : on les trouvera sur les frontières méridionales (Pyrénées-Orientales), et sur les frontières du Nord-Est (Ardennes, Meurthe-et-Moselle...)

Cet aperçu est surtout destiné à nous diriger dans nos enquêtes. La statistique résout rarement les problèmes, mais elle les pose, ce qui est beaucoup. Ainsi nous savons déjà ce qu'il faut chercher à expliquer, s'il est possible, dans telle région ou dans telle autre. Ici, c'est la persistance dans le mal ; là, la persévérance dans une moralité plus respectueuse qu'ailleurs de la vie et du bien d'autrui. Ici, c'est la décadence et le relâchement ; là, c'est un effort général de la conscience publique, et cet effort a été réellement efficace, puisqu'il a produit un relèvement si remarquable. Qui l'a encouragé ? Qui l'a soutenu ? Quelles sont les forces qui l'ont aidé ?

Un premier résultat semble se dégager de ces compa-

[1] En 1850, le chiffre des affaires à la Cour d'assises de Poitiers était de 66. Il a baissé dans les trois années suivantes, a paru vouloir se relever en 1854 et 1855. Depuis lors, malgré quelques soubresauts inévitables, la baisse a été remarquable. Les chiffres des dernières années sont 28, 19, 8, 16, 13, 11. On peut, se demander, il est vrai, si la police correctionnelle n'a point bénéficié de ce déficit de la Cour d'assises. Voici la réponse : les chiffres des prévenus ont été, en 1860, de 1,092 ; en 1880, de 1,026 ; en 1887, de 1,129. Or, de 1861 à 1886 la population de la Vienne a augmenté de plus de 20,000 habitants.

raisons. Les causes qui agissent du dehors sur la moralité d'un pays ne sont-elles pas surtout celles qui le portent au mal? On a plus vite fait de pressentir une action perturbatrice et corruptrice qu'une action moralisante. La première est certainement plus facile à suivre dans sa marche et dans l'étendue de ses effets. C'est qu'il est plus aisé de perdre un individu que de le sauver, de le rendre malade que de le guérir. Les départements qui sont restés les meilleurs sont évidemment ceux que leur situation a préservés des contacts trop renouvelés avec les chercheurs d'aventure...

Si nous étions obligés de nous en tenir là, cependant, nous serions arrêtés par une sorte d'antinomie inquiétante. Faudrait-il condamner les gens à l'immobilité pour préserver leurs mœurs? Ou faudrait-il prendre son parti des maladies morales dont le mouvement de la civilisation sème les germes, dans les échanges et dans les déplacements qu'il opère? Fort heureusement, des exemples nombreux nous persuadent qu'un pays, qu'une époque, une localité, une corporation, peuvent, comme une famille, se préserver d'abord, puis même se guérir. Les pays de l'Ouest, ceux de la Bretagne, de la Vendée et du Poitou ont été désolés par des haines qui n'ont pas seulement multiplié les crimes politiques. La bonne foi des individus pouvait donner à ces actes de rébellion des noms plus honorables : mais il est évident que l'habitude de la défiance et de la violence avait dû entretenir une certaine sauvagerie. Les régions dont je parle ne sont peut-être pas d'ailleurs entièrement délivrées d'un levain qui se cache et qui s'affaiblit. S'il y a encore en France, de loin en loin, des crimes inspirés par on ne sait quelles craintes superstitieuses, par des idées vagues d'influences occultes et de sorcellerie, c'est là qu'on les

trouve [1]. Il n'en est pas moins vrai que ces populations
ne doivent qu'à elles-mêmes l'amélioration constatée de
leur moralité légale. Elles peuvent s'en faire d'autant
plus d'honneur qu'en somme elles n'ont point été fermées
au progrès : il est peu de pays, par exemple, où l'agriculture se soit plus renouvelée qu'en Bretagne.

V

Si minutieux que puissent paraître les détails dans
lesquels nous venons d'entrer, ces statistiques sont cependant loin d'être complètes. Voici les reproches qu'on peut
leur faire ou plus justement l'insuffisance qu'on peut y
regretter. Chaque Cour d'assises ou chaque tribunal juge
les individus arrêtés dans son ressort. Mais peut-on
imputer, dira-t-on, à un département, les crimes commis chez lui et à son détriment par les étrangers qui y
séjournent ou qui y passent? Sur près de 40,000 individus qu'on arrête annuellement dans la Seine, il n'y en a
pas plus de 13,000 qui y soient nés. Peut-on reprocher
aux Bouches-du-Rhône, aux Alpes-Maritimes et au Var
les crimes de leurs Italiens, à l'Hérault les crimes de ses
Italiens et de ses Espagnols ? Puis, les Français se
déplacent eux-mêmes beaucoup dans l'intérieur de leur
patrie. Où sont les populations vraiment stables, et quel
est le département qui ne puisse déclarer un nombre
considérable de méfaits commis chez lui par des hommes
qu'il n'a pas vus naître ? En 1820, on comptait 72 0/0
des accusés appartenant par leur naissance et leur domi-

---

[1] Je parle d'après des témoignages de magistrats.

cile au département où on les jugeait. En 1880, il n'y
en avait plus que 60 0/0 ; et l'écart continue à augmenter. Mais il faut voir ce fait dans toute son étendue.
Qu'un département allègue la provenance étrangère de
gens qui viennent charger les rôles de ses tribunaux, il
le peut. Mais on peut aussi lui opposer qu'un grand
nombre de ses enfants, nés et élevés dans son milieu
social, ont émigré, ont voyagé, ont été se faire arrêter
dans un département voisin ou éloigné S'il repousse la
responsabilité des uns, il faut qu'il accepte celle des
autres.

Le Ministère de la Justice a toujours été préoccupé de
cette double difficulté. Dans le *Compte général* de 1829,
je lis les lignes suivantes : « Le département de l'Ain
est celui qui cette année a eu chez lui le moins d'accusés.
Mais si l'on ajoute au nombre de ceux qui y ont été
jugés ceux des habitants traduits devant d'autres cours
d'assises, et qu'on en retranche les individus appartenant
à d'autres départements, on trouve que les accusés,
comparés à la population, au lieu de présenter la proportion de 1 sur 15,529 habitants, n'offre plus que celle
de 1 sur 12,201. En faisant le même calcul sur la Seine,
on voit qu'il n'y a plus que 1 accusé lui appartenant
réellement sur 2,515 habitants, au lieu de 1 sur 1,116. »
Jusqu'à présent toutefois, les Comptes généraux se bor-
naient à indiquer le problème en donnant çà et là un
exemple ou deux. Ainsi en 1831, le Garde des Sceaux
disait : « En Corse, sur 142 accusés, il n'y en a qu'un
seul qui n'appartienne pas à ce département ; un seul
Corse d'autre part a été jugé sur le continent. » On
citait là précisément le cas de la Corse comme étant à
peu près unique.

A l'occasion de l'Exposition de 1889, le calcul a été

fait pour les 86 départements. Les éléments en étaient
prêts chaque année, depuis l'organisation des casiers
judiciaires qui conservent le nom, l'origine et les antécédents connus de tout individu ayant eu affaire à la justice. Les données en étaient devenues plus sûres encore
depuis le succès de l'admirable système d'identification
des malfaiteurs mis en pratique par M. Alph. Bertillon.
M. Yvernès a eu l'honneur de compléter tous ces documents et il en a tiré un nouveau tableau qui est d'un
rare intérêt.

M. Yvernès a posé ainsi la question. Sur 1,000 individus, soit accusés en cour d'assises, soit condamnés en
police correctionnelle à la requête du ministère public et
en quelque endroit du territoire français qu'on les juge,
combien y en a-t-il qui soient originaires de chaque
département? Le dépouillement des caciers judiciaires
(travail énorme) a fourni les chiffres. Le dernier compte-
rendu et les tableaux qui l'accompagnent ne donnent,
il est vrai, que des chiffres bruts. Mais il est aisé de faire
les calculs qui, ne tenant compte que de la population
française née dans le département, restitue mathémati-
quement à celui-ci la proportion exacte des criminels et
délinquants nés sur son sol [1].

---

[1] La carte dressée par la Chancellerie, en ne donnant que les
chiffres bruts, est de nature à tromper l'esprit par l'œil. Il est bien
clair, en effet, qu'avec ce système, la Seine et le Nord doivent présenter les chiffres les plus élevés, la Lozère le chiffre le plus bas.
Pour tirer parti du tableau de M. Yvernès, il m'a paru qu'il fallait
opérer de la façon suivante : 1° prendre pour chaque département
la moyenne de sa population française, d'après les trois recensements
de la période même à laquelle s'applique la nouvelle statistique ;
2° en retrancher les individus nés dans un autre département ou
dans une colonie ; 3° ramener chacune de ces populations départementales à l'unité de 100,000 habitants. Pour la préparation et la
vérification de ces calculs, je dois beaucoup à l'extrême obligeance,
aux bons avis et à la sûreté de M. Turquan.

De là, la carte que donne pour la première fois le présent livre. Elle n'indique plus seulement ce que j'ai appelé la criminalité interne des départements et elle fait abstraction de la criminalité des étrangers ; elle donne la criminalité totale, interne et externe, de la population née dans les départements. Elle résume par un chiffre la force de production et d'expansion criminelle de chacun d'eux. Pour 100,000 Français quels qu'ils soient, cette force est représentée par le chiffre moyen de 2,75. Elle n'est que de 1,30 pour les Deux-Sèvres, placées sur ce tableau, comme sur l'autre, au premier rang des plus honnêtes. Elle est de 5,08 pour l'Aisne et de 6,74 pour la Seine. En d'autres termes, la criminalité des Français nés dans l'Aisne est 4 fois plus forte que celle des Français nés dans les Deux-Sèvres.

Comparons attentivement les deux cartes et les deux tableaux avec leurs chiffres. Que voyons-nous ?

Des 20 départements qui occupaient la tête de la liste précédente, la moitié se retrouve sur la liste d'honneur des 20 premiers du nouveau tableau : ce sont les Deux-Sèvres, la Vendée, la Vienne, le Tarn-et-Garonne et le Gers, Saône-et-Loire, la Charente-Inférieure, le Lot, l'Ain, le Cher. Ce sont donc là des contrées qui n'exportent pas plus de malfaiteurs qu'elles n'en importent : elles se suffisent à elles-mêmes et leurs populations leur restent attachées. Elles ont peu d'étrangers immigrants, et elles ont peu d'émigrés qui aillent compromettre au dehors leur excellente réputation.

Des 20 derniers de la première liste, quels sont ceux que nous retrouvons encore dans les 20 derniers de la seconde ? Ce sont la Seine, l'Aisne, Seine-Inférieure, Seine-et-Oise, Eure, Seine-et-Marne, Oise, Lozère, Calvados, Meurthe-et-Moselle, Doubs.

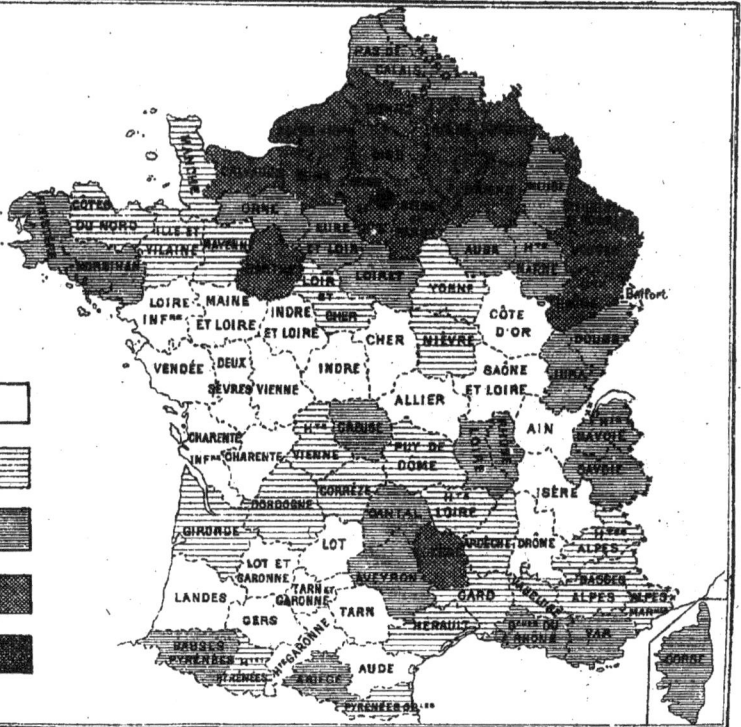

CARTE
DE LA
FRANCE CRIMINELLE

Proportion des Accusés et
Prévenus originaires de
chaque département :

Sur 1000 accusés ou prévenus en France :
les Deux-Sèvres en ont 1,30
la Seine en a . . . 6,74

DE 1,30 A 2,50

DE 2,52 A 2,97

DE 3,03 A 3,90

DE 4,03 A 5,08

6,74

La statistique nous donne ici en bloc la criminalité
interne et la criminalité externe réunies. C'est donc
uniquement par conjecture que nous pouvons calculer
çà et là la proportion respective de l'une et de l'autre.
Il y a cependant un intérêt assez vif à le faire pour discerner quelles sont les populations qui gagnent à rester
chez elles, qui perdent à en sortir, en quoi l'émigration
nuit à leur moralité ou la dégage. Par exemple, il est
évident que le Corse gagne à sortir de chez lui. Dans le
tableau de la criminalité interne, la Corse est classée
85e. Dans le tableau de la criminalité totale, elle est
65e. C'est la preuve qu'une fois hors de son île, le Corse
commet beaucoup moins de crimes ; tout le monde sait
qu'il contribue même à arrêter les malfaiteurs, comme
agent de police et comme gendarme, beaucoup plus qu'à
en grossir le nombre. Comparée alors avec des départements dont les émigrés commettent plus de délits hors
de chez eux que chez eux, la Corse ne peut que gagner
des rangs. Elle n'en gagne pas beaucoup, parce que sa
criminalité interne est très forte et charge d'un poids
trop lourd sa criminalité totale : mais enfin elle en
gagne 20. Nous voyons là, pour ainsi dire, exprimée en
chiffres cette vérité, que la grande cause de la criminalité corse doit être cherchée dans le milieu social de
l'île et non dans des prédispositions héréditaires.

Pour quelques autres départements au contraire, nous
voyons que c'est la criminalité externe qui vient accroître la criminalité totale et faire baisser le coefficient
moral de la population. L'habitant des Côtes-du-Nord
est très bon chez lui, puisque dans le tableau de la criminalité interne il est second. Si dans le tableau de la
criminalité totale il n'est plus que le 36e, c'est évidemment qu'en sortant de chez lui il a beaucoup plus de

chances de devenir un délinquant : son cas est absolument l'inverse de celui du Corse.

Enfin, il est des départements qui sont mauvais à toutes les statistiques : ils ont à la fois beaucoup de criminels chez eux et hors de chez eux. Tel est certainement le cas de la Seine, de l'Aisne, de la Seine-Inférieure, de l'Eure, du Calvados, et même de la Lozère. Ainsi la Seine-Inférieure a chez elle 834 accusés et prévenus jugés, ce qui la met au 82ᵉ rang. Mais nous voyons d'autre part que, dans les dernières années, elle a une moyenne de 894 de ses originaires arrêtés chaque année dans le département de la Seine : nous ne sommes donc pas surpris de la retrouver 84ᵒ au second tableau [1].

Quels sont donc ceux qui gagnent le plus à être ainsi dégagés des délits de leurs immigrants sans que les délits de leurs émigrés leur en restituent l'équivalent ? On distingue vite parmi eux les Bouches-du Rhône, qui remontent du 86ᵉ rang au 62ᵉ ; l'Hérault qui remonte du 81ᵒ au 43ᵉ ; le Var qui remonte du 74ᵉ au 54ᵉ ; les Alpes-Maritimes qui remontent du 83ᵉ au 45ᵉ ; le Rhône qu remonte du 76ᵒ au 63ᵉ. D'où vient cette ascension ? De ce que ces départements importent plus de délinquants qu'ils n'en exportent. Le Rhône et les Bouches-du-Rhône appellent du dehors un grand nombre de travailleurs : ceux qu'ils ont à eux, ils les gardent, ou s'ils les envoient au dehors, il est probable que c'est surtout à l'étranger qu'ils les chargent de représenter leur commerce et leur industrie.

---

[1] Ce relevé des arrestations opérées dans la Seine et que donne la statistique de la ville de Paris, est singulièrement précieux. Il vient s'ajouter heureusement aux statistiques de la Chancellerie, et nous aide ainsi à vérifier les calculs que nous faisions sur « l'exportation criminelle » des départements.

La Seine, c'est-à-dire Paris, joue ici le même double rôle que partout. Paris importe et il exporte. Paris est le centre par excellence où tout afflue, où tout s'élabore et quelquefois se transforme, où tout transite pour être réexpédié. Paris attire donc beaucoup de malfaiteurs, il en produit beaucoup et il en renvoie beaucoup, de même qu'il attire, produit et perfectionne un grand nombre d'hommes de talent.

Reste à chercher quels sont les départements qui perdent le plus au nouveau tableau. Si le Rhône et les Bouches-du-Rhône cessent de nous scandaliser, il en est qui cessent de nous édifier : et ici les différences sont plus fortes encore. Nous voyons successivement tomber les Hautes-Pyrénées du 18e rang au 33e, le Puy-de-Dôme du 16e au 28e, la Nièvre du 11e au 41e, la Haute-Saône du 56e au 83e, la Sarthe du 42e au 76e, la Haute-Loire du 10e au 32e, l'Ariège du 8e au 48e, les Côtes-du-Nord du 2e au 36e, la Creuse du 3e au 47e. Il est clair que ces départements doivent émigrer à l'intérieur dans de fortes proportions. La Creuse a chaque année plus de 300, la Nièvre et les Côtes-du-Nord plus de 400 originaires arrêtés dans le département de la Seine. Là est évidemment la cause principale, pour ne pas dire unique, de ces remarquables différences.

Assurément, pour que ces statistiques nouvelles donnassent immédiatement des résultats de tout point irréprochables, il nous faudrait deux ordres de renseignements complémentaires. D'abord il faudrait que dans cette criminalité totale d'une population donnée, on pût distinguer rigoureusement la proportion des crimes qu'elle commet dans son pays natal et la proportion des crimes qu'elle commet sur d'autres points du territoire, quand elle est sortie de ses traditions de famille, de ses

habitudes, et qu'elle a rompu avec les souvenirs de sa
jeunesse. Il faudrait surtout savoir quelle est l'importance exacte de l'émigration de chaque département :
l'on comparerait alors pour chacun d'eux la criminalité
de ses émigrés, comme on compare le nombre des délits au chiffre de la population résidente. Voici, par
exemple, six départements, les Côtes-du-Nord, le Calvados, l'Eure, l'Yonne, la Nièvre et la Marne qui, les uns
et les autres, ont environ 400 de leurs originaires arrêtés annuellement dans la Seine. Mais de quelle armée
d'émigrés chacun de ces groupes de 400 faisait-il partie ?
Formaient-ils ici le dixième, là le vingtième de la population sortie de ses foyers et campée dans la capitale ?
Nous n'avons aucune de ces statistiques authentiquement rédigée. On peut heureusement suppléer, dans
une bonne mesure, à l'une et à l'autre par des calculs
qui aboutissent à des conclusions d'une probabilité sérieuse.

J'ai indiqué tout à l'heure comment la comparaison
des deux tableaux permet de voir si telle ou telle population commet proportionnellement plus de crimes hors
de chez elle Pouvons-nous apprécier ce qu'un département envoie réellement d'émigrés dans les autres départements ? Les renseignements qui permettraient de le
faire d'une façon complète seraient précieux à bien des
points de vue. L'administration, la police, l'assistance
publique, les œuvres de charité collective, les associations de travailleurs, les chambres syndicales, les
bourses de commerce et de travail n'auraient-elles point
intérêt à connaître ces mouvements de population, leurs
points de départ, leurs itinéraires, leurs points d'abou-
tissement, la durée de leurs séjours ? On pourrait alors
faire quelque chose pour les régler, pour les tempérer

quand elles sont excessives, les stimuler sur certains points, les détourner des directions et des buts qui ne leur conviennent point, pour leur préparer enfin, sur leurs routes et aux termes de leurs voyages, des conditions d'existence qui diminueraient le danger de l'expatriation et de l'isolement.

Les passeports et les livrets permettaient autrefois de recueillir ces renseignements [1]. Puisque ces deux sources demeurent closes, il serait à souhaiter qu'on profitât des dénombrements périodiques pour décrire exactement, dans ses principales variations, cet aspect mobile de notre vie nationale. La science criminelle y trouverait pour son compte un grand secours. Nous n'avons pas encore vu tout ce que ces déplacements ont de périlleux pour la morale et pour la sécurité publique : nous le pressentons néanmoins. Les chiffres déjà cités et les comparaisons déjà faites prouvent que nous avons là mieux encore qu'une hypothèse vérifiable : nous avons un commencement de démonstration qui ne demande qu'à être complété. — En attendant les statistiques que nous appelons, voici quelques moyens d'y suppléer.

La statistique du dénombrement de 1886 a, dans quelques-uns de ses tableaux, des colonnes portant les deux rubriques suivantes : excès d'émigration, excès

---

[1] Les mémoires statistiques des divers départements, rédigés par les préfets de l'Empire en l'an XIII, étaient, sous ce rapport, des plus précis. Je trouve dans la statistique de l'Eure une comparaison portant sur 1789 et sur l'an IX. On y donne pour ces deux années le chiffre des hommes entrés dans le département pour y travailler et en sortir, le chiffre des hommes entrés pour s'y établir ; puis les chiffres des hommes sortis du département, soit pour y revenir, soit pour n'y pas revenir. On voit par ces chiffres divers que de 1789 à l'an IX, l'émigration définitive avait déjà diminué (au moins pour cette partie de la France) et que l'émigration temporaire avait augmenté.

d'immigration. Mais elle nous prévient que ces indications
n'ont qu'une valeur toute relative ; car voici simplement
ce qu'on a fait. On prend le chiffre du recensement
précédent, augmenté des naissances et diminué des décès.
« S'il y a différence entre la population ainsi calculée et
la population constatée, c'est qu'il y a eu un excédent
d'immigration ou d'émigration, suivant que cette différence est une plus-value ou un déficit [1]. » Soit le département de l'Aisne. Entre les deux recensements l'Aisne
a eu un excédent de naissances de 582. Or, on constate
qu'elle a 1,528 habitants de moins que ce que cet excédent de naissances, ajouté à la population de 1881, aurait
permis de présumer. On en conclut qu'il y a eu un
excédent d'émigration de 1,528. Mais que veut-on dire
par là ? Qu'il est sorti 1,528 individus de plus qu'il n'en
est entré. Combien donc en est-il entré ? 1,528 de moins
qu'il n'en est sorti. On nous laisse sur cette réponse qui
ressemble à une mystification ou à une énigme. Les
chiffres réels, on ne nous les donne pas. Mais n'y a-
t-il, encore une fois, aucun moyen de les trouver ?

Dans le calcul précédent, on n'a tablé que sur la population indigène. Mais la comparaison des deux recensements nous apprend qu'en 1886 il y avait dans l'Aisne
13,000 étrangers (soit étrangers proprement dits, soit
nés dans un autre département ou dans une colonie) de
plus qu'en 1881 [2]. Si malgré cet apport et malgré le léger
excédent des naissances sur les décès, il y a un déficit
de 1,528, c'est qu'il y a eu en réalité une sortie assez
importante pour compenser cette entrée de 13,000 indi-

---

[1] Statistique générale de la France. Résultats statistiques du dénombrement de 1886, page 43, note.

[2] Ce qui portait le chiffre de cette partie de sa population à
86,651 habitants nés hors de ses frontières.

vidus nés ailleurs. Le chiffre de ces entrées a été nécessairement balancé ou annulé par un chiffre de sorties correspondantes [1]. Voilà qui nous donne une idée approximative encore, mais beaucoup plus exacte, du va-et-vient de ces populations. Nous voyons d'ailleurs, en une autre partie de la statistique, que le 30 mai 1886, lors des opérations du recensement, on enregistrait l'absence actuelle de 14,094 individus résidant habituellement dans l'Aisne. Avec une population à peu près triple, le Nord n'avait que 17,681 absents. Nous nous expliquons alors qu'en 1886, l'Aisne ait eu 832 de ses originaires arrêtés dans la Seine [2]. Evidemment, c'est là un département où la résidence n'est pas fixe : on y est installe. on s'y déplace et, par conséquent, on s'y déclasse avec une très grande facilité. Aussi est-il, immédiatement après la Seine, celui dont la criminalité totale, interne et externe, a le coefficient le plus élevé.

Voici maintenant pour la Lozère un autre calcul, mais reposant sur les mêmes principes. De 1881 à 1886, la Lozère a eu un excédent de 7,325 émigrations, soit un déficit de 7,325 habitants, quoiqu'elle ait eu un excédent de 5,024 naissances. Si sa population étrangère, au sens large du mot, n'a pas augmenté beaucoup — et elle n'a augmenté que de 900 — cet excédent d'émigration signalé n'est plus seulement proportionnel, mais réel (à 900 près). Or pour un département qui n'a point 140,000 habitants, il est considérable, et nous nous expliquons que la criminalité externe de la Lozère y trouva l'ap point qui lui assure un si mauvais rang.

Il faut en dire autant des Côtes-du-Nord qui, malgré

[1] C'est à M. Levasseur que je dois l'idée de ces calculs.
[2] Ce qui est (après la Seine-Inférieure) le chiffre proportionnel le plus élevé de toute la France.

un excédent de 13,303 naissances, accusent en 1886 un excédent d'émigration de 12,632 sur l'année 1881. Si les Côtes-du-Nord ont reçu beaucoup d'étrangers nouveaux, c'est autant à déduire pour avoir le chiffre réel de ses émigrants. La déduction à faire n'est que de 521. Il est donc certain que ce département, qui reçoit peu d'étrangers et produit beaucoup d'enfants, émigre beaucoup [1].

Ce point me paraît si important que je demande à indiquer une autre méthode pour calculer l'instabilité de nos populations respectives. Les tableaux construits par M. Turquan avec les éléments du dénombrement de 1886 nous permettent de voir, pour ainsi dire, des yeux si les départements conservent ou non tous les enfants qu'ils ont vus naître et s'il leur en arrive beaucoup qu'ils n'ont point eux-mêmes procréés. Il s'agit de la méthode dite des « Pyramides des âges [2] ». On ne saurait rien imaginer de plus démonstratif.

Relevons dans les dénombrements les nombres des individus qui forment les couches successives de la population dans nos départements. Nous avons pour chacun d'eux le nombre des individus de 0 à 5 ans, puis celui de 5 à 10 ans, et ainsi de suite. Représentons chacun de ces nombres par une ligne horizontale plus ou moins longue et superposons toutes ces lignes : nous aurons sous les yeux les proportions respectives des habitants de divers âges qui peuplent un département ; et la superposition

---

[1] Cette émigration va peu à l'étranger : c'est un point à retenir. Voyez M. BAUDRILLART, Les Populations agricoles de la Bretagne, p. 408. Ajoutons que le 31 mai 1886, on comptait 17,518 absents dans la population dite résidente.

[2] On a pu voir l'album complet de ces pyramides à l'Exposition du ministère du commerce au Palais des Arts libéraux. Le volume du dénombrement de 1886 n'en donne que quelques-unes à titre de spécimen.

de ces lignes devra régulièrement présenter une forme pyramidale. Regardons en effet ces ingénieuses constructions : la première génération, celle de 0 à 5 ans forme naturellement la première assise ; et, toutes choses égales d'ailleurs, les assises accumulées doivent aller en se rétrécissant, au fur et à mesure des décès, jusqu'à ce que les rares centenaires des deux sexes achèvent la pointe aiguë de la pyramide. S'il y a des irrégularités, elles nous feront constater, *de visu,* des immigrations comme des émigrations temporaires qui se laisseront mesurer.

Nous voyons, par exemple, une déformation qui nous frappe dans la pyramide de la Creuse. Les assises des individus de 20 à 25 ans et de 25 à 30 ans y ont subi un retrait considérable. Ce n'est pas la mort qui a restreint si brusquement l'étendue de ces lignes et produit cette échancrure disgracieuse ; c'est l'émigration temporaire. Voyez ensuite la ligne des individus de 45 à 50 ans ; au lieu d'être en retrait sur les précédentes, elle les déborde. C'est que les adultes sont revenus, à la veille de la vieillesse, et qu'ils ont cessé de s'en retourner pour les travaux de la grande ville. A partir de là seulement, la pyramide va aller en se rétrécissant d'une façon constante et régulière par le tribut payé annuellement à la mort. Il en est de même pour la Lozère et pour les Basses-Pyrénées.

A côté de ces pays où l'on mesure ainsi d'un coup d'œil l'étendue de la natalité et l'importance de l'émigration, il en est d'autres dont les chiffres, exprimés graphiquement, se traduisent en des pyramides d'une autre nature. La base en est étroite, parce que la natalité y est pauvre ; mais les assises de 20 à 25 ans s'étendent subitement et dépassent de beaucoup celles qui précèdent. C'est que ces départements reçoivent une immigration très importante de jeunes gens dans la fleur de l'âge et qui ont quitté, pour un temps [1] ou pour toujours, leur département d'origine Il est superflu de citer ici la Seine, le Rhône, les Bouches-du-Rhône.

Il en est enfin comme l'Eure et le Calvados où la base, fournie par les enfants de naissance, est faible et où nulle déformation ne se révèle dans la succession des assises ascendantes. L'ensemble de la figure affecte plutôt la forme d'une cloche pointue que celle d'une pyramide. C'est que la proportion des adultes s'y montre d'autant plus forte que le nombre des enfants y est plus petit. D'autre part, aucune assise qui déborde sensiblement, mais une série de retraits doucement gradués. Il n'y a donc point ici vraisemblablement d'émigration notable, la natalité n'y suffirait pas. Quant à l'immigration qui vient combler çà et là les vides de cette natalité, elle paraît constante, mais sans jamais prendre de grandes proportions. Dans la partie droite réservée au sexe féminin, l'assise de 20 à 25 ans domine bien un peu la précédente ; c'est sans doute la part de la domesticité et peut-être aussi celle de la débauche qui, toutes deux, ont fait venir des recrues du dehors [2]. Mais enfin ni l'immigra-

---

[1] Très souvent pour le service militaire. L'extension de la ligne est très grande pour les départements qui ont des villes à fortes garnisons. Mais on est obligé de constater un autre fait. La pyramide est coupée en deux parties par une ligne verticale qui sépare les deux sexes. Or, quand la ligne masculine s'étend ainsi par l'accroissement, par exemple, des garnisons, la ligne féminine du même âge s'étend également de l'autre côté.

[2] On a d'ailleurs observé que dans toute la France, la ligne féminine de 20 à 25 ans tendait à se prolonger au-delà de ce que les calculs les plus étudiés auraient fait prévoir. Les statisticiens expliquent cette irrégularité en disant que l'âge de 20 à 25 ans est celui que les femmes ont le plus de peine à abandonner dans les déclarations qu'elles confient aux bulletins de recensement.

tion ni l'émigration n'ont pris là de développement qui excède la moyenne. Qu'on applique ces dernières conclusions à l'Eure et au Calvados, départements qui mériteront de nous occuper longuement, on ne dira rien qui ne soit d'accord avec un grand nombre de documents d'une autre nature. On pourra donc affirmer que la criminalité mise au compte de cette région est bien à elle.

Telles sont les premières conclusions que nous pouvons tirer de l'application de notre méthode. Les autres suivront au fur et à mesure que nous descendrons à un examen plus détaillé des statistiques, et surtout à une étude plus concrète des populations au sein desquelles s'accomplissent les actes qui tombent sous le coup de la loi.

CHAPITRE III

LES ÉTRANGERS
LES FRANÇAIS HORS DE CHEZ EUX
LES PARISIENS

I. Le drame criminel, trois acteurs principaux. — II. L'étranger; sa criminalité domine toutes les autres; elle s'accroît. — Les étrangers qui viennent de près. — Les étrangers qui viennent de loin. — Les étrangers bien accueillis, les étrangers mal accueillis. — Les naturalisations. — L'isolement. — III. Le Français hors de chez lui. — Emigration permanente. — IV. Emigration momentanée, émigration périodique, émigration à destination variable. — Une statistique faite à Saint-Gaudens. — V. L'émigration temporaire à Paris. — La Creuse et le Limousin. — Les arrestations de provinciaux dans le département de la Seine. — VI. Qui apporte l'épidémie? Qui la fait naître? — VII. Le milieu parisien. — L'affluence mal réglée. — Les gens qui se cachent. — Les industries suspectes. — Les hommes de plaisir. — Les hommes d'affaires. — L'importation, l'exportation et le transit du crime à Paris. — Ruines et débris de familles parisiennes.

I

C'est une sorte de drame qui se joue entre la société régulière et les malfaiteurs dont les entreprises la troublent. Si les chapitres qui précèdent ont donné

« l'exposition » de ce drame et en ont clairement indiqué la scène, on peut distinguer déjà trois personnages
collectifs auxquels est due en grande partie la marche
des événements : l'étranger qui vient charger la criminalité interne de certains départements ; l'émigré à
l'intérieur de la France, qui fait la criminalité externe
de certains autres et en accroît ainsi la criminalité
totale, enfin les populations des grands centres qui
attirent ces éléments, les déplacent et les égarent : or,
parmi ces centres d'attraction, la France en a un dont
l'action prime toutes les autres, c'est Paris. Ainsi donc,
les étrangers chez nous, les Français hors de leur foyer,
les Parisiens, trois facteurs de premier ordre, dont il
s'agit de comprendre toute l'importance.

J'ai dit que les statistiques du Ministère de la Justice
ne faisaient pas tous les ans les mêmes calculs d'après
les mêmes méthodes : elles varient l'étude des problèmes
d'après la diversité des données que les autres administrations leur fournissent.

En 1877, le *Compte général* a fait [1], en quelques
lignes, un rapprochement qui est d'un singulier intérêt.
« En se reportant, dit-il, aux résultats généraux du
recensement de 1876, on constate que sur 100,000 habitants n'ayant point quitté le lieu de leur naissance, 8 ont
été traduits en 1877 devant les cours d'assises ; que sur
100,000 individus domiciliés dans d'autres départements
que celui où ils étaient nés, il y en a eu 29; et que sur
100,000 étrangers résidant en France, il y en a eu 41. »

Ainsi 8, 29, 41, voilà les trois étapes criminelles que
font parcourir le déplacement, l'abandon du sol natal et
du foyer héréditaire. Revenons maintenant sur nos pas
et faisons, si nous le pouvons, l'histoire de ce voyage.

[1] Page IX.

II

Sur l'étranger, il y a peu à dire, mais ce peu est décisif. Les Comptes généraux du Ministère de la Justice nous évitent la peine de disposer nos calculs ; ils nous les donnent tout faits. Le rédacteur de ces Comptes nous dit : « En France, il résulte de la statistique et des casiers judiciaires que, parmi les étrangers immigrés, la criminalité est quatre fois plus forte que chez nos nationaux [1]. » Ceci nous est dit pour les deux dernières années. En 1886 [2], on donnait cette criminalité comme n'étant que trois fois plus forte. Ainsi donc, non seulement l'immigration étrangère augmente dans les proportions que l'on sait : car du recensement de 1851 à celui de 1886, en trente-cinq ans, elle a triplé [3] ; mais de plus, les éléments qu'elle nous envoie sont ou deviennent de plus en plus mauvais. La comparaison a été faite pour les crimes, elle a été faite pour les délits et les crimes réunis : les résultats concordent [4].

D'où vient cette aggravation ? Les individus que l'étranger nous envoie, nous arrivent-ils pires que jadis, avec une corruption déjà mieux formée et plus avancée par les influences subies dans leurs patries respectives ? Se gâtent-ils davantage chez nous ? La question est dé-

---

[1] *Bulletin de l'Institut international de statistique.* Rome 1888, p. 77 (communication de M. YVERNÈS). Cf. *Comptes généraux* pour 1885, p. x et pour 1887 p. ix.

[2] *Compte général,* XXXIV.

[3] Elle a passé de 380,381 à 1,126,153.

[4] Il y a lieu de remarquer une fois de plus cette concordance qui justifie notre méthode et un grand nombre de nos assertions.

licate et très difficile à résoudre. Ce qu'on peut dire
d'abord de plus vraisemblable, c'est que la qualité de
ces émigrés diminue peut-être à mesure que la quantité
en augmente, et par cela même que cette quantité s'accroît. Quand le courant qui pousse les gens d'un pays
dans un autre est faible, il n'amène, ce semble, que des
individus plus énergiques, plus intelligents et plus curieux, qui viennent d'eux-mêmes et de propos délibéré.
Quand il est fort, il charrie de plus en plus indistinctement des êtres de toute espèce qui cèdent à un entraînement. Cela doit être vrai pour la masse aussi bien que
pour les classes et les professions prises à part. Lorsque
la France ne demandait à l'Allemagne qu'un petit
nombre d'institutrices et de domestiques destinées à
apprendre leur langue aux enfants, on les choisissait,
et celles-là seules devaient venir qui se sentaient
une certaine vocation. Depuis qu'on en importe par
centaines, il en arrive de tout caractère et de toute
vertu.

Je trouve une vérification de cette hypothèse dans la
comparaison suivante. Il est naturel que ce soient les
peuples limitrophes, — Belges, Suisses, Italiens, Espagnols, — qui nous envoient le plus d'immigrants. Aussi
ne peut-on s'étonner que ce soient eux qui nous donnent,
en chiffres absolus, le plus de criminels. Ce qui était
moins prévu et est plus digne d'attention, c'est que le
nombre des malfaiteurs est proportionnellement plus fort
parmi les immigrants venus des pays voisins que chez
les immigrants venus de pays plus éloignés. Le *Compte
général* de 1888 nous dit : « Si l'on rapproche les chiffres
des bulletins de condamnation des habitants de chacune
des nationalités recensées en 1886, on obtient une proportion de 4 condamnations pour 1,000 Belges, de 18

pour 1,000 Italiens, de 19 pour 1,000 Suisses, de 23 pour 1,000 Espagnols. »

Pour les autres nationalités, on ne nous donne aucune proportion, parce que, dit-on, les chiffres sont trop faibles. Nous avons cependant en France [1] plus de 36,000 Anglais, 12,000 Russes, 12.000 Austro-Hongrois, 10,000 Américains. Ce ne sont pas là des chiffres minimes. Ne pas compter ce qu'ils donnent de délinquants, c'est reconnaître implicitement qu'ils en donnent beaucoup moins que les autres. Mais nous aurons une confirmation plus positive, si nous analysons les chiffres des arrestations d'étrangers opérées dans le département de la Seine [2], et si nous les comparons aux chiffres de leurs nationaux recensés dans le même département [3]. A nombre égal de résidents, les colonies belge et suisse ont environ trois fois plus d'arrestations que la colonie anglaise, que la colonie austro-hongroise et que la colonie américaine. Entre la colonie italienne et la colonie austro-hongroise, la différence est encore plus forte : la première n'est que 4 fois 1/2 plus nombreuse, et en 1887 elle comptait 15 fois plus d'arrestations [4].

N'est-ce point que pour aller en pays lointain, il faut quelque esprit d'entreprise, quelque volonté de changer de vie par le travail, ou bien encore une fortune et des loisirs qui garantissent contre le désordre grossier ? Le

---

[1] *Statistique générale de la France*, recensement de 1886. Paris, 1888, p. 72.

[2] *Compte général* pour 1888, p. 145.

[3] *Statistique générale de la France*, 1888, p. 72-73.

[4] « On ne peut faire une opération analogue pour les Allemands, dont le nombre en France est fixé pour le dernier recensement à 100,114, parce que les bulletins de condamnation s'appliquant à des Alsaciens-Lorrains ne font pas connaître si ces individus ont opté ou non. »

paresseux, le vagabond, l'homme qui, dans son pays, a
sur les bras quelque mauvaise affaire, passent plus aisément la frontière : ils partent pour la contrebande, puis
pour le vol. Plus il y en a qui l'ont osé, plus leur nombre
se grossit de déclassés et d'hommes ayant intérêt à quitter le plus vite possible le pays où ils sont nés.

Mais cette loi générale n'est pas la seule à influer sur
le régime moral des émigrés. Il est bien probable que la
façon dont on les accueille et dont on leur fait place, est
pour beaucoup dans la manière dont ils se conduisent à
leur nouveau séjour. Les Belges qui résident dans le
département du Nord y commettent relativement peu de
méfaits. C'est la région où les étrangers ont le moins
d'individus condamnés pour crimes ou délits. La différence est même très forte, puisque la proportion est de
11 condamnés sur 1,000 dans le Nord, tandis qu'elle est
de 47 sur 1,000 dans le Doubs et dans les Pyrénées-
Orientales, de 45 dans l'Hérault. Or, c'est auprès de la
frontière belge qu'il y a le plus de naturalisations. Le
Nord a 4 fois plus d'étrangers que les Bouches-du-Rhône,
mais il voit 9 fois plus de naturalisations. Il a 19 fois plus
d'étrangers que l'Hérault, mais il a 75 fois plus de naturalisations. Le Doubs a 2 ou 3 fois moins d'étrangers natu-
ralisés que le Nord, et l'on vient de voir que la criminalité
de ses immigrés était 4 fois 1/2 plus forte. Les étrangers
qui commettent le plus de crimes sur notre sol sont les
Espagnols. Remarquons que ce sont eux qui, quoique se
plaisant dans les Pyrénées-Orientales et dans l'Hérault,
se prêtent le moins aisément à embrasser notre na-
tionalité et à régulariser ainsi leur résidence. Nous
devons en conclure que l'ensemble des Espagnols recensés dans nos départements méridionaux y campent plus
qu'ils n'y résident, tandis que les Belges de Lille et de

Valenciennes tendent insensiblement à se fondre avec nos propres populations.

Au point de vue qui nous occupe, que prouvent ces divers rapprochements ? Que plus on vit en étranger dans un pays, plus on se met facilement en hostilité avec ses lois... Ce n'est pas assez dire : moins on incline à se faire citoyen d'un Etat et à adopter une nouvelle patrie à défaut de celle qu'on a quittée, moins on est retenu par ces liens habituels qui enchaînent la plupart d'entre nous dans la régularité, dans la prudence, dans le respect de nos semblables et dans la crainte de l'opinion.

Il n'en serait pas de même si la colonie installée à l'étranger y demeurait compacte, si elle gardait quelque chose de son organisation nationale ou, tout au moins, savait se rallier dans des réunions charitables et religieuses. Les dépositions recueillies près des publicistes de l'Amérique du Nord dans l'enquête de 1873, l'ont établi plus d'une fois : les émigrants qui arrivent d'Europe isolés commencent toujours par être un embarras, ils commettent délit sur délit. Pour qu'ils retournent à une existence honnête, il faut qu'ils se fondent avec la société américaine et se classent dans ses rangs. D'autres fois, ils traversent une étape intermédiaire Dans un centre populeux, ils retrouvent des compatriotes, inconnus d'eux sans doute, mais parlant encore leur langage et partageant leurs souvenirs. Ils cessent dès lors d'être à l'état de nomades et d'irréguliers.

Rien n'empêche d'ailleurs que ces deux organisations ne rentrent l'une dans l'autre, ne s'ajustent l'une à l'autre, et ne forment pour ceux qu'elles enlacent un double rempart contre le mal. Les juifs, installés dans les pays civilisés et y jouissant de tous leurs droits, comparaissent rarement devant les tribunaux : cela est notoire, surtout en France. Le public expliquera ce fait assez volontiers par une prudence héréditaire et par une habileté acquise à tourner savamment la loi. J'en vois aussi la cause dans ce fait que, tout en étant citoyens d'un grand pays, ils conservent une organisation spéciale, un culte, des rites, des préjugés, diront les uns, des croyances, diront les autres, mais enfin des manières de voir et des pratiques qui les rapprochent et les resserrent. Ils se secondent mutuellement. rien de plus connu ; mais par cela même ils se surveillent, ce qui, pour la moralité légale tout au moins, est efficace.

On peut en dire autant des minorités protestantes de certains de nos départements. Si j'en crois divers magistrats, elles paraissent plus régulières que la majorité au milieu de laquelle elles tiennent à maintenir leur originalité, comme à défendre leur réputation [1]. Une minorité bien organisée — à moins qu'elle ne se compose exclusivement de conspirateurs ou de gens sans aveu — aura toujours le souci de ne pas se compromettre. Respectant deux lois au lieu d'une, elle aura une double garantie contre les faiblesses de la nature.

Tel n'est pas le cas de la plupart des étrangers qui vivent en France à l'heure où nous sommes. Ils vont d'un chantier de travail dans un autre, d'un atelier dans un autre, uniquement guidés par la préoccupation toute individuelle de gagner de l'argent ou d'échapper à des recherches qui les inquiètent. Au lieu d'avoir deux

[1] M. le Directeur actuel du personnel au Ministère de la Justice, membre du Conseil général de la Lozère, me l'affirme pour la population protestante de ce département. C'est surtout dans l'arrondissement de Florac que les protestants sont agglomérés. Or, voyez plus haut page 37.

centres de ralliement, ils n'en ont plus du tout. Ils ont quitté l'ancienne patrie, et ils n'aiment pas encore la nouvelle où leur accroissement prodigieux et les conditions de travail qu'ils acceptent, soulèvent depuis quelque temps contre eux les défiances et même les haines.

Le pays qui les accueille n'est-il pour rien dans cette accumulation d'éléments étrangers d'un caractère nuisible? Il y est pour beaucoup. Qu'est-ce qui attire chez nous depuis vingt-cinq ans tant d'ouvriers de toute nation? Deux choses dont j'aurai à reparler : la diminution de nos naissances et la multiplicité de nos grèves. Les travailleurs nous manquent, et ceux qui nous restent croient trop souvent rencontrer dans l'abstention et dans le chômage un bon moyen d'accroître leurs salaires. Un grand nombre d'industriels sont donc contraints d'employer des étrangers. Voilà les deux causes que tout le monde connaît. Ni l'une ni l'autre ne sont parfaitement honorables : elles accusent un état de malaise économique ou plutôt social et de désordre moral. Or, tout organisme qui se relâche est envahi, nous le savons, par des êtres qui travaillent à le désorganiser plus encore. C'est là une loi physiologique et c'est aussi une loi sociale. Nous ne tarderons pas à en trouver la confirmation dix fois pour une.

III

Mais la France a aussi ses émigrés. Elle en a de plusieurs sortes. Le Play distinguait trois espèces d'émigration : l'émigration permanente, l'émigration momentanée et l'émigration périodique.

L'émigration permanente de nos nationaux hors de France n'est pas ce qui nous intéresse le plus; car en supposant que ceux qui nous quittent soient plus enclins ou plus exposés à mal faire que ceux qui nous restent, leur départ allège notre criminalité au lieu de la charger. Il serait à désirer néanmoins que l'Angleterre, la Suisse, l'Italie, l'Espagne pussent nous édifier sur les crimes et délits commis chez elles par les émigrés français, comme nous les renseignons sur les actes commis chez nous par les leurs. La comparaison ne pourrait manquer d'être instructive. Malheureusement l'étranger ne nous renseigne pas sur ce point. D'autre part, notre propre administration n'a pas encore su nous renseigner nous-mêmes sérieusement sur notre émigration lointaine et sur la part qu'y prennent nos différents départements.

Le goût, l'idée familière et l'habitude de l'émigration exercent-elles une influence heureuse sur une population donnée? Les Italiens l'affirment, ils prétendent que l'émigration est une soupape par laquelle s'échappent, en activité féconde encore, tous les malaises qui autrement aboutiraient au crime ou au suicide. Cela peut être. J'ajouterai même : cela devrait être. Mais tout dépend de la façon dont l'émigration est désirée, conçue, préparée, exécutée. Il y a eu souvent des émigrants qui partaient en troupe ou en famille [1] : dans quelque pays

---

[1] Dans un intéressant travail auquel je ne tarderai pas à revenir, M. Lacointa, ancien directeur des affaires criminelles, avait recueilli de ces traditions dans l'arrondissement de Saint-Gaudens, dont il avait dirigé le parquet pendant quatre ans. « Autrefois, dit-il, on s'éloignait par bandes même très nombreuses. On a gardé dans plusieurs villages le souvenir de ces départs de 100 et 150 personnes à la fois. Il n'en est plus ainsi depuis quinze à vingt ans. » (Écrit en 1871.) En constatant ce changement, l'honorable magistrat constatait aussi

qu'ils se rendissent, ils conservaient un frein et un soutien. Il y a des émigrants qui préparent leur entreprise
et qui la calculent : ceux-là aussi seront préservés, ils
seront même retrempés par l'effort soutenu et réfléchi
qu'ils consacrent à leur dessein. Mais quant aux émigrations tentées au hasard, par coup de tête et pour échapper plus commodément à certaines difficultés, elles
aggravent le mal au lieu de l'alléger.

Laissons ceux de nos émigrés qui s'en vont dans
l'une ou l'autre des cinq parties du monde, puisque
nous ne pouvons pas les suivre. Considérons un instant
l'Algérie, non pas encore comme un prolongement de la
patrie française, mais comme un pays d'émigration. Les
éléments qui forment « les colons », comme on les appelait encore hier, sont, nous le savons, très nombreux et
très divers. On y trouve d'anciens militaires ou d'anciens employés qui y sont restés et y ont fait souche,
des employés travaillant à la terre ou dans l'industrie
pour le compte des grandes Compagnies, des vignerons du
Languedoc ou de la Provence, ruinés par le phylloxéra,
et qui sont venus planter de la vigne dans des coteaux à
peu près semblables à ceux de leur pays natal..... Ce
sont là sans doute les meilleurs. On y trouve aussi des
déclassés dont quelques-uns se reclassent et élèvent des
familles honnêtes, mais dont beaucoup aussi compromettent de plus d'une manière la renommée du pays
neuf.

Les effets de ce mélange sont encore sensibles dans les
statistiques. En 1886, la population française de l'Algérie a 17 crimes pour 100,000 habitants [1]. Les autres

que le caractère moral de l'émigration était loin de s'améliorer dans
l'arrondissement. Voir *le Contemporain*, novembre 1871.

[1] La moyenne de la France est 11 (mais Français et étrangers

Européens, plus éloignés encore de leurs pays primitifs, ont une criminalité de 34[1].

Un des aspects de cette émigration dans ce qu'elle a de moins recommandable nous est révélé dans l'enquête française sur l'alcoolisme D'après un rapport spécial du médecin de l'Asile d'aliénés d'Aix (en 1886), presque tous les alcooliques de son asile (26 sur 32 en 1883) sont des individus qui avaient émigré de France en Algérie et que l'Algérie a renvoyés à la métropole. Le savant médecin commente les faits et donne quelques détails sur les antécédents de ces pensionnaires. L'Algérien colon, celui qui plante et qui cultive, est, dit-il, aussi sobre que le Provençal. Mais c'est surtout la population européenne des villes qui s'alcoolise. Si elle le fait, ce n'est pas sous l'influence du climat qui détourne plutôt de l'usage des liqueurs fortes qu'il n'y pousse : c'est sous l'action de prédispositions antérieures.

Ces prédispositions, M. le directeur de l'Asile d'Aix les qualifie d'héréditaires, et voici la description qu'il en fait. « Beaucoup de candidats à la folie sont, en effet, alors que l'affection ne se traduit encore par aucune affection délirante, vivement sollicités par un besoin irrésistible de voyager, de courir les aventures. Quelques-

---

résidant en France, réunis). La moyenne de la population purement française doit être baissée de quelques points.

[1] Celle des indigènes n'est que de 19, dans le *Compte général ;* mais M. Tarde, malgré sa grande perspicacité, s'est un peu pressé, je le crains, de louer leur moralité. Il a oublié qu'un très grand nombre d'indigènes, vivant sur territoire militaire, ne relevaient pas de nos tribunaux ordinaires et ne figuraient par conséquent pas dans les statistiques de la Chancellerie. — D'autre part, il convient de remarquer que la criminalité des étrangers fixés en Algérie est moindre que celle des étrangers (pris en bloc) qui résident en France. Il n'est pas difficile de rapprocher ce fait des considérations que j'ai exposées plus haut, pages 62 et 63.

uns même sont déjà délirants, mais assez maîtres d'eux pour dissimuler leur état maladif, s'expatrient pour échapper aux persécutions croissantes dont ils se croient l'objet, et vont chercher au loin un moyen facile pour réaliser les rêves ambitieux qui hantent leurs cerveaux. Les malheureux, soumis à la double influence de la chaleur et de l'alcoolisme, viennent en Algérie achever leur ruine [1]. »

Cette description a été certainement faite d'après nature, sur des sujets soignés dans l'Asile. Mais je crois que dans cette « population européenne des villes où règne l'alcoolisme », il y a aussi bien des émigrés qui, dans leur pays natal, étaient des « candidats » non pas à la folie, mais au délit et à la prison. Si quelques-uns se croyaient persécutés par des ennemis imaginaires, beaucoup l'étaient en effet..... par le commissaire de police ou par l'huissier, par des créanciers exigeants ou par des maîtresses plus exigeantes encore. Ajoutez-y des incompris, des rêveurs, des naïfs....., je suis très loin de dire que vous aurez là toutes les catégories d'émigrés, à Dieu ne plaise ! Mais vous en aurez toute une partie destinée à demeurer longtemps inquiète, maladive, et qui a besoin qu'une ou deux générations vienne réparer l'effet de son incohérence.

Cet effet pourrait être réparé beaucoup plus vite par des émigrants sérieux qui répandraient au dehors notre langue, notre commerce et nos idées et serviraient ainsi indirectement la moralité de la mère-patrie. Sur ce point tout a été dit : je rappelle simplement que si cette pauvreté de notre émigration est un mauvais symptôme, c'est surtout parce qu'elle tient à la faiblesse de notre

---

[1] Enquête sénatoriale sur l'alcoolisme. Rapport CLAUDE, et annexes, p. 164.

natalité, mal profond sur lequel j'aurai tant à revenir.

Mais encore une fois, nous ne pouvons pas insister davantage sur notre émigration lointaine et permanente. En savons-nous davantage sur notre émigration momentanée et périodique ?

IV

Le Français qui part à l'étranger y va rarement sans esprit de retour. Beaucoup vont essayer de faire fortune en Egypte, à la Plata, dans l'Orient, dans nos diverses colonies et peut-être plus encore en Europe. Certaines traditions leur ouvrent çà et là des métiers où ils réussissent plus que d'autres. Le département du Cantal et surtout l'arrondissement d'Aurillac envoient beaucoup d'émigrés en Espagne. Ces individus y exercent généralement la profession de boulangers et reviennent riches en Auvergne[1].

Quelques familles des Basses-Alpes se sont emparées d'une partie considérable du commerce du Mexique. Peu à peu les beaux-pères y appellent les gendres, les oncles y appellent les neveux, les amis y attirent les amis, et ainsi de suite. Les revenus d'un domaine et d'une entreprise peuvent y être très importants : le capital négociable y est très faible, parce que les amateurs sont rares et que les arrivants sont encore pauvres. Celui qui a su en tirer bon parti, aime mieux, quand il se retire, le céder ou le « repasser » à un compatriote, à un camarade d'enfance. C'est ainsi que se forment les cou-

[1] Renseignement recueilli près de M. Amagat, député du Cantal.

rants. Celui-ci est peut-être restreint parce que la population d'où il part est peu nombreuse ; il a pris néanmoins une importance relative qui mérite d'être remarquée. A part une ou deux exceptions [1], l'ensemble est très honorable pour le pays [2]. Ceux qui partent avec l'idée de revenir, au moins une partie de l'année, au sol natal et d'y jouir de l'aisance acquise, ceux-là demeurent toujours, en quelque sorte, sous les yeux de leurs compatriotes. Ils savent que de loin l'on apprend vaguement leurs succès, l'accroissement de leur fortune et leurs chances plus ou moins brillantes de retour. S'il en est un qui est soupçonné d'avoir gagné sa fortune moins loyalement que les autres, il est noté. Au-delà des mers, ils se retrouvent, ils s'entr'aident et ils ont même organisé entre eux une société de secours et d'assistance. Voilà, je crois, le type d'émigration temporaire le plus favorable à la moralité d'une région.

Il ne faut pas se dissimuler que ce type peut être altéré de plus d'une manière. Là où M. Lacointa l'avait observé, dans la Haute-Garonne, il y avait des insuccès. « La plupart rentrent en France, en bonne partie sans ressources, malades souvent, quelques-uns avec des économies notables, certains avec une fortune [3]. » Puis les enrichis ne donnent pas toujours non plus bon exemple. Mais c'est ainsi, à tout prendre, dans les industries mêmes qui n'exigent aucune expatriation. En somme l'émigration momentanée est une des formes les

---

[1] Qui datent de l'expédition du Mexique et qui avaient emprunté quelque chose au caractère si suspect de notre intervention politique. — Je parle ici d'après des renseignements précis et personnels.

[2] C'est tout particulièrement l'arrondissement de Barcelonnette.

[3] *Article cité.*

plus satisfaisantes de l'esprit d'initiative et de l'activité commerciale et industrielle.

L'émigration périodique (il est superflu d'expliquer le mot) s'accomplit surtout dans l'intérieur du pays, et, au premier abord, elle peut passer pour plus favorable encore à la moralité des gens que l'émigration lointaine et momentanée[1]. En principe, quelle en est la raison d'être et quel en est le but? En certaines saisons de l'année, des individus vont louer leur travail dans des parties du territoire où ils trouveront une occupation rémunératrice. Puis ils reviennent chez eux, quand la saison interrompt leur travail spécial, tel que celui de maçon. Ils placent leurs économies, réparent leur maison, agrandissent leur champ, se hâtent d'achever la besogne locale qui les attendait; puis ils repartent.

Rien n'atteste plus le désir de travailler sans relâche, de ne perdre aucun jour de l'année, aucun moment de l'existence, et il ne faut pas s'étonner si les habitants des sols pauvres qui ont pratiqué les premiers ce mode de travail double et alternatif ont eu pendant longtemps une excellente réputation.

Mais il faut déjà distinguer deux variétés d'émigration périodique, l'une à destination fixe, l'autre à destination variable. La première enrégimente les travailleurs dans une industrie déterminée, les ramène chaque année dans les mêmes milieux. Elle a chance de les mettre en rapports avec les mêmes patrons ou les mêmes chefs, dont

---

[1] Il y a aussi ce qu'on peut appeler l'émigration permanente à l'intérieur. Elle se compose de ceux que les mariages, les déplacements de fonctions, l'état militaire, les nécessités des professions font aller d'un lieu dans un autre. Mais presque tous ceux-là reprennent racine et s'implantent de nouveau dans un milieu auquel ils sont obligés de s'accommoder.

l'estime leur est nécessaire. Elle les plie au respect des mêmes conventions, les soumet enfin au joug de l'habitude ; ils calculent plus exactement leur départ et leur retour ; ils envoient plus régulièrement leurs économies chez eux. Tels ont été pendant de longues années les ouvriers limousins : tels sont encore un certain nombre d'entre eux [1].

L'émigration à destination variable a, le nom seul l'indique, quelque chose de plus irrégulier et, par cela même de plus périlleux. Remouleurs, colporteurs, étameurs, grillageurs, raccommodeurs de parapluies, vanniers... ils se laissent guider par la demande du travail et par leurs gains, comme un chasseur par le gibier. Leur retour n'est pas beaucoup plus assuré que leur itinéraire. L'importance de leur bénéfice est très variable ; on peut en dire autant de l'emploi qu'ils en font.

Le travail tout spécial que j'ai déjà cité [2] sur l'arrondissement de Saint-Gaudens nous donne à ce sujet des détails précieux, recueillis patiemment sur place avec les documents des archives locales et du greffe. En 1866, l'arrondissement qui avait 136,215 habitants comptait 7,395 émigrants. Ils se subdivisaient ainsi : émigration à l'étranger, 1,612 ; émigration permanente en France, 1,670 ; émigration périodique en France, 4,113.

Ces derniers, comme on va le voir tout à l'heure, voyageaient très loin : ceux qui colportaient des livres

---

[1] Surtout ceux qui s'en vont travailler dans des localités de province où s'est établi un parent, un compatriote chez lequel ils ne viennent périodiquement que sur appel et avec du travail assuré. J'en vois en ce moment même de semblables dans un village de l'Yonne. Un limousin s'y est établi depuis quelques années : deux ou trois maçons de la Creuse viennent l'aider à chaque printemps. On les appelle ici aussi les hirondelles.

[2] Voyez plus haut page 65, note.

s'en allaient volontiers jusqu'en Allemagne. Tout n'était pas à blâmer, tant s'en faut, dans ces essais qui demandaient quelque esprit d'initiative. Les colporteurs gagnaient en neuf mois, depuis 200 ou 400 francs jusqu'à 2,500, selon leur habileté et selon leur chance. Revenus au pays d'origine, ils employaient généralement leurs économies en acquisitions de terres, ce qui explique la valeur considérable où le sol était arrivé dans quelques parties de l'arrondissement. En une seule année, ils avaient envoyé plus de 100,000 francs par la poste (sans compter ce qui parvenait par d'autres voies). « Mais, ajoute le distingué magistrat, la patrie locale ne retire de ces émigrations qu'un avantage exclusivement pécuniaire. »

Voyons, en effet, la situation faite à ceux qui restent aussi bien qu'à ceux qui voyagent Rarement la famille part tout entière. La mère reste au logis, souvent avec le fils aîné. Le mari s'habitue à ne voir sa femme que trois mois par an. Les devoirs de fidélité conjugale risquent fort de souffrir des deux côtés. Alors même que le divorce n'était pas rétabli par la loi, les débats judiciaires l'ont, paraît-il, prouvé plus d'une fois au tribunal de Saint-Gaudens.

On a vu aussi des parents confier à un ami, à un voisin, de jeunes enfants, des filles de dix à douze ans pour leur faire faire l'apprentissage de ce négoce ambulant. De là des abus graves. « Tous les ans il y avait des plaintes au parquet de Saint-Gaudens au sujet d'enfants abandonnés ou égarés. » Les accidents n'arrêtèrent pas l'entrainement qui ne tarda pas être excessif. Les habitants des parties les plus montagneuses avaient émigré les premiers. Les autres n'avaient pas les mêmes motifs pour prendre ce parti. Le pays pouvait être exploité : on

y trouvait des chutes d'eau puissantes qui eussent pu
alimenter des industries. Mais l'exemple des négociants-
voyageurs était devenu contagieux. « La perspective
d'une vie de libre locomotion et de gain supposé plus
facile, de vagues illusions ont entraîné bien des gens :
ils ont marché sur les traces d'un père, d'un parent, d'un
ami, d'un voisin. Tel village a voulu suivre la voie
adoptée par tel autre, et, séduit par les avantages, les
yeux fermés sur les inconvénients et les écueils, on s'est
avancé jusqu'à l'état de choses actuel. »

Cet état de choses, étudié à l'époque que nous avons
dite, révélait un assez grand nombre de délits commis
par ces émigrés : colportage de livres non autorisés et
de gravures défendues, tromperies sur la marchandise,
souvent même violences et coups. Du 1er janvier 1831
au 1er juillet 1867, il avait été envoyé à Saint-Gaudens
14,791 bulletins concernant 12,125 de ses originaires.
M. Lacointa eut la patience de faire dépouiller sous sa
direction tous ces bulletins. Ils lui permirent d'arrêter
le nombre des condamnations prononcées pendant ces
trente-sept années en dehors de l'arrondissement de
Saint-Gaudens contre des gens de cet arrondissement.

Le mouvement ascensionnel est assez remarquable.

De 1831 à 1836, le chiffre annuel varie de 41 à 68.

De 1836 à 1838, il dépasse 100.

De 1838 à 1842, il retombe au-dessous de 100 ; mais
il remonte presque aussitôt : en 1849 il atteint 200.

De 1850 à 1856, il dépasse toujours 250 et tend quelquefois à se rapprocher de 300. Il est à 290 en 1864.

Au total, il y avait eu 6,104 condamnations. Il en
avait été prononcé : 810 à Toulouse, 587 à Bordeaux,
322 à Paris, 115 à Pau, 94 à Lyon, 84 à Alger, 78 à
Montpellier. Le reste était disséminé dans presque tous

les tribunaux de France. « Sur 370 arrondissements, il n'y en avait que 24 où des condamnations n'eussent pas été prononcées contre des originaires de l'arrondissement de Saint-Gaudens. »

Cette curieuse monographie mériterait de servir de modèle : les études qui seraient faites ailleurs sur le même plan nous apprendraient bien des choses. Celle-ci peut suffire à nous éclairer ; d'autant plus que le département de la Haute-Garonne n'est pas un de ceux dont la criminalité soit exceptionnelle Il est surtout bien placé (le 23ᵉ) dans le tableau qui comprend la criminalité externe. Les délits de ses émigrants n'ont cependant pas dû diminuer, si j'en juge par les arrestations opérées dans la Seine. De 1831 à 1866, on vient de le voir, l'arrondissement de Saint-Gaudens avait eu en tout 322 individus condamnés à Paris, c'était à peu près 9 par an. En 1886, les quatre arrondissements de la Haute-Garonne avaient à leur compte 110 arrestations dans la Seine, soit très probablement le quart ou 25 pour l'arrondissement de Saint-Gaudens. Ces arrestations ne sont pas toutes suivies de condamnations sans doute. Mais enfin ces chiffres permettent de dire que si la Haute-Garonne occupe aujourd'hui le rang favorable que lui assigne la nouvelle statistique, c'est beaucoup moins parce qu'elle-même a gagné que parce que les autres ont perdu. L'exemple que l'un de ses arrondissements vient de nous fournir a donc une portée impossible à méconnaître.

En effet, pour ce qui est de l'émigration périodique à destination variable et de son influence sur la moralité, il ne manque point de départements où les magistrats qui auraient l'esprit de recherche de M. Lacointa pourraient faire les mêmes observations. Le Président du

Conseil général de la Corrèze [1] me dit que son département se plaint beaucoup de l'émigration de ses habitants. Il n'est pas rare, m'affirme-t-il, de voir des gens partir le lendemain même de leur mariage pour reprendre leur petit négoce ambulant. La femme reste au pays pour garder la maison nouvellement achetée ou diriger la modeste exploitation. Le mari rapporte des économies sans doute ; mais on le verra aussi quelquefois rapporter une santé honteusement compromise. Ces détails concordent bien avec cet autre jugement que je relève dans une lettre écrite de Murols, par Saint-Nectaire (Puy-de-Dôme) par le correspondant d'un Recueil spécial [2]. Tous ces hommes qu'on appelle ici des colleurs, là des rouleurs... sont « amis du plaisir, cupides et d'une moralité douteuse ».

Il est clair, en effet, que dans cette émigration périodique à destination variable, la périodicité devient de plus en plus incertaine, la destination aussi. La limite du vagabondage est aisément franchie, et, alors même qu'elle ne l'est pas, les délits se multiplient très vite. On passe devant des propriétés qui sont celles de gens inconnus ; on rencontre des personnes, femmes, filles ou enfants, qu'on ne reverra pas, se dit-on, et dont on ne craint pas les familles. On ne redoute pas non plus d'avoir à rougir devant les siens. Il suffit qu'on ne voie autour de soi aucun visage familier pour que, par instants, l'on s'imagine transporté dans une sorte d'état de nature ; c'est une invitation d'abord au sans-gêne, puis aux jouissances faciles, puis à celles que la conscience

---

[1] M. R. Calary, président de chambre à la Cour d'appel de Paris.
[2] V. la *Réforme sociale* du 15 août 1883.

avait réprouvées jusqu'alors, enfin à celles-là même que la loi punit.

Or, il paraît bien certain que ces caractères d'indépendance et de mobilité aberrante ont dû s'aggraver dans l'émigration intérieure de nos populations. La criminalité externe de certains départements où la population sédentaire est bonne, ne peut s'expliquer autrement.

J'ai déjà cité l'exemple de la Bretagne et particulièrement celui des Côtes-du-Nord. J'ai fait ressortir l'énorme différence qui, selon les chiffres de la statistique, sépare la moralité de ces hommes là chez eux et leur moralité hors de chez eux. Les Bretons se répandent un peu partout dans la région qui les sépare de Paris. On en trouve beaucoup en Normandie et dans l'Anjou, beaucoup à Paris où ils se disséminent. Rarement on les trouve en masses compactes. Ils vont là où le travail les appelle, occupés les uns à l'industrie, les autres aux travaux des champs, les filles se plaçant en grand nombre comme domestiques. N'est-ce pas cette séparation d'avec la famille et d'avec la race, qui tarit en eux la sève, l'aigrit ou la corrompt?

Parmi les départements que la criminalité externe fait le plus baisser, se trouve la Sarthe. Comparons-la au département voisin, la Mayenne. « La Mayenne, nous apprend M. Baudrillart [1], n'a pas assez de travailleurs. Il lui a fallu faire appel à l'immigration, et les Bretons sont venus remplir ses vides dans des proportions considérables. On en trouve un grand nombre qui sont placés dans les fermes, et même on assure que les trois quarts des domestiques sont Bretons dans plusieurs communes de l'ouest du département. » Dans la Sarthe, le

---

[1] Baudrillart. *Les Populations agricoles de la France*, tome II, p. 45-49.

nombre des immigrants est insignifiant[1]. « Il y avait un
peu plus d'émigrants, mais passagers. On calculait que
chaque année environ 4,760 journaliers et 3,514 femmes
allaient chercher du travail hors du département. »
Voilà les différences constatées dans l'état social. Voyons
comment elles se traduisent tout de suite dans la criminalité. Pour la criminalité intérieure, les deux départements sont placés à peu de distance l'un de l'autre, et
tous les deux ont une moyenne sensiblement meilleure
que la moyenne de la France (381 et 398 au lieu de
517). Mais dans la statistique qui comprend les crimes
et délits commis au dehors, la Sarthe baisse de 34 rangs
au-dessous de sa voisine et se classe dans les départements les plus mauvais. A quoi l'attribuer, sinon à
cette émigration temporaire dont témoigne M Baudrillart? Et comment croire que ces habitudes n'influent pas
sur le sort de ceux qui s'en vont plus loin, à Paris, par
exemple ? Au calcul des arrestations opérées dans le
département de la Seine, la Sarthe compte environ de
100 à 115 arrestations de plus que la Mayenne.

Parmi les départements qui perdent, comme la Sarthe,
au calcul de la criminalité externe, j'ai cité plus haut la
Haute-Saône et — quoique restant encore à un rang
plus honorable, — la Nièvre et la Creuse. Mais ces départements nous amènent à étudier un autre mode d'émigration tour à tour temporaire, périodique ou définitive,
je veux dire l'émigration ouvrière à Paris. Là, nous
allons trouver une aggravation évidente et capable de
nous expliquer en grande partie les progrès de la criminalité française.

[1] BAUDRILLART. *Les Populations agricoles de la France*, tome II,
p. 28.

V

Le département qui mérite de servir ici de type, c'est le département de la Creuse. Non seulement tout le monde le connaît pour fournir à la capitale le plus grand nombre de ses maçons, mais les statistiques de la Chancellerie se sont occupées de lui de bonne heure, ce qui nous permet certaines comparaisons plus difficiles à faire avec les autres.

En effet, dans le *Compte général* de 1834, je lis ce qui suit : « Depuis 1828, année dans laquelle on a commencé à indiquer le domicile des accusés, jusqu'en 1834, le nombre des accusés appartenant à la Creuse par la naissance et le domicile, et qui ont été jugés ailleurs, est au nombre des accusés jugés dans le département, comme 105 est à 100, tandis que cette proportion, calculée pour toute la France, n'est que de 25 0/0. En réunissant les accusés de la Creuse, dans quelque lieu qu'ils aient été jugés, ce département a eu, terme moyen, chaque année, de 1828 à 1834, 1 accusé sur 6,473. Il passe du 1er au 12e rang, à peu près. »

Eh bien ! nous pouvons mesurer le chemin parcouru par la Creuse et par la moralité de ses émigrants. Dans les dix dernières années, avec ce calcul de la criminalité externe qui nous est maintenant familier, elle descend, nous l'avons vu, du 3e rang au 47e.

Les hommes de la Creuse forment, en effet, la partie la plus importante de cet effectif mobile qui vient travailler aux constructions parisiennes. Il est nécessaire de dire quelques mots du passé et du présent de ce personnel.

Le Président actuel de la Chambre syndicale des
Entrepreneurs [1] l'estime à environ 45,000. C'est là le
chiffre de ceux que les entrepreneurs de la Chambre
syndicale emploient et paient chaque année. Les déposants qui ont été entendus dans l'Enquête parlementaire
de 1884 donnent des nombres bien plus élevés, tant pour
l'ensemble que pour les diverses catégories [2]. J'en con-
clus qu'il y a une différence assez sensible entre ceux
qui ont du travail et ceux qui en attendent, ou qui en
refusent momentanément. M. Barberet, le chef si compétent du Bureau du Travail au Ministère de l'Intérieur,
disait dans cette même Enquête [3] : « Pendant la période
de grande activité, il est venu à Paris 100,000 ouvriers
des différentes spécialités du bâtiment. » Cela doit être :
on n'a qu'à supposer (rien n'est plus probable), que chacune de ces 45,000 unités a eu successivement plusieurs
visages et que le nombre des journées inoccupées a dû
grandir au moins autant que celui des journées lucratives
et bien remplies.

Le plus grand changement qui soit survenu dans ce
monde ouvrier, c'est que beaucoup ont cessé de s'en
aller périodiquement dans leur pays d'origine. Sous
l'Empire, me dit M. le Président de la Chambre syndicale, il y avait beaucoup de travaux, mais réguliers et
avec une interruption pendant l'hiver. Les bureaux de
poste des quartiers Maubert et de l'Hôtel-de-Ville ne

[1] L'honorable M. Moset, officier de la Légion d'honneur.
M. Moset a bien voulu me donner des renseignements et même
des documents écrits. Je suis heureux de pouvoir m'en servir et de
l'en remercier.
[2] La Chambre syndicale donne pour les tailleurs de pierre 9,500.
Les délégués qui ont déposé dans l'enquête disaient avoir été de
12 à 18,000. (V. Procès-verbaux de l'enquête, p. 15.)
[3] Séance du 8 mars 1884.

pouvaient suffire, certains jours, aux envois d'argent qu'ils avaient à faire pour la Marche et le Limousin. Dans l'Enquête de 1884, les patrons citent, à chaque instant, des ouvriers d'Auvergne et du Limousin, qui emportaient chez eux 600 ou 800 francs d'économies au bout de la saison. Ces hommes étaient réglés dans toutes leurs habitudes : ils se contentaient de la paye mensuelle : ils avaient confiance dans les patrons qui les employaient, et ils les consultaient même volontiers sur leurs affaires personnelles.

C'est à partir de 1865 [1], que les habitudes dépensières de quelques-uns de ces ouvriers ont commencé. On a pu le reconnaître à ce signe, que, malgré l'augmentation constante de leurs salaires [2], ils se sont mis dès lors à demander des à-compte tout le long du mois et dans de grandes proportions : le crédit leur devenait plus difficile.

C'est surtout depuis 1871, que leur confiance dans les patrons s'est refroidie : elle a fait place, non pas préci-

---

[1] Je rappelle que j'ai recueilli ces détails sous la dictée même de M. Moset.

[2] Prix moyen de la main-d'œuvre à Paris pour les ouvriers de la construction du bâtiment :

Nombre approximatif des ouvriers.		1845.	1846 à 1850.	1850 à 1860.	1860 à 1870.	1871 à 1877.	1878 à 1880.	1881 à 1883.
500	Terrassiers..............	2,75	3,00	3,50	4,00	4,25	5,00	5,50
500	Tailleurs de pierre, ravaleurs	5,50	6,25	6,75	8,00	9,00	10,00	12,50
9,000	Tailleurs de pierre.....	3,75	4,25	4,75	5,50	6,00	7,00	7,50
7,500	Maçons	3,75	4,25	4,75	5,50	6,00	7,00	7,50
500	Briqueteurs	4,00	4,50	5,00	5,75	6,50	7,50	8,00
8,500	Limousins.............	3,00	3,75	4,00	4,50	5,25	5,75	6,25
1,500	Bardeurs..............	2,75	3,00	3,50	4,00	4,75	5,25	5,75
17,000	Garçons maçons et manœuvres..........	2,20	2,40	3,00	3,50	4,25	4,50	4,75

45,000 environ.

(Document communiqué par M. Moset.)

sément à la haine, mais à une espèce d'hostilité jalouse
et prévenue.

C'est enfin à partir de 1874, que leur tendance à
rester à Paris indéfiniment s'est accentuée. Certaines
causes accidentelles ou imprévues sont venues encourager ce mouvement. « Les hivers de 1880 à 1883 n'ont
pas été froids [1] ; les travaux du bâtiment n'ont pas été
arrêtés, de sorte que les ouvriers du Limousin, au lieu
de retourner chez eux, selon leurs habitudes, du mois de
décembre au mois de mars, pour y placer leurs économies et se livrer à des travaux agricoles, sont restés à
Paris, y ont même fait venir leurs familles. Il en est
résulté une augmentation du nombre des chômeurs, qui
a donné plus d'intensité à la crise. »

Cette crise qu'on a appelée la crise du bâtiment et
qui, selon l'expression du Préfet de Police, n'était qu'un
simple ralentissement de certaines industries parisiennes,
date de la fin de 1882 [2]. On peut dire, en 1889, qu'elle
dure toujours. Néanmoins il y a eu relativement peu de
départs, et les arrivées n'ont guère cessé [3]. Les gens
s'étaient initiés à cette vie de Paris où les plus indus-
trieux se flattent toujours de trouver une occupation ou
un métier quelconque. Au 16 février 1884, le syndicat des
tailleurs de pierre disait bien que 6,000 de ses ouvriers
avaient, depuis un an ou dix-huit mois, quitté Paris pour

[1] C'est ici M. Barberet qui parle. *Enquête de* 1884. Séance du
8 mars.

[2] C'est dans le courant de 1882 que le Crédit foncier avait prêté
la plus grosse somme (179 millions) pour les constructions de
Paris.

[3] « Nous avons fait tous nos efforts (depuis la crise) pour empêcher les limousinants de venir; ils viennent quand même » (Déposition du délégué de l'Union syndicale des maîtres compagnons
appareilleurs, 15 mars 1884).

retourner dans le centre de la France et principalement dans la Nièvre. Ceux-là étaient les plus sages. Mais il en restait au moins autant, sur lesquels 2,000 seulement travaillaient. « Autrefois, ajoutait le délégué, il y avait 700 ouvriers faisant campagne contre 300 ouvriers sédentaires ; aujourd'hui, c'est 700 ouvriers sédentaires contre 300 faisant campagne. » Que ce mot de « sédentaire » ne nous fasse point illusion. Ceux auxquels on l'applique ici mériteraient plutôt d'être appelés des gens définitivement expatriés, se résignant à des intervalles trop certains de chômage et à une existence d'expédients. Écoutons l'un d'eux [1] : « Je désire dire ceci : il y a à Paris des ouvriers qui ne sont pas mariés et qui certainement ne le quitteront pas, quoi qu'il arrive : ils préfèrent souffrir à s'en aller. Je suis de ceux-là.

» — Pour quelle raison ?

» — Parce qu'ils ont leurs habitudes à Paris et qu'ils n'ont plus d'attaches au pays. »

Leurs habitudes ! Assurément chacun prend les siennes, les uns de bonnes, les autres de mauvaises. Celui qui faisait cette déclaration est devenu à peu près célèbre dans les grèves, et il a dû récemment être candidat anarchiste dans quelque élection parisienne.

En 1884 néanmoins, le bruit même que fit l'opinion publique et les doléances entendues dans l'Enquête parlementaire, décidèrent un grand nombre d'ouvriers à quitter Paris. On s'en aperçut : le nombre des arrestations opérées dans le département de la Seine baissa aussitôt de 10,000. Et cependant la criminalité générale de la France ne diminua pas, loin de là [2]. Bon nombre d'hommes disposés à mal faire et beaucoup de délinquants

---

[1] *Enquête citée*; séance du 16 février.
[2] Elle monta de 518 à 536 par 100,000 habitants.

changèrent de place, voilà tout. Mais le nombre des arrestations de la capitale et de sa banlieue se reprit vite à augmenter l'année suivante. Prenons d'ailleurs quelques-uns des départements d'où partent pour Paris le plus grand nombre de ces ouvriers qui ont cessé peu à peu de revenir périodiquement dans leurs foyers pendant l'hiver. Comparons le chiffre de leurs originaires arrêtés dans la Seine en 1860 et en 1886. Toutes les observations qui précèdent vont trouver ici leur vérification dans les conséquences visibles des faits signalés.

D'une époque à l'autre, en vingt-cinq ans, le chiffre de ces arrestations annuelles s'est élevé : pour la Nièvre, de 209 à 329 ; pour la Haute-Saône [1], de 196 à 318 ; pour le Calvados, de 182 à 397 ; pour la Seine-Inférieure, de 304 à 1,057 ; pour le Pas-de-Calais, de 248 à 511 ; pour les Vosges, de 98 à 371 ; pour la Haute-Vienne, de 78 à 268 ; pour la Creuse, de 172 à 543.

Chose remarquable, pour les départements qui fournissent Paris d'industries plus stables et plus fixes, moins exposées aux crises et aux chômages, les chiffres des arrestations de leurs originaires ont beaucoup moins varié : ils ont même diminué pour le Puy-de-Dôme et la Haute-Loire.

Nous aurons à revenir sur ces faits : nous aurons surtout à examiner les habitudes nouvelles de ceux qu'ils mettent en cause, quand nous traiterons spécialement de la criminalité de l'ouvrier. Mais en attendant, ces chiffres nous posent quelques problèmes sur la moralité native ou acquise de certaines régions, sur le rôle des grands centres et sur celui de la capitale. Voyons ce que sont ces problèmes et comment ils peuvent être résolus.

[1] Qui envoie à Paris beaucoup de tailleurs de pierre, ainsi que la Nièvre, le Pas-de-Calais, le Calvados.

VI

Ces déplacements de populations, ces contacts réitérés et renouvelés font que, quand on étudie la moralité d'une région hors de chez elle ou chez elle, on a presque toujours à se poser les questions suivantes :

Telle région donnée est-elle de celles où les étrangers apportent avec eux le mal ? Est-elle de celles où ils le trouvent et le contractent ?

En second lieu, cette région est-elle de celles où il fait bon demeurer si l'on veut rester plus sûrement un honnête homme ? Est-elle de celles qu'il est périlleux d'abandonner ?

On se rappelle les deux exemples si saillants que nous n'avons pu nous empêcher de noter au passage : le Corse gagne à sortir de son île ; le Breton des Côtes-du-Nord perd à quitter son département. Ces deux exemples pourraient suffire pour faire comprendre l'intérêt du problème et la méthode par laquelle on peut la résoudre, toutes les fois qu'on s'attache à une région. Mais ici quelques rapprochements sont nécessaires.

La première des deux questions que nous venons de poser a son analogue dans l'ordre physiologique et médical. A une séance du Comité consultatif d'hygiène publique de France [1], M. le professeur Brouardel jugeait les récriminations de certaines villes où avaient éclaté des épidémies de fièvre typhoïde. Ces villes accusaient les jeunes soldats de leur avoir apporté la maladie. Les médecins militaires répliquaient que leurs jeunes gens

[1] En novembre 1888.

avaient été victimes de l'insalubrité de la ville, du mauvais état de ses casernes, etc. C'est aux médecins militaires que le savant doyen de la Faculté de médecine de
Paris donnait raison. Telle ville, disait-il, réalise un
ensemble de conditions de température et d'hygiène
favorables à l'éclosion de la fièvre typhoïde, mais auxquelles le plus grand nombre de ses habitants s'est peu à
peu acclimaté. Qu'on y importe tout à coup un groupe
de jeunes gens soustraits jusqu'alors à de telles influences, de quelque endroit qu'ils arrivent, ils sont tous
plus ou moins sensibles à la fièvre typhoïde. Tous, selon
la diversité de leurs tempéraments et la diversité de
leurs habitudes, seront en danger de la contracter. Beaucoup deviendront malades, et alors éclatera une épidémie
où il semblera que ce soient les victimes qui ont été les
importateurs du fléau. L'apparence sera trompeuse. La
comparaison des deux statistiques, civile et militaire,
montre en effet que la mortalité pour fièvre typhoïde suit
la même courbe dans les deux populations, mais que
l'aptitude de la population militaire à contracter la maladie est cinq ou six fois plus grande, à cause des raisons
d'âge et de non acclimatement indiquées plus haut.

Changez quelques mots. Au lieu de fièvre typhoïde,
mettez penchant au vol et à l'escroquerie; au lieu de
tempérament physique mettez habitudes morales et réserves consolidées par l'éducation; vous pourrez appliquer le même raisonnement aux foyers de contagion
morale que les déplacements de population créent en
France.

Parmi ceux qui arrivent pour la première fois dans un
centre quelconque, il en est qui viennent avec de bonnes
dispositions et dans des vues honorables, il en est qui
viennent surtout pour gagner de l'argent d'une manière

ou de l'autre et pour s'amuser. Les uns et les autres se font toujours du milieu qui les attire une idée que leur imagination exagère. Aussi leurs premiers efforts et leurs premières prétentions, en quelque sens que ce soit, sont-elles généralement empreintes d'un zèle immodéré ou d'une certaine gaucherie. Dans la sphère du délit, qui seule doit nous retenir, ces nouveaux venus sont imprudents, ou ils cèdent à une émulation fâcheuse, ou ils s'y prennent mal, ou ils se laissent aller malgré eux à un entraînement qu'ils croient irrésistible. Ils payent pour les autres, jusqu'à ce qu'ils deviennent, à l'exemple des anciens, plus circonspects, mais non moins dépravés et non moins dangereux.

Cela est surtout vrai pour les grandes villes. A combien d'influences de toute sorte leur population séden taire n'est-elle pas acclimatée? Tant de poisons divers lui ont été inoculés continuellement et à petites doses, qu'une bonne partie des siens est vaccinée contre toute une variété assez riche d'épidémies. Ceux qu'on lui envoie prennent le mal à l'état aigu, et un grand nombre succombe. Une famille de sept ou huit enfants, par exemple, envoie sa fille à Marseille, à Lyon ou à Paris. La jeune fille est naïve, sans expérience, et elle sent déjà les tentations de la jeunesse qui éclateront subitement au contact de ce luxe inconnu. Elle cède, et on l'inscrit au passif de sa région natale, tandis que ceux qui l'ont perdue vivent en paix avec la police et avec le code.

C'est ainsi que les Marseillais se plaignent des Italiens, les habitants de l'Hérault des Espagnols, les Normands des Bretons, et ainsi de suite. C'est ce qui fait qu'une statistique parfaite ou, pour mieux dire, idéale, fondrait ensemble, s'il était possible, la criminalité interne et la

criminalité externe de chaque département ; car chacun d'eux mérite, au fond, d'être jugé par l'une et par
l'autre.

VII

C'est surtout pour Paris que le problème est intéressant. Il se fait continuellement dans toute la France un
échange de délinquants comme il s'y fait un échange de
marchandises. Mais nulle ville n'attire à elle autant
d'hommes et autant de produits nés ailleurs que Paris.
Au dénombrement de 1886, notre capitale n'avait que
36 0/0 de ses habitants qui fussent nés dans ses murs ;
près des deux tiers lui venaient du dehors. Sur 42,000
individus qu'on arrête dans la Seine, 14,000 en sont
originaires ; le reste vient de l'étranger et surtout des
départements. Comment ces hommes y arrivent-ils? Qu'y
deviennent-ils?Je veux dire : comment vont-ils au-devant
des influences qui les entraînent au délit? Comment y
succombent-ils ?

D'abord il vient à Paris plus de travailleurs qu'il n'en
faut. Là où il en faut mille, il en arrive deux mille. La
chose est inévitable. Les denrées attendent généralement
qu'on les demande : car les producteurs ne tiennent pas
à ce que leurs marchandises restent trop longtemps sans
preneurs. Mais les hommes n'ont pas pour leurs propres
personnes une réserve ou une attention aussi prudente.
Une famille envoie souvent son fils ou sa fille avec plus
de légèreté qu'elle ne s'en permettrait pour aventurer un
tonneau de vin ou une corbeille de fruits. Ceux qui disposent librement d'eux-mêmes ne prennent pas non plus

la peine de se renseigner. Les bourses du travail, si elles
étaient organisées et si elles se préservaient de la politique, pourraient atténuer la portée du mal. C'en est bien
un en effet ; car l'homme inoccupé dans la grande cité
connaît immédiatement l'ennui, la privation, si sa poche
est vide, le plaisir, s'il a encore quelque chose de ses frais
de route ; dans les deux cas, il est tenté de mal faire ou
risque d'être pris à quelque piège. Cette tentation ou ces
pièges sont d'autant plus à craindre qu'il trouve ici plus
qu'ailleurs des gens qui s'amusent ou sont censés s'a-
muser, en tout temps ; il y trouve aussi des individus fort
habiles à suppléer par toutes sortes de moyens au produit absent du travail honnête. Les uns et les autres
aiment à s'associer de plus naïfs qu'eux, et ils font aisément école.

Il y a une seconde catégorie d'arrivants plus exposés
encore. Ce sont ceux qui viennent à Paris pour se faire
oublier, pour oublier eux-mêmes ce qu'ils ont fait de
répréhensible ou ce qui leur est arrivé de honteux. On
se croit plus caché et plus inconnu dans une grande foule
que dans l'intérieur d'une forêt. Sans doute, on ne renouvelle point facilement le fond de sa personne, son
tempérament, son caractère ; mais toute cette partie
superficielle de sa personnalité qu'on doit à la fréquentation des autres, au milieu, à la profession, aux influences reçues ou exercées, à la résistance, à la lutte, à
l'amitié, tout cela tombe avec le temps ; de nouveaux
frottements, de nouvelles réactions, de nouveaux efforts,
de nouvelles habitudes les remplacent et forment comme
une écorce nouvelle à laquelle l'œil se trompe. Les individus qui ont à cacher quelque chose d'eux-mêmes et de
leur passé le sentent bien ; ils appellent cela changer de
peau. C'est pourquoi ils accourent si volontiers à la

grande cohue parisienne, quand ils n'émigrent pas au loin.

Ce moyen peut réussir à ceux qui n'ont péché que par accident. Encore arrive-t-il à plus d'un que la tentation à laquelle il avait succombé ailleurs se renouvelle. Elle le trouve alors oublieux de sa faute passée, dégagé de ses remords et de sa honte, tout prêt à s'imaginer qu'il saura être cette fois plus circonspect, plus habile et, comme il ne craint pas de le dire, « plus heureux » que jadis. Souvent aussi l'oubli préservateur dans lequel il avait réussi à s'envelopper est percé par l'indiscrétion ou la méchanceté des autres, par sa propre imprudence et enfin, il faut bien le dire, par cette espèce de fatalité à laquelle on doit toujours s'attendre et qu'on devrait toujours prévoir quand on a fait quoi que ce soit d'irrégulier. Il voudra s'associer à quelqu'un, se faire nommer à un emploi, marier son fils ou sa fille, se marier lui-même. Il sera obligé de donner son nom véritable, d'indiquer son origine, de produire un extrait de son casier judiciaire ou de fournir des références. Un ancien compatriote, une ancienne victime ou un complice le reconnaîtront, le dénonceront, le poursuivront par le chantage. Voilà un homme désemparé ; l'idée du suicide ou celle du crime ne tarderont pas à l'obséder de nouveau.

Il y a une troisième catégorie qui se mêle à ceux que je viens de dire et ne contribue pas pour peu à les perdre ; c'est celle des hommes et des femmes qui viennent à Paris expressément pour mal faire et pour y exercer une industrie coupable. Si l'on peut dire des travailleurs même de bonne volonté qu'il en vient à Paris plus qu'il n'en faut, que ne doit-on pas dire de ce personnel, masculin ou féminin ? Les uns et les autres voient la capitale si grande qu'ils s'imaginent, eux aussi,

trouver tout de suite un emploi lucratif et sûr, ceux-ci
de leurs talents, celles-là de leurs charmes, les autres de
leur audace et de leurs roueries. J'ai montré ailleurs
comment Paris est le rendez-vous de vicieux et de malfaiteurs de toute nation, habiles à se rencontrer, à se
reconnaître, à se quitter, à se retrouver de nouveau. Ils
savent que nulle part il n'y a plus de gens riches, plus de
gens répandant l'argent ou par charité ou par négligence,
ou par ostentation ou par bêtise, plus d'oisifs, plus de
voyageurs ignorants ou crédules ou embarrassés de leur
personne. Ils savent que nulle part il n'est plus facile de
partir et d'arriver, de circuler, de se déguiser, de se
donner pour ce que l'on n'est pas, de se mêler à des
groupes qui vous accueillent sans vous demander d'où
vous venez, où vous allez et ce que vous voulez.

Voilà déjà bien des recrues pour ce qu'on appelle
avec tant de raison l'armée du mal. Il faut y ajouter
encore ceux qui sont venus à Paris sans imprudence et
sans mauvaises intentions, mais qui y sont tout simplement séduits et corrompus par le plaisir. Ce qu'on
appelle de ce nom est partout, et partout on peut le
trouver. En un sens, Paris n'est pas une ville plus immorale que les autres ; on peut ajouter que nulle ne présente à un si haut degré ce qui peut détourner des jouissances crapuleuses, le charme honnête et permis de
l'élégance, du goût, de l'art, de la beauté, du luxe public. Il faut reconnaître cependant qu'au point de vue
des entraînements qui mènent peu à peu à l'immoralité,
puis au vice, puis au désordre, il y a cette différence
marquée entre la grande ville et les petites : dans les
petites, il faut chercher les occasions de mal faire ; à
Paris elles viennent à vous. Elles viennent plus parées,
plus insinuantes que nulle part ailleurs, plus promptes

surtout à s'approprier à votre figure, à ce qui paraît
extérieurement de vos moyens et de vos ressources. Le
jeune et le vieux, le pauvre et le riche, celui dont les
allures disent à tout venant qu'il n'est là que pour se
récréer, et celui que sa démarche et son costume même
devraient préserver, tous rencontrent sur leurs pas ce
qui peut les entraîner dans une voie au cours de laquelle
on ne sait jamais ce à quoi l'on peut aboutir. Il ne
manque pas, je le sais, d'hommes froids, maîtres d'eux-
mêmes, en état de ne risquer à tel jeu que leur argent
ou leur santé ou la délicatesse de leur conscience. Mais
ceux-là, qui s'excusent ou sont excusés si facilement par
les autres, contribuent à faire vivre tout un personnel
dont vivent à leur tour des milliers de délinquants.

Ceux qui s'amusent sont-ils seuls redoutables pour la
moralité publique ? Il y a des individus qui, tout en
ne pensant qu'à leurs affaires, ne le sont pas moins
par leur dureté envers les autres, par leur âpreté au
gain, par l'insouciance avec laquelle ils pratiquent la
théorie de la lutte pour la vie. Ces hommes là sont
nombreux partout. Ils ont même, en vingt endroits, des
allures beaucoup plus irritantes et plus faites pour appeler contre eux la vengeance de ceux qu'ils ont dupés.
Mais c'est là précisément le caractère que prend à Paris
ce désir de gagner de l'argent quand même : il se fait
non seulement poli, mais aimable, s'il le faut. Il s'accompagne de manières engageantes ; il s'impose gaiement d'apparents sacrifices qui font croire à de la bienveillance, à du désintéressement, à la largeur des vues,
et qui ne sont en réalité que des amorces. Par-dessous
tous ces dehors se cache un égoïsme sans pitié !

Lorsqu'on discutait la dernière loi militaire, je ne
sais qui dit un jour qu'on pouvait bien envoyer les sémi-

naristes au combat : « On tue de si loin, disait-il, que ce n'est plus là tuer dans le sens qu'on attachait, il y a quelques années encore, à ce vilain mot. » Il aurait pu ajouter que plus on tue d'hommes à la fois, moins on a l'air de ressembler à une bête sauvage acharnée sur l'agonie de sa victime. Dans les grands centres de la vie commerciale et surtout financière, il en est absolument de même. On y tue les gens de loin, et on en tue un grand nombre d'un seul coup, ce qui permet de garder toutes les habitudes extérieures et toute la réputation d'un homme excellent. L'accaparement, la fausse nouvelle, la dénonciation et la calomnie, la manœuvre assez habile pour n'être pas taxée de frauduleuse, l'étouffement sûr et prompt d'un concurrent auquel on a enlevé jusqu'aux moyens de crier, tout cela se pratique à Paris, non pas, je le crois, beaucoup plus qu'ailleurs, mais avec une sorte de désinvolture et d'élégance qui ne contribue que trop à faire des imitateurs. Nulle part les faibles et les ambitieux ne sont plus tentés de répéter cette phrase éternelle : « Je ne fais en somme que ce que font les autres, l'essentiel est de ne pas être pris. »

On dit certainement beaucoup de choses pour expliquer ce genre d'opérations qui, par certains côtés, ressemble aux opérations militaires : on n'a pas créé le champ de bataille, on y est ; la guerre est engagée depuis bien longtemps, on n'est pas plus responsable de ce qui s'y passe que le conscrit mobilisé qui doit tirer des coups de fusil et en recevoir. Puis on ajoute que la spéculation est la mère des grandes entreprises : sans elle pas de groupement de capitaux, pas d'œuvres civilisatrices, pas d'opérations à long terme, etc., etc., etc.

Je n'ai pas à examiner toutes ces doctrines, à marquer strictement la part que la morale permet ou non d'en

retenir. Je n'ai ici qu'à constater que rien n'est d'une
contagion aussi périlleuse que ces théories. Il n'y a
ici ni déclamation ni pamphlet. Que ceux qui croient
avoir des raisons d'assimiler tels ou tels gros million-
naires à des escrocs, le fassent. Je me borne à dire
pour ma part, que depuis le riche banquier soupçonné
par ses amis mêmes de n'être pas scrupuleux jusqu'au
voleur de profession, il y a une multitude de degrés.
L'échelon est plus ou moins doré, il est plus ou moins
solide et plus ou moins assujetti par la prudence de
l'homme qui s'y pose : il porte toujours un individu que
la vue de l'échelon supérieur attire et que celle de l'é-
chelon inférieur excuse, à ses yeux du moins. Où donc
entend-on répéter aussi souvent et aussi publiquement
des propos tels que ceux-ci : « Ah ! s'il eût pu tenir jusqu'à l'échéance, s'il eût pu faire illusion jusqu'au moment — inévitable — de la hausse ou de la baisse (car
toutes les deux sont toujours inévitables, l'une après
l'autre) ; alors il était sauvé. Mais maintenant, le voilà
en police correctionnelle. Tant pis pour lui ! Est-il seul
coupable ? Certainement non ! Ils sont bien bons, ces
honnêtes gens qui lui confiaient leurs capitaux à charge
de leur en fournir 15 0/0 ! Où croyaient-ils donc qu'il pût
les prendre, sinon dans la poche des autres ? »
Voilà les hommes de plaisir et les hommes d'affaires,
les hommes de joie et les hommes de proie. Ce qui
achève de caractériser le milieu parisien, c'est qu'ils s'y
mélangent incomparablement plus qu'ailleurs. Ils se
mêlent pour se servir et au besoin pour se tromper mutuellement, mais surtout pour tromper, de compte à
demi, les hommes légers ou naïfs. Qu'est-ce que l'on
trouve dans les trafics de décorations et d'emplois, dans
les cessions de clientèles accompagnées de demandes ou

d'offres de pots-de-vin, dans certaines entreprises de politique internationale, avec espionnage, vol de documents et embauchage, ou dans les campagnes que des serviteurs désavoués, mais employés, mènent autour des gouvernements? Le lanceur d'affaires et la femme galante. Quand celle-ci a quelque expérience, elle cumule les deux rôles. On s'est servi d'elle lorsqu'elle était jeune : elle se souvient des leçons qu'elle a reçues et elle en profite. Elle a vu les gens lui faire crédit ou même la servir *gratis* pour attirer des bandes à sa suite : elle en a vu d'autres lever impôt sur ses gains et s'assurer, s'ils le pouvaient, une participation à ses bénéfices[1]. Elle aussi joue ce double jeu et perfectionne à son profit le proxénétisme dont elle a souffert[2].

Voilà le personnel qui campe à Paris : voilà les « nomades » qui y font monter si haut le niveau de la criminalité interne. Mais il ne faut pas se dissimuler que beaucoup d'individus nés à Paris s'y associent. Il est même des industries plus criminelles que les autres qui paraissent supposer une plus longue connaissance et une plus longue pratique de la grande ville. « Sur 655

[1] Voyez LECOUR, *La Prostitution à Paris*, 145-198.
[2] « On peut se faire une idée approximative du nombre de personnes, mâles ou femelles, qui se livrent à la prostitution, en vivent ou la facilitent dans un intérêt pécuniaire ou autre.

« Le proxénétisme a gagné tous les rangs de la société. Le propriétaire qui loue à une prostituée un logement au triple du prix qu'il vaut ; le logeur qui l'héberge au même prix que le propriétaire, le marchand de vins qui l'attire chez lui pour y attirer en même temps tous ses clients, le charbonnier qui lui vend du combustible à faux poids, l'épicier, le fruitier, la marchande à la toilette, la couturière qui lui fait payer les marchandises plus cher qu'à une autre, jusqu'à la blanchisseuse qui lui surfait le prix de son repassage (attendu, dit-elle, que la prostituée n'a pas de peine à gagner son argent); tous ces industriels, à des titres différents, sont en réalité autant de proxénètes qui poussent à la débauche, parce que la débauche leur rapporte » (G. Macé).

souteneurs dont la police de Paris a eu à s'occuper[1] pendant six ans, 371 étaient originaires de Paris, 324 de la province et de l'étranger. »

On voudrait pouvoir dire que la criminalité externe de Paris est moins forte et que le département de la Seine est, sous ce rapport, aussi bien partagé que les Bouches-du-Rhône et que le Rhône. Quand on fait le calcul sur sa population totale, on commence par le croire, parce qu'il y a en effet, à Paris, des groupes de travailleurs (en tous genres) qui y sont venus pour le bien ou pour l'honneur et qui restent fidèles à la mission ou à la tâche qu'ils s'étaient donnée. Mais quand on calcule exclusivement, comme on doit le faire, sur le chiffre des natifs, alors la proportion des délinquants que le département de la Seine met en circulation dans le pays devient très forte. On a vu qu'elle allait à 6,74 par mille accusés ou prévenus jugés, tandis que pour 100,000 habitants nés dans le Rhône la proportion n'est que de 3,54. C'est qu'évidemment, Paris use beaucoup d'existences et de familles dont les débris s'éliminent, mais sans toujours se réparer. Paris ruine, déclasse et épuise beaucoup de gens. Paris produit beaucoup d'enfants naturels et il en abandonne beaucoup. Ceux-là, les institutions de prévoyance ou de charité ne les prennent malheureusement pas tous ; puis, de ceux qu'elles recueillent, une partie, près de la moitié, nous le verrons, reviennent à Paris pour retourner ensuite ailleurs et promener à droite ou à gauche leur imprévoyance sans guide, leur pauvreté sans ressources régulières, leur faiblesse sans soutien.

[1] J'ai montré qu'elle ne s'en occupait pas assez et se croyait trop obligée d'attendre l'exécution d'un crime ordinaire... qui reste souvent impuni. Voyez *Le Crime,* ch. v.

CHAPITRE IV

VISITES ET ENQUÊTES
DANS QUELQUES RÉGIONS CRIMINELLES

I. Les foules à étudier. — II. La Corse : deux enquêtes, un rapport inédit. — Le port d'armes universel, le banditisme, le patronage des délinquants. — III. L'Hérault : la partie criminelle. — Un point malade. — La région voisine. — L'état général. — Cette. — Les couche-vêtus, les anarchistes, les parvenus. — Démoralisés par la richesse. — La fraude impunie. La crise viticole : y a-t-il une part à lui faire? — Le port de Marseille : insuffisance de travailleurs indigènes, excès d'étrangers. — IV. Un foyer de criminalité spontanée. — La région criminelle de la Normandie. — Eure et Calvados. — Acte d'accusation contre un groupe de quatre arrondissements. — V. La faute en est-elle au vagabondage? — Mœurs nouvelles des vagabonds. — La faute en est-elle à l'alcoolisme? bête perfectionnée, femme dégradée. — Prédominance d'une criminalité rurale. — Richesse trop aisément gagnée. — Corruption par le bien-être matériel. — Mollesse générale. — Restriction des naissances et débauche. — Divorces. — Naissances naturelles. — Avortements. — Décadence de la religion. — Décadence du patriotisme. — VI. Les caractères de race. — Diversité de mœurs et d'habitudes morales dans des villages rapprochés. — Comment se forme un foyer.

I

L'étranger non encore naturalisé, le Français nomade, l'individu qui traverse Paris et qui y travaille dans le

vice cosmopolite, sont donc bien les acteurs que nous avions pressentis dans cette « action » criminelle qui ne finit jamais. Nous les connaissons maintenant par leurs œuvres. Mais sont-ils les seuls personnages? Nous ne pouvons le croire : car il n'y a point de drame qui compte autant de scènes, de péripéties et de recommencements que le drame du crime ; il n'y en a point qui occupe autant de comparses, de confidents, de personnages subalternes et où la foule, celle-là même qui ne se montre pas, joue un si grand rôle.

Il y a donc lieu de chercher encore. En nous indiquant les régions les plus criminelles, la statistique nous ouvre des voies : c'est à nous de nous y engager. Nous y retrouverons assurément tous ces agents de désordre dont nous venons de constater la propagande universelle ; mais nous ne pouvons faire autrement que d'en trouver d'autres, soit parmi ceux que la justice condamne, soit parmi ceux qu'elle n'atteint pas. Essayons de démêler le genre d'action qu'ils exercent et le concours qu'ils apportent à l'œuvre des premiers. Allons, en un mot, faire nos enquêtes dans les pays où la statistique nous révèle soit une criminalité persistante, soit une criminalité subitement accrue et subitement aggravée.

II

La Corse passe avec raison pour le théâtre d'une criminalité exceptionnelle. La cupidité n'y est pour rien. Du moins le vol y est-il rare, et le jury le réprouve sévèrement. Mais la vengeance indéfiniment poursuivie de génération en génération, une facilité rare à tuer un homme, une indulgence prodigieuse, ce n'est pas assez dire, une complicité toujours prête pour certains assassinats, l'impunité assurée à tous les coupables qui ont su trouver dans le jury des membres de leur clan, de leur parti, à plus forte raison de leur famille, tous ces traits là sont bien connus.

Deux publicistes, M. Bournet, pour l'Ecole d'anthropologie criminelle de Lyon et M. Paul Bourde, pour le journal *Le Temps*, ont fait chacun une enquête. La conclusion qui s'est dégagée de l'une comme de l'autre est celle-ci : La Corse s'agite dans un cercle dont l'autorité gouvernementale n'a point réussi encore à la dégager. Le Corse ne croit plus à la justice publique. C'est assurément de sa faute autant que de celle de la justice. Il voit trop bien comment elle est tenue en échec par ses amis et par ses ennemis. Il sait par expérience comment il a obtenu l'acquittement des uns ; il sait donc comment les autres se riront des poursuites auxquelles il apporte un intérêt si passionné. Il ne se fie donc plus qu'à lui-même, il se venge et il venge les siens. Voilà le fond de la criminalité corse.

Les études des deux honorables écrivains que je viens de citer sont connues. J'insisterai donc un peu plus sur un travail inédit et d'une haute autorité. Il y a dans les Comptes d'assises conservés par les Archives nationales[1], un rapport confidentiel adressé au Garde des Sceaux, en 1850, par un magistrat choisi en connaissance de cause. Ce rapport embrassait presque tout le cours du demi-siècle, et, quand on lit les études les plus récentes, on voit qu'aujourd'hui encore, il n'y a rien de changé dans ce pays.

---

[1] Archives nationales. Fonds du ministère de la justice. *Comptes d'assises*, année 1850, Liasse B.

La criminalité corse peut être attribuée, selon le rapport, à trois causes principales : l'armement général, le banditisme et le patronage.

Le port d'armes a été quelquefois interdit en Corse, sur le papier. Jamais cette interdiction n'a été suivie d'une obéissance sérieuse. Dans cette année 1850, au milieu même du siècle, le magistrat dit au ministre : « Aujourd'hui toute la population est en armes : aussi est-elle en feu. L'intimité de l'homme et de l'arme, c'est la ligue de la pensée et de l'instrument de mort. De là une provocation incessante. Les appareils de la guerre sont partout, les maisons sont crénelées ou organisées en forteresses. Dans l'église même, la division en deux camps ennemis éclate aux yeux ; les familles se rangent des deux côtés selon l'amitié ou l'hostilité qu'elles professent les unes pour les autres...

» Par le seul fait de cet armement général, la puissance publique est déplacée ; elle a passé aux individus et aux familles.

» Faut-il ajouter que le goût et l'habitude des armes a conduit la population à l'oisiveté, que la plus grande partie de l'île est en friche, que les travaux des champs y sont exécutés par des milliers d'Italiens qui, sous le nom, passé à l'état d'injure, de Lucquois, viennent tous les ans prélever la dime due par la fainéantise au travail? » Ce fragment de tableau est encore, à l'heure présente, d'une parfaite exactitude.

Le bandit, qu'on aurait pu croire disparu, a fait parler de lui plus que jamais depuis dix ans. Le magistrat de 1850 nous le montrait favorisé par la nature du sol, par la terreur qu'il inspirait aux uns, par la sympathie et par les secours qu'il obtenait des autres, enfin par l'abdication de l'autorité. « Les bandits prennent des arrêtés qui sont affichés et obéis, frappent des contributions qui sont payées; ils pèsent sur les élections et sur les contrats civils, sur les témoins, sur les agents subalternes de l'administration et de la justice. Rien n'est en dehors de leur portée. » Si le port d'armes constant encourage le banditisme, le banditisme vit sur le patronage et y trouve une aide qui ne leur fait jamais défaut.

« La Corse n'a pas subi ces renouvellements qui sont propres aux pays frontières [1]. » Les étrangers y viennent en grand nombre d'Italie; mais ils n'y séjournent que très peu. La Corse a donc « toujours vécu de sa propre vie et sur ses propres idées : aucun courant venu d'ailleurs n'a pu les altérer ». Une autre conséquence de ces isolements, c'est que « nulle part la parenté n'est plus étendue et ne traverse sans s'altérer des positions plus diverses [2] ».... « Ce qui est vrai pour les familles l'est également pour les partis. Jusqu'ici l'autorité de la France s'est personnifiée dans quelques noms. Cette abdication a été l'un des malheurs du pays, car elle l'a divisé en deux camps. Les fonctions publiques sont devenues entre les mains des patrons la monnaie courante du dévouement. Aussi tout changement de forme politique a-t-il été accueilli dans le pays avec une sorte d'enthousiasme, plus encore pour ce qu'il défaisait que pour ce qu'il promettait de faire. On pourrait suivre dans l'étude des nominations aux emplois publics en Corse l'histoire des variations politiques de ce pays, comme un géologue suit dans les entrailles de la terre le vivant récit de ses révolutions. Chaque époque y a déposé sa couche.»

[1] Et aux pays continentaux également.
[2] La diversité des positions y est d'ailleurs bien atténuée par l'absence de grandes fortunes, due elle même à l'absence d'industrie.

Voilà ce que le président des assises de Bastia disait en 1850. Que ne dirait-il pas aujourd'hui [1] ? Quant au résultat de toutes ces influences combinées, le voici : que toute famille ou tout parti compte sur ceux des siens qui sont en état de porter une arme, et quand l'un de ces derniers s'est servi de son fusil, à son tour il compte sur l'appui de tous ceux qui ont le même nom et de tous ceux qui, à la révolution précédente, ont partagé son triomphe ou sa défaite. De là ce défaut de répression qui étend et envenime de plus en plus la plaie saignante. « Il est fréquent de voir les amis de l'accusé former la majorité dans le jury. » Erigent-ils donc l'assassinat en vertu? Ils capitulent ingénieusement avec leur conscience, ils mettent toujours en avant l'excuse de la provocation, et ils accordent des circonstances atténuantes ou ils acquittent.

Cette dernière observation, c'est en 1860 que je la trouve dans le rapport d'un autre président d'assises. Dix ans se sont passés : l'Empire est consolidé ; mais la justice est toujours aussi difficile à rendre dans l'île. « Livré à ses propres inspirations, le juré corse ne le céderait à aucun autre. Malheureusement, l'esprit de patronage est tellement enraciné dans les mœurs du pays qu'il se manifeste dans presque toutes les affaires, et il n'est point d'accusé, si obscur qu'il soit, qui ne trouve protecteur. » A chaque instant il faut renvoyer une affaire devant une autre cour, ou ajourner une autre à une autre session « parce que le jury a été circonvenu et travaillé de manière à faire craindre un résultat fâcheux pour la justice ».

---

[1] De temps à autres les journaux ne nous apprennent-ils pas que le Conseil général de la Corse n'était pas en nombre, qu'il n'a pas pu délibérer par le fait de l'obstruction ou de l'abstention systématique, etc. ?

Voilà bien l'ensemble des causes qui continuent à faire de la Corse un foyer de criminalité tout spécial. Il est certaines mœurs qui, une fois établies, sont entretenues ensuite indéfiniment par les effets même qu'elles ont produits. Sorti de son département, nous l'avons vu, le Corse est comme transformé. Plus d'armes dans les mains (si ce n'est pour la défense de l'autorité), plus de mâquis, plus de patronage ; donc, plus aucune de ces tentations, plus aucun de ces encouragements extraordinaires. Déjà en 1831, le *Compte général de l'administration criminelle* disait : « En Corse, sur 142 accusés, il n'y en a eu que 2 qui n'appartinssent pas au département ; d'autre part un seul Corse a été condamné sur le continent. » Il y en a aujourd'hui plus d'un ; mais en somme, il y en a peu. Et cependant le Corse sort de chez lui, on le retrouve partout. Le 30 mai 1886, à l'époque du recensement général, on signalait dans l'île 13,903 résidents absents. Eu égard à l'importance de la population, c'est un des chiffres les plus élevés qu'on ait eu à enregistrer dans cette partie de la statistique.

C'est donc bien ici l'un des cas où l'influence du milieu et du milieu social, créé par une longue accumulation de circonstances, apparaît avec le plus d'éclat. Au point de vue de la moralité, le Corse gagne à sortir de son île, il perd à y rester ; car, suivant l'énergique expression du magistrat de 1850, dont j'ai analysé l'intéressant rapport, « c'est une sorte de suggestion[1] générale qui pousse le Corse au crime ».

---

[1] Pour avoir été écrite en 1850, bien avant les fameuses recherches sur la suggestion pathologique, cette expression est remarquable. Je la signale également aux linguistes et aux sociologistes.

III

Le département de l'Hérault se signale depuis quelques années par l'augmentation notable du nombre de ses crimes. Il est d'autant plus curieux à examiner qu'on y trouve une séparation plus marquée entre les deux régions qui le composent : d'un côté, les arrondissements de Saint-Pons et de Lodève, de l'autre, ceux de Béziers et de Montpellier. Ici et là, même race, même climat, mais conditions sociales très diverses ; criminalité extrêmement inégale.

J'ai surtout étudié de près l'arrondissement de Montpellier, fort semblable d'ailleurs, de tout point, à son voisin. A travers tous les témoignages que j'ai recueillis sur place, j'ai constaté bien nettement ce que le médecin s'applique à distinguer dans un si grand nombre d'accidents ou de maladies : 1° un point particulièrement douloureux et qui semble exiger plus impérieusement l'intervention chirurgicale ; 2° une région circonvoisine qui n'est pas saine et qui a besoin d'être soignée ; 3° enfin, un état général dont cette région ne fait guère que résumer et attester, avec une acuité particulière, les dispositions et l'habitude.

Quand je commence mon enquête, j'obtiens d'abord une réponse identique à celles que je suis destiné à entendre en bien des endroits différents. « Le département en général, l'arrondissement même, dans son ensemble, sont bons ; mais il y a une ville, mais il y a une population qui gâte tout. » Ici, la ville, je ne dirai pas maudite, mais chargée de tous les péchés d'alentour,

c'est la ville de Cette. Avant toute recherche méthodique
et sur le simple souvenir des affaires, des fonctionnaires
et des magistrats me déclarent que sur 10 accusations
portées à la police correctionnelle de Montpellier, 7 au
moins viennent de là. Il faut en rabattre un peu, mais il
est certain que le point indiqué est bien véritablement
celui où l'abcès présente le moins bon aspect. Vérification faite, « la ville de Cette donne environ la moitié des
affaires correctionnelles jugées par le tribunal de Montpellier. Cela tient au grand nombre de repris de justice
qui stationnent sur les quais de la ville et qu'on appelle
les *Couche-vêtus*. L'un de ces quais a même été surnommé
le quai de Cayenne [1]. »

On ne me donne pas les chiffres de la cour d'assises
avec l'indication des arrondissements d'où proviennent
les accusés. Mais nul doute qu'il n'en arrive un grand
nombre de ce quai si mal famé. Dans aucun département, on s'en souvient, les étrangers ne commettent
proportionnellement autant de crimes que dans l'Hérault.
L'an 1887 marquait sous ce rapport un triste progrès. La
cour d'assises du département eut à juger 118 accusés,
dont 97 indigènes et 21 étrangers [2]. Pour la population
indigène, c'était une proportion de 23 accusés par 100,000
habitants (soit le double de la moyenne de la France) ;
pour la population étrangère, c'était une proportion de
199.

Le port de Cette qui occupe tant de « couche-vêtus »
est donc la partie la plus mauvaise de l'arrondissement,
cela ne fait pas l'ombre d'un doute. C'est à Montpellier

[1] Note du parquet du tribunal de première instance de Montpellier
[2] En 1888, les accusés étrangers ne sont que 18 ; ils avaient été
11 en 1886.

d'ailleurs qu'est l'aristocratie de naissance et l'aristocratie d'intelligence [1]. Les mœurs y sont douces, l'esprit
élevé et cultivé, c'est la population du département dont
l'Évêque déclare qu'il a le plus à se louer.

Allons donc à Cette. Est-ce une ville en décadence ?
Loin de là. Elle fait penser à ce que doivent être ces
villes d'Amérique ou d'Australie, subitement enrichies et
agrandies par un commerce nouveau. Elle a profité de
la crise viticole amenée par le phylloxéra. L'habitant ne
pouvant plus envoyer au Nord de la France de vins
récoltés dans ses vignes, s'est mis à lui envoyer des vins
exotiques et des vins de raisins secs. Dès lors, les arri-
vages de Cette ont quadruplé : c'est Bercy au bord de la
mer. Mais comme on faisait venir des produits, on a fait
venir aussi des ouvriers pour les décharger, les rouler,
les manipuler, les expédier. La qualité des uns a baissé
comme celles des autres. Voilà l'origine des « couche-
vêtus ». Il y a là en petit quelque chose d'analogue à la
population flottante des Docks de Londres, dont la misère
et dont la grève récente sont en ce moment connues du
monde entier.

Les ouvriers flottants du port de Cette sont-ils des
malfaiteurs bien endurcis? Il y a parmi eux des êtres de
toute espèce et, je l'ai dit, un grand nombre de repris
de justice. Le commissaire de police de Cette, homme de
beaucoup d'expérience et de dévouement, me dit qu'il les
connaît bien : ils sont misérables, ils sont faciles à entraîner ; ils ne demandent pas mieux néanmoins que de
vivre tranquilles, et, quand la police veut se servir
d'eux, ils se prêtent à ce qu'on leur demande. Mais en
un moment d'ivresse un coup de couteau est vite donné,

[1] L'aristocratie de fortune est plus nombreuse à Béziers.

surtout quand on en a quelque peu l'habitude ; et je vois
que dans ces dernières années le nombre des individus
condamnés pour ivresse en même temps que pour un
autre délit, augmente dans l'arrondissement. De 1885 à
1888, il a monté de 38 à 47.

Quel milieu et quel entourage la population indigène
fait-elle à ces hommes venus de partout? Quelle est la
région organique où le point noir se développe et où le
microbe est accepté, logé, entretenu? Il y a là beaucoup d'ouvriers d'une situation un peu plus élevée que
les précédents : ce sont des camionneurs, des garde-
magasin, des tonneliers, des commissionnaires. Parmi
eux sont beaucoup d'individus qui ont mangé ce qu'ils
avaient, des travailleurs du pays qui n'ont pas fait d'économies et qui sont jaloux. On me dit (et celui qui me le
dit a qualité pour l'affirmer) que bien des vols de marchandises sont accomplis ou essayés par ces hommes,
mis par eux sur le compte d'un « couche-vêtu » et laissés
impunis faute de preuves.

C'est cette population qui lit et qui fait prospérer
l'*Avenir social*, un des principaux organes anarchistes de
France. C'est elle qui, secondée par ce bel organe, a fait
élire un conseil municipal où la majorité elle-même est
anarchiste.

J'ouvre un numéro de cette feuille, et voici ce que j'y
trouve : « Les ouvriers ne sont pas moins excités contre
les exploiteurs bourgeois que ne l'étaient les serfs contre
les seigneurs. Mais la cause des souffrances populaires
était inconnue en 89. Aujourd'hui personne ne l'ignore ;
c'est la propriété individuelle. Demain la Révolution
l'abolira, et en même temps disparaîtra sa forme la plus
hideuse, le patronat [1]. »

[1] Je n'ai pas été médiocrement étonné en lisant dans le même

J'y trouve encore les inévitables « mots de lutte », et en tête celui-ci : « Quels gredins que les honnêtes gens ! » Je ne crois ni calomnier, ni diffamer une opinion politique en demandant si ce n'est pas là un terrain de culture éminemment propre à l'éclosion du délit. En tous cas, ces gredins d'honnêtes gens ne doivent pas y être précisément en sûreté.

Ce n'est pas qu'il n'y ait de leur faute. D'ailleurs, et ce que j'ai appelé l'état général du département, reste à examiner. Je passe brièvement sur ce fait qu'aux dernières élections municipales, deux listes étaient en face de la liste anarchiste. Elles s'appelaient l'une l'*Alliance républicaine*, et l'autre l'*Union républicaine*, deux beaux titres qui auraient gagné à être fusionnés. En réalité, me dit-on, l'Alliance et l'Union ne pratiquèrent ni union ni alliance, si ce n'est avec les anarchistes auxquels toutes les deux voulurent, par dépit, procurer la majorité. Elles réussirent ; mais c'est là de la politique, et je passe.

Autour de ces gens si proches voisins du délit caractérisé, vient le gros de la population qui est plus considérée parce qu'elle est riche. Tout se gradue ici comme ailleurs. Quand les ouvriers de la classe précédente ont momentanément la poche pleine, ils trouvent à la vider en compagnie des parvenus qui, au sortir de leurs occupations, remplissent les Edens, les Alcazars et les Eldorados de la contrée ; car nulle part ce genre d'établissement mixte ne pullule comme en cette partie du littoral.

article (assez incohérent, comme on peut s'en rendre compte) des lignes telles que celles-ci : « Interrogez les vieux ouvriers, Monsieur; ils vous diront qu'au temps où l'on ne gagnait que 3 francs par jour — certains ouvriers employés par notre administration ne gagnent encore que cela et peut-être deux ou trois sous de plus — il faisait meilleur vivre qu'à présent. » (Numéro du 3 février 1889.)

Les parvenus sont très nombreux. On peut dire que les trois quarts des habitants de l'Hérault représentent des individus subitement et prodigieusement enrichis.

Dans aucun département, sans peut-être même en excepter le Nord et ses sucreries, on n'a retiré autant de richesses de l'agriculture [1]. On achetait une « campagne » 30 ou 32,000 francs, par exemple, et l'année suivante on en retirait un produit de 30,000. Cette richesse a été gagnée vite ; les chemins de fer et les traités de commerce ont presque, du jour au lendemain, centuplé la valeur du sol. Elle a été gagnée facilement : les propriétaires de friches et de côteaux jusque là stériles, ne se sont pas donné la peine de les transformer de leurs mains ; ils ont fait venir des travailleurs plus durs à la fatigue pour opérer le défrichement et la plantation de ces terrains. C'est ainsi que de 1860 à 1866, la population a augmenté, par immigration, de près de 20,000 habitants.

Si vite et si aisément gagnée, cette richesse a développé un luxe de mauvais aloi. Les gens ne savaient comment s'y prendre pour dépenser tout leur argent. La grande propriété, munie de solides traditions de famille, se montrait économe et prévoyante ; mais la moyenne et la petite propriété « ne comptaient plus ». On voyait des villageois venir en masse à Montpellier, y passer trois jours de suite à l'occasion d'une foire. Il semblait qu'ils voulussent emporter avec eux tout ce qu'ils trouvaient dans les magasins de plus brillant et de plus inutile. Ils achetaient des pianos dont ils ne savaient pas jouer, et des suspensions en bronze pour les placer dans

[1] C'est ce que m'affirme un des plus savants professeurs de l'Ecole d'agriculture de Montpellier, M. Convert, professeur d'économie rurale : ses renseignements m'ont été précieux.

des installations de paysan, dans des chais, pêle-mêle avec des barriques. En même temps, ils devenaient joueurs.

Avec un zèle assurément louable, les conseils et les autorités du département multipliaient les établissements d'instruction, trop petits pour la foule croissante des enfants de ces enrichis. Mais peut-être remplissait-on les écoles et les collèges plus qu'on leur faisait honneur par le travail et surtout par l'éducation. En 1879, l'inspecteur d'Académie se plaignait devant le Conseil général que les maîtres eux-mêmes manquassent de zèle, eussent « trop peu de goût pour les études aussi bien que pour les méthodes nouvelles ». Le recrutement des instituteurs était encore difficile. Cette année-là et même l'année suivante, il fallait s'adresser aux autres départements ou prendre des non-brevetés. En 1887, les candidats ont afflué, parce que beaucoup de petits propriétaires étaient ruinés ; mais on prévoit que le retour de la prospérité vinicole va raréfier de nouveau les vocations. Quant aux élèves, l'inspecteur actuel de l'Académie me les dépeint comme de médiocres travailleurs, mais ayant déjà pris les habitudes dépensières et vaniteuses de leurs parents. Le jour de la rentrée des pensionnaires dans les collèges, on voit de petits gamins de la campagne qui, tirant devant leurs camarades le contenu de leurs poches, en amènent des louis mêlés avec des sous et des billes ou avec les petits ustensiles courants de l'écolier.

Il y a plus grave. Quoi de plus naturel que de supposer à des paysans devenus riches des sentiments de satisfaction et en quelque sorte de reconnaissance, des sentiments favorables à la paix sociale et à la conservation (je prends le mot dans son sens le plus large) ? Eh bien ! il s'en faut de beaucoup qu'on trouve ici pareille chose.

Il paraît même que si les individus ruinés [1] ont pu faire avec succès leur propagande anarchiste, c'est qu'ils ont trouvé le terrain bien préparé par les parvenus. Un membre de l'Académie des sciences morales et politiques demandait un jour à un préfet de ce département : « Pourquoi ces gens-là sont-ils donc si *rouges* ? » Le préfet lui répondit en souriant : « Parce qu'ils sont trop riches. » Le mot semblera paradoxal. Le commentaire m'en a été donné par une autre personne d'une autorité non moins grave, et dont la famille appartient de très longue date à cette région. « Oui, me dit-elle, du jour où les paysans, pauvres jusqu'alors, ont pu transformer des terrains incultes en vignobles, du jour où grâce à ces chemins de fer construits avec les économies des classes moyennes, ils ont pu entrevoir la plus-value énorme de leurs produits et par conséquent celle de leurs petites propriétés, de ce jour-là ils sont devenus partageux ; pas partageux de leur bien, cela s'entend, mais partageux de celui des autres. » Telle est la logique de la passion mal éclairée et de la convoitise fraîchement surexcitée. Celui qui n'a jamais spéculé à la Bourse ne songe pas beaucoup aux titres au porteur qui sont dans les caisses de ses voisins. Celui qui a joué et gagné ne rêve plus qu'actions et obligations, parts de fondateurs à accaparer par agiotage. Or, toute richesse gagnée sans effort ressemble un peu à l'argent obtenu par le jeu, et il n'est pas étonnant qu'elle fasse naître les mêmes sentiments. Un troisième « témoin », M. le commissaire de police de Cette, devait donc être dans le

---

[1] Ce n'est pas un procès de tendance. Le rédacteur de l'*Avenir social*, dans le numéro que j'ai cité, éprouve le besoin d'apprendre au public qu'il est criblé de dettes.

vrai quand il me disait, lui aussi, et spontanément :
« C'est la fortune qui a perdu ce pays-ci ! »

Enfin, pour achever le tout, je suis obligé de dire qu'il y a un moyen de gagner de l'argent qui s'est développé avec une intensité extraordinaire dans les deux arrondissements riches de l'Hérault, c'est la fraude. En 1887 (dernière statistique), ce département est celui qui, eu égard à sa population, a eu le plus de commerçants traduits en cour d'assises. Nulle part il n'y a plus de tentatives de corruption, soit sur les fonctionnaires locaux, soit même sur les fonctionnaires les plus élevés de l'Administration centrale [1]. Les secondes réussissent peu ; les premières ont plus de succès. On m'a cité un conseil municipal tout entier qui fraudait sur son propre octroi. Le mal est d'autant plus grand qu'il reste impuni : le jury acquitte... La magistrature voudrait correctionnaliser plus souvent ce genre d'accusation, pour avoir des condamnations plus sûres, bien qu'inférieures à ce que la justice exigerait. Elle est arrêtée par l'évidence des faux exécutés au moyen de grattages et de surcharges sur des écritures publiques et par des faits de corruption avérés. Elle est donc obligée de renvoyer en cour d'assises, et là elle se voit impuissante. A la fin de mai 1889, le jury de l'Hérault avait à juger une affaire considérable de fraudes sur les sucres. Toute la presse en avait parlé : elle avait mis en lumière les charges écrasantes qui pesaient sur les accusés, les pertes énormes qu'ils avaient fait subir au Trésor. Il n'y avait pas moins de 237 chefs d'accusation. Sur cinq accusés, deux avaient pris la fuite. Les trois autres furent acquittés.

Cette démoralisation générale (car il faut bien appeler

---

[1] Je parle ici d'après des témoignages qu'il ne m'est pas permis de révéler.

les choses par leurs noms) n'a-t-elle pas été produite ou
hâtée, aggravée, dans tous les cas, par la crise vinicole
due au phylloxéra ? On vient de voir que les hommes les
plus compétents pour juger sur place et pour bien juger,
ne le croient pas. Mais le doute est si naturel et se présente de lui-même à tant d'esprits qu'il est bon de s'y
arrêter.

Remontons d'abord dans les périodes antérieures.
Le département de l'Hérault a été longtemps l'un des
meilleurs de la France. Il était en 1842 le 17°; en 1855,
le 9°; en 1856, le 5°; en 1857, il est le 2°, avant les
Deux-Sèvres ! C'est en 1860 qu'il baisse, et sa décadence
morale s'accentue à mesure que sa prospérité matérielle
se développe. Dès 1872, les naissances y sont inférieures
aux décès, symptôme qui manque rarement d'accom-
pagner l'accroissement du délit. En 1874, il n'est plus
que le 61°. Dans les dix dernières années, il est le 81°.
Ici je ne parle que de la criminalité interne; la criminalité externe du département est moindre. Cela
prouve que ceux de ses enfants qui ont été élevés à la
fin de la période précédente ont gagné à quitter ce milieu.

Maintenant, de quelle époque date exactement la
crise phylloxérique ? Le professeur d'économie rurale,
M. Convert, me dit qu'elle a duré de 1875 à 1882. « En
1874, les habitants de l'Hérault ont encore gagné beaucoup d'argent » avec leurs vins naturels ; et par suite
d'un mouvement acquis, ils voient leur population augmenter jusqu'en 1876. Ils obtiennent cependant peu
d'éloges lors de l'enquête administrative de 1875. L'enquête avait évidemment porté sur un état de choses qui
était encore le fruit des années de prospérité. Or, elle
avait révélé des habitudes assez fâcheuses dans les rapports des différentes classes de travailleurs, et le préfet

ajoutait : « L'aisance croissante serait plus grande sans les cafés et les cabarets qui partout absorbent l'épargne[1]. »

Mais enfin la crise arrive à son plein : la vigne est ravagée. Nombre de propriétaires sont ruinés, et d'autant plus à fond qu'ils n'ont point fait d'économies. Ce passage brusque de la richesse à la pauvreté aurait exercé une grande et pernicieuse action sur les mœurs, qu'il n'y aurait pas lieu de s'en étonner. Mais, suivant une expression qu'on me répète de divers côtés, à Montpellier, les habitants « se sont retournés » très vite et avec une grande activité. Beaucoup d'abord ont émigré à la Plata, en Algérie ou dans le département de l'Aude dont la vigne a résisté plus longtemps. Puis, les négociants qui sont restés ont gagné de l'argent avec les vins d'Espagne et avec la fabrication artificielle. On me cite un village qui allait émigrer tout entier quand un industriel y établit une usine à vins de raisins secs, et le village refit sa prospérité sur des bases nouvelles. D'autres propriétaires se mirent à essayer de bonne heure des boutures de plants américains : ils en firent des pépinières et inondèrent le Midi de la variété indéfinie de leurs plants. Les départements limitrophes ont une expression pour désigner ce commerce qui, longtemps, fut plus avantageux aux expéditeurs qu'aux destinataires : « Les vignerons de l'Hérault se sont faits marchands de bois. » On faisait allusion aux envois de cépages plus ou moins authentiques et plantés avec plus d'empressement que de discernement.

Quant à la ville de Cette, j'ai dit plus haut que c'était précisément à cette crise qu'elle devait son grand déve-

---

[1] *Journal officiel* du 25 novembre 1875.

loppement. Aujourd'hui, la vigne est replantée, et la production vinicole va retrouver le niveau d'autrefois. Peut-être sera-ce ce retour de prospérité agricole qui fera baisser la richesse récente de la ville où s'est peuplé le quai de Cayenne. Car à Cette, m'affirment les autorités, on n'a pas eu de vues bien longues : « On n'a vu que le vin. » On ne s'est pas préoccupé d'assurer l'avenir du port par d'autres industries plus durables, faisant venir et transformant d'autres matières premières. L'avenir nous dira les conséquences de ce nouveau revirement de la fortune ou de ce nouveau déplacement des bénéfices.

Quoi qu'il en soit, il y a là un exemple remarquable d'un rapport étroit et, en quelque sorte, organique, entre ce que j'ai appelé le point visible du mal, la région malsaine qui l'entoure et l'état général entretenu par une mauvaise hygiène. Ce rapport, on le trouvera, je crois, à peu près partout où l'on se donnera la peine de le chercher.

Tout ce que je viens de dire d'une fraction de l'Hérault s'applique à l'arrondissement de Béziers, comme à l'arrondissement de Montpellier. On peut encore, en grande partie, l'appliquer à la ville de Marseille. Je veux dire que là aussi les ouvriers du port viennent de plus en plus de l'étranger, que les Italiens y commettent tous les jours quelque crime contre les personnes, et que cependant la population indigène, qui se réserve pour elle les crimes et délits contre les propriétés, n'est pas sans être responsable des uns et des autres.

Si les familles y étaient plus nombreuses, si les naissances n'y étaient pas devenues plus rares que les décès[1],

---

[1] De 1881 à 1886, l'excédent des décès sur les naissances dans

si le travail local et indigène y était plus fortement organisé, si la corporation des portefaix, par exemple, et
quelques autres encore savaient recruter sur place et
former des apprentis par de bonnes méthodes de famille,
l'invasion des Génois et des Calabrais n'aurait pas pris
un tel développement. D'autre part, les procédés com-
merciaux sont-ils meilleurs à Marseille que dans l'Hérault ? Des membres du tribunal de Marseille me disent
que non seulement la fraude y est en honneur, mais
qu'on y voit acquitter par le jury des fraudeurs qui ont
avoué. Une société qui en est là montre qu'entre les
coupables qui sont surpris et ceux qui ne le sont pas, la
distance est bien légère et la complicité bien étroite.

IV

S'il fallait désigner actuellement en France la région
criminelle par excellence, il n'y aurait pas lieu d'hésiter
longtemps ; il faudrait dire : c'est la Normandie ou, tout
au moins, une portion importante de la Normandie. Ce
pays n'est cependant point un coupe-gorge. Les voyageurs y vont et en reviennent avec une sécurité parfaite. A une certaine époque de l'année, les Parisiens s'y
rendent en foule et ils n'y sont point massacrés. La vue
du passant s'y repose même avec bonheur sur l'appareil
d'une existence calme et plantureuse ; et quiconque se
borne à traverser rapidement les prairies célèbres de ces
parages, ne peut que se dire : voilà une contrée heureuse

les Bouches-du-Rhône a été de 8,114 L'immigration comble les
vides.

où tout conspire à rendre faciles la bonne humeur, l'harmonie et la probité.

Cette région n'en est pas moins l'une de celles qui envoient le plus d'accusés à la cour d'assises et le plus de prévenus à la police correctionnelle. Tel est le fait, authentique et indéniable. Allez dans le pays même, vous verrez des tribunaux qui sont surchargés, des procureurs de la République qui réclament instamment le secours de nouveaux substituts, des prisons qui regorgent de pensionnaires et où les gardiens sont obligés de s'ingénier pour placer, jusque dans les couloirs, les lits des détenus. Revenez aux Comptes généraux de la justice criminelle, et consultez attentivement toutes les colonnes où s'inscrivent, d'année en année, les attentats grands, moyens et petits de toute nature. Renseignements oraux et renseignements écrits coïncident. C'est bien là une de ces fractions du territoire où le crime et le délit demandent à être étudiés. Non seulement ils y abondent, mais les conditions diverses qui, au dire de tant d'écoles, doivent en favoriser le développement, se dérobent au premier abord. Rien qui fasse penser à l'atavisme, rien qui accuse, quant à présent, une dégénérescence de la race. On cherche donc les causes et on a besoin de les trouver. Rien ne peut solliciter plus vivement la curiosité de l'observateur.

D'abord où est exactement cette région criminelle? Elle n'occupe pas toute la Normandie. L'Orne et surtout la Manche, quoiqu'on y trouve des mœurs et des habitudes, en bien des points identiques et en bien des points aussi regrettables, sont très loin d'occuper dans les statistiques des rangs aussi bas que la Seine-Inférieure, l'Eure et le Calvados.

Compare-t-on la criminalité interne de ces trois dé-

partements à celle du reste de la France, on ne les
trouve pas tout à fait dans les derniers : mais ceux qui
viennent après eux sont presque toujours la Seine, les
Bouches-du-Rhône, les Alpes-Maritimes, c'est-à-dire les
centres où affluent les délits cosmopolites. Ces départements écartés, les trois départements de Normandie
peuvent justement passer pour être, avec la Marne,
les points de la France où il se commet le plus d'actes
punis par la loi. Viennent d'abord les actes de violence,
puis les actes d'immoralité, puis les actes de cupidité,
puis la paresse et la misère.

Le calcul de la criminalité externe leur est-il plus
favorable ? Non : car ils figurent dans les 12 derniers ;
l'Eure est le 81e, la Seine-Inférieure le 84°. Cette persistance de trois départements limitrophes à se montrer
si mauvais selon tous les calculs et dans les statistiques
de tout système est donc remarquable. Elle l'est d'autant
plus que ceux qui les précèdent ou les suivent à peu de
distance, appartiennent à des régions assez diverses, au
Nord, au Sud, à l'Est de la France. Nous avons donc,
ce semble, dans cette vaste portion de la Normandie,
un ensemble compact, méritant bien qu'on voie en lui
le foyer le plus large et le plus intense de criminalité
indigène qui soit dans notre pays.

Il n'y a en effet aucun doute possible. La région n'est
pas corrompue par les immigrants. Le peu de distance
qui sépare sa criminalité interne et sa criminalité externe, sa faible natalité, le petit nombre de ses émigrés,
le chiffre élevé de criminels et de prévenus qu'on lui im-
pute, quand on élimine les étrangers, tout prouve qu'il
y a là, comme diraient les médecins, un mal endémique,
autochthone et spontané. Est-il prouvé que les étrangers qui viennent chez elle s'y corrompent ? Oui, cela est

prouvé par le cas des Bretons qu'elle attire et qui, en Normandie comme à Paris, deviennent incomparablement plus mauvais que chez eux. Mais l'Eure et le Calvados envoient aussi quelques-uns de leurs enfants dans la capitale. Ces enfants n'y sont-ils pas victimes d'une corruption plus grande encore que celle du pays qu'ils ont quitté? La question peut passer pour difficile à résoudre à l'aide de la statistique. Paris, nous l'avons vu, améliore les uns, gâte les autres. Mais il y a des degrés et des différences. Je suis allé trouver le l'résident de la Chambre syndicale des entrepreneurs. C'est l'industrie parisienne qui occupe le plus de provinciaux. Elle a les maçons qui viennent du Limousin, les tailleurs de pierre qui viennent de la Nièvre, de la Picardie, de la Normandie et de la Gironde. « Quels sont, ai-je demandé au Président, ceux de vos ouvriers qui se dérangent le plus vite et le plus gravement à Paris ? » Sans hésiter, il m'a répondu : « Ce sont les Normands, en y ajoutant quelques tailleurs de pierre, peu nombreux, des environs de Bordeaux, qui comptent d'ailleurs parmi les plus habiles de nos ouvriers. »

Si donc nous reprenons ces questions : Les étrangers trouvent-ils le mal ou l'apportent-ils? Fait-il meilleur demeurer dans la région que la quitter? Ceux qui la quittent portent-ils avec eux autant de mal qu'ils peuvent en contracter chez les autres?... Sur chacune de ces questions, la réponse est nettement défavorable à la région normande.

Mais dans cette région tout n'est pas absolument à mettre sur le même niveau. Essayons de bien délimiter la partie qui appelle de préférence une investigation minutieuse.

Nous avons renvoyé indemnes de toute grave accusation, l'Orne et la Manche. Restent la Seine-Inférieure, l'Eure et le Calvados. La Seine-Inférieure, dans son ensemble, ne le cède point, en criminalité, aux deux autres départements ; mais chez elle, la criminalité est très hétérogène. Les arrondissements du Havre et de Rouen ont une population des plus mêlées ; les travaux manufacturiers, les travaux agricoles, l'industrie des transports et le commerce s'y coudoient. Cherchons donc quelque centre qui soit plus un et où la criminalité se ramasse en prenant un caractère tout à la fois plus uniforme et plus distinct.

Prenons sur la carte les 11 arrondissements de l'Eure et du Calvados. Inscrivons, au milieu de chacun d'eux, le chiffre de ses prévenus. Prenons, par exemple, l'année 1886 [1]. Elle marque un nouveau progrès dans le mal sur les précédents ; mais elle n'a rien d'exceptionnel [2]. Or, en 1886, il y a eu en France, un peu plus de 58 prévenus par 10,000 habitants : voilà la moyenne. Dans l'Eure et dans le Calvados elle est dépassée partout : mais il y a de grandes inégalités. Examinez les arrondissements à l'Est de l'Eure : Evreux a eu 66 prévenus, Louviers 80, les Andelys 95. Prenez les arrondissements du Sud et de l'Ouest du Calvados : Vire a eu 60 prévenus, Falaise 71, Caen 67 et Bayeux 80. Mais arrêtons-nous maintenant au centre même de notre région. Il est formé par 4 arrondissements, dont l'ensemble s'appelait autrefois l'Évêché de Lisieux. Partagés aujourd'hui entre deux départements, ils n'en forment pas moins une masse naturellement homogène, où les communica-

[1] Je ne la prends ni à dessein ni au hasard. C'était la dernière dont la statistique fût publiée quand j'ai préparé mon enquête.
[2] Elle n'a rien non plus que démente (loin de là) la statistique de 1887, tout récemment publiée.

tions sont fréquentes et faciles, où les produits, les habitudes et les mœurs se ressemblent beaucoup. La criminalité correctionnelle y ressort également avec une force tout à fait extraordinaire. Bernay a eu 106 prévenus, Pont-Audemer 108, Lisieux 120 et Pont-l'Évêque 140 [1].

Les chiffres des accusés ne démentent point ces résultats. En 1887, Pont-Audemer et Bernay tiennent la tête dans la cour d'assises d'Evreux, comme Lisieux et Pont-l'Evêque dans la cour d'assises de Caen. En 1886, Bernay et Lisieux avaient eu de 30 à 31 accusés par 100,000 habitants, alors que cette même année la moyenne de la France était 11, que la Seine ne dépassait pas 17, la Corse 24 et les Bouches-du-Rhône, avec ses 50,000 Italiens, 26. Voilà donc notre région criminelle enfin délimitée et nettement arrêtée. Plus on s'en éloigne pour aller dans l'ouest et dans le sud-ouest, plus les délits diminuent. Si nous faisions, par exemple, la géographie criminelle de l'Orne, nous trouverions que l'arrondissement le plus mauvais est celui d'Argentan, le plus rapproché de notre groupe : il a 64 prévenus, tandis qu'Alençon n'en a que 47, Mortagne et Domfront 41.

N'oublions pas cependant qu'en général tout point malade fait partie d'un membre où il y a quelque chose d'anormal et d'un organisme dont l'économie entière a dû subir quelque atteinte.

Notre région a-t-elle toujours été aussi mauvaise ? Non, ou du moins pas au même degré. Mais il semble

---

[1] Si l'on veut comparer avec les arrondissements les plus chargés de France, dans la même année, voici quelques chiffres : Agen 70; Saint-Quentin 73; Lille 77; Neufchâtel 78; Sainte-Menehould 79; Bordeaux 84; Epernay 92; Lyon 93; Marseille 97; la Seine 105; Rouen 107; Montpellier 109; Béziers 111 ; le Havre et Soissons 116.

que nos deux départements aient eu en ce siècle le triste privilège d'accroître de plus en plus, et d'une manière à peu près continue, leur criminalité, tandis que d'autres gagnaient et s'élevaient graduellement des rangs les plus mauvais aux rangs les meilleurs. Il serait téméraire de vouloir remonter au dernier siècle. Nous avons néanmoins un travail officiel, fort intéressant et qui mérite toute confiance. C'est « l'analyse statistique du département de l'Eure[1] » par le Préfet Masson de Morfontaine, en l'an XIII. Le Préfet compare sur quelques chefs importants la criminalité de l'Eure en 1789 et sa criminalité en 1805. Les assassinats se sont élevés de 3 à 15 ; les vols particuliers de 17 à 24 ; les délits politiques de 6 à 14 ; les délits de simple police de 64 à 304. Les délits forestiers ont seuls diminué, ce qui s'explique par l'abolition des droits seigneuriaux. Ils sont tombés de 1,100 à 600.

De 1825[2] à 1850, le Calvados fait partie des 15 départements les plus mauvais : l'Eure est mieux placée d'environ 20 rangs. Mais dans ce classement on ne tenait compte que de la criminalité interne. Or, bien que la criminalité externe ne fût point calculée en détail pour chaque département, on inscrivait ceux dont les originaires fournissaient le plus aux assises des autres départements : il n'y en avait que 4 qui, sous ce rapport, fussent aussi mal notés que l'Eure[3].

En 1860, la situation reste à peu près la même. C'est surtout depuis 1870 qu'elle empire encore. En 1873, la Seine-Inférieure et l'Eure sont dans les quatre départe-

---

[1] Voyez plus haut, page 49.
[2] Epoque à laquelle débute notre statistique méthodique.
[3] Voyez particulièrement le *Compte général* de 1880, pages 46 et 47. Voyez aussi les Comptes généraux de 1860 et de 1883.

ments qui ont le plus d'accusés. En 1874, le tableau des cours d'assises, se termine par cette nomenclature : accusés par 100,000 habitants, Bouches-du-Rhône 26, Seine-Inférieure 27, Calvados 28, Seine 31 et Eure 43. En 1875 d'ailleurs, le *Journal officiel* publiait les résultats d'une enquête faite par tous les Préfets de la République sur la situation de l'agriculture, du commerce et de l'industrie, et à propos du département de l'Eure [1] on y lit : « Les enfants quittent l'école de bonne heure et n'y reviennent plus, malgré la gratuité. La population des campagnes diminue d'une manière considérable. Le nombre des décès dépasse celui des naissances, malgré le contingent apporté par les filles-mères. L'inconduite fait des progrès effrayants ; les cabarets pullulent. On ne cite pas de familles nombreuses. Les exigences des ouvriers des champs provoquent justement les plaintes des cultivateurs... » Ce tableau nous replace dans l'état qui, à l'heure actuelle, ne fait que s'accentuer tous les jours davantage. Voilà bien « l'accusé » que nous signalions : voilà ses antécédents. Ce n'est pas sans raison que nous le traduisons devant l'opinion. Interrogeons-le maintenant plus en détail, et, pour mieux nous éclairer, transportons-nous sur le lieu même de ses méfaits.

V

La première excuse que donnent les habitants du pays et quelques-uns de ses administrateurs pour atténuer sa mauvaise réputation, c'est qu'il est envahi de divers

---

[1] *Journal officiel* du 25 novembre 1875.

côtés par des vagabonds et des mendiants. Cette excuse, nous savons pertinemment qu'ils ne l'ont pas inventée : bien d'autres départements l'invoquent aussi à leur décharge. Les gens qui voient leurs chemins traversés par un grand nombre d'hommes et de femmes sans aveu, ne sont pas tenus de savoir que cette plaie sociale est une de celles qui se sont le plus étendues dans toute la France. Vers 1860, il n'y avait pas beaucoup plus de 6,000 prévenus de vagabondage : en 1886, nous en avions 18,982, soit une moyenne de 210 par département. Il en est de même de la mendicité ; dans cette période les individus prévenus de ce délit ont monté de 4,300 à 14,000.

L'Eure et le Calvados ont-ils participé plus que beaucoup d'autres à l'accroissement de ce genre de délit ? Assurément. Ici, comme à peu près tout mode de délit, on les voit notablement au-dessus de la moyenne. En 1860, ils avaient chacun de 20 à 30 vagabonds passant devant la police correctionnelle, ils en ont aujourd'hui 350 environ l'un et l'autre [1]. En 1860, ils avaient l'un 18, l'autre 47 prévenus de mendicité : chacun des deux en a aujourd'hui, dans une même année, plus de 400.

Il y a donc là un mal dont je suis très loin de nier l'étendue et la gravité. Ce n'est pas le mal par excellence de la région, car elle est encore moins bien placée pour

---

[1] Il est bien vrai que, depuis la loi du 27 mai 1885, qui a remplacé l'infraction au ban de surveillance par une simple interdiction de séjour, ils ont beaucoup moins de prévenus de rupture de ban. On peut même dire qu'ils n'en ont plus. Un grand nombre de ces hommes chez qui cette incrimination plus grave aurait masqué le délit de vagabondage ne sont plus maintenant arrêtés que sous ce dernier chef. Mais il n'y a pas là de quoi expliquer, à beaucoup près, l'accroissement des délits de vagabondage. En 1880, l'Eure n'avait que 113 prévenus de rupture de ban, le Calvados 41.

tous les autres genres de délit (violence, immoralité, cupidité) que pour celui-là. Mais enfin elle en souffre [1], et j'indiquerai ici quelques-uns des symptômes qu'il m'a été donné d'y étudier.

Les magistrats que j'ai consultés poussent à l'envi un cri qui paraîtra bizarre. « Les détenus se trouvent trop bien en prison. » Il paraît, en effet, qu'il n'y a guère lieu d'en douter pour une catégorie de vagabonds. Ils tiennent à se faire loger, nourrir et chauffer aux frais du gouvernement, et ils emploient, pour y réussir, des procédés simples, mais ingénieux.

Ils tiennent beaucoup, cela va sans dire, à ne point passer à l'état de récidivistes et à ne point tomber sous le coup de la loi de la relégation. Ils ont étudié cette loi, ils ont cherché les moyens de la tourner, c'est-à-dire de commettre des délits qui, leur ouvrant le refuge de la prison, ne comptent pas pour la récidive et pour l'envoi dans les colonies. Ces moyens, ils les ont trouvés.

L'un est déjà ancien, mais ils le développent ; c'est la filouterie d'aliments au préjudice des restaurateurs. Il consiste à se faire servir un déjeuner et à dire ensuite flegmatiquement, lorsque le garçon apporte la note : « Allez chercher les gendarmes, nous n'avons pas de quoi vous payer. » Le second était inconnu dans les tribunaux de la contrée avant le commencement de 1886. Il est qualifié de « dégradation de monuments publics ». Il consiste à briser ostensiblement les vitres du reverbère à la porte du commissaire de police. Dans l'Eure, ce délit a été commis 32 fois en 1886, 52 fois en 1887. Les individus qui l'ont inventé et cultivé rentrent donc en prison comme il leur plaît. Quelques-uns, m'affirme-t-on,

[1] L'arrondissement le plus éprouvé est celui d'Evreux, qui est en dehors de la « région criminelle ».

y rentrent le soir même ou le lendemain du jour où ils en
sont sortis. S'ils veulent prolonger leur existence d'aventures, la jurisprudence des tribunaux normands (ou de
la plupart d'entre eux) leur donne 20 jours ; car c'est
seulement au bout de 20 jours de vie errante, sans domicile et sans travail, qu'on est déclaré vagabond. Quoi
qu'il en soit, le jour où ils réintègrent le « domicile »
pénitentiaire dont ils ont l'habitude, ils y trouvent des
conditions d'existence dont leur paresse morale a pris le
goût. Les prisons que j'ai vues ont été toutes réparées et
offrent de bonnes conditions d'hygiène. Les détenus y
sont bien chauffés. Par raison d'économie, on les fait
lever tard et coucher tôt. Leur nourriture est certes
frugale, mais elle est saine, et les gardiens tiennent à
honneur de surveiller les fournitures de l'entreprise [1].
Le travail offert aux prévenus est un travail facile : démêler des chiffons et en faire cinq ou six tas ou confec-
tionner des chaussons de lisière. Si le travail les fatigue
et s'ils ralentissent l'œuvre de leurs dix doigts, ils n'en
sont ni moins nourris ni moins chauffés. Si l'ennui les
talonne et s'ils travaillent, ils peuvent supputer d'heure
en heure les petits bénéfices qu'ils accumulent. Une
partie leur sert à améliorer leur ordinaire ; le reste leur
sera donné en une seule fois comme pécule de sortie, pour
être probablement en une seule fois aussi dépensé. Enfin,
les détenus sont là toute la journée les uns avec les
autres, sans surveillance : jeunes et vieux peuvent causer
tout à leur aise et retrouver ainsi l'inoubliable attrait de
la sociabilité, sans avoir à rougir devant personne, sans
avoir à essuyer ni reproches ni dédains.

---

[1] La cuisine que j'ai vue dans la prison de Pont-Audemer aurait
supporté la comparaison sans désavantage avec la cuisine de certains collèges.

Certes, les magistrats locaux ont raison de protester contre cet amour singulier de la prison et contre l'abus qui en est fait. Mais je répéterai ici ce que j'ai dit pour les immigrations d'étrangers : le pays qui se plaint de ces hôtes de passage ne peut décliner complètement la responsabilité de ce fléau. La région normande voit lui arriver des vagabonds d'un peu partout, mais elle en forme et elle en expédie à son tour. J'ai relevé chez le commissaire de police de Lisieux les noms et les provenances de ceux qui avaient passé à son bureau en deux mois et une semaine. La moitié à peu près venait de Bretagne ou d'Anjou; quelques-uns se donnaient comme Marseillais ou comme Gascons ou comme originaires de l'Amérique. Mais sur 256, il y en avait 113 qui étaient Normands. Croit-on maintenant qu'il n'y ait point d'originaires de l'Eure et du Calvados qui passent chez les commissaires de la Beauce et de l'Ile-de-France? Mais quant aux vagabonds même qui viennent d'ailleurs, le pays ne peut pas s'en laver les mains. Dans ses belles études sur les populations agricoles de la Normandie[1], M. Baudrillart nous dit : « La mendicité avait pris dans l'Orne un caractère menaçant. On n'y comptait pas moins de 10,000 mendiants en 1863; la moitié venait du dehors, la moitié était du pays. C'est un préfet, M. Magnitot, (récompensé par l'Académie des sciences morales et politiques), qui a porté remède à cet état de choses, et immédiatement la criminalité de l'Orne s'est abaissée. » Soit ! c'est là un préfet intelligent et instruit qui a pris l'initiative ; mais il a fallu qu'il fût secondé par ses conseillers généraux et ceux-ci par la population même. Il y a eu à Caen un préfet non moins connu pour sa compé-

[1] Page 342.

tence dans les questions d'hygiène et d'assistance publique [1] : ses services l'ont porté à l'un des postes les
plus élevés du Ministère de l'Intérieur. J'imagine qu'il
en eût fait tout autant que le Préfet de l'Orne, s'il eût
trouvé la même bonne volonté ou s'il eût pu agir à lui
tout seul. En sortant du Calvados, il a été Préfet du
Finistère. Il a pu comparer le patriotisme, le dévouement, la moralité des deux pays. Si peu désireux qu'il
fût de charger d'anciens administrés, il a bien fallu qu'il
fît la comparaison et qu'il vît les différences.

Or, le paysan de notre ancien évêché de Lisieux vit
en bonne harmonie avec le vagabond et le mendiant.
Lui, si jaloux de sa propriété et si cupide, il leur laisse
prendre un abri passager dans les dépendances de sa
maison; il leur donne un morceau de pain et un verre
de cidre. Est-ce philanthropie ou générosité chrétienne?
L'affirmer serait courir le risque de n'être pas cru. Des
magistrats me disent qu'il y a là un certain sentiment de
crainte. Le paysan, peu large avec les autres, mais peu
courageux aussi, aime mieux payer cette petite rançon
qui ne lui coûte guère, et qui le met à l'abri. Quant à la
honte qu'il pourrait éprouver à l'aspect de compatriotes
vivant dans la lâcheté et toujours exposés à faire le mal,
c'est une pudeur qu'il ne faut pas lui demander; on en
verra bientôt les preuves convaincantes.

Cherchons donc les autres délits et les autres crimes.
Sont-ils liés au vagabondage? Les vagabonds sont-ils
encore les instigateurs ou les auteurs d'un grand nombre
d'infractions plus graves? C'est ce que les apologistes de
la probité normande soutiennent quelquefois; mais c'est là
une supposition à laquelle il faut renoncer. En dehors

[1] M. Monod.

des deux délits que j'ai signalés, les vagabonds de ce pays[1] ne se font presque jamais arrêter que comme vagabonds. Ce sont des gens qui n'ont plus d'énergie ni pour le bien ni pour le mal, et le soin même qu'ils mettent, on l'a vu, à éviter les cas de relégation les soutient contre les tentations exceptionnelles.

Dans l'arrondissement de Pont-l'Evêque, on m'avait plus d'une fois signalé Honfleur comme étant la localité pécheresse par dessus toutes les autres et comme étant pleine de vagabonds des plus malfaisants. Tout pays qui a mauvaise réputation aime ainsi à se décharger sur une localité choisie. Je suis donc allé à Honfleur ; mais j'ai acquis la conviction que ses voisins la calomniaient.

Ce n'est pas qu'il n'y ait là des groupes de Français et d'étrangers peu recommandables ; j'y ai retrouvé l'analogue de la corporation des Couche-vêtus de Cette. Il y vient, en effet, périodiquement un grand nombre d'individus pour travailler au chargement et au déchargement des navires. Ils sont sales et ne trouvent pas d'aubergistes qui consentent à les loger. Ils couchent, comme ils disent, en Norwège, c'est-à-dire sous les abris ou dans les « chambres » formées avec les planches de bois du Nord qui sèchent en attendant leur départ par chemin de fer ou par eau pour l'intérieur de la France. On les appelle les « Soleils » parce qu'ils sont toujours en plein air. C'est donc une population flottante et méprisée, dont on ne peut même pas dire qu'elle vit au jour le jour, car elle se fait payer à la demi-journée, deux fois par jour, n'ayant jamais rien d'avance et ne trouvant nulle part aucun crédit. L'immoralité la plus grossière

[1] Et je vois qu'il en est un peu de même ailleurs, j'y reviendrai.

ne l'arrête pas, mais elle ne commet point d'attentats.
Elle boit beaucoup et se fait mettre en état de contravention pour ivresse; mais comme elle ne réside pas
longtemps, ces habitudes ne la conduisent guère en police
correctionnelle où le délit d'ivresse n'est relevé et puni
qu'après double récidive. En tout cas, elle n'est ni mé-
chante, ni voleuse, et les délits les plus nombreux qu'on
ait à lui reprocher sont des actes de rébellion contre les
agents de l'autorité publique. Tels sont les renseignements, relativement favorables, qui me sont donnés par
le curé de la principale paroisse et par le commissaire de
police.

A ce dernier fonctionnaire, je pose de nouveau la question des vagabonds et des mendiants. Il est certain qu'il
en voit beaucoup. En 1888, les bateaux ont transporté
de Honfleur au Havre et du Havre à Honfleur 165,184
passagers. Mais il y a de plus un service spécial et gra-
tuit pour le transport des indigents qui vont chercher du
travail dans le grand port. On pousse même la générosité
jusqu'à leur assurer au Havre trois journées consécutives
de nourriture pour leur permettre de trouver plus à
loisir une occupation lucrative. Or, beaucoup, paraît-il,
font un métier de ce double voyage... qui les nourrit et
qui les distrait dans les intervalles de leur incarcération
volontaire. Ils vont et viennent, font, comme on dit, la
navette, et on pourrait les suivre à la piste, comme une
traînée de fourmis à la recherche d'un tas de blé. Les
passagers indigents transportés ainsi de Honfleur au
Havre aux frais de l'administration ont été, en 1884, au
nombre de 2.718. Voilà qui complète notre étude du
vagabondage dans cette portion de la Normandie. Mais
enfin, M. le commissaire de police de Honfleur, qui est
un homme expérimenté, fixé depuis longtemps dans le

pays, me dit que ces gens commettent, en somme, très peu de délits.

De son côté, la population sédentaire de Honfleur a la moralité qui caractérise la population de tous les petits ports. La diminution volontaire des naissances n'y sévit pas comme dans le reste de la Normandie ; car, en une période donnée, le curé que j'ai pu consulter venait de constater 142 baptêmes pour 100 inhumations. Il est permis de donner le fait comme caractéristique.

En résumé, quand les avocats de notre accusé nous allèguent la mendicité et le vagabondage, ils ne nous disent qu'une très faible partie de la vérité. Ils mettent en avant un mal réel, mais dont ils sont grandement responsables, et qui en couvre de plus graves. Poursuivons donc notre enquête.

Depuis un certain nombre d'années, on met beaucoup de crimes et de délits sur le compte de l'alcoolisme, et on a raison. Mais nulle part l'alcoolisme ne fait subir autant de ravages à la santé et à la moralité publique que dans les deux départements qui nous occupent.

Un travail consciencieux [1] sur l'alcoolisme et la criminalité établit que, si l'on met de côté la Seine, la catégorie des départements qui consomment le plus d'alcool à 100 degrés (de 6,80 à 10 litres) comprend en même temps ceux qui ont le plus grand nombre d'individus condamnés à des peines entraînant le transfert dans des maisons centrales. Ces départements sont au nombre de six : Le Calvados, la Mayenne, l'Eure, la Somme, l'Aisne et la Seine-Inférieure. Tous ne contribuent pas également à augmenter les deux totaux. La Mayenne augmente le total de la consommation al-

[1] Par M. MARAMBAT, *Bulletin de la Société de tempérance*, tome VII, n° 4.

coolique beaucoup plus que le total des condamnations ;
ce dernier est surtout grossi par les trois départements
de Normandie. Malgré cette restriction, le rapprochement est instructif. Mais nous pouvons entrer dans des
détails plus précis.

Les condamnations pour ivresse publique, en vertu de
la loi de 1873, ne sont relativement pas très nombreuses
dans l'Eure et dans le Calvados. Il y en a moins qu'en
Bretagne, et le nombre de ces condamnations y diminue.
Il est vrai que le commissaire de police de Lisieux me
disait : « Si on appliquait rigoureusement la loi, on en
arrêterait 200 par mois. » Mais il y a lieu de croire qu'il
en est de même en beaucoup d'autres endroits. Ce qui
est certain, c'est que le nombre des délits publics, poursuivis ou non, ne nous donne pas la vraie mesure de
l'alcoolisme et du mal qu'il cause. Le Normand ne se
répand guère au loin : il boit chez lui et au cabaret,
où il fait de longues stations ; il absorbe un certain
nombre de tasses de café largement additionnées d'eau-
de-vie, puis il se remet tant bien que mal dans sa voiture et rentre chez lui comme il peut. On sait de plus que
l'alcoolisme n'est pas la même chose que l'ivresse ; il est
souvent aussi insidieux et aussi taciturne qu'elle est
bruyante. Ainsi, d'après les statistiques de MM. Claude
et Lunier, le Calvados est, de tous les départements de
France, celui où il y a le plus de cas d'aliénation mentale par alcoolisme; et il n'y en a que deux (la Manche
et la Haute-Saône) où l'on signale plus de suicides par
excès de boisson.

Dans l'Eure, un travail du Dr Devoisins qui a exercé
la médecine dans le canton de Breteuil-sur-Iton, nous
donne les renseignements que voici. De 1880 à 1888, les
débits de boisson ont augmenté de 5 0/0 et même, si on

tient compte de la diminution de la population, de 8 0/0. Ces proportions ne sont pas les mêmes partout. L'augmentation n'a été que de 0,4 dans l'arrondissement des Andelys ; elle a été de 6 0/0 dans les arrondissements de Louviers et d'Evreux, mais de 13 0/0 dans ceux de Bernay et de Pont-Audemer qui sont, nous l'avons dit, les plus criminels du département.

Parmi les fléaux qui accompagnent ce progrès, le Dr Devoisins nous en signale un qui est plus lamentable que tous les autres. On sait avec quel zèle d'éminents médecins, comme les docteurs Rochard et Bergeron, ont prêché en faveur de l'allaitement maternel. Partout où ils ont relevé des observations, ils ont montré que les enfants élevés au biberon ou à d'autres procédés artificiels succombent en bien plus grand nombre que les enfants nourris par leur mère. La belle Normandie a changé tout cela. Elle a perfectionné la bête, mais dégradé la femme. La femme s'y est mise à boire de l'eau-de-vie presque autant que l'homme, et ses mamelles sont devenues des sources empoisonnées. On n'a qu'à lire les propositions par lesquelles l'honorable médecin a résumé les observations faites par lui une à une dans sa propre clientèle.

« Dans les pays où règne l'alcoolisme, lorsqu'on a du lait de vache, l'allaitement au biberon donne de meilleurs résultats que l'allaitement maternel.

» Dans nos campagnes, la mortalité des enfants de un à trois ans s'élève de 8 à 14 0/0, à mesure que l'allaitement au biberon est remplacé par l'allaitement au sein.

» L'abandon de l'allaitement maternel n'est pas à invoquer, comme le veut M. le Dr Bergeron, pour expliquer la diminution de la population dans la Basse-Normandie. Pour que la proposition devînt exacte, il faudrait en renverser les termes. »

Revenons à la criminalité proprement dite, si tant est que nous nous en soyons écartés. J'aurai souvent occasion de le redire : dans l'ordre si complexe des phénomènes sociaux, tout expliquer par une seule cause n'est pas possible. Rien ne préserve infailliblement du crime, ni la naissance, ni l'instruction, ni la richesse, ni la pratique extérieure de la religion : rien n'y pousse irrésistiblement, ni l'hérédité, ni l'ignorance, ni la misère, ni le vagabondage, ni la prostitution, ni l'alcoolisme. Quand l'alcoolisme se surajoute et se mêle à certaines prédispositions dangereuses, il les exaspère. Aussi peut-il, dans les effets qui suivent, se voir attribuer une part prépondérante; il ne sera jamais le facteur unique [1]. Dans la Mayenne, dans la Vendée, dans les Côtes-du-Nord, dans la Manche il est bien répandu ; mais il y pousse plus à la folie et au suicide qu'au crime. Il faut venir dans le Calvados pour trouver une population où il propage avec un égal succès les trois fléaux à la fois.

Il s'agit donc de s'arrêter encore sur les caractères et sur les causes de cette criminalité et de chercher le fond d'où elle sort.

Remarquons bien ce premier point : c'est une criminalité rurale. Non pas que les arrondissements agricoles aient toujours été les plus mauvais ! Si l'on remonte au-delà de 1830, on voit que les tribunaux de Louviers et des Andelys étaient alors beaucoup plus chargés; mais depuis cette époque, les rangs se sont intervertis, la distribution que nous avons faite plus haut l'a montré.

Ce n'est pas tout. Dans les arrondissements même qui méritent aujourd'hui d'être mis à part, il y a quelques industries disséminées. Il y en a notamment à Lisieux.

---

[1] Voyez d'ailleurs *le Crime,* pages 377 et suivantes.

Eh bien ! de l'aveu général, c'est le paysan qui, à l'inverse de ce qui se passe dans la grande majorité de nos arrondissements français, est le moins en règle avec le Code. La plupart des vols sont des vols de bestiaux ou de volailles accomplis par des gens qui en possèdent eux-mêmes. La plupart des coups et des blessures donnés, des meurtres perpétrés sous l'action de l'ivresse sont imputables à des individus qui boivent de leur propre eau-de-vie chez eux, quand ils n'en boivent pas chez les autres. L'honorable Procureur de la République du tribunal de la Seine a plaidé vingt ans à Lisieux. Il me dit : « L'ouvrier de ce pays-là n'est pas voleur : c'est le rural qui occupait surtout de mon temps la police correctionnelle. » C'est encore lui qui l'occupe le plus par les actes d'immoralité, par les incendies, par les violences, comme par les séparations de corps et les divorces. Sur ce point, tous les magistrats, tous les administrateurs, tous les ecclésiastiques que j'ai consultés dans les quatre chefs-lieux sont unanimes.

Une hypothèse alors se présente à l'esprit de quiconque a entendu parler du caractère normand. N'est-ce pas l'esprit de chicane qui pousse les habitants à s'accuser les uns les autres, comme à tromper les exigences fiscales ? Et n'est-ce pas l'ensemble de ces résistances ou de ces poursuites réciproques, qui enfle les totaux donnés par les greffes ? En aucune façon. Le Normand n'a pas cessé d'être chicanier, quoiqu'il le soit moins qu'au siècle dernier, et que d'autres Français, ceux de l'Aveyron et de l'Ardèche le soient autant que lui. Mais c'est bien le délit commun, le délit poursuivi par le Ministère public, qui est en accroissement continu. Les délits poursuivis par les administrations ont diminué dans des proportions énormes ; ou plutôt, l'expression serait plus exacte, les poursuites ont diminué ; les affaires correctionnelles, sur plainte de la partie civile, deviennent également insignifiantes. Sur 750 affaires portées devant le tribunal de Pont-l'Évêque, il y en avait 11 de cette dernière catégorie et 3 de la précédente. Le Normand ne plaide que pour ses intérêts matériels. Il porte plainte quelquefois pour un acte qui touche à la moralité publique, comme un attentat aux mœurs ou un adultère. Mais là même il y a bien des chances pour que ce soit, au fond, un procès civil qu'il engage : il s'agit pour lui de retrouver sa liberté ou son argent.

Le paysan normand s'est-il donc appauvri ? Cette criminalité doit-elle être mise au compte de la crise agricole ou d'une baisse de la fortune publique ?

Il n'est pas nécessaire d'entrer dans l'examen détaillé des prix de vente du fourrage et du bétail. Rappelons seulement quelques faits. On apprécie la richesse d'un département par la valeur du « centime » de ses contributions. Les départements très populeux sont naturellement en tête. L'Aisne, les Bouches-du-Rhône, la Gironde, le Nord, le Rhône, la Seine, le Pas de-Calais, la Seine-Inférieure, Seine-et-Oise sont ceux dont le « centime » produit la plus forte somme. Immédiatement après viennent le Calvados, l'Eure, l'Hérault et la Manche. Nous sommes donc bien en pays riches, il n'y a pas à en douter.

Cette richesse est-elle concentrée en un petit nombre de mains ? Non. Les cultivateurs propriétaires, cultivant exclusivement leurs biens, n'y sont pas aussi nombreux que dans les départements viticoles, mais on en trouve au moins autant que dans les régions les plus morales de la Bretagne, de la Vendée et de l'Anjou. Les exploitations inférieures à 5 hectares y sont, du reste, en grande majorité : elles forment environ les deux tiers.

La culture herbagère qui fait la fortune du pays n'a point subi de crise comme la vigne. On ne remarque d'ailleurs à aucun signe, que la richesse y ait faibli. La Trésorerie générale d'Evreux a bien voulu me faire remettre, pour l'Eure, un état qui embrasse les vingt dernières années, de 1869 à 1889. De 1872 à 1874, les achats de rente avaient augmenté[1] dans de notables proportions : 11 millions, en chiffres ronds, au lieu de 2 millions en 1869. Depuis lors, il est vrai, ces achats ont diminué : ils n'atteignent pas tout à fait 6 millions en 1888 ; mais il y a un autre tableau qui fait plus que compensation : c'est celui des dépôts des caisses d'épargne[2]. Au 31 décembre 1869, il était de 6 millions 1/2 : au 31 décembre 1888, il atteignait près de 29 millions, après avoir augmenté régulièrement d'année en année, sans avoir jamais subi aucun recul, on peut même dire aucun temps d'arrêt. Dans cette série d'années, il y en a une, l'année 1874, où le nombre des accusés a été plus nombreux dans l'Eure que dans aucun autre département ; il a atteint 41 ; le chiffre du Calvados suivait de près. Or, en 1874, les achats de rente étaient encore à 11 millions et les dépôts de caisses d'épargne étaient déjà en train de dessiner leur marche ascendante[3].

[1] A la Trésorerie générale.
[2] Je n'ai pas à apprendre que depuis que le chiffre des dépôts aux caisses d'épargne a été élevé à 2,000, l'esprit de l'institution a beaucoup dévié. On me dit en Normandie que plus d'un fermier, qui paye mal son propriétaire, trouve le moyen de mettre de l'argent à la caisse d'épargne. Il sait que là l'argent est insaisissable. Je note le fait parce que, à quelques mois d'intervalle, la même observation avec le même commentaire m'a été donnée par le Procureur de la République d'un petit arrondissement du Languedoc.
[3] Ce n'est pas qu'on ne s'y plaigne, comme partout, de certaines

Serait-ce donc le développement et non la baisse de la richesse qui a favorisé la criminalité ? Les coïncidences sont au moins remarquables. Allez dans l'Est de l'Eure, c'est là que l'industrie et les céréales passent pour subir un temps d'arrêt et des difficultés : la criminalité y est moins forte. Allez dans l'Ouest du Calvados, où la criminalité baisse plus encore. C'est une région que M. Baudrillart nous décrit de la façon suivante : « Tout près de la plaine de Caen et des pâturages du Bessin est l'âpre Bocage normand et son cultivateur pauvre. Il est formé par une partie des arrondissements de Falaise, de Caen, de Bayeux et la totalité de l'arrondissement de Vire Le pays qui entoure Vire joint l'industrie à la culture. L'habitant de cette partie du Bocage a été autrefois plus pauvre encore. Le travail, trop souvent réduit à ses propres forces, est la nécessité et devient la vertu des paysans du Bocage. » Comment ne pas être frappé d'une telle observation ! C'est dans l'arrondissement de Vire que l'homme a le plus à demander au travail in-

---

difficultés commerciales. L'une de celles qui m'ont été exposées mérite qu'on s'y arrête. Je tiens ces détails d'un des magistrats les plus distingués de Lisieux (et du ressort), riche propriétaire, faisant valoir lui-même : il ne les jugeait pas indignes d'être retenus et commentés.

Un boucher se plaignait à lui de la marche de ses affaires. — « Cependant, lui dit le magistrat, vous me revendez mon bœuf bien plus cher que je ne vous l'ai vendu sur pied : vous avez une belle marge pour les bénéfices. » Sur quoi le boucher lui exposa que ses bénéfices étaient grandement diminués par deux mécomptes. « D'abord, disait-il, tout le monde veut aujourd'hui des morceaux de première qualité, et je ne sais comment faire pour me débarrasser des bas morceaux. En second lieu, il y a beaucoup de petites gens qui consomment au-delà de leurs moyens et qui me font perdre ou restent très en retard avec moi. » Je crois que cette observation pourrait être faite en divers endroits du territoire. Je constate cependant que c'est à Lisieux qu'elle m'a été faite pour la première fois avec cette autorité et cette netteté.

cessant de ses bras ? Eh bien ! c'est là qu'il est le plus
honnête! Il était autrefois plus pauvre encore ? Eh bien !
autrefois, on est obligé de le dire, il était encore plus
honnête : car, bien que l'arrondissement de Vire demeure
très en arrière des autres dans la marche des délits, il
n'en progresse pas moins dans la même voie. Plus il se
rapproche de l'état d'aisance de ses voisins, plus il diminue la distance qui le sépare de leur état moral : sa
population baisse et le nombre de ses délinquants augmente chaque année[1]. Ne soyons donc pas étonnés si le
riche herbager des vallées d'Auge et de la Risle est le
plus corrompu des Normands et si un magistrat a pu me
dire : « Ici, la plupart des gens qui volent sont des gens
qui possèdent eux-mêmes, et le paysan aisé y commet
plus de délits que le vagabond. »

Faut-il donc regretter la richesse, fruit du travail, et
demander la ruine des Français dans l'intérêt de leur
salut? A Dieu ne plaise ! Mais il y a des vérités qu'il est
toujours utile de rappeler. Imaginez une fortune quelconque, honnêtement gagnée, cela va sans dire : si celui
qui la possède fait la part de l'avenir et la part des
pauvres, s'il se préoccupe de multiplier les travailleurs
et de leur inspirer à eux-mêmes l'esprit de prévoyance,
tout en leur procurant du travail lucratif; quels que soient
les progrès, voulus par lui, de sa fortune, il est aussi
près que possible de l'esprit de pauvreté de l'Évangile.
C'est ce qui fait que dans le Nord, dans le Pas-de-Calais,
dans l'Ardèche, puis dans la Bourgogne, dans le Nivernais ou dans l'Anjou, l'on trouve des industriels et des

---

[1] Voici la progression du nombre de ses prévenus. Moyenne de
de 1846 à 1850 : 193. — De 1856 à 1860 : 231. — De 1880 à 1887, les
chiffres se succèdent ainsi : 234, 271, 341, 370, 443. — Cependant la
population diminue.

propriétaires qui savent maintenir autour d'eux une moralité digne de servir de modèle. Mais la richesse de la Normandie herbagère a des caractères particuliers dont il faut bien se rendre compte.

C'est d'abord une richesse facilement gagnée. Je ne referai pas ici un tableau fait par d'autres et très bien fait. On a comparé plus d'une fois le travail incessant du petit vigneron et celui du fermier de labour à la vie de l'éleveur normand. Celui-ci va dans les foires et dans les marchés où il achète du bétail maigre. Il le ramène dans sa « cour » et dans son pré ; il le laisse s'engraisser. De temps à autre, il le « palpe » et, quand il le trouve à point, il retourne dans d'autres foires et dans d'autres marchés pour le vendre. Dans l'intervalle, il laisse volontiers à sa femme le soin des bêtes et l'élaboration de leurs produits. On ajoute à ces détails, que le paysan normand sort beaucoup de chez lui. Il a pris goût à la fréquentation des marchés : il y va deux, trois, quatre fois par semaine. Chacune de ces sorties est marquée par de longues stations au café. En attendant son retour, les domestiques de ferme et les travailleurs demeurent sans surveillance ; ils s'arrangent entre eux pour ne rien faire ou pour mal faire.

Ces habitudes sont-elles les résultats inévitables du mode de culture, des conditions du sol et du climat ? N'en croyons rien. Il est bien vrai que l'herbe pousse toute seule sous l'eau du ciel et que le bétail s'engraisse en la mangeant. Mais le fermier qui voudrait, pour élever une famille plus nombreuse, produire plus et dépenser moins, le pourrait aisément. Tous les hommes compétents vous diront, dans le pays même, ce que vous avez pu lire plus d'une fois : La Normandie pourrait produire le double de ce qu'elle produit Qu'on donne à ces

prairies plus de journées de travail, qu'on prenne la
peine d'y répandre des engrais, de drainer le sol, de
multiplier les rigoles et les canaux d'arrosage, de perfectionner la culture et le rendement des pommiers ; on
aura là de quoi s'occuper fructueusement. Mais la race
normande, autrefois si vaillante, a pris l'habitude du
bien-être matériel facile : elle a trouvé le moyen d'allier
ensemble la cupidité, la gourmandise et une paresse qui
va en grandissant. Le paysan de cette région n'est pas
vaniteux : ni le luxe extérieur de la toilette ni celui des
appartements ne le tentent ; il a peu d'imagination et,
quoiqu'il joue parfois beaucoup d'argent au simple jeu
de dominos, il ne tient point à spéculer. Boire et manger
sont ses jouissances préférées, et c'est à elles qu'il paraît
tout subordonner.

Il devient paresseux, tout le monde l'affirme, professeurs d'agriculture, inspecteurs d'Académie, curés,
magistrats. L'un me dit : « Les syndicats agricoles commencent à secouer un peu la torpeur, parce que les plus
actifs s'appliquent à entraîner les autres. Mais comme
j'avais vu ailleurs plus d'empressement à se retourner
et à mieux faire ! » Un autre, à qui je demande s'il y a
une diminution d'énergie, me répond : « Oh ! certes oui,
nous ne voyons plus ici de virilité, plus d'action, si ce
n'est pour refuser le plus possible de payer et pour résister, mais alors avec une férocité remarquable, aux exigences de l'intérêt général. »

Un représentant distingué de l'autorité universitaire,
qui est là depuis neuf ans, me décrit ainsi le caractère
des enfants et des adolescents qu'il dirige : « Population
scolaire intelligente, douce, assez bien élevée, pas grossière, même dans les plus petits hameaux. Ils n'ont pas
la peur du maître, car le maître n'a pas plus de zèle

pour enseigner, qu'ils n'en ont, eux, pour apprendre. Ils vivent donc avec lui en bonne intelligence, et les écoles sont calmes, excepté quand arrive, par hasard, un maître étranger qui veut exiger davantage et se montrer plus dur : alors l'enfant s'indigne et se révolte. En tout cas, l'école est fréquentée mollement, et on la quitte de bonne heure, une fois qu'on a l'instruction indispensable à la conduite de ses petites affaires quotidiennes. Pères, maîtres et enfants n'ont aucune ambition, en dehors de la richesse et du bien-être. Tout le monde est individualiste... Pas de réunions nombreuses, pas de grands courants d'idées et de sentiments. Le paysan d'ici est épicurien, il n'aime que le plaisir du ventre et la tranquillité. »

Avarice, amour du bien-être et paresse, voilà, dira-t-on, qui est difficile à concilier dans la pratique. Mais ce moyen de conciliation, tout le monde croit l'avoir trouvé : c'est de ne plus avoir d'enfants à élever ou d'en avoir le moins possible. Un des préfets les plus distingués qu'ait eus le Calvados (et au témoignage duquel j'ai déjà fait allusion) vit un jour entrer dans son cabinet un notaire qui ne savait s'il devait rire ou se lamenter. « Figurez-vous, lui dit-il, que j'étais tout-à-l'heure en train de passer un contrat de mariage. Les deux familles étaient réunies, et l'une et l'autre insistaient à qui mieux mieux pour stipuler par écrit que les futurs époux n'auraient pas plus de deux enfants, au maximum ; j'ai eu toutes les peines du monde à les convaincre qu'une pareille clause était immorale... et illégale. » Si cela ne se met pas dans les contrats de mariage, cela se dit et se recommande partout, et, qui pis est, cela se pratique. De 1801 à 1886, les deux départements ont perdu 85,557 habitants, par la seule diminution des naissances, tandis que dans le même intervalle le Morbihan et l'Ille-et-Vilaine en gagnaient à eux seuls 85,206.

Mais vivre en épicurien ami de la table, boire et manger beaucoup, chercher ses aises, avoir peu de scrupules, se fatiguer le moins possible, et, avec tout cela, se soustraire opiniâtrement aux conséquences de la vie de famille, voilà un problème qui se complique. Comment le résoudre, si ce n'est aux dépens de la moralité ? Ici surviennent des... accidents de deux ordres.

Le respect de la femme est une partie de la dignité humaine et certainement l'une des plus précieuses. Il suffit, dira-t-on, d'être bien né, pour témoigner à la délicatesse féminine les égards réclamés par la douceur de la vie mondaine. Prenons que ceci soit exact dans les milieux raffinés et qu'il y suffise à la femme d'être femme pour se voir entourée d'hommages ou de prévenances capables de flatter en elle autre chose que la vanité. Il n'en est pas moins vrai que dans la majeure partie de l'humanité, ce qu'on respecte le plus dans la femme, c'est la mère. Là donc où la femme, de concert avec son mari, se refuse aux devoirs de la maternité, on ne doit pas être étonné de lui voir perdre beaucoup dans les égards qu'elle obtient et surtout dans ceux qu'elle mérite. Il est bien vrai que dans certaines régions plus austères, la femme, astreinte à de durs travaux, ressemble un peu trop à la domestique de la maison, tandis qu'en Normandie elle est plus véritablement l'associée de l'homme, menant avec lui la voiture aux marchés de la ville et se passant partout ses fantaisies. Mais la médaille a un revers. Le Calvados est un des départements où la proportion des femmes prévenues ou accusées s'élève le plus haut, sans qu'on puisse l'expliquer par l'absence des hommes. On l'expliquera plus aisément par l'habitude croissante de l'alcoolisme et par quelques autres encore.

Les coups et blessures entre époux sont fréquents. Il n'y a pas lieu d'en être surpris, si on lit la statistique des séparations de corps et des divorces. Avant la loi Naquet, dans la période de 1860 à 1879 [1], il y avait dans l'ensemble de notre pays 8 séparations de corps par 1,000 mariages. La Seine venait en tête avec 24, suivie du Rhône qui en avait 14. Mais immédiatement après ces deux départements (je crains que l'énumération ne commence à paraître monotone), venaient le Calvados avec 13 séparations par 1,000 mariages et l'Eure avec 12. Depuis que le divorce a été rétabli, les deux départements ne se sont point fait faute d'en user. Dès 1885, on les trouve avec 35 demandes de divorce par 1000 mariages. C'est une proportion qui n'est dépassée que par l'Aube et par les départements dont les chefs-lieux, Paris, Lyon, Marseille, Bordeaux, sont remplis d'une population de toute provenance.

Après la corruption de la femme, on peut prévoir celle de l'enfant. En 1887, sur 768 prévenus que le parquet de Pont-l'Évêque avait poursuivis en police correctionnelle, il y avait 21 mineurs au-dessous de 16 ans et 101 jeunes adultes de 16 à 21 ans. En 1888, sur 882 prévenus, il y en 33 au-dessous de 16 ans et 133 de 16 à 21. Ainsi le progrès du mal s'effectue dans tous les sens. Si j'en crois des témoins sérieux, l'alcoolisme fait son apparition dès l'école primaire, non pas qu'il y soit encore fréquent, mais on m'assure qu'il y est déjà signalé.

Que reste-t-il à constater pour achever le tableau authentique de ce mode d'immoralité que la loi ne peut pas

[1] J. Bertillon, *Etude démographique du divorce*, Paris, Masson, 1883.

atteindre ? Il reste le chiffre des enfants naturels. On ne peut que s'attendre à le trouver considérable, et c'est une attente qui n'est malheureusement pas destinée à être déçue. Voici bientôt dix ans, que M. Baudrillart écrivait : « Il y a proportionnellement trois fois plus de naissances illégitimes en Normandie qu'en Bretagne. » C'est environ quatre fois plus qu'il faut dire maintenant. Cette année, sur 100 naissances, la France a un peu plus de 8 naissances illégitimes : mais l'Eure en a près de 11 et le Calvados 14, tandis que le Morbihan n'en a que 3.

Tout ce que nous venons d'exposer là, ce sont les tableaux officiels qui nous le donnent. Mais sans ajouter aucun procès de tendance à ces accusations déjà bien graves, il est difficile de ne point parler d'habitudes notoirement répandues, quoique la statistique n'en enregistre que de loin en loin les effets.

Les naissances diminuent de plus en plus, et le désordre des mœurs ne s'arrête pas. Quelle part faut-il faire à la hideuse pratique de l'avortement ? Aucun acte de cette nature n'avait été produit devant la Cour d'assises d'Évreux ni devant celle de Caen, en 1886 et en 1887. En janvier 1888, dix-neuf individus accusés ensemble de ce crime comparaissaient devant la première de ces deux Cours. Ils étaient de Louviers ; mais les circonstances de la cause prouvèrent que ce n'était là ni un mal localisé ni un mal subit. Je laisse parler le correspondant d'un de nos grands journaux [1] qui écrivait d'Évreux même :

« La Cour d'assises de l'Eure, dont les sessions sont généralement très chargées, a commencé hier l'examen

[1] *Le Temps* du 21 janvier 1889. La lecture du compte-rendu a de quoi intéresser largement le médecin-légiste et le criminaliste.

d'une affaire d'avortement qui a eu dans la région un grand retentissement. Ce procès découvre une des plaies qui, venant s'ajouter aux ravages produits par l'alcoolisme, est une des causes principales de la dépopulation croissante de la Normandie. Les femmes de cette région, celles des campagnes notamment, redoutant les charges ou les souffrances de la maternité, ont pris l'habitude de corriger l'œuvre de la nature. Elles ont recours, pour cela, à d'immondes individus qui, moyennant une modeste rétribution, les délivrent avant terme. Cela se pratique couramment; mais on pense bien que les coupables s'entourent de toutes les précautions pour se mettre à l'abri des investigations de la justice. L'affaire des avortements de Louviers prouve surabondamment que le mal que nous signalons a de profondes racines dans le pays. De telles mœurs ne sont-elles pas inquiétantes pour l'avenir?

» L'affaire de Louviers, qui, au début, se bornait à un seul cas d'avortement, a pris soudain une importance considérable par les révélations inattendues du principal accusé, avorteur de profession, qui, se voyant découvert, n'a pas hésité à dénoncer ses nombreuses clientes et aussi les complices de ses actes criminels. »

Ces clientes et ces complices, remarquons-le, ce n'est pas uniquement, ce n'est peut-être pas même principalement dans les filles débauchées ou trompées qu'il y a lieu de les chercher. C'est dans les familles légitimes. Par là comme par nombre d'habitudes, les distances qui séparaient les unions légales et les autres tendent à se combler. « Non seulement, me disait un président de tribunal, les mauvais ménages sont nombreux, et il y a peu d'affection dans les familles, mais il n'y a rien de moins rare que de voir des personnes mariées qui se

sont séparées à l'amiable et qui vivent en concubinage
public. » C'est surtout à Pont-l'Évêque que le ton affirmatif et tristement convaincu de ces témoignages m'a
frappé. « En vérité, me disait-on, si les choses continuent ainsi, les filles se mariant avec leur honneur [1],
et les gens mariés vivant ensemble, vont devenir ici
l'exception. On en est à se demander pourquoi ils tiennent tant à la séparation de corps et au divorce, quand
l'adultère affiché leur coûte si peu, et pourquoi il y a
tant d'attentats poursuivis, quand la résistance est aussi
rare et aussi faible qu'elle le paraît. » Le ton légèrement
paradoxal sur lequel ces choses m'étaient dites ne m'in-
vitait pas à les prendre tout à fait au pied de la lettre ;
mais peu s'en fallait. Car on ajoutait : « Si vous suiviez
les séances de nos tribunaux, vous entendriez à chaque
instant dans un procès, correctionnel ou civil, des
femmes nous dire sans la moindre honte : « Cet enfant
là est bien à moi, mais je l'ai eu de l'homme avec qui je
vis, pas de celui avec qui j'étais mariée... » ou autres
formules équivalentes.

Cette tranquillité dans l'aveu, ce cynisme calme,
voilà le dernier trait de la criminalité normande, et il
est douteux qu'on le retrouve nulle part ailleurs au
même degré. Le correspondant qui rendait compte de
l'affaire des avortements de Louviers, ne manque pas de
l'observer. « Le principal accusé répond aux questions
du Président avec un aplomb imperturbable. Il avoue
sans restriction son honteux métier d'avorteur. Il s'étend

---

[1] Il est à peu près impossible de confier une jeune fille quelconque à un fermier, sans être assuré que, volontairement ou non,
elle succombera ; on me l'affirme même pour des arrondissements un
peu moins criminels pourtant que ceux dont je parle : par exemple
pour l'arrondissement de Bayeux.

complaisamment sur les moindres détails. Il raconte
comment l'idée lui est venue en visitant les musées
d'anatomie dans les foires du pays. Il vante son habileté
acquise par une longue expérience. Il compare ses prix
à ceux de ses confrères. Il prétend que des médecins, des
pharmaciens, des herboristes, rendant justice à son in-
contestable supériorité, lui procuraient des clients et des
clientes. » Après lui, on entend des maris qui déclarent
avoir conduit leurs femmes à son officine. Ils expliquent
ces démarches en disant, les uns qu'ils étaient guidés
par le désir d'éviter à leurs compagnes les souffrances
de la grossesse, les autres qu'ils ont obéi à la crainte
d'être exposés à la misère en laissant s'accroître leur
famille. C'est un long et fastidieux défilé. Tous ces accusés, paysans ou ouvriers de fabriques paraissent surpris
d'être incriminés pour des actes qui leur semblent fort
naturels. »

Peu de temps après cette affaire, je visitais la prison
de Pont-l'Evêque. Tandis que je causais avec les deux
gardiens, arriva une femme encore jeune, paysanne ou
fermière assez bien mise et ayant toutes les allures d'une
personne aisée. Elle avait au bras un panier rempli de
fruits et de friandises. « Mon fils m'a écrit, dit-elle, qu'il
voulait des pommes ; je lui en apporte. Mais j'ai ajouté
encore quelques autres petites choses. » L'un des gardiens examine le contenu du panier, fait quelques objections, puis, paternellement, accepte le tout. Je demande
alors : « Quel âge a ce fils ? » — « Dix-neuf ans ! » —
« Et de quoi est-il accusé ? » — « D'incendie ! » Et la
mère qui avait entendu mes questions ajoute d'un ton
délibéré : « Il ne veut rien dire ! Il n'y a pas moyen de
tirer de lui une seule parole... Enfin, si c'est lui qui l'a
fait, il mérite d'être puni. Bonjour, messieurs ! » Sur ce

mot, elle reprit son panier vide, ramassa le pan de sa jupe et partit sans plus de trouble ni de fracas. J'ai vu ailleurs des mères de famille qui, venant chercher leurs fils au lycée et apprenant qu'ils étaient en retenue, manifestaient beaucoup plus de chagrin. « Mais dans ce pays, me dit l'un des deux gardiens, c'est toujours de même. Voilà huit ans que je suis à la prison de Pont-l'Evêque : je n'ai pas vu quatre fois un père ou une mère pleurer de savoir leur fils en prison. » — « Et quand ils peuvent leur parler, que leur disent-ils ? » — « Oh, tout simplement : ne te désole pas, tu n'es pas le premier, tu n'en as pas pour bien longtemps, c'est un ennui qui ne peut pas durer... et autres consolations de la même nature. Souvent ils résument tout d'un seul mot : *ne te débauche pas.* » — « Ne te débauche pas ? Avec les haricots et l'eau claire de la prison, il n'y a pas de quoi. » — « Monsieur, dans ce pays-ci, ne te débauche pas veut dire : ne t'ennuie pas et ne te fais pas de mauvais sang. » — Plus d'un Normand érudit m'a confirmé depuis lors l'explication philologique de ce gardien. Pour un habitant du Calvados, se débaucher, c'est se laisser entraîner hors du bon chemin, lequel est celui où l'on s'amuse. On m'indique encore un autre sens fort usité, paraît-il, dans les environs de Caen : « Ne te débauche pas », c'est-à-dire : ne t'égare pas dans tes réponses, ne perds pas le fil, ne te coupe pas !

Devant ces révélations, j'ai compris mieux que jamais la facilité avec laquelle les vagabonds se font mettre en prison. Si la prison n'est pas plus mal vue de la population sédentaire, quel effroi veut-on qu'elle inspire aux nomades et aux indigents ?

Ne reste-t-il donc aucune force capable de retenir ces populations ? On les dit très conservatrices, et on a lieu de le dire d'après un grand nombre de leurs votes. Que devient donc parmi elles le respect de l'autorité? Que devient la religion qu'elles devraient au moins honorer comme une des institutions que menace le plus l'esprit révolutionnaire? Que devient enfin le patriotisme? Je vais répondre nettement et par des faits à chacune de ces questions.

Oui, ces populations sont conservatrices, au sens politique du mot. Mais il n'y a là aucun sentiment dont puisse être flattée l'élite d'un parti. En quelques endroits de notre France, on a dit aux campagnards : « Les monarchistes sont des hommes qui voudraient vous ramener la dime et la corvée et le gouvernement des curés », et avec ce langage, on a obtenu des républicains radicaux. Aux campagnards normands on a dit : « Les républicains sont des ambitieux sans vergogne et des socialistes qui veulent se partager vos propriétés », et on a ainsi entretenu chez ces hommes une défiance obstinée contre le gouvernement républicain. Cette défiance va-t-elle jusqu'à les mettre en révolte contre les fonctionnaires que la république leur envoie? Ils s'en gardent bien : car leurs préoccupations politiques sont molles et leurs soucis des intérêts généraux nuls. Les autorités s'habituent vite à ne point compter sur leur dévouement, et elles leur laissent, dans la mesure où la loi le permet, cette tranquillité qu'ils apprécient par dessus tout.

La religion extérieure est respectée : le prêtre n'est ni outragé, ni détesté, ni soupçonné. On ne verra nulle part de sociétés de libre-pensée. Mais au fond des âmes que reste - t - il? Allez dans cette jolie ville de Lisieux dont les fabriques même ressemblent à des villas, qui a toute la vie d'une cité populeuse et qui, de ses places ou de ses rues en amphithéâtre, laisse voir de près sa riante et

fertile campagne. Vous admirerez là une des plus belles
églises de cette Normandie qui en a tant. Vous serez
certainement ému devant ces voûtes si hardies et si
élégantes, devant l'ampleur de cette nef, autrefois rem-
plie de milliers de fidèles. Mais le curé vous dira que ces
voûtes et ces vitraux sont sa seule richesse ; et il vous
apprendra que dans cette ancienne ville épiscopale il y a
à peu près autant d'enfants ne faisant pas leur première
communion que d'enfants la faisant. Dans un des ouvrages qu'a fait éclore le Centenaire de 1789, un très
libre esprit [1] qualifiait ainsi ce premier acte de la vie chrétienne « l'inauguration de la vie morale ». Il ne serait
pas étonné de savoir que dans une région dont les prisons sont pleines, cette inauguration fait défaut à un si
grand nombre d'adolescents.

Que dirai-je de plus ? C'est à Lisieux que le Président
du Tribunal voulait bien me faire part du rôle qu'il examinait pour l'audience correctionnelle du lendemain.
Il avait seize affaires, dont aucune ne concernait le
vagabondage. Il y avait une mère qui avait contraint ses
deux filles à la débauche et un père accusé d'avoir abusé
d'une de ses filles. Les circonstances de cette dernière
affaire étaient telles qu'on ne savait trop si c'était le père
qui avait corrompu la fille, ou la fille qui avait corrompu
le père... En d'autres points de la France, on citerait
peut-être quelques faits analogues, de loin en loin, et on
les donnerait comme des exemples de la dégradation
dans laquelle peut tomber la nature humaine. A Lisieux,
on donnait ceux-ci, non pas certes comme fréquents,
mais comme étant caractéristiques d'une perversité trop
répandue.

[1] M. Goumy.

On a fait fond sur l'école pour redresser le sentiment moral et pour suppléer à l'idée religieuse. L'œuvre était particulièrement difficile dans la Normandie, où le zèle des maîtres, on l'a vu, ne s'y prête pas beaucoup plus que celui des élèves [1]. J'ignore comment l'instruction civique est donnée dans le Calvados et dans l'Eure, mais des documents positifs permettent de juger comment elle y est reçue et comment on en profite. Un des curés qui me parlait de ses paroissiens me disait : « Le service militaire leur est insupportable. » Cette appréciation ne concordait que trop avec celle de tant d'administrateurs qui me disaient l'un après l'autre : « Tout ce qui demande un sacrifice quelconque de l'intérêt privé à l'autorité publique leur est odieux, ils ne l'acceptent que contraints, et l'on dirait qu'ils ne le comprennent même pas. » Mais celui qui fait une enquête doit chercher des détails plus précis encore. La Préfecture d'Evreux me les a donnés. « Nulle part je n'ai vu demander autant d'exemptions du service militaire », me disait le secrétaire général de la Préfecture, qui avait exercé les mêmes fonctions dans la Côte-d'Or, dans l'Isère et dans l'Eure-et-Loir. Il me communiqua d'ailleurs la liste complète des dispenses réclamées l'année précédente, canton par canton. Sur 2,369 conscrits, 706, soit 30 0/0, avaient allégué des

---

[1] Celui des commissions scolaires pas davantage. Dans le Calvados, en 1885, sur 763 commissions scolaires, il y en avait 10 qui fonctionnaient régulièrement ; 287 ne s'étaient même pas réunies une seule fois.

Le nombre des illettrés n'est cependant pas considérable en Normandie : le Calvados n'a que 6 conscrits illettrés sur 100, l'Eure un peu moins de 11. Il y a des librairies dans les petites villes (sans compter beaucoup de journaux locaux). Je regarde l'étalage bien garni d'une librairie à Pont-l'Evêque ; j'y vois quelques livres d'agriculture et beaucoup d'ouvrages tels que ceux-ci : *La Femme toute nue*, *Les Seins de marbre*, etc., etc.

motifs de dispense ; et l'autorité compétente n'en avait accordé que 5 ou 6 0/0. Cette proportion de 30 0/0 est déjà forte. J'ai voulu prendre un terme de comparaison. J'ai demandé le même document dans l'Yonne, pays de petite propriété, très éprouvé depuis quelques années par les mauvaises récoltes et où, par malheur, le nombre des naissances diminue aussi beaucoup. Il y avait à peine 16 conscrits sur 100 réclamant ces dispenses. C'est une différence de 11 0/0, l'équivalent d'une division tout entière dans une armée. C'est quelque chose ; mais ce qui mérite le plus l'attention, dans les listes qui m'ont été remises à Evreux, ce sont les chiffres de certains cantons et justement de ceux qui m'ont été désignés, de bien des côtés, comme les moins moraux. J'ai trouvé 33 demandes de dispenses sur 83 conscrits à Pont-Audemer, 36 sur 78 à Rautot, 17 sur 49 à Montfort-sur-Risle, 31 sur 66 à Beuzeville (le canton des incendies volontaires), 32 sur 70 à Brionne. N'est-ce pas au reste de l'Eure et du Calvados que sont émanées les premières et jusqu'ici les seules plaintes formulées publiquement en France sur le service des 28 et des 13 jours des réservistes ? Voici déjà deux ou trois années que périodiquement la tribune de la Chambre des députés souffre de ce spectacle. Sous la pression de leurs électeurs, les représentants de la Normandie réclament à grands cris la suppression de ces exercices que tant d'autres populations, beaucoup plus occupées, supportent gaiement et qui sont devenus la clef de voûte de notre organisation militaire.

Ainsi, probité légale, moralité, famille, patriotisme, tout se dissout également. Il n'y a pas lieu de s'en prendre à l'ignorance, encore moins à la misère, pas davantage à la politique ou à la superstition. La dégénérescence de la race, si elle arrive (comme il est possible), aura suivi la criminalité, il est d'une évidence absolue qu'elle ne l'aura point précédée. Parmi tous les symptômes de ce mal moral, en est-il un qui soit le fait dominateur, entraînant avec lui tous les autres? Est-ce la diminution volontaire des naissances, est-ce l'abus des boissons qui porte à la moralité les plus rudes coups? Ces deux faits sont-ils causes ou sont-ils effets des tendances criminelles dont nous avons essayé de mesurer l'intensité? Incontestablement ils provoquent un grand nombre de délits ; mais qu'ils supposent à leur tour un état très peu satisfaisant de la conscience publique, c'est ce qui n'est pas moins certain. De quelque côté que l'on creuse, on arrive à ce fond malsain qui est l'amour immodéré du bien-être physique et du plaisir grossier, poursuivi sans scrupule et goûté à la fin sans remords.

VI

Sont-ce là des caractères de race ? Personne ne songe à contester qu'il y ait des caractères ethniques comme il y a des tempéraments individuels. Mais des vices innés et des vertus héréditaires sont plus difficiles à accepter. Tout caractère quel qu'il soit, personnel ou national, se prête à des œuvres très diverses : ni le bien ni le mal ne le font disparaître, il est apte à l'un comme à l'autre et peut se retrouver dans tous les deux. La preuve en est qu'on retrouve au moins aussi bien le Normand, ou le Provençal, ou le Gascon, dans des hommes irréprochables, distingués, vertueux, que dans ceux de leurs compatriotes dont on peut étudier la figure à la prison.

Mais c'est ici le lieu de nous poser une question qui nous éclairera (et qui peut s'appliquer à toutes les régions, à toutes les provinces dont il a été parlé dans ce chapitre. Ce caractère provincial ou ethnique étant donné, qu'est-ce qui l'altère ou le modifie le plus profondément? Est-ce la culture? Est-ce le développement des instincts bas et l'habitude des vices grossiers? Il me semble qu'il en est de ces caractères comme de la physionomie qui les exprime : où on les reconnaît le plus sûrement, c'est dans les rangs moyens de la population, car c'est là que prédominent les habitudes irréfléchies, les sentiments spontanés, les préjugés tout faits. Plus l'éducation s'élève, plus elle tend à ce qui est universel. Mais il y a quelque chose qui n'est pas moins universel que la raison, c'est l'appétit. Il y a deux états dans lesquels tous les hommes peuvent également se reconnaître et où la diversité de leurs origines s'efface : c'est l'état de raison épurée, et c'est l'état de brute. Deux personnes tourmentées également de certains désirs pourraient s'entendre, quel que fût leur pays, comme deux grands mathématiciens se comprennent dans leur langue algébrique et dans l'emploi de leurs méthodes. Le français, l'anglais, le russe... tendent à se confondre dans la sublimité du génie comme dans l'abaissement vulgaire de la crapule.

Toutefois, il me semble que cette physionomie héréditaire et distincte résiste mieux à la culture qui l'améliore qu'à l'immoralité ou à la grossièreté qui la dégrade. Une instruction très élevée — et bien comprise — respectera beaucoup plus la grâce de la femme et je dirai même le charme de sa faiblesse, que ne le fera une igno-

rance grossière, à plus forte raison l'amour du mal. Il
en est de même pour la physionomie. Ce Normand, vi-
goureux et fin, tranquille dans l'action, ami du bien-être,
mais prudent, tenace et vindicatif, mais ne se querellant
pas en plein air et cachant le plus qu'il peut son ressen-
timent, toujours soucieux de ne pas se compromettre,
habile à se servir de l'autorité de ceux qu'il approche et
auxquels il est censé apporter son dévouement, vous le
trouvez tout de suite dans le fermier qui parle à son propriétaire, dans le maire de village qui vient d'entrer
chez son préfet, dans le négociant de la petite ville.
Vous aurez plus de peine à le démêler dans le haut fonctionnaire, dans le magistrat, dans l'ecclésiastique et
dans le savant. Pourquoi ? Parce que vous serez d'abord
arrêté par l'empreinte professionnelle : vous aurez à traverser les traces visibles des habitudes contractées, des
vertus gagnées dans des milieux qu'ont ennoblis en
commun des personnes de toute origine. Et cependant
vous l'y retrouverez souvent. Vous le retrouverez avec
beaucoup moins de facilité chez l'homme coupable et surtout chez le prisonnier.

Celui qui passe pour la première fois en police correctionnelle ou en cour d'assises est à peine détaché de la
société régulière : il y vivait hier encore, il y avait des
amis ou des complices, ou des dupes. Mais celui qui a
rompu avec cette société pour s'enfoncer dans la révolte
ou dans le vice [1] revêt assez vite un masque informe et
qui n'est plus d'aucune patrie. Lorsqu'on m'a ouvert tout
d'un coup la porte du promenoir où circulaient les détenus dans la prison de Pont-l'Evêque, instantanément, et
avec une sorte d'illusion rapide que je ne puis pas ou-

---

[1] Ce que je dis là ne s'applique donc pas à tous les criminels.
Voyez sur ce point *le Crime*, pages 302 et suivantes.

blier, je me suis cru transporté à la Grande-Roquette.
Malgré tout mon désir de n'humilier, autant que possible, aucun prisonnier en m'occupant de lui avec insis-
tance, je ne pus faire autrement que de rester là quelques moments de plus, tant j'étais moi-même retenu par
l'observation que je venais de faire. Il y en avait un, tout
particulièrement, qui avait un air stupide et malfaisant :
il aurait pu poser avec avantage pour orner la galerie
de Lombroso, tant sa physionomie bête et avilie semblait
exclure toute idée de calcul et presque de responsabilité.
— « Est-ce là, dis-je au gardien, quand nous fûmes sortis, l'un de ces vagabonds dont on parle tant et qui ne se
trouvent bien qu'en prison ? » — « Nullement, me répondit-il, c'est un homme du pays, un escroc des plus habiles et des plus dangereux : il a été condamné déjà plusieurs fois. » Et il me raconta son histoire, toute pleine,
en effet, de roueries incroyables. J'aurais donc cherché
en vain sur cette figure et sur celle des autres une physionomie normande plutôt qu'une physionomie bretonne
ou gasconne. Ils avaient commencé par être normands,
cela va sans dire. Mais si leur criminalité n'avait été qu'un
des caractères de race, plus ou moins aggravé, le genre
de vie, résultat de cette influence, aurait dû développer
ces caractères mêmes. Or, j'ai dû constater qu'il les dégrade et en efface peu à peu toute marque originelle.
Tout cela n'exclut pas la responsabilité collective de la
population tout entière, pas plus que la responsabilité
individuelle. Chacun reste coupable du mal qu'il a fait,
de celui qu'il laisse faire, de celui auquel il invite...
Mais une province, dans son ensemble, peut abuser
de ses dons et de ses ressources, tout comme un individu. Comme un individu, elle peut s'en servir pour
le mal. Elle s'achemine dès lors à un abaissement dans

lequel elle perdra, comme lui, le meilleur de son originalité. C'est là tout ce que je voulais établir.

On ne sera donc pas étonné de savoir que, dans ce milieu si corrompu, il subsiste des parties très saines et très fortes. Je ne parle pas seulement des classes élevées : je ne saurais pourtant dire à quel point j'ai goûté la sincérité lucide, l'exactitude impartiale, le solide bon sens, la complaisance avenante et la sympathie avec laquelle certains magistrats et des prêtres originaires du pays, ont bien voulu répondre à mes questions. Mais je veux parler surtout de la population prise en masse. Si j'en crois un commissaire de police très au courant des mœurs de la région, les éléments mauvais sont plus également répandus dans l'arrondissement de Pont-l'Evêque (ce qui ne concorde que trop avec les chiffres de la statistique). Dans l'Eure, il y a plus de diversité [1] : on y trouve un village excellent à côté d'un autre qui est détestable : l'un et l'autre ne sont quelquefois séparés que par une rivière ou par un pont.

A Pont-Audemer, le sous-préfet ne m'a point caché les soupçons qu'il partageait avec le procureur de la République sur la nature des incendies volontaires dont il a souvent le spectacle dans ses environs. Des placards affichés sur certaines maisons menaçaient du feu les propriétaires ou les fermiers qui feraient venir des travailleurs bretons à salaires réduits. Mais il y avait une autre cause, la spéculation sur la compagnie d'assurance que plus d'un paysan normand réussit, quoi qu'elle fasse, à tromper... Le sous-préfet cependant me disait qu'il fallait mettre tout à fait à part plusieurs

---

[1] Le département de l'Eure dans sa totalité est plus mauvais que le Calvados : mais si l'on réduit le Calvados aux deux arrondissements de Lisieux et de Pont-l'Evêque, les rangs sont renversés.

petits villages du littoral (comme Quillebœuf) habités par des marins et des pêcheurs. On trouve là, me dit-il, de braves gens, un bon esprit, des dispositions très conciliantes, du dévouement et des familles nombreuses. D'autres autorités louent également des villages situés sur la hauteur (Blancarville, Malleville) où les cultures sont plus variées, où le travail est plus incessant et plus difficile. Dans la vallée même, on me cite Tourville, où les descendants de l'illustre amiral continuent à exercer une influence salutaire, une sorte de patronage moral et bienfaisant.

Enfin, dans la ville même de Pont-Audemer, le curé me signale deux industries. L'une est ancienne, c'est l'industrie des tanneurs. On y travaille de père en fils, c'est un honneur d'y entrer, on y conserve des traditions, on y vit dans une certaine aisance. « C'est à ces familles, ajoute-t-il, qu'appartiennent la plupart des enfants dont vous admiriez les chants tout-à-l'heure en traversant mon église. Mais il y a une autre industrie plus récente, qui a recruté un peu partout des filles et des garçons, rebut de nos campagnes et de nos faubourgs : là, l'immoralité précoce, avouée, affichée, tolérée (pour ne pas dire plus) par les parents, est effroyable. »

Ce n'est pas seulement en Normandie, c'est partout qu'il est curieux de voir comment de petites localités peuvent s'isoler dans une atmosphère morale, tantôt meilleure, tantôt plus mauvaise, que celle du milieu départemental ou régional qui les entoure. Je terminerai cette étude par l'analyse de petits exemples qui me sont plus connus encore que tout ce que j'ai pu observer jusqu'ici.

On sait que la vieille coutume était de donner des so-

briquets aux nations, aux provinces, aux villages,
comme aux individus et aux familles. Ces sobriquets
étaient le plus souvent empruntés à un événement acci-
dentel : car le peuple aime beaucoup conclure de particulier en général. Quelquefois aussi c'était la rime et la
malice qui les suggéraient. Souvent enfin, ils désignaient
quelque habitude ou quelque vice entretenus par la tradition.

Du Bellay fait allusion à ces surnoms ou à ces pro-
verbes, quand il dit :

> Je hay du Florentin l'usurière avarice,
> Je hay du fol Sienois le sens mal arresté
> Je hay du Genevois la rare vérité,
> Et du Vénitien la trop caute malice.
> Je hay ce Ferrarais pour je ne scay quel vice.
> Je hay tous les Lombards pour l'infidélité...
> Je hay l'Anglais mutin et le brave Escossais
> Le traître Bourguignon et l'indiscret Français
> Le superbe Espagnol et l'ivrongne Tudesque [1].

Les sobriquets de nos villages ont été recueillis d'autre
part dans des ouvrages locaux, et on en a fait un choix
restreint qu'on a intitulé le Blason populaire de la
France [2].

Dans un pays que j'habite quelques mois de l'année,
j'aperçois en même temps deux villages situés à deux
kilomètres l'un de l'autre. Leurs propriétés se touchent
et même se confondent, la même rivière les arrose, la
même station de chemin de fer les dessert ; le même facteur leur apporte leurs lettres. Dans la liste conservée
des sobriquets qui les désignaient dès le siècle dernier,
on donne aux habitants de ces deux villages deux qualifi-

[1] JOACHIM DU BELLAY, les Regrets, LXVIII, etc.
[2] H. GAIDOZ et SÉBILLOT, Le Blason populaire de la France.

cations bien différentes : les *bonnes gens* de X et les *faux témoins* de Z. Malgré les mélanges de population, malgré la communauté des influences subies, on voit très bien encore ce qui a pu justifier ces deux sobriquets. Ici les gens sont complaisants et polis, assez modérés dans leurs opinions, ayant conservé quelques croyances ; là (sauf de très honorables exceptions), ils sont plus jaloux, plus envieux, plus désireux de s'amuser, plus endettés par conséquent, et ils ont été des premiers dans les alentours, presque les seuls, à adopter les enterrements civils. S'il y avait parmi eux des métaphysiciens convaincus, je ne relèverais pas ce dernier fait. Mais non seulement ces hommes ont conservé des superstitions ; ils ont encore la conviction que, par leur rupture avec la petite église de leur village, ils font de l'opposition à une autorité dont ils se plaignent. Ils ne sont pas satisfaits du bon Dieu, et ils le lui montrent. Leur véracité en justice a-t-elle été mise à l'épreuve ? Le sujet est trop délicat pour que j'insiste ; mais de sérieuses affirmations donnent à croire que quand certaines contestations mettent en jeu des jalousies ou des haines, on peut s'attendre à ce que le vieux sobriquet ne soit pas immérité.

J'ai cherché beaucoup quelles influences avaient pu produire ces différences ; il est difficile de les trouver dans l'ordre des causes purement matérielles. L'un de ces deux villages est plus aisé que l'autre, parce qu'il a plus de coteaux plantés de vignes. L'exemple de la Normandie vient de prouver combien nous aurions tort de chercher l'explication de ce côté. Ce que j'ai obtenu de plus intéressant dans mon enquête, c'est la preuve que l'état moral attesté par cette réputation tenace, s'était souvent modifié, mais qu'il est beaucoup plus difficile d'améliorer que de corrompre une population,

quand certaines traditions s'y sont établies. Une famille
vient, qui donne tel ou tel genre d'exemples. Des religieuses gardes-malades et institutrices sont installées,
puis s'en vont ; un curé imprudent soulève des inimitiés,
un autre les apaise. Une année, on creuse un canal qui
amène des ouvriers de rencontre ; à partir de ce jour,
le village paraît prendre à cœur de fortifier sa mauvaise
réputation. On fonde une bibliothèque populaire ; on
accumule des livres qui, tout esprit politique ou religieux mis à part, ne sont faits que pour aviver les passions les moins généreuses : des sociétés de libre-pensée
font de la propagande pour les enterrements et les mariages civils ; les naissances diminuent. Quand un nouveau châtelain, qui a pris la tête de ce mouvement,
recule, il craint les railleries qu'il a souvent excitées
contre les autres ; il fait baptiser l'un de ses enfants à la
dérobée et en secret. Une fois cet état d'esprit formé ou
reformé, tout contribue à le consolider ; c'est une clientèle prête et sûre pour certaines entreprises. Si un ins-
tituteur a soulevé contre lui, dans une commune plus
morale, des défiances trop graves, on lui en cherche une
plus complaisante, et on la trouve. Si les habitants
s'aperçoivent de la façon dont la renommée les traite,
ils bravent l'opinion et s'obstinent d'autant plus à mériter tout ce qu'ils savent que l'on dit d'eux. Tout petit
centre tient d'ailleurs à se distinguer de ceux qui l'entourent. Dans une même commune, deux « sections »
ou deux hameaux ne voudront souvent pas voter pour le
même candidat ; la diversité d'opinions ou d'habitudes
qu'ils afficheront influera quelquefois sur la moralité des
uns ou sur celle des autres. Si le village était plus considérable, si c'était, par exemple, un chef-lieu de canton,
d'autres influences pourraient purifier ou corrompre le

milieu. Il suffit souvent d'un prêtre qui a fait scandale, ou d'un notaire qui a ruiné le pays par des fraudes hypocrites, pour que la moralité générale s'en ressente pendant vingt ans. Il suffit aussi quelquefois d'un châtiment exemplaire et juste pour raffermir les consciences, pour retenir les adolescents auxquels, de bonne heure, on raconte la vie et la fin du coupable.

Ainsi se forment, ainsi s'alimentent, ainsi s'apaisent, puis se rallument des foyers d'immoralité où le délit couve avant d'éclater. Il en est qui se rapprochent peu à peu les uns des autres et se rejoignent. Ils sont alors d'autant plus dangereux, et ils finissent par gagner, par tenir et par ravager tout un pays [1].

---

[1] Je n'ai pas la prétention d'avoir épuisé, dans ce chapitre, l'étude de toutes les régions criminelles intéressantes. J'ai tenu à donner des exemples, et je me suis attaché surtout à des ensembles bien homogènes. Je n'examine ici aucun centre de criminalité industrielle ou ouvrière, pour deux raisons : 1° j'ai examiné dans un chapitre spécial l'influence des déplacements et de l'émigration à l'intérieur ; 2° j'aborderai plus tard la criminalité de l'ouvrier. Je m'exposerais donc à des répétitions inutiles. Partout en effet où l'industrie est très développée, la population est composée d'éléments très divers. Voici les chiffres des individus « nés dans un autre département » que l'on trouve dans les régions industrielles : Aisne 78,000 ; Pas-de-Calais 88,000 ; Marne 65,000 ; Nord 115,000 ; Seine-Inférieure 125,000 ; Loire 210,000 ; Rhône 247,000 ; Seine 1,510,000.

CHAPITRE V

GENS DE PARTOUT — LES RÉCIDIVISTES

I. Le crime et le délit se reproduisant d'eux-mêmes : la récidive.
— II. L'accroissement du nombre des récidivistes. — La récidive vient du délit plus que du crime et porte au délit plus
qu'au crime. — III. La récidive dans les divers genres de méfaits.
— La nature de la première faute et son influence. — La nature des fautes ultérieures. — Séjours préférés des récidivistes.
— IV. La cause de la récidive doit-elle être cherchée de préférence dans la prison ou dans le prisonnier? — L'instruction et la
récidive. — Le pécule de sortie et la récidive. — La prison,
foyer de criminalité.

I

Parmi tous les artisans de désordre qui viennent de
défiler devant nous, il en est qui pèchent par accident et
qui se relèvent, puis marchent à peu près droit dans le
reste de la route ; il en est qui commettent si vite des
actes si graves que la société les arrête de bonne heure
au passage et les marque pour les travaux forcés ou
l'échafaud. Mais il en est aussi qui prennent l'habitude
de mal faire, reviennent toutefois de temps à autre dans
les rangs de la société régulière, puis retombent d'infractions en infractions. Les appeler des incurables serait

prononcer un mot cruel et que nous avons le droit de dire injustifié. La langue juridique constate simplement leur état et les qualifie de récidivistes. Ces malheureux viennent de partout et ils sont partout. Leur profession, c'est de n'en plus avoir ; leur domicile habituel, c'est la grande route, l'hôpital, l'asile et surtout la prison. Leur famille n'existe pour ainsi dire plus, car aujourd'hui le divorce devient presque de droit pour l'homme ou pour la femme joint à l'un d'eux. Il y a même une proposition de loi qui tend, non sans raison, à destituer bon nombre d'entre eux de leur autorité paternelle, à traiter leurs enfants comme des orphelins auxquels il ne reste plus qu'à donner, au nom de l'Etat, la tutelle administrative.

Ce n'est plus ici telle ou telle cause extérieure qui est à invoquer pour expliquer le crime ou le délit ; c'est le crime ou le délit qui se reproduit lui-même : il y est aidé par les dispositions nouvelles qu'il a créées, dans l'individu coupable contre la société, dans la société contre l'individu qu'elle a flétri. L'esprit criminel semble avoir dans le pays certains points d'élection où il accumule ses effets : a-t-il aussi des individus d'élection qui soient ses agents par excellence et ses représentants attitrés ? Tout homme qui a déjà failli court le grand risque aujourd'hui de devenir l'un de ceux-là. Les caractères psychologiques et individuels de cette maladie nous sont connus : il reste à en étudier la marche et le développement continu dans nos milieux contemporains.

II

Rappelons d'abord que nous prenons ici le mot de récidiviste dans son sens le plus large. Nous l'appliquons à tous ceux qui, ayant déjà été frappés par la justice, de quelque manière que ce soit, commettent de nouveaux méfaits suivis de condamnations. C'est ainsi d'ailleurs que l'entend la Statistique criminelle dans les Comptes généraux de la Chancellerie [1].

C'est en 1850 que le casier judiciaire fut institué. C'est à partir de 1856 que, cette institution étant bien assise et fonctionnant avec régularité, il fut possible de suivre exactement les progrès de la récidive [2]. Voici ces progrès, en réunissant les prévenus et les accusés récidivistes.

De 1856 à 1860, ils sont 42,255 ou 31 0/0 des accusés
De 1861 à 1862, — 48,890 ou 34 0/0 et prévenus
De 1866 à 1870, — 58,075 ou 38 0/0 —
De 1871 à 1875, — 62,042 ou 42 0/0 —
De 1876 à 1880, — 72,387 ou 44 0/0 —
De 1881 à 1885, — 85,397 ou 48 0/0 —
En 1887........ — 93,887 ou 54 0/0. —

Il y a dans ce tableau deux faits à remarquer. Le nombre des récidivistes augmente; nous y sommes préparés, car il suffisait, pour le prévoir, de se rappeler l'augmentation considérable du nombre des délinquants. Mais ce qui est plus digne encore d'attention, c'est que dans les actes frappés par la justice, le nombre des rechutes augmente proportionnellement beaucoup plus que celui des chutes proprement dites. Le nombre des malfaiteurs s'accroît sans doute; mais ce qui s'accroît surtout, c'est le nombre des actes punissables que chaque

[1] On écarte cependant du calcul les délits forestiers.
[2] Ce qui n'empêche pas que, même avant, les Comptes généraux étaient à même de faire sur la récidive quelques observations intéressantes dont nous tirerons parti.

malfaiteur commet les uns après les autres. « De 1851 à
1880, en 30 années, le nombre des prévenus récidivistes
s'est accru de 116 0/0 et celui des prévenus purs de tout
antécédent judiciaire, de 18 0/0 seulement [1]. » — « Ce
qui prouve, dit encore sous une autre forme le *Compte*
de 1881, que l'augmentation provient moins d'un contingent nouveau que de la réapparition de l'ancien, c'est
que le nombre des jugements prononcés contre des récidivistes s'est accru de 15 0/0 en 4 ans, tandis que le
nombre des individus qui ont été l'objet de ces jugements
n'a augmenté que de 5 0/0. »

Distinguons maintenant les accusés et les prévenus.

Sans entrer dans un détail de chiffres inutiles, nous
pouvons dire que la récidive vient du délit plus que du
crime proprement dit et qu'elle pousse également au premier plus qu'au second.

Il y a beaucoup de récidivistes assurément parmi les
accusés de cour d'assises ; mais l'immense majorité
d'entre eux avait débuté par des actes de moindre gravité. En 1887, par exemple, il y a 1,683 accusés récidivistes. Sur ce nombre 82 seulement étaient en récidive
légale de peine criminelle à peine criminelle ; car 11
étaient libérés des travaux forcés, 71 de la réclusion,
601 de l'emprisonnement de plus d'un an, 888 de l'emprisonnement d'un an et moins ; les 112 autres n'avaient
été précédemment condamnés qu'à l'amende [2]. Il est
vrai qu'avant la loi de 1854 (qui fait rester à la Nouvelle-
Calédonie les hommes condamnés à plus de 8 ans), le
nombre des forçats libérés qui récidivaient était plus
considérable : il était en moyenne de 143 au lieu de 11.

---

[1] *Compte général* pour 1880, LXXXIX.
[2] Ces chiffres sont donnés comme exprimant des proportions qui
varient fort peu. V. *Compte général* pour 1887, XXVIII.

Mais les autres chiffres étaient à peu près les mêmes. Donc même alors, il fallait s'attendre à voir des actes en apparence moins redoutables préparer leurs auteurs à la cour d'assises, plus sûrement que les grands forfaits ne destinaient à y revenir. On a observé d'ailleurs à la Nouvelle-Calédonie et à la Guyane que le nombre des condamnations prononcées par les Conseils de guerre contre des forçats libérés, en résidence stable, est faible : 9 0/0 dans la première des deux colonies, 7 0/0 dans la seconde [1].

Les prévenus de droit commun qui paraissent de nouveau en police correctionnelle donnent lieu à la même observation. Nous les voyons surtout augmenter parmi ceux qui avaient été condamnés à des peines légères, et c'est également à des peines légères [2], que sont condamnés jusqu'à présent la plupart d'entre eux.

En 1880, le Ministère de la Justice nous disait : « Chez les prévenus récidivistes, le contingent qui vient des forçats libérés a diminué, depuis 1851, de 53 0/0. Tous les autres se sont accrus : celui qui vient des réclusionnaires, de 60 0/0 ; celui qui vient des condamnés libérés de plus d'un an d'emprisonnement, de 95 0/0 ; celui des prévenus qui n'avaient précédemment subi qu'un an ou moins de la même peine, de 116 0/0 ; enfin, celui des prévenus qui n'avaient encouru que des peines pécuniaires s'est accru de 269 0/0. »

Il est également de notoriété qu'avant la dernière loi, plus des trois quarts des récidivistes n'étaient condamnés qu'à de petites peines, 76 0/0 à un an et moins d'em-

---

[1] Voyez *Compte général* de 1883.

[2] Je parle des peines encourues pour chaque acte pris à part. Je fais abstraction des effets de la nouvelle loi.

prisonnement[1]. Précisons davantage. Bornons-nous[2] à ceux des récidivistes qui avaient déjà fait un séjour dans les colonies pénales, dans les maisons de force et de correction ou dans les maisons d'arrêt. Sur 63,294 de ces libérés, 59,098, c'est-à-dire 93 0/0, étaient condamnés à un emprisonnement dont la durée variait de 6 jours à 1 an. On en voyait même se présenter 10 fois dans une même année devant la justice, sans que leur situation en fût aggravée.

Le législateur a vu là une indulgence excessive et un abus fâcheux des courtes peines. Il a posé ce principe, qu'il fallait tenir compte, non pas seulement du fait matériel et du fait isolé pour lequel le prévenu était jugé, mais de l'état habituel du prévenu lui-même et de sa persévérance incorrigible dans le mal. Il a eu raison. Car si les récidivistes adonnés surtout au vagabondage et à la paresse s'accroissent proportionnellement plus que ceux qui débutent par un acte pervers, ceux-ci augmentent également. L'accroissement des uns est d'ailleurs pour beaucoup dans celui des autres, il est inutile de le démontrer.

Mais cette vérité reconnue, nous avons le droit de tenir pour acquis que le caractère actuel de la récidive est bien celui que nous avons indiqué. Pris séparément, abstraction faite du degré de dépravation interne ou de l'affaiblissement moral de ceux qui les commettent, les actes des récidivistes ne sont généralement point des plus graves. Ce n'est point tant la méchanceté, la violence, la révolte sauvage, la ruse habile et perverse que la récidive développe chez les coupables, c'est la paresse,

---

[1] *Compte général* de 1880, LXXXVIII.
[2] Avec le *Compte* de 1881.

c'est le refus de travailler, c'est l'indifférence. J'ai déjà insisté sur ce fait [1] dans la psychologie de l'individu coupable. Il y avait lieu d'y revenir ici plus en détail pour mieux marquer la physionomie que prennent à notre époque le crime et le délit. Peut-être même est-ce là ce qu'ils sont partout, ce qu'ils ont toujours été. Quoi qu'il en soit, nous allons trouver de nouvelles vérifications de cette loi dans un grand nombre de caractères secondaires qu'il nous reste à examiner.

C'est surtout contre les accusés de crimes contre les propriétés que les rechutes sont nombreuses. On l'observait déjà en 1836. En 1880, on estimait la proportion aux sept dixièmes, et l'on constatait que cette tendance de la récidive allait visiblement en augmentant [2]. Aussi le *Compte* de 1883, résumant une longue expérience, pouvait-il dire : « Si la récidive est moins fréquente parmi les libérés de la réclusion et d'un long emprisonnement, ce n'est pas seulement parce que leur séjour prolongé dans la prison a permis d'exercer sur eux une action régénératrice, c'est aussi parce que leur condamnation est souvent motivée par des crimes et des délits contre les personnes, infractions qui peuvent annoncer de la colère ou de la violence, mais qui n'impliquent pas toujours une grande perversité ; tandis que c'est parmi les voleurs et les vagabonds que se recrutent principalement les malfaiteurs d'habitude. »

---

[1] Signalé pour la première fois par M. Ch. Lucas.
[2] Quoique l'on réunisse habituellement aux attentats contre les personnes, les attentats contre l'ordre public, et que là les délits des récidivistes (rupture de ban, vagabondage, mendicité) soient très nombreux.

III

Mais il y a intérêt à pousser plus loin l'analyse. Les méfaits que les récidivistes commettent sont-ils généralement les mêmes que ceux qui les ont fait arrêter pour la première fois ? Peut-on savoir par quoi la plupart d'entre eux débutent, et dans quel genre de délit ils persévèrent le plus volontiers ?

En 1860 [1], on calculait que les deux cinquièmes des récidivistes seulement avaient débuté par des infractions de même nature que celles qui avaient motivé leur dernière condamnation. Pour la majorité d'entre eux, par conséquent, la rechute n'était évidemment pas le résultat d'un penchant particulier ni d'une préférence instinctive pour un mode spécial de désordre. Elle était la conséquence d'une situation morale et d'une situation sociale, artificielles l'une et l'autre : car les suites de leur faute les avaient placés dans un état contre nature, où leurs bonnes résolutions elles-mêmes devaient devenir impuissantes. Faut-il en déduire que les deux cinquièmes restants avaient été poussés dès le début par une force irrésistible ? Je ne le crois pas. Je vois bien que les coups et blessures contre ascendants ont toujours compté parmi les crimes où retombent le plus fatalement ceux qui les ont commis une première fois. Or, c'est là un genre de méfait qui atteste une bien mauvaise nature et une bien mauvaise éducation : c'est surtout l'un de ces actes par lesquels on brise, ce semble, d'un seul

---

[1] *Compte général*, cxv.

coup, toutes les barrières que la nature impose aux impatiences du vice et aux exigences de la passion. J'en dirai autant des actes de rébellion, des outrages envers les fonctionnaires, qui annoncent une tendance marquée à la révolte. Mais dans les actes qui se répètent à peu près aussi souvent ou plus souvent encore, j'en vois dont la fatalité n'est imputable qu'aux individus eux-mêmes : on peut dire que c'est le premier acte qui l'a créée. Le mensonge provoque plus de difficultés qu'il n'en résout : c'est pourquoi un premier mensonge en amène presque toujours de nouveaux qu'il a rendus, je ne dirai pas nécessaires, mais presque inévitables. Ainsi en est-il du vol domestique, du faux, de l'abus de confiance, de la fabrication de la fausse monnaie et surtout du vol qualifié. On ne contracte pas impunément de telles habitudes : une fois qu'on a eu l'idée de recourir à de tels expédients pour sortir de l'embarras où l'on s'était mis, il est bien difficile de remonter à un autre mode d'existence.

Le vol et le vagabondage, voilà d'où l'on part, voilà où l'on revient le plus souvent dans la vie des récidivistes. Qui a débuté par le vol qualifié devra continuer, toutes les fois qu'il le pourra, ce genre d'aventure, excitant, fructueux, mais qui fait le criminel victime de ses propres ruses et qui l'enchaîne plus que d'autres dans des associations difficiles à rompre. Il en est aussi que des actes tout à fait étrangers au vol ont fait condamner ; la difficulté qu'ils éprouvent à se reclasser dans la société les amène ensuite au vol. On a observé une certaine année [1] que sur 1,000 individus condamnés en récidive et pour vol, 250 l'avaient été la première fois pour des

[1] 1835.

infractions d'une autre nature. Restent enfin ceux qui ne veulent plus travailler : s'ils ont encore des tentations, des désirs, comment feront-ils pour les satisfaire, sans le vol? Si toute volonté, la bonne comme la mauvaise, succombe également chez eux dans un effondrement général, ils resteront sans domicile et sans moyens d'existence. La mendicité et le vagabondage les feront indéfiniment condamner. Y a-t-il quelques intermédiaires plus habituels entre une première faute et l'état de récidive? Pour les libérés des maisons de longues peines, c'était jadis l'infraction au ban de surveillance. D'anciens forçats se faisaient reprendre deux, trois et jusqu'à quatre fois pour cette seule infraction, avant de commettre un autre crime ou un autre délit [1]. Puis, à force de se révolter contre cette prescription, souvent bien dure, il faut le reconnaître, ils se laissaient emporter de nouveau à la révolte totale. Aujourd'hui, la loi s'est adoucie : c'est le vagabondage, coupé çà et là de délits d'ivresse, de coups et blessures et d'insultes au gendarme, qui a remplacé l'ancienne école. Nous ne connaissons plus le forçat en rupture de ban qui effrayait les campagnes et après lequel on courait comme après un loup : nous avons les nuées de rôdeurs qui vivent de filouterie, de mendicité, de petits vols et qui, périodiquement, font regorger nos prisons.

Le récidiviste est donc par excellence un homme sans aveu ou sans domicile connu. On l'arrête souvent dans les campagnes parce que, voyageant souvent sans argent, il faut bien qu'il aille le long des routes. Mais c'est à la ville qu'il tend et qu'il aboutit quand il peut. La distribution des récidivistes par département suit, comme il est

---

[1] En 1835, sur 3,702 libérés, 387 furent dans ce cas.

naturel, la distribution du nombre total des accusés et des prévenus. Mais à cette loi s'en ajoute une autre qui vient en modifier les effets. « Les récidivistes recherchent les grands centres de population et leurs environs. Dans les 43 villes qui ont plus de 30,000 âmes on compte 1 récidiviste sur 207 habitants, tandis que dans les villes d'une population inférieure on ne trouve que 1 récidiviste sur 712 habitants [1]. » Cet amour des grandes agglomérations est fait de sentiments très divers, que nous avons déjà eu l'occasion d'analyser. Des libérés, les uns se font illusion : ils espèrent qu'ils resteront inconnus et pourront ainsi recommencer à nouveau leur existence ; les autres guettent déjà des industries plus faciles qu'honnêtes. Peut-être enfin en est-il un certain nombre qui se disent : je vivrai là honnêtement, si je le puis : si la chose m'est trop difficile, à tout le moins j'y vivrai, et sans doute moins durement qu'ailleurs.

IV

La prison a-t-elle une influence? La récidive augmente-t-elle ou diminue-t-elle suivant la durée des peines subies ?

On a lu plus haut la réserve importante faite par le Ministère de la Justice : la nature des crimes punis pour la première fois sera pour beaucoup dans la moralité ultérieure du condamné. Cette réserve faite, on peut répéter aujourd'hui ce que la Chancellerie disait en 1831 : « Cette année, comme toujours, le nombre pro-

[1] *Compte général* de 1880.

portionnel des individus qui sont tombés en récidive le plus promptement après leur mise en liberté, est en raison inverse de la gravité de la peine qu'ils avaient dû subir. » En 1882 on nous dit : « 15 0/0 des récidivistes sortent des maisons centrales ; 42 0/0 des prisons simples, 32 0/0 des établissements mixtes. »

Est-ce la faute de la prison ou celle du prisonnier ? Quelques faits plaident pour la deuxième solution. Aujourd'hui, par exemple, plus de la moitié des libérés commettent de nouveaux crimes ou de nouveaux délits presque au sortir de la prison. On peut dire, il est vrai, qu'un jour a suffi pour les arracher à leur profession quelle qu'elle fût, et que la durée de leur détention n'a suffi ni à les amender ni à leur apprendre un métier nouveau. Mais on peut répliquer que les perfectionnements apportés au travail des prisonniers, n'arrivent pas à modifier l'état moral d'un très grand nombre de condamnés. Dès le début de la statistique criminelle, on a pu voir que ni l'instruction acquise à la prison, ni le pécule gagné à l'atelier commun ou à la cellule et réservé pour la sortie, ne paraissent capables de faire baisser la récidive. En 1836, le *Compte général* disait : « Si nous recherchons quelle a pu être sur le moral des condamnés l'influence de l'instruction qu'ils avaient en entrant en prison et de celle qu'ils ont pu y acquérir, on constate chaque année ce résultat : que les récidives sont toujours plus fréquentes chez les condamnés qui savent lire et écrire que chez ceux qui sont illettrés. » En 1841, 100 forçats libérés, qui ne savaient ni lire ni écrire, fournissaient 27 récidivistes ; et 100 forçats qui possédaient quelque instruction en fournissaient 28.

En 1850, je lis : « On remarque que les rechutes ne sont pas moins fréquentes parmi ceux qui sortent avec des pécules assez élevés, que parmi ceux qui n'avaient rien ou presque rien pendant leur détention... parmi ceux qui savaient lire et écrire que parmi les illettrés. » Enfin, en 1882, le *Compte général* examine à nouveau cette question, et il a vite fait de constater la même chose. « Les huit dixièmes des récidivistes ont été repris pour mendicité, vagabondage ou rupture de ban. Et cependant beaucoup d'entre eux avaient reçu, à leur sortie de prison, une somme assez importante pour les mettre à même de chercher du travail... En 1862, il y en avait 14 0/0 seulement qui eussent plus de 100 francs à leur sortie; en 1882, il y en avait 31 0/0. » La situation pécuniaire des libérés s'est donc bien améliorée : l'accroissement continu des récidives ne s'est point pour cela ralenti.

Ce sont là des résultats que j'aurai plus d'une fois à commenter. Je les enregistre ici pour donner à connaître quelle est, en fait, la nature de la récidive. Il faut bien croire que, quand un homme a envie de mal faire... ou de ne rien faire, l'argent et l'instruction dont il est muni ne font que l'encourager et l'aider dans ses mauvaises dispositions. Il a travaillé pour alléger les ennuis de la captivité ou pour en venir à dévorer en vingt-quatre ou quarante-huit heures le produit des économies qu'on lui faisait faire. Ni le travail ni l'économie n'étaient volontaires ; ni l'un ni l'autre n'ont donc pu le régénérer. Jouir à sa manière et sans mesure, et dépenser son argent tant qu'il en a, puis vivre misérablement, mais sans effort ; voilà deux états qui le tentent également. Il connaît d'abord l'un, et il s'y vautre pendant le nombre de jours et d'heures que lui permet son pécule : il retombe ensuite dans l'autre et s'y enfonce. S'il a un peu d'instruction, il s'en sert de temps en temps pour pratiquer l'abus de confiance ou l'escroquerie.

Les moyens ordinaires sont donc bien faibles, pour ne pas dire bien impuissants, contre les tendances acquises par le malfaiteur ou le délinquant d'habitude. Mais non seulement la prison a peine à réprimer ces tendances : il lui est difficile de ne pas les aggraver. Qu'est-ce qui fait l'influence quelquefois mortelle de la prison ? Deux choses : la flétrissure imprimée; puis la promiscuité. On est condamné à vivre avec d'autres malfaiteurs ou plus coupables, ou plus flétris, ou plus dégradés, que l'on rencontrera, que l'on reconnaîtra, par qui l'on sera reconnu, et au contact desquels tout ce qu'on avait de germes malsains se sera multiplié.

Admettons que ce qui précède ait besoin d'être établi en détail. Il nous suffit de constater ici que tout se passe comme si cela était. Oui, tout se passe comme si la brièveté de la prison faisait à un grand nombre d'individus un mal plus profond et plus irréparable que la longue durée de la peine. Cette action double que je viens de décrire en quelques mots n'a pas besoin de beaucoup de temps pour se faire sentir. Vingt-quatre heures suffisent. Le prolongement de la peine peut d'abord exaspérer ce mal; mais par là même il l'use : dès lors il y a quelque chance, si l'on veut s'en donner la peine, de faire un homme nouveau sur les ruines de l'ancien.

C'est ce qu'en 1873 pensait la Cour de Bourges [1]. « La récidive a bien plus sa cause dans la prison qu'au dehors »; vérité que la Cour de Paris confirmait plus explicitement dans la même enquête [2] : « Les condamnés de la catégorie des courtes peines sont les plus nombreux.

[1] *Enquête parlementaire sur le système pénitentiaire*, V, 345.
[2] *Ibid.*, 542.

Ils étaient, en 1869, dans la proportion de **89,663** sur **124,206** prévenus ou accusés. C'est parmi eux, c'est grâce au régime actuel de nos prisons, que se recrute la population des maisons de réclusion et des bagnes, ainsi que le plus grand nombre des récidivistes. »

Bref, il se fait beaucoup de criminels dans les colonies d'étrangers immigrés sur nos frontières ; il s'en fait beaucoup dans les émigrations temporaires et irrégulières d'un grand nombre de nos travailleurs nomades ; il s'en fait beaucoup dans nos grandes villes, dans quelques centres corrompus par une aisance trop rapide et trop facilement gagnée. Mais il est un lieu où il s'en fait plus qu'ailleurs, un lieu du moins où l'aptitude à la réitération du délit se consolide et se perfectionne, c'est la prison d'aujourd'hui [1].

---

[1] Je n'ai fait que quelques allusions à la loi de 1885 qui avait en vue la guérison du mal par la relégation des récidivistes. Cette loi, fort discutée, assez mal comprise et assez mal construite, d'après les hommes les plus compétents, n'a point changé grand'chose à la récidive. « Tant qu'on n'aura pas réformé le régime de la transportation... il ne faut pas se faire d'illusion : la loi de 1885 ne produira aucun effet moral. » Ainsi se termine le rapport officiel de M. Dislère, président et rapporteur de la Commission de classement des récidivistes, le 12 février 1889. C'est donc ailleurs que je dois insister sur cette loi et sur les modifications qu'elle devrait subir.

CHAPITRE VI

LA PRÉCOCITÉ DU MAL

I. Milieux vastes, milieux restreints. — II. L'âge de la folie et l'âge
du crime : les périodes de la vie. — L'âge de vingt-cinq ans.
— L'abus de ce qu'on a, l'envie de ce qu'on n'a pas. —
Jeunes voleurs et vieux débauchés. — III. Énorme accroissement
de la criminalité de l'adolescence. — Deux explications de cette
précocité. — IV. Enfants les plus exposés au mal : enfants naturels, enfants trouvés, enfants abandonnés. — Le bienfait de
la loi Roussel. — Hérédité et éducation : la seconde plus forte
que la première. — L'assistance publique. — L'épuration des
impuretés parisiennes dans la Nièvre. — L'Ardèche. — Calculs sur les enfants incorrigibles et sur les enfants perfectibles.
— A la Petite-Roquette. — L'École. — V. Pourquoi la situation
morale est-elle moins bonne de seize à vingt-un ans. — Les
enfants et leurs parents. — Les ouvriers et les apprentis. —
Les petits métiers faciles et la décadence de l'apprentissage.

I

Les milieux que nous venons d'étudier, milieux fixes,
milieux variables, milieux nationaux et donnés par la
naissance, milieux choisis par la libre volonté, milieux
adoptés au hasard, ou milieux imposés et l'on peut dire
infligés à l'individu par les conséquences de ses fautes,
ce sont là des milieux encore bien vastes. Mais l'analyse

que nous avons poursuivie nous a laissé voir d'autres
éléments qui remplissent les intervalles de ces milieux,
unissent et séparent tout à la fois les êtres qui s'y
rencontrent, servent à conduire de l'un à l'autre les
influences qui s'y propagent. Tout individu qui demeure
ou entre en un milieu quelconque, y apporte d'abord sa
nature d'homme, ses passions et ses faiblesses. Je ne
reviens pas sur cette partie profonde et permanente de
la personne humaine. Mais entre ce noyau déjà si complexe et les milieux que nous avons parcourus, il y a
des sphères où les individus revêtent des formes différentes, se rapprochent et s'unissent pour constituer des
groupes d'inégale étendue et d'inégale importance. C'est
surtout par là qu'ils agissent les uns sur les autres.

Voyons donc ces changements extérieurs de l'individu
qui passe, par exemple, de l'enfance à la vieillesse ;
voyons ces groupes qui s'appellent la famille et la profession. Quels germes de désordre ou quelles forces
préservatrices trouvons-nous là? En est-il qui soient
propres à notre siècle et à notre pays, qui paraissent y
avoir été déposées ou y avoir grandi depuis peu? Tout
mouvement qui est en voie de progrès et qui produit des
effets nouveaux sert mieux à révéler les forces dont il
émane, que celui dont les résultats sont depuis longtemps
fixés dans un état uniforme et constant. Ainsi, cherchons comment se comportent aujourd'hui les enfants
et les vieillards, quels dangers particuliers courent le
célibataire et l'homme marié, le commerçant, le paysan,
l'ouvrier... Toutes ces comparaisons sont nécessaires
pour connaître, autant qu'il nous est permis, tout ce milieu vivant à travers lequel se choquent tant de forces
mal conduites, aveugles et ruineuses.

II

Commençons par diviser l'existence humaine en un petit nombre de périodes. C'est de 21 à 30 ans que dans notre siècle, l'homme commet, en France, le plus grand nombre de crimes[1]. Depuis 1826 jusqu'en 1880, cette loi n'a souffert aucune exception. Elle n'a certainement rien qui étonne, et cependant elle mérite qu'on s'y arrête.

A ceux qui plaident pour l'identité du crime et de la folie, faisons remarquer que l'âge de l'un et celui de l'autre ne coïncident pas. C'est entre 30 et 40 ans que les aliénistes s'accordent, depuis Esquirol, à voir le plus grand nombre de cas de folie. Si même on tient compte du rapport du nombre des aliénés avec la population correspondante des hommes de leur âge, c'est entre 40 et 50 ans qu'est le maximum du danger couru par la raison d'un Français[2]. Quant au penchant pour le suicide, on sait qu'il va sans cesse en augmentant, et qu'il grandit avec l'âge jusqu'aux dernières périodes de l'existence.

Mais cette période de dix ans, entre 21 et 30 ans, il y a intérêt à la scinder. C'est une époque de la vie dans laquelle l'homme change singulièrement : il change beaucoup plus que de 30 à 40 ans, et que de 40 à 50. Plusieurs statistiques ont heureusement fait le partage, en établissant des divisions par périodes de 5 années. C'est alors de 25 à 30 ans qu'elles croient trouver le maximum.

[1] Voyez *Compte général* pour 1880, p. XXVIII et CXXXVIII, et *Compte* de 1884, VIII.
[2] Voyez QUÉTELET, *Physique sociale*, I, 191.

Si on considère uniquement les chiffres des tribunaux ordinaires et de la cour d'assises, il faut évidemment s'en tenir là. Mais il y a un élément que les Comptes généraux du Ministère de la Justice ne font pas entrer en ligne [1] : ce sont les crimes commis dans l'armée et punis par les conseils de guerre. Or, les comptes de la justice militaire nous apprennent que les soldats qui fournissent le plus grand nombre d'accusés et de prévenus [2], sont les soldats ayant de 1 an à 3 ans de service. La disproportion signalée là est même très forte [3]. Que l'on restitue ces accusés à la masse des accusés de leur âge, on sera conduit à placer de 24 à 26 ans, soit plus précisément à 25 ans, ce que Quételet nommait le maximum du penchant au crime.

Sont-ce les mêmes crimes indifféremment qui s'accumulent à cet âge dangereux ? Non. Il y a certains crimes qui se commettent plus souvent dans la période qui précède, et il en est qui sont plus fréquents dans les périodes qui suivent.

D'un bout à l'autre de la vie, la moralité de l'homme court deux périls : abuser de ce qu'il a, et vouloir à tout prix ce qu'il n'a pas. Vers 25 ans l'homme a la force, il a la passion, il a l'élan. Il est presque toujours en état de se suffire à lui-même, et il n'a pas encore à supporter de bien lourdes charges. Il se sent ou il se croit capable d'obtenir tout ce qui tente notre nature : sa curiosité est

---

[1] Le rédacteur cependant signale cette donnée dans l'un des rapports.

[2] Les délits spéciaux de désertion et d'insoumission mis à part.

[3] En 1885, ont été jugés pour délits communs : militaires ayant moins d'un an de service, 852 ; militaires ayant de un an à trois ans, 1,372. — Sur ces 1,372, ont été condamnés : à mort 25, aux travaux forcés 34, à la réclusion 118. La proportion des actes révélant des tendances vraiment criminelles est donc très sérieuse.

encore neuve et elle est avide : il ne connaît la satiété de
rien. Il est donc certain qu'il a beaucoup; mais on peut
dire aussi qu'il lui manque beaucoup, eu égard aux exigences de sa jeunesse qui ne peut supporter ni privation,
ni contradiction, ni résistance. Les deux tendances immo-
rales concourent donc l'une et l'autre, et avec une force
à peu près égale, à le mettre en révolte contre la loi.

C'est de 21 à 30 ans qu'il se commet le plus d'actes de
violence de toute nature, le plus d'attentats aux mœurs
contre les adultes, le plus de vols qualifiés avec effraction
et escalade, le plus de coups et blessures donnant la mort
ou risquant de la donner. Si l'on veut subdiviser davantage pour arriver à des distinctions plus précises, on verra
que de 21 à 25 ans dominent les infanticides, les vols
domestiques, les vols sur chemins publics. De 25 à 30 ans
surviennent en plus grand nombre les actes de violence
(meurtres et assassinats) et les vols qualifiés. C'est aussi
de 25 à 30 ans que deviennent déjà plus nombreux les
crimes destinés à se multiplier plus encore à la période
suivante : incendies de maisons habitées, fausse monnaie,
abus de confiance, faux de toute nature.

Ainsi, c'est vers 25 ans que l'homme violente le plus ses
semblables. A mesure qu'il avance dans la vie, la force
en lui fait place à la ruse. Au lieu de frapper et de
dépouiller ostensiblement les autres, il les trompe. L'étendue des engagements plus ou moins téméraires qu'il a pu
contracter lui en donne la tentation ; son expérience lui
en fait trouver les moyens.

Prenons maintenant les phases qui précèdent et celles
qui suivent. L'attention est attirée par deux faits saillants : la prédominance du vol dans l'adolescence, la prédominance des attentats à la pudeur sur enfants dans la
vieillesse. Toutes les fois que le Ministère de la Justice a

publié une revue rétrospective portant sur cinq, dix,
vingt ou même cinquante années, il a fait l'observation
suivante : « On serait tenté de supposer que dans les premières années de la vie, celles où la fougue des passions
a le plus d'empire, il se commet proportionnellement plus
de crimes contre les personnes et moins de crimes contre
les propriétés que dans les dernières années. C'est cependant le contraire qui a lieu, et la différence est surtout
sensible sur l'extrême limite de la vieillesse [1]. » J'ai en
effet sous les yeux un tableau qui embrasse un quart de
siècle : jusqu'à 25 ans inclusivement, les crimes contre
les propriétés sont plus nombreux que les crimes contre
les personnes ; de 25 à 40 ans les crimes contre les personnes l'emportent ; de 40 à 45 ans, les proportions sont
exactement les mêmes de part et d'autre ; à partir de 45
ans, ce sont les crimes contre les personnes qui dominent,
et qui dominent de plus en plus.

Si l'homme est tenté d'abuser de ce qu'il a, il est plus
tenté encore de se procurer ce que la société, la morale
et la nature lui refusent. Qu'est-ce d'ailleurs que l'abus
même, si ce n'est l'obstination à jouir au-delà de ce que
permettent la nature ou le droit des autres, au-delà de
ce que l'on peut posséder en toute confiance, selon la
raison et selon l'équité ? L'enfant n'a rien à lui ; l'adolescent a peu de choses : c'est pourquoi tous les deux
volent beaucoup. Ils volent pour satisfaire leur besoin
de parure et leur gourmandise ; ils volent aussi pour le
seul plaisir de voler, c'est-à-dire d'avoir en leur possession ce qu'ils ne peuvent encore acquérir et gagner.
Nous le voyons surtout par les chiffres de la police
correctionnelle : les mineurs sont bien près d'y fournir le

---

[1] *Compte général* pour 1880, **xv.**

tiers du nombre total des individus prévenus de vol [1].
Quant aux vieillards, leur tort le plus fréquent, c'est de
prétendre être jeunes. Quand ils s'irritent de ne plus
l'être et quand ils veulent à tout prix se comporter
comme s'ils l'étaient, ce tort devient aisément un crime :
cinquante-deux fois sur cent, les viols et attentats à la
pudeur sur des enfants sont commis par des hommes
âgés de plus de quarante ans. Si les dernières périodes
de la vie sont proportionnellement chargées de plus de
crimes contre les personnes que de crimes contre les
propriétés, c'est à cet excès particulier qu'elles le doivent.

Rien de tout cela, dira-t-on, n'est particulier ni à notre
pays ni à notre époque. Je suis cependant obligé de
rappeler combien les actes d'immoralité sur l'enfant se
sont accrus dans la seconde moitié du siècle. L'augmentation des crimes et des délits des mineurs n'est pas
moins certaine, et elle n'est pas moins considérable, on
va le voir. Le crime continue plus longtemps, et il commence plus tôt : ce sont là des faits trop bien établis. Le
second mérite surtout de nous occuper longuement.

III

La carrière du crime commence aujourd'hui plus tôt
qu'autrefois : il ne nous est pas possible d'en douter.
Dans les belles enquêtes faites, en 1882 et 1883, sous la

---

[1] Voyez *Compte général* pour 1860, p. L, et pour 1885, p. XXII.
— Après le vol, les délits le plus souvent relevés chez les enfants
au-dessous de seize ans sont : le vagabondage, l'outrage public à
la pudeur, la mendicité, la destruction de plants et de récoltes.

direction de M. Th. Roussel [1], on lit : « Le Dr Wines
remarque que la précocité dans le mal augmente aux
États-Unis comme ailleurs : le crime semble s'être porté,
dans ces dernières années, du côté de la jeunesse... La
précocité est d'ailleurs une des marques caractéristiques
de l'époque. »

Pareille observation a été faite en France bien des
fois. Dans l'enquête de 1884, le Préfet de police disait à
la commission [2] : « Il nous a été donné de constater
combien les enfants arrivent jeunes sur la voie publique.
Les garçons travaillent peu et vivent de l'argent que
gagnent les filles. Je ne saurais trop signaler ce fait
nouveau de l'abaissement de l'âge des prostituées et des
souteneurs : tout le monde peut s'en apercevoir. » Et en
effet, on peut aller en ce moment même à la Petite-
Roquette : on y trouvera de ces personnages âgés de
quinze et seize ans, dont les journaux nous racontent
chaque jour les vols et même les assassinats. On peut
aller à Saint-Lazare, on y verra le personnel correspondant, plus jeune encore : on s'y arrêtera malgré soi
devant des figures où une certaine grâce enfantine sur-
vit pour quelques jours aux atteintes du vice et à celles
de la souffrance.

Tout récemment, l'un des membres de la commission
chargée du classement des récidivistes [3], nous apprenait
plus encore : « Quelques rélégables, disait-il, sont très
jeunes : ils entrent à peine dans la vie, et déjà ils ont
accumulé sur leurs têtes le chiffre de condamnations qui
leur est nécessaire pour être expatriés. Le nombre de ces

---

[1] Tome III, p. 619.
[2] Séance du 31 mars 1884.
[3] En application de la loi du 27 mai 1885. Voyez *le Temps* du
2 mai 1889 : article de M. Léveillé.

jeunes gens s'accroît d'une façon attristante. En 1887,
ils étaient 54 ; en 1888, ils étaient 59. Le développement de la jeune criminalité est un des phénomènes
douloureux de notre époque. »

Il manque à ce tableau un dernier trait. De 1836 à
1840, le nombre des suicides chez les enfants de moins
de 16 ans n'excédait pas 19, année moyenne. Par une
ascension lente, mais continue, ils ont atteint en 1887
le nombre de 68 [1].

Ceux qui pensent que l'accroissement du crime est lié
aux progrès de la civilisation, comme les erreurs à la
science et les accidents à la vie active, doivent nous
chercher ici une explication consolante. Ils doivent dire
que la précocité dans le mal est une conséquence d'un
développement plus hâtif de toutes les facultés physiques et morales. Si cela était, on serait peut-être tenté
d'en prendre son parti. Devenant homme plus tôt, l'individu serait plus vite exposé aux tentations, donc aux
chutes : mais il serait aussi plus vite en état de fournir
sa part au travail social. Il y aurait compensation.

Est-ce bien là la vérité ? Tout ce qu'on peut dire, c'est
que la proportion des habitants des villes augmente
d'année en année, au détriment des campagnes. Or, le
contact de la vie commune éveille peut-être un peu plus
tôt le jeune citadin. Mille excitations superficielles provoquent en lui un certain essor tout extérieur de l'esprit
de conversation ; elles détournent sa curiosité des choses
de la nature pour la porter sur certains côtés de la vie
mondaine ; elles lui donnent une mémoire plus prompte,
sinon plus sûre, et quelque facilité à se débrouiller dans
les circonstances qui exigent moins de réflexion et de

[1] Il n'est pas question ici d'enfants noyés ou asphyxiés avec
leurs parents. Il s'agit de suicides personnels et volontaires.

ténacité que d'envie de paraître. Voilà probablement,
vue sous son aspect le plus favorable, la précocité qui
nous vaut tant de jeunes délinquants. On peut concéder
qu'il y a là de quoi atténuer légèrement le fâcheux effet
des statistiques criminelles de l'enfance et de l'adolescence. Mais est-il possible d'aller plus loin ? Voyons-nous
que l'instruction de la jeunesse soit plus vite achevée
qu'autrefois ? Voyons-nous s'approcher le moment où
l'on pourra sans inconvénient abaisser la limite d'âge
pour les examens, pour les concours, pour le mariage,
pour la majorité, pour l'entrée dans les professions, pour
le vote politique ? Non, hélas ! Réfléchissons d'ailleurs
que la précocité dans le bavardage et dans le vice n'a
rien qui favorise la précocité de la véritable intelligence
et de la véritable volonté. Il faut donc voir le mal tel
qu'il est. Une jeunesse plus vite criminelle ne nous annonce nullement une jeunesse plus tôt formée et plus tôt
mûre : elle nous la garantit encore moins.

Il y a malheureusement une autre hypothèse beaucoup
plus vraisemblable. La précocité du délit chez les enfants
ne vient-elle pas de ce que le penchant au mal est devenu,
chez leurs parents, plus habituel et plus fort ? En général, les caractères acquis sous l'influence des milieux
et sous l'action des habitudes, ne se développent pas
tout de suite. On dit qu'un nègre encore petit diffère
moins du blanc qu'il n'en différera dans l'âge mûr. Mais
plus la seconde nature se consolide et tend à se confondre avec la première, plus les déviations qu'elle a
créées sont promptes à s'accuser dans la race : les prédispositions aboutissent plus vite, elles font que l'individu cède plus tôt à la contagion de l'exemple et aux
encouragements de la mauvaise éducation. Si le petit
Normand promet déjà de s'alcooliser dès l'école, c'est

que deux influences concourent à l'y pousser : son organisme est déjà vicié, son esprit va l'être plus encore par tout ce qu'il entendra et verra dans son milieu.

Le Corse est un être violent et qui commet des attentats nombreux contre la vie. Mais ni la haine ni la soif de la vengeance ne paraissent avoir altéré profondément sa nature intime, car il n'en veut pas à tout le monde, et en dehors des cas particuliers qui provoquent ses résolutions sanglantes, il est hospitalier, il est pacifique : non seulement il commet peu de crimes hors de chez lui, mais dans son île même il lui faut le contact prolongé des vices de son organisation sociale pour que la passion et les préjugés le portent à l'homicide. Il est permis de le penser quand on voit que c'est de 30 à 40 ans que l'insulaire corse commet le plus grand nombre de ses crimes. Le même fait se retrouve dans la Lozère et dans l'Aveyron, où les mœurs ont également quelque chose de rude, mais où la violence est plus accidentelle que préméditée. Le contraire arrive dans les Bouches-du-Rhône, dans l'Hérault, dans la Seine, dans la Marne, dans le Calvados : le maximum du penchant criminel se manifeste là dix ans plus tôt. N'y a-t-il pas dans ces différences une indication et une leçon ? Combien de raisons en effet n'avons-nous pas pour considérer ces derniers départements comme plus corrompus que beaucoup d'autres ?

Mais dans cette suite d'années dangereuses qui précèdent la majorité, il y a lieu de distinguer deux périodes, l'enfance et l'adolescence. Plus précisément encore, il y a le mineur de moins de 16 ans et le mineur de 16 à 21 ans.

Or, ce n'est pas la moralité du mineur de moins de 16 ans qui a le plus perdu. Laissons de côté la cour d'assises qui, en vérité, n'est pas faite pour des coupables de cet âge, à moins qu'ils n'y figurent en compagnie de leurs complices plus âgés, de ceux qui les ont séduits et entraînés [1]. Les prévenus de moins de 16 ans n'ont guère cessé, dans une période de cinquante années, de figurer pour la même proportion (4 0/0) sur le nombre total des prévenus. De 1851 à 1855 seulement cette proportion s'est élevée à 5 0/0. En 1887, elle était à peine de 3. Le nombre absolu des délits a augmenté, il est vrai, à tous les âges : les enfants qui passent devant les tribunaux sont donc plus nombreux qu'il y a 50 ans. En 1826, les juges correctionnels avaient vu comparaître devant eux 2,753 garçons ou filles de moins de 16 ans. En 1880, ce chiffre s'élevait à 7,687, pour redescendre à 6,726 en 1886. Cette catégorie de petits délinquants a donc bien, encore une fois, participé, comme toutes les autres, à l'accroissement de l'immoralité universelle. Mais ce n'est pas elle qui y a participé le plus. On peut ajouter qu'en ce moment même, elle paraît se mettre en état de résister au progrès du mal moins faiblement et avec moins d'insuccès que quelques autres.

Peut-on en dire autant pour les mineurs de 16 à 21 ans ? Malheureusement non. Ici, augmentation absolue et augmentation proportionnelle sont également effrayantes. Vers 1830, ces adolescents ne donnaient que 11 0/0 du chiffre total des prévenus. En 1888, ils en donnaient 14 0/0. Calculons d'une autre manière : en cinquante années, les prévenus de moins de 16 ans ont augmenté de 140 0/0 (soit, en chiffres réels, de 3,244) ; les prévenus de 16 à 21 ans ont augmenté de 247 0/0

---

[1] En 1826, on faisait comparaître en cour d'assises 124 enfants de moins de seize ans. Ce chiffre est descendu à 58 en 1880, à 27 en 1886.

(soit de 14,547). Les prévenus de plus de 21 ans n'ont augmenté que de 127 0/0. Chez les femmes, les proportions sont à peu près les mêmes : la première catégorie a augmenté de 117, la seconde de 170, la troisième de 103 0/0.

Reprenons maintenant, l'une après l'autre, chacune de ces deux catégories de mineurs. S'il y a une cause profonde et permanente de précocité, ce n'est pas une raison pour négliger l'étude des autres causes qui viennent encore en précipiter les effets. Où se recrute donc aujourd'hui l'enfance coupable? Quelles sont les influences, bonnes ou mauvaises, qui ont plus particulièrement agi sur elles? Si elle est plus corrompue qu'il y a cinquante ans, à qui faut-il s'en prendre? Est-ce à l'hérédité? Elle y a sa part; mais est-elle prépondérante et ne peut-on pas la tenir en échec avec succès? S'il y a une amélioration toute récente, à qui la devons-nous?

IV

Dans son grand rapport à l'Assemblée nationale, sur le régime des établissements pénitentiaires, M. d'Haussonville faisait déjà remarquer combien la proportion des enfants naturels est forte dans les rangs des jeunes détenus. « Dans la population totale de la France, disait-il, le rapport des enfants naturels aux enfants légitimes est de 7, 50 0/0. Dans la population des enfants détenus aux maisons correctionnelles, il était de 14 0/0 pour les garçons, et de 19 0/0 pour les filles. » Ces chiffres étaient relevés au 31 décembre 1869. Pendant les vingt dernières années, le mouvement a continué dans le

même sens. Dans la population enfantine de toute la
France, les enfants naturels sont arrivés à 8,17 0/0 ;
dans les statistiques pénitentiaires, ils oscillent entre
13 et 15 0/0 chez les garçons et 20 0/0 chez les filles.

Mais un enfant naturel peut encore avoir reçu de son
père ou de sa mère une éducation convenable. Ne pensons pas seulement aux enfants nés d'un homme de
lettres ou d'une femme de théâtre et qui voient s'ouvrir
devant eux les portes d'un collège aristocratique. Il y a
encore quelques hommes et quelques femmes de rang
modeste et qui sont capables de racheter une faute par
l'accomplissement du devoir paternel ou maternel ; mais
à côté des enfants naturels il y a eu longtemps, il y a
même encore actuellement les enfants trouvés.

En 1849, on comptait en France 300,000 enfants
trouvés de moins de 21 ans, et leur situation n'était
assurément pas bonne [1]. « Dans l'état actuel de la législation, disait M. Dufaure, la tutelle des enfants trouvés
est généralement mal exercée : ce fait est certainement
une des causes principales de la mauvaise éducation de
ces malheureux. » Fort mal élevés en effet, puisque très
peu savaient lire, encore moins écrire ; et ils voyaient
encore leur situation s'aggraver, lorsqu'à 13 ans les départements avaient cessé de payer une allocation aux
patrons qui les avaient recueillis.

Depuis cette époque, « l'enfant trouvé » tend à disparaître, puisque dans chacune des deux dernières années,
ils ne dépassent guère 1,500. Les causes de cette diminution sont connues de tout le monde [2] ; mais si les efforts

---

[1] Voyez un extrait d'un rapport de M. l'Inspecteur général de
Watteville dans l'*Enquête Roussel*, t. I, p. 175.
[2] Depuis 1861, le nombre des enfants « secourus » à domicile,
s'est élevé de 20,000 à 48,000.

de la charité publique et de la loi ont tari cette source,
ils en ont, pour ainsi dire, ouvert une autre. Il n'y a
presque plus d'enfants trouvés, mais les « enfants abandonnés » augmentent ; il y en avait 26,000 en 1861 : on
en comptait 43,889 en 1885.

Il s'agit ici d'enfants abandonnés « matériellement »,
comme dit le vocabulaire de l'assistance publique... ;
matériellement c'est-à-dire complètement ; ce sont des
enfants que leurs parents ont « perdus », comme on perd
un petit animal dont on ne veut plus. Pour qu'on ne
doute pas de mon explication, voici la déposition du
Directeur de l'Assistance publique, M. Quentin, devant
la Commission parlementaire des 44 [1].

« J'arrive à un fait plus grave, le nombre considérable
d'abandons d'enfants. Voici à cet égard des chiffres qui
sont malheureusement trop exacts :

» En 1877, il s'est produit dans le département de la
Seine 2,320 abandons [2]. En 1883, il s'en est produit
3,151... Il ne s'agit pas seulement ici, continuait le
Directeur, d'enfants abandonnés par des filles-mères ;
une partie de cette augmentation est due à l'abandon
d'enfants légitimes ; le nombre de ces derniers, qui était
de 457 en 1882, s'est élevé en 1883 à 560. Les parents
se séparent bien difficilement de leurs enfants : c'est donc
là une preuve de grande misère, d'autant plus grande
que ces abandons ne portent pas seulement sur des enfants qui viennent de naître. Ainsi, pour les enfants de
1 an à 3 ans, dont la mère la plus indifférente ne se
sépare pas sans un déchirement, le nombre des abandons,

---

[1] 28 mars 1884.
[2] Le chiffre de 1886 (dernière statistique officielle) est de 2,865.
Ce sont les abandons de l'année : ce n'est pas le chiffre total des
enfants abandonnés et restant à la charge de l'Assistance publique

de 341 en 1882, a atteint 404 en 1883. Pour les enfants
de 3 à 6 ans. qui ont grandi dans la famille, les abandons
ont été de 166 en 1882 et 230 en 1883. »

Devant ces chiffres inattendus, la Commission parut
ne pas comprendre. Un de ses membres, à qui les questions sociales doivent être cependant bien familières,
interrompit : « Vous comprenez dans ces chiffres les
enfants moralement abandonnés ! » — Et le Directeur
de l'Assistance publique répondit : « Non, monsieur ! Je
parle des enfants abandonnés complètement, des enfants que les parents ne reverront plus et qui tomberont
dans le service des enfants assistés. Ces abandons d'enfants déjà grands est un fait bien douloureux et bien
grave. »

Oui, assurément il est grave ; et la situation morale
de ces enfants dont quelques-uns ont commencé par
connaître la famille, est probablement plus fâcheuse encore que celle des enfants trouvés. M. le Directeur de
l'Assistance publique voit là une preuve de la « misère ».
Soit ! Mais la misère n'est pas toujours, il s'en faut, la
fille de la pauvreté. Laissons pour le moment cette question. Mettons seulement en regard de l'explication de
M. Quentin cette phrase extraite d'un autre document.
« Le nombre des enfants abandonnés grandit d'année en
année (dans nos départements), sans doute sous l'influence
des facilités de déplacement que les chemins de fer ont
créées, mais aussi malheureusement par suite des tendances plus prononcées chaque jour dans certaines classes
inférieures à se dégager de tous les devoirs et à se soustraire à toutes les responsabilités incombant au chef de
famille, afin de se livrer plus aisément à la vie libre et
indépendante de toute règle. » Ainsi s'exprimait en 1881,
loin de toute « crise » industrielle et loin des événements

de la capitale, un homme d'expérience [1], inspecteur des
enfants assistés de Tarn-et-Garonne, répondant au questionnaire de l'enquête sénatoriale.

En dehors des enfants matériellement abandonnés, il
y a, on vient de le voir, des enfants « moralement »
abandonnés. Que sont ceux-là? Des enfants délaissés?
Des enfants maltraités? Oui, si l'on veut. Mais de pareils
termes sont encore bien vagues. On est arrivé à une définition plus précise en disant : « L'enfant moralement
abandonné est l'enfant de moins de 16 ans que ses parents, pour des causes dépendant ou non de leur volonté,
laissent dans un état habituel de mendicité, de vagabondage et de prostitution [2]. » Ces enfants-là, les parents
n'ont point manifesté leur intention de s'en séparer : ils
cessent simplement de s'occuper d'eux, ou ils ne s'en occupent que d'une façon intermittente, quelquefois pour
abuser d'eux et en faire des recrues de l'armée du mal.
Si les enfants matériellement abandonnés sont plus malheureux que les enfants trouvés, les enfants moralement
abandonnés sont encore plus exposés au mal que les uns
et que les autres.

C'est pour de pareils enfants, dont le nombre grandit,
qu'en 1881 la ville de Paris a ouvert un service spécial.
A la fin de 1887, elle en avait 3,561 à sa charge. Comment les réunit-elle? Les uns sont envoyés par le parquet, d'autres par les commissaires de police [3]. Il n'est pas

[1] M. Rossignol. Toute sa réponse est vraiment remarquable :
elle mérite d'être lue en entier. Voyez *Enquête Roussel*, tome II,
p. cxxviii et suiv.

[2] M. Jules Simon a donné une définition d'une autre nature, très
touchante et très vraie : « Des orphelins dont les parents sont
vivants. »

[3] *Chambre des Députés.* Annexe au procès-verbal de la séance
du 22 décembre 1888.

rare que des enfants se présentent d'eux-mêmes, pour
échapper à la misère et à ses conséquences. Beaucoup de
parents enfin les y poussent ou s'arrangent de manière à
ce qu'on les recueille et à ce qu'on les confie à la nouvelle institution.

Mais c'est ici surtout qu'il y a lieu de signaler un abus
grave auquel une loi, élaborée et discutée pendant plus
de neuf ans, vient enfin de porter partiellement remède [1].
Les parents savent que les enfants confiés à l'assistance
publique recevront quelque instruction, apprendront un
métier. Ils les laissent donc volontiers grandir aux frais
du département. Mais dès qu'ils sentent que ces enfants
sont devenus capables de leur rendre quelques services,
ils correspondent avec eux, ils feignent de s'intéresser à
leur sort ; ils les excitent à rompre les contrats signés en
vue de leur apprentissage par le représentant de l'administration [2]. Ils favorisent ainsi chez ces enfants le penchant toujours prêt à une indépendance prématurée. Ils
les encouragent à violer, dès leur entrée dans la vie, les
engagements pris pour eux et en leur faveur ; ils tron-
quent leur éducation professionnelle : bref, ils les ramè-
nent à la vie de hasard d'où ils étaient sortis, c'est-à-
dire au vagabondage, à la mendicité et, quand ce sont des
filles, à la prostitution.

En ouvrant pour ces enfants tout un ensemble d'asiles
et d'écoles, la ville de Paris n'en a pas moins donné un
bon exemple et de précieux encouragements. On voudrait que cet exemple fût suivi partout. Les hommes les
plus compétents voulaient aussi que l'assistance publique
demeurât, jusqu'à la majorité, tutrice légale de l'enfant

---

[1] Promulguée le 25 juillet 1889.
[2] *Annuaire statistique de la ville de Paris* pour :886, p. 739.

confié à ses soins. Jusque-là, bien des sommes sont dépensées en pure perte ou ne sont dépensées que pour le désordre. En organisant la protection et la tutelle de ces enfants, la loi, promulguée le 25 juillet 1889, va porter remède à ces abus. De combien d'enfants s'agit-il ? M. Bonjean les estimait à 100,000 pour toute la France. M. Th. Roussel[1] fixait seulement à 40,000 le nombre de ceux que le projet de loi devait « retirer de la rue ». Le Directeur de l'Assistance publique s'arrêtait au chiffre moyen de 75,000.

Quoi qu'il en soit, restons un instant devant cette armée, trop nombreuse, d'enfants placés hors des conditions normales de la famille humaine ; essayons d'en démêler la nature, demandons-nous si elle est vouée au mal et au vice par une nécessité héréditaire.

On a discuté bien des fois pour savoir quelle est, de l'éducation ou de l'hérédité, la force la plus capable de triompher de l'autre. M. H. Spencer prétend que si on mettait des petits Irlandais dans des berceaux de familles écossaises et réciproquement, les petits Ecossais déguisés n'en deviendraient pas moins les chefs du gouvernement et les maîtres des industries. Un autre philosophe a contesté l'assertion, et un troisième observe qu'on ne pourra jamais faire en ces matières une expérience concluante.

Je crois cependant qu'en ce qui touche à la moralité, on peut apporter les résultats d'une expérience digne de la plus sérieuse attention.

Au cours d'une conférence faite dans un cercle de Paris[2], un ancien chef de division des Enfants assistés

---

[1] Voyez rapport de M. Gerville-Réache à la Chambre des députés. Annexe au procès-verbal de la séance du 13 juillet 1886.

[2] Cercle Saint-Simon.

de la Seine, M. Bruyère, disait à ses auditeurs : « Il
suffit de prendre l'enfant à temps ; l'enfant naît rarement vicieux, il le devient. » Venant d'un homme à
qui son expérience spéciale donne une haute autorité,
ce jugement est précieux ; mais il y a des faits qui le
sont encore davantage. Dans cette même conférence,
le distingué fonctionnaire montrait comment l'enfant
assisté de la ville de Paris est placé en nourrice à la
campagne, comment il y est adopté par ses nourriciers,
comment il devient paysan, se fixe dans le pays, s'y
marie et y fait souche. Puis il ajoutait : « La Nièvre
qui, tous les ans, reçoit un millier de petits Parisiens, a
ainsi une partie de sa population rurale qui descend
d'ouvriers parisiens. »

Qu'un moraliste est heureux quand il tombe sur un
pareil document ! Il y trouve en raccourci une expérience toute faite et de quelle portée ! on va le voir.

Ces petits enfants, remarquons-le, sont en grande
majorité des enfants trouvés ou des enfants abandonnés :
« enfants du vice et de la pauvreté » s'il en fût ! La
faiblesse morale qui les a fait tomber dans ce monde
s'est accusée plus misérable encore par la résolution
prise et accomplie de les priver des soins maternels, et
de les livrer à la pitié publique. Si l'un des parents est
quelquefois excusable, que dire de l'autre ? Enfin, où
trouvera-t-on des enfants plus mal nés, et qui doivent
être plus inclinés au vice par la fatalité de leur naissance ?

Que deviennent ils dans leur pays d'adoption ? L'assistance publique les suit individuellement jusqu'à leur
majorité, elle se tient au courant de leur sort et de
leur conduite, comme une mère de famille dévouée qui
se renseigne sur les progrès de ses enfants quand elle les

a mis au lycée. Or, l'assistance publique se loue de ses pupilles. La Nièvre qui en reçoit et en adopte un si grand nombre, a-t-elle été corrompue par eux ? Ont-ils élevé scandaleusement le niveau de sa criminalité ? Il n'y parait pas, car la Nièvre est un des départements les mieux placés dans les statistiques de la chancellerie. Si l'on compare la criminalité interne de chaque département, elle fait partie des douze meilleurs. Elle est surtout bien placée pour la moralité proprement dite. Tandis que le pays tout entier a, par 100,000 habitants, 14 accusés ou prévenus d'actes contraires aux mœurs, la Nièvre n'en a que 7, elle vient, sous ce rapport, au 8ᵉ rang des plus honnêtes. Pour les actes de violence, elle n'a que 43 accusés ou prévenus au lieu de 73, qui est la moyenne de la France ; pour les actes qualifiés délits de paresse et de misère, elle n'a que 87 au lieu de 150.

Dira-t-on que ces actes, si peu nombreux qu'ils soient, sont peut-être le fait des adoptés, et non de la population générale ? — Ce serait là une hypothèse bien torturée et bien arbitraire. Elle ferait les habitants mêmes du pays plus vertueux encore que nous ne les voyons ; et alors comment expliquer que des gens si purs continuassent à accepter de l'assistance publique des pupilles destinés à tourner si mal ?

Il est vrai que dans l'échelle de la criminalité externe, le rang de la Nièvre est moins bon. La moyenne est encore meilleure que celle de la France, mais elle s'en rapproche davantage. C'est qu'elle a un excédent d'émigration de près de 4,000 individus et que chaque année plus de 400 de ses originaires [1] se font arrêter dans la

---

[1] Je dis de ses originaires, je ne dis pas de ses habitants ou résidents.

Seine. Mais n'est-ce pas là une preuve de plus de l'influence du milieu social et de l'action victorieuse qu'il
exerce ou pour le bien ou pour le mal sur les prédispositions héréditaires ? Le flot d'impuretés morales que Paris
déverse sur le sol nivernais s'y filtre et s'y épure, comme
les eaux de ses égouts à Achères et à Gennevilliers ; les
eaux qu'on lui envoie ont beau être puisées à des sources
salubres, elles s'y troublent et s'y contaminent.

L'expérience qui se poursuit là m'a paru si intéressante que j'ai prié M. le Directeur des Enfants assistés
de la Nièvre de vouloir bien me donner quelques détails
complémentaires. Je lui indiquais les objections possibles
et lui demandais d'y répondre sans optimisme. Les enfants sont-ils pris à un certain âge d'une inquiétude
fâcheuse ? Ne figurent-ils pas en grand nombre parmi
ceux qui vont se mal conduire dans les départements
plus riches et à Paris.   •

L'administration, je l'ai dit, ne suit régulièrement ses
pupilles que jusqu'à 21 ans, et chaque année le service
de la Nièvre en remet ainsi cinq cents à la vie libre.
Attribuer à chacun de ces cinq cents une immunité morale dont ne jouissent malheureusement pas, tant s'en
faut, les enfants des familles régulières, serait vouloir
trop prouver. Quelques-uns, m'écrit-on, ont le caractère
difficile, inconstant, vicieux, indiscipliné, défauts qui les
ont empêchés de se créer des liens de famille. Ceux-là
doivent être d'autant plus tentés de quitter leur pays
d'adoption, qu'ils trouvent autour d'eux un courant d'é-
migration plus fort, dirigé vers Seine-et-Marne et vers
Paris. Certains métiers, comme celui de tailleur de
pierres, les y obligent presque, car la Nièvre est, pour
ce mode d'industrie parisienne, une véritable pépinière.
On ne peut se dissimuler alors qu'ils sont les plus ex-

posés des émigrants, puisque les liens mêmes de la famille adoptive sont rompus pour eux, et qu'à 21 ans ils se trouvent dans un état d'indépendance absolue.

Dans la réponse qu'il a bien voulu me faire, M. le Directeur des Enfants assistés appuie sur la grande importance qu'a le choix du métier pour retenir ses pupilles. Ceux qui réussissent le mieux sont les cultivateurs (cela va sans dire), mais aussi ceux qui ont appris des métiers qui s'exercent à la campagne, maçons, charpentiers, charrons. « J'en excepte les maréchaux, métier qui conduit vite à l'ivrognerie. »

Quoi qu'il en soit, de ces cinq cents enfants devenus majeurs, il se fait chaque année deux parts. L'une se laisse entraîner vers Paris : elle suit en cela un exemple extrêmement répandu. Grossit-elle beaucoup le chiffre des arrestations de la capitale ? Il nous est impossible de le savoir exactement, puisque leurs bulletins d'arrestations les restituent cette fois au département de la Seine où ils sont nés. Que beaucoup tournent mal, rien de plus probable : les influences anciennes ne seraient pas là, que les nouvelles suffiraient à les exposer gravement. Mais enfin, nous savons ce que devient la seconde moitié, qui n'est pas la moins considérable ; elle reste dans la Nièvre, elle s'y conduit tout aussi bien que la population vraiment indigène et elle y fait souche d'honnêtes gens.

La Nièvre, d'ailleurs, n'est pas le seul département qui soit dans ce cas. « L'Ardèche, lit-on dans l'*Enquête Roussel*[1], est une des parties du territoire où, sur un petit espace, s'accumule le plus de placements d'origine diverse chez des particuliers. » On y comptait, en 1882, près de 3,300 enfants assistés, dont la plupart venaient

---

[1] Tome II, p. cxxxi.

de la Loire, des Bouches-du-Rhône et du Rhône : ils étaient envoyés par l'administration de l'assistance publique de ces divers départements. Là aussi l'adoption fait son œuvre, et le préfet du département écrivait : « Les placements sont très avantageux pour les enfants, lorsqu'ils ont lieu au moment de la naissance. Généralement les nourriciers s'attachent à eux et les considèrent comme leurs propres enfants. » L'Ardèche en est-elle plus corrompue ? Elle ne l'est, en somme, pas plus que la Nièvre ; puisque pour la criminalité interne l'Ardèche figure parmi les 21 départements les plus honnêtes, que, comparée au reste de la France, elle a, pour les actes d'immoralité, une moyenne de 8 au lieu de 14, pour la paresse et la misère, une moyenne de 29 au lieu de 66, pour la cupidité, une moyenne de 60 au lieu de 140. Elle aussi, cela est vrai, perd un certain nombre de rangs quand on calcule la criminalité externe. Pour elle, ce sont les mines de la Loire et celles du Gard, c'est Lyon, c'est Marseille qui jouent le rôle que Paris joue pour la Nièvre. Mais ici les mêmes réflexions seraient à faire. Nous pouvons tenir pour acquis que les enfants trouvés ou abandonnés des grandes villes, pas plus que les enfants rendus vite orphelins par la misère, ne gâtent les régions rurales où ils sont paternellement accueillis et bien élevés.

Le même système est appliqué, quand on le peut, aux enfants moralement abandonnés. S'ils n'ont pas encore atteint l'âge de l'apprentissage industriel, l'administration les envoie à la campagne absolument comme les enfants assistés. « Nous avions craint d'abord, dit M. Bruyère, qu'habitués au milieu turbulent et bruyant des usines et des ateliers, la nostalgie de Paris ne les empêchât de se plaire à la campagne et d'y réussir.

Grande a été notre surprise, plus grande encore notre satisfaction, quand, après quelques années d'expérience, les rapports de nos directeurs d'agence ont constaté unanimement le succès de ces placements : les enfants sont définitivement transformés en paysans. » Ce service, avons-nous dit, a été créé en 1881. Or, en janvier 1886, on constatait déjà qu'il avait amené une diminution de près de 2,000 entrées dans les maisons de correction. Supposons que le système n'eût pas été appliqué comme il l'a été, il y avait 2,000 enfants de plus dans ces maisons où l'esprit de révolte et de haine s'endurcit encore. C'étaient deux mille enfants pour lesquels on n'eût pas manqué d'invoquer la fatalité de la naissance et les lois de l'hérédité.

Des établissements privés ont fait la même expérience et en ont retiré les mêmes résultats. Il m'a été donné de connaître d'un peu plus près l'œuvre des orphelinats agricoles de la Gironde. Les membres actifs de l'œuvre m'affirment que tous les enfants, quelle que soit leur origine, pourvu qu'on ne les prenne pas au-delà de sept ans, peuvent devenir de bons et honnêtes agriculteurs [1].

Il est donc bien constaté scientifiquement et, pour ainsi dire, expérimentalement que, pour expliquer l'immoralité des enfants, l'hérédité n'est presque rien à côté de l'éducation. Si rares cependant et si compres-

[1] Cet orphelinat est établi à Gradignan près Bordeaux. C'est là qu'en 1871, Mgr Guibert envoya beaucoup d'orphelins de la guerre et du siège. Je ne veux pas attendre plus longtemps pour signaler cette intéressante maison. La direction générale est ecclésiastique; mais les surveillants qui initient les enfants aux travaux de viticulture et de jardinage sont d'anciens pensionnaires de l'établissement, et ils doivent être mariés. Ils vivent avec leurs propres familles dans des pavillons particuliers.

sibles que soient les mauvais instincts, on ne peut nier qu'ils existent. On est obligé surtout d'y veiller quand on recueille un enfant qui a déjà souffert et qui en a peut-être conservé le souvenir. Peut-on faire la part respective de ces deux ordres d'influences ? Quoiqu'il soit impossible d'arriver en ces matières à une exactitude rigoureuse, il est bon d'y tendre et d'essayer de s'en approcher.

En 1873, M. d'Haussonville examinait, au nom d'une commission de l'Assemblée nationale, la situation des jeunes détenus. Il s'agissait là des mineurs condamnés et envoyés dans des maisons correctionnelles. Il en faisait le décompte, il notait la situation des parents, la nature des délits commis par les enfants, leur état d'instruction ou d'ignorance, et il croyait pouvoir conclure de la façon suivante : « On peut calculer, disait-il [1], que parmi les jeunes détenus ou enfants envoyés en correction, il y a un quart d'enfants naturellement pervers, contre trois quarts dont la dépravation précoce tient aux mauvais exemples et à la mauvaise éducation. »

Vingt-cinq pour cent de natures nées perverses et vouées irrésistiblement au mal, parmi les enfants qui ont failli, la proportion serait bien affligeante, si elle était irréductible. Mais nous croyons que le rapporteur faisait là de beaucoup trop grosses concessions à la fatalité originelle.

Comment forme-t-il ce contingent réputé incurable ? Il lui attribue sans réserve : 1º tous ceux qui ont commis des attentats contre les personnes ; 2º tous ceux qui ont été condamnés pour vols qualifiés, pour faux et pour

_____
[1] *Rapport cité*, p. 246, 7, 9.

fausse-monnaie ; 3° tous ceux qui sont détenus par voie
de correction paternelle, et chez lesquels il semble évident que la famille s'efforce de combattre des instincts
plus ou moins développés de perversité. Cette méthode
de calcul est loin d'être à l'abri de tout reproche. Parmi
les parents qui envoient leurs enfants en correction, n'en
est-il pas qui ont mal rempli leurs devoirs? N'en est-il
pas qui sont responsables de ces penchants dont ils
confient la répression à des étrangers? Il n'est même
pas rare, on me l'a dit, plus d'une fois, à la Petite-
Roquette, que l'envoi de certains enfants dans les
maisons correctionnelles soit une mesure arrachée par
une belle-mère ou une concubine à un père faible contre
un enfant pris en haine. C'est autant à retrancher de la
dernière catégorie.

Les accusations de faux et de fausse-monnaie, d'autre
part, attestent-elles toujours une si grande résolution et
une volonté si réfléchie de mal faire? N'est-ce pas là un
mode de délit où l'enfant est plus souvent complice et
instrument passif qu'auteur principal? A supposer qu'il
ait eu lui-même l'idée de contrefaire une signature ou
de faire passer des pièces fausses, sont-ce là des actes
dont il soit à même de comprendre la portée sociale et
économique?

Restent les incendies, les empoisonnements et les
meurtres. Assurément, ils révèlent chez leurs auteurs
une perversité actuelle qui mérite d'être réprimée, quand
une surveillance consciencieuse n'a pas su les prévenir à
temps. Mais le développement de l'âme enfantine, nous
l'avons vu, est un développement inégal, plein d'in-
cohérences, de soubresauts et de changements ; un jour
on est alarmé d'un excès momentané : le lendemain, on
s'aperçoit d'un retard ou d'une lacune. Un peu de pa-

tience et d'attention auraient vite fait de combler le
vide ; mais si l'on tarde, une occasion quelconque, une
suggestion, un conseil saugrenu, un mot mal compris
peuvent y déposer un germe funeste qui se développe
dans l'ombre et éclate tout d'un coup : un acte irréparable est alors commis. Dire qu'un tel enfant était né
irrémédiablement vicieux et méchant n'en est pas moins
une assertion difficile à justifier.

L'Assistance publique de la Seine, qui a environ
21,000 enfants sous sa tutelle, nous donne d'autres calculs, et elle nous fournit d'autres éléments. « Elle a constaté, nous apprend un document législatif [1], qu'elle peut
sauver 90 0/0 des enfants qu'elle recueille et les transformer de mendiants et vagabonds qu'ils étaient, en
hommes utiles, honnêtes citoyens et excellents ouvriers. » Nous voici déjà ramenés à 10 0/0. Mais sur
ces dix, il en est qui n'ont été recueillis qu'à un âge
relativement avancé. A partir de sept ans, il est difficile
de transformer un gamin de Paris en paysan ; il commence aussi à être difficile de transformer un vagabond,
un gourmand, un paresseux, un emporté. Les impres-
sions reçues à cet âge, les habitudes déjà contractées,
les plaisirs furtivement goûtés ont créé un ensemble de
tendances que des instituteurs et des gardiens ne re-
foulent point aisément.

Jusqu'à 12 ans néanmoins, l'éducation morale exerce
encore une action prépondérante. L'Assistance publique,
elle aussi, se sent obligée de séparer les enfants qui lui
paraissent dangereux pour les autres. Lorsque dans les
placements qu'elle leur a trouvés, les enfants se rendent
coupables de méfaits et résistent aux admonestations pa-

[1] *Rapport, déjà cité*, de M. Gerville-Réache, p. 168.

ternelles qui leur sont faites, l'administration les met
« en préservation », ce qui est l'équivalent d'une éducation correctionnelle. En a-t-elle beaucoup dans ce cas ?
Jusqu'à 12 ans, on ne nous en signale aucun. On nous
dit seulement : « L'assistance publique est tutrice d'environ 13,000 enfants de 12 à 21 ans ; sur ce nombre elle
est obligée d'en placer en préservation une moyenne de
75 à 80, soit 1 sur 165 élèves [1]. »

Ainsi la proportion des natures rebelles diminue de
plus en plus, au fur et à mesure qu'on les étudie et
qu'on les surveille davantage. Il y aura toujours des
enfants coupables : car les « bonnes natures », comme
on les appelle, ne sont pas plus impeccables, que les
« mauvaises » ne sont radicalement incurables. Mais,
de réduction en réduction, nous en arrivons à ne plus
trouver de naturellement dépravés que les malades, que
les enfants voués à l'épilepsie, à l'idiotie ou à la folie
par une perturbation complète de leurs fonctions céré-
brales ou de leur organisation tout entière.

On attache, de nos jours, une si grande importance à
l'influence de l'organisme, qu'il ne sera pas inutile de
montrer comment santé physique et santé morale vont
s'améliorant ensemble chez les enfants recueillis dans
les œuvres de charité. M. Georges Bonjean a communiqué à une commission de la Chambre des relevés
comparatifs où étaient notées l'origine de ses pupilles,
leur santé physique et leur conduite dans l'établissement. Sur 360 enfants, 8 avaient la santé mauvaise
ou très mauvaise, 9 avaient une conduite méritant ces
deux mêmes notes. En lisant le reste du tableau, on voit
que, somme toute, la santé physique se refait encore

---

[1] *Rapport cité*, p. 105.

plus vite et plus complètement que la santé morale.

Un rapport adressé au corps provincial de Berlin sur les enfants en éducation forcée donnait les mêmes résultats. Je n'en suis point étonné. J'ai fait plus d'une fois de longues visites à la Petite Roquette. Je m'étais attendu à trouver sur les 400 jeunes détenus qui s'y trouvent, beaucoup d'enfants arriérés, déformés, atypiques (comme dit l'école italienne). Il fallait chercher longtemps pour en trouver un çà et là. — « Y a-t-il beaucoup de gauchers, demandais-je au directeur et aux instituteurs? » — « Quelques-uns à peine, répondaient-ils. Il y a quelques imperfections dans le voile du palais, elles ne sont pas nombreuses. Ce qui est plus fréquent, à l'arrivée, ce sont les enfants scrofuleux par suite de maladies héréditaires (inutile de dire lesquelles) et de la misère. Mais ils se refont assez vite malgré l'existence de la cellule. » La plupart de ceux que j'ai vus, parmi les plus jeunes, avaient vraiment bonne mine. Un jour, je me suis arrêté plus longtemps que d'habitude près de celui qui m'avait paru avoir l'air le plus en dessous, le front le plus étroit, la physionomie enfin la moins humaine : c'était un enfant de l'assistance publique qui avait gardé les vaches en Lorraine. Il n'avait jamais connu ses parents et n'était guère allé à l'école. J'ai vu cependant de près la page d'écriture qu'il était en train de composer : elle était d'une assez remarquable fermeté, et il me semblait qu'un « graphologiste » eût pu la prendre pour une écriture intelligente.

Quelle impression nous laisse finalement la revue de tous ces enfants et de ceux qui se sont faits les médecins de leurs corps et de leurs âmes? Evidemment, le crime est là tout prêt à s'abattre sur ces légions de créatures abandonnées par la barbarie ou l'imprévoyance de leurs parents. Si le nombre des délinquants adultes augmente, le nombre des enfants dont les parents ont été en prison augmente aussi, cela est fatal. Puis les jeunes délinquants dont la honte s'est ainsi émoussée ont toutes chances de retourner encore en prison dans leur âge mûr. Mais enfin, on lutte, et ces efforts sont en partie récompensés, puisque dans la période actuelle la criminalité de l'enfance proprement dite ne s'accroît plus avec la même rapidité.

Elle ne décroît cependant pas assez. En présence des résultats heureux que nous communiquent les sociétés charitables, faut-il croire que ce sont les enfants sans famille qu'il est le plus aisé de préserver? Si on les compare aux enfants des familles vivant dans le désordre ou dans l'incurie, il n'y aurait là aucun paradoxe. Les médecins les plus en renom nous disent que, grâce aux aménagements de l'hygiène contemporaine, il est des malades qu'ils sauvent plus souvent à l'hôpital que dans leur clientèle la plus aisée.

Il y a une maison qui vaut mieux que l'hôpital et que l'asile le mieux tenu, c'est l'école. En 1872, on calculait qu'à Paris, sur 259,517 enfants en âge de scolarité, il y en avait 42,000 ne recevant ni dans leurs familles, ni ailleurs, aucune espèce d'éducation. Les choses ont assurément changé depuis vingt ans, peut-être pas autant qu'on pourrait le croire ; mais enfin les écoles se multiplient, surtout dans les grandes villes. A Paris, les caisses des écoles et les cantines scolaires retiennent avec succès un grand nombre d'enfants pauvres. Or, pendant qu'ils sont à l'école, on est tout au moins sûr qu'ils ne sont pas à la maraude, qu'ils ne courent aucun risque d'être enrégimentés dans les bandes, que ni leur moralité ni leur santé ne seront compromises par un apprentissage prématuré. L'école doit donc certainement ralentir les progrès de la criminalité chez les enfants proprement dits.

A partir de 16 ans, cette amélioration naissante se maintient-elle? Ceux qui arrachent tant d'enfants au vagabondage les rendent-ils à la société plus forts et plus moraux? Ont-ils réussi à nous donner une adolescence meilleure et plus préparée aux épreuves de la vie? Ceux qui prennent leur place, ceux qui reçoivent de leurs mains un écolier prêt à devenir un travailleur, font-ils marcher plus sûrement celui-ci dans la bonne voie? Les chiffres que nous avons cités montrent que non; Il nous reste à en chercher l'explication.

V

Prenons d'abord, arrivés à l'âge de l'adolescence, c'est-à-dire aux environs de 16 ans, tous ces enfants dont nous venons de nous occuper : enfants trouvés, orphelins, enfants délaissés ou abandonnés... Les voir s'amender tout à coup s'ils sont restés vicieux, à plus forte raison s'ils ont reçu la flétrissure d'une condamnation publique, il ne faut guère s'en flatter. Mais enfin, il y a des influences qui enfoncent les uns plus profondément dans le mal ; il en est qui continuent à préserver les autres : il en est qui guérissent peu à peu certaines consciences et certaines sensibilités malades, et il en est qui compromettent gravement, quelquefois même irrémédiablement, le bien produit jusque là.

Il n'y a rien de plus mauvais, dit-on, que la corruption des meilleures choses. Une mauvaise société et une mauvaise famille sont d'autant plus dangereuses que, famille et société, l'adolescent les prend telles qu'il les a. Il est incapable de s'en passer : il les accepte donc telles quelles, et il en subit malgré lui l'influence bonne ou mauvaise. L'action inévitable, l'action permise, on peut même dire l'action moralement obligatoire, servent de véhicule aux influences pernicieuses et les font pénétrer plus avant dans la personne. Voilà des vérités qui ne changent pas plus que le fond de l'espèce humaine : force est bien de les rappeler.

On peut en tirer quelques conséquences, entre autres celle-ci :

Si l'enfant a été perdu par de mauvaises compagnies, il est urgent de l'en séparer, il est même bon de lui infliger quelque temps la solitude pour exciter en lui le besoin d'une vie sociale autrement entendue et autrement pratiquée.

Si, sous le coup d'une nécessité bien démontrée, on a dû l'enlever à une famille qui le prépare directement au crime ou (si c'est une fille) à la prostitution[1], alors il importe de ne pas le rendre à cette famille avant qu'il ne soit en état de vouloir, de travailler et de subsister par lui-même.

S'il n'a pas de famille, ou s'il est abandonné par la sienne, il faut essayer de lui en donner une qui l'adopte.

Dans l'un et l'autre cas, il faut le mettre le plus vite possible en état de se classer dans la société générale, puisque la famille naturelle, qui devrait le faire et le faire de la façon la meilleure, n'est pas là, ou qu'elle ne veut pas l'essayer, si ce n'est à rebours et à contre-sens.

---

[1] A plus forte raison, qui l'y contraigne. Il est bien clair qu'il faut des motifs aussi graves et aussi délimités pour toucher à la puissance paternelle.

Retirer l'adolescent des mauvaises sociétés, l'arracher même, s'il le faut, à une famille qui le déprave, tout cela en effet n'est rien, si on ne lui donne pas les moyens de vivre d'un travail régulier. Tous ceux qui se sont occupés [1] de l'enfance abandonnée ou coupable, n'ont pu que mettre en lumière cette vérité : « La Conférence, écrivait le Dr Wines au nom d'un groupe considérable de publicistes américains, tient à insister sur la haute importance qu'elle attache à l'éducation industrielle ou professionnelle. Parmi les causes les plus fécondes du crime, il faut indubitablement compter le manque de cette éducation technique, en d'autres termes le manque d'un métier. » Cela est tout aussi vrai en France qu'en Amérique : si le nombre de malfaiteurs de 16 à 21 ans a pris chez nous des proportions si affligeantes, il n'est pas douteux que la méconnaissance ou l'oubli de cette vérité en soit la cause principale.

Nous avons, il est vrai, des institutions animées du plus louable esprit de charité. Elles sont en général très bien entendues pour l'enfance : elles le sont beaucoup moins pour l'adolescence et pour les dernières années de la minorité.

Dans l'enquête Roussel, encore si récente, tous les déposants (préfets ou inspecteurs) semblent partager sur la plupart des orphelinats cette pensée d'un préfet [2] : « L'utilité de ces établissements pendant la période de l'enfance ne saurait être contestée ; mais depuis dix-sept ans jusqu'à la majorité, l'orphelinat n'est qu'un atelier où les adolescents travaillent sans rétribution [donc sans goût], travaillent souvent trop et travaillent dans de mauvaises conditions. » En quoi mauvaises ? On nous le

---

[1] Voyez surtout l'*Enquête Roussel*, III, 549.
[2] *Enquête* citée, II, XLV.

dit clairement, et ces faits sont de notoriété universelle :
parce que, pour soutenir la maison qui est pauvre et où
les réfugiés surabondent, il faut faire travailler les enfants
le plus possible et de la façon la plus productive. De là
l'abus de la division du travail, destinée à accroître les
gains de l'établissement. Mais dès lors « on ne donne
pas au mineur une connaissance complète de l'état qui
devrait être son gagne-pain. » Mais s'il n'en a pas la
connaissance nécessaire, comment en aurait-il l'amour
et la fierté ? Comment résisterait-il avec courage aux
efforts de ses parents qui, si souvent, veulent le retirer
de la maison hospitalière, pour le faire mendier ou pour
l'associer à des industries interlopes ? Quant à ceux qui
restent comme cloîtrés jusqu'à l'âge de leur majorité, on
les expose au danger de voir cesser pour eux trop subitement toute protection comme toute discipline... on les
jette ou on les laisse sur le pavé sans ressources, sans
expérience et sans instruction professionnelle.

Il serait difficile que les enfants abandonnés, dits plus
tard enfants assistés, affrontassent impunément de tels
périls, quand les enfants des familles régulières y succombent aussi souvent. C'est là en effet ce qui mérite
par dessus tout d'être remarqué. Au fond il n'y a pas ici
deux questions, l'une pour les adolescents des familles
ordinaires, l'autre pour les adolescents nés dans des conditions anormales. Pour les premiers comme pour les
seconds, mêmes nécessités et, à des degrés inégaux, si
l'on veut, mêmes épreuves appelant mêmes secours.
S'adapter à la société, y prendre une place où l'on trouve
un emploi continu à des aptitudes qu'on a la volonté de
perfectionner, faire partie d'un milieu sain où l'on ait
besoin de l'estime des honnêtes gens, et où l'on s'applique
tous les jours à l'obtenir, tel est le problème. Il n'y en a

pas de plus importants ni qui demeurent plus neufs que celui-là.

Il semble bien au premier abord que cette tâche soit plus difficile pour les mineurs qu'a élevés la charité publique. Plus difficile, soit, pour un grand nombre ; mais, encore une fois, c'est la même. Il est fâcheux, disions-nous, que les établissements d'assistance se croient ou se trouvent obligés de tirer trop tôt de leurs enfants un gain qui compromet leur avenir. Mais consultez les dépositions faites dans les enquêtes, et vous verrez que c'est là l'écueil où échouent des centaines d'adolescents dans nos villes modernes. Un inspecteur général du travail des enfants le montrait avec beaucoup de verve devant les quarante-quatre députés qui l'écoutaient [1]. Il rappelait comment d'innombrables familles voulaient tirer trop vite un profit immédiat du travail de leurs enfants, et il ajoutait :

« Chose désastreuse à tous les points de vue ! D'abord l'enfant n'apprend en réalité aucun métier ; ensuite, à moins qu'il n'ait des parents qui veillent sévèrement sur lui, ce qui est l'exception, il ne tarde pas à s'émanciper. Il n'a pas plutôt gagné quelques pièces blanches, qu'il quitte le travail, court les rues, débauche les enfants des industries voisines, et ne revient à l'atelier que lorsqu'il y est poussé par la faim. Mais, pendant qu'il n'est pas là, un autre a pris sa place, et quelquefois un troisième, si le deuxième décampe à son tour. Si bien qu'il est vrai de dire que les industries où l'enfant gagne de quoi vivre (et il est vraisemblable qu'elles iront en augmentant avec les machines), sont des industries qui. emploient pour leur service deux ou trois fois autant

---

[1] *Enquête de 1884,* séance du 26 mars.

d'enfants qu'il serait nécessaire si tous travaillaient régulièrement. »

Ainsi ce péril contemporain du chômage volontaire, devenu en quelque sorte plus régulier que le travail, ces interruptions fréquentes qui font que l'élévation, si souhaitable pourtant, du salaire, devient fatale à l'ouvrier, voilà qui commence dès l'adolescence. Quelles habitudes sont contractées là pour tout le reste de la vie!

Sont-ce les machines qui sont coupables du mal? Mais il ne manque pas de métiers, disons plutôt, dans le sens large du mot, d'industries, où elles n'ont rien à voir [1]. Les enfants qui en ont fini — tant bien que mal — avec l'école, trouvent aujourd'hui un gain facile dans de menues occupations qui n'exigent aucun apprentissage, mais aussi qui n'assurent aucun lendemain. La majeure partie des délits contre la propriété qui se commettent à Marseille, est le fait d'adolescents qui s'emploient dans les travaux du port. Ils font de petites commissions, servent de porte-balances... et peuvent gagner ainsi, quand ils travaillent, plus de 3 francs par jour. Mais un beau jour, la poche pleine, ils se réunissent pour faire bombance, ils oublient de rentrer au logis, ils vont coucher dans des bateaux du port [2] ; ils y font des liaisons qui les corrompent. Dès lors les voilà perdus pour le travail régulier. Le commissaire de police et le juge d'instruction auront vite fait de les connaître.

Dans les grands milieux industriels, ce mal devrait, ce semble, être atténué. On dit qu'il s'y aggrave encore. Il n'y a d'exception à faire que pour les pays où les grandes sociétés ont conservé assez d'action et de crédit

[1] Là même où elles sont d'un grand emploi, il y a bien des manières de les servir et de les diriger. J'y reviendrai plus loin.
[2] Que les Marseillais appellent des chattes.

pour exercer en paix leur intelligent patronage. En
1884, le mal était à l'état aigu dans Paris. Plus de vingt
années d'habitudes et de pratiques malsaines l'avaient
préparé. Rien n'indique que, dans la majorité des industries, il soit à la veille d'être guéri, loin de là [1] !

« Sachez, disait le 14 mars 1884, le président de la
commission d'enquête [2], que de toutes les questions que
nous avons pu étudier depuis un mois, celle qui nous inquiète le plus, c'est de voir les ouvriers de toutes les industries se préoccuper exclusivement de leur salaire
quotidien, sans s'inquiéter de l'instruction professionnelle. » Et, en effet, il n'y avait pas de déposition qui
n'eût à constater la déchéance profonde de l'apprentissage. De ce fait, il y a tout d'abord deux causes que
nous n'avons plus à expliquer : 1° l'empressement des
parents à faire gagner tout de suite quelque chose à
leurs enfants; car tantôt il faut satisfaire à des besoins
et à des prétentions qui vont sans cesse en augmentant,
tantôt il faut réparer les effets de l'imprévoyance et de
l'irrégularité dans le travail ; 2° l'indiscipline des enfants eux-mêmes et leur désir précoce de gagner un peu

---

[1] J'ai sous les yeux les rapports adressés au Préfet de police en
1887, 1888 et 1889 par les inspecteurs du travail des enfants et par
les commissions chargées de surveiller l'application de la loi de
1874. Les plaintes sont encore plus vives qu'en 1884. « Le nombre
des enfants visés par la loi sur l'apprentissage va constamment en
diminuant. » — « L'apprentissage se meurt à Paris et l'on peut
justement redouter dans l'avenir une diminution de la capacité professionnelle des ouvriers parisiens. » — « Le contrat d'apprentissage n'existe plus qu'à l'état légendaire dans les travaux que je
visite. » — « On emploie et on paie de petites mains routinées à
un travail facile et recevant un petit salaire. » — « Nous nous as-
socions à cette plainte généralement formulée par toutes les commissions : *on ne fait plus d'apprentis.* » Cette dernière déposition
est du 14 avril 1889.
[2] M. Spuller.

d'argent pour s'amuser à leur manière. Mais il y a une troisième cause qui révèle un mal plus profond : c'est l'égoïsme des ouvriers qui, pour demeurer plus maitres des salaires, cherchent à diminuer le recrutement du personnel. Cette phrase paraîtra dure à quelques lecteurs : elle ne fait pourtant que résumer avec exactitude ce qui a été affirmé, prouvé plus de vingt fois dans l'enquête de 1884.

Dans la séance du 6 mai, le dialogue suivant s'engageait entre le Président de la Commission et un déposant [1]. (Je le donne d'après la sténographie).

« *Le Président.* — Sur la question des apprentis, au point de vue du recrutement, vous avez des plaintes à formuler ?

M. H. — Nous n'avons pas d'apprentis dans nos ateliers : nos ouvriers n'en veulent pas. Il y a déjà longtemps que cela dure.

Le Président. — Est-ce pour que leurs salaires ne baissent pas ?

M. H. — Ce doit être dans cette intention : je ne vois pas d'autres motifs.

Le Président. — Il y a des ouvriers qui ont des enfants ; ils doivent leur enseigner leur profession.

M. H. — Ils n'en élèvent pas dans la partie ; nous n'avons pas d'ouvriers qui aient des enfants chez nous, parce qu'ils savent que leurs camarades ne les souffriraient pas plus qu'ils n'en souffrent eux-mêmes.

M. Frédéric Passy. — Comment recrutez-vous votre personnel ?

M. H. — Difficilement, et par la province [2]. Le peu

---

[1] M. Huret, président du syndicat des patrons carrossiers de la Seine.

[2] Tout le monde sait que la carrosserie, industrie si parisienne,

d'ouvriers que nous avons nous vient de la province où l'apprentissage se fait assez mal, et c'est surtout pour cette raison que nous demandons la création d'une école d'apprentissage à Paris [1]. »

Ainsi cet oubli de l'apprentissage dans les grandes villes multiplie le nombre des adolescents destinés à être tour à tour des artisans de petits métiers faciles et intermittents, puis des camelots, puis des vagabonds, puis des souteneurs [2], puis des habitués de police correctionnelle. Mais il produit encore un autre mal : il appelle de province à Paris des ouvriers mal préparés qui errent d'atelier en atelier, et qui travaillent un jour sur trois : c'est un déclassement universel.

Ces symptômes sont-ils spéciaux à la classe pauvre ? Mais où commence et où finit cette classe pauvre ? Combien ne comprend-elle pas d'individus à la veille et plus encore d'individus au lendemain d'une aisance honnête ? Puis tous les criminels, il s'en faut, ne sortent pas des rangs inférieurs : tous ne ressemblent pas à ces vagabonds affamés qui traînent leurs guenilles dans les dépôts et dans les parquets. Comment donc ont dévié tous ces jeunes gens qui, au lieu de marauder dans les champs ou dans les rues, ont maraudé dans les administrations, comme surnuméraires ennuyés, ou bien encore dans les cafés, sur les champs de course, dans les bas emplois du journalisme et enfin dans certains salons ? Qu'est-ce qui

---

est une de celles qui ont le plus souffert, depuis vingt ans, de la concurrence étrangère. Y a-t-il lieu de s'en étonner ?

[1] La plupart des industries en étaient là... et en sont encore là. « La chambre syndicale des ouvriers de bronze fait un cas de mise à l'index de la formation d'un trop grand nombre d'apprentis. » — Encore cette chambre en acceptait-elle quelques-uns.

[2] Pas tous, évidemment, mais il y a parmi eux une sélection et qui n'agit pas en vue du mieux.

a produit ces monteurs d'affaires et ces pseudo-banquiers
qui, à vingt-trois ou vingt-quatre ans, ont déjà dévoré
des millions à eux confiés par des hommes crédules, courant eux-mêmes imprudemment après des gains exceptionnels ? Qu'est-ce qui produit ces parasites de toute
industrie, ces prétendus courtiers, ces souscripteurs de
billets de complaisance, ces entremetteurs et préleveurs
de pots-de-vin qui rendent souvent les carrières si difficiles aux travailleurs de bonne volonté ? A tous ceux-là
la vocation suspecte date d'une époque commune : de
l'époque où il fallait prendre une résolution faite à la fois
de docilité et de courage. Ils n'avaient ni l'un ni l'autre.
A dix-sept ou dix-huit ans, ils n'avaient plus la confiance affectueuse que des enfants doivent avoir dans
leurs père et mère ; ils n'avaient pas non plus cette
patience qui assure à l'avenir une réserve d'énergie vi-
rile. Leur imagination précoce courait après les plaisirs
faciles : une fatuité que la lutte n'avait pas encore suffisamment avertie, leur faisait prendre en pitié les travailleurs modestes. Il leur eût fallu tout au moins une
profession et une carrière, comme aux enfants de condition plus humble un métier. L'absence d'une préparation
sérieuse et pratique manque aux uns comme aux autres.
C'est pourquoi les uns comme les autres sont exposés à
devenir des déclassés et, presque aussitôt, des délinquants. Malfaiteurs élégants ou malfaiteurs sordides,
malfaiteurs qui réussissent longtemps à se mettre en
règle avec le code, ou malfaiteurs qui glissent promptement sur le chemin de la récidive légale, ils sont tous
également dangereux.

Les uns et les autres ont des complices. Nous venons
de leur en trouver là où il devrait le moins y en avoir.
Mais en réalité où n'en ont-ils pas ? Il était passé autre-

fois à l'état d'axiome que qui ne travaillait pas s'en-
nuyait et que qui ne travaillait pas ne pouvait pas manger. Contre l'ennui l'adolescent flâneur a toutes les dis-
tractions des grandes villes. Il n'a qu'à aller devant lui :
tout lui est spectacle. Que d'images étalées aux vitrines
des magasins [1] pour exciter ses sens et flatter ses premiers instincts de polissonnerie ? Que de petits services
faciles et aussitôt rémunérés il peut rendre à des oisifs !
Supposons qu'il soit riche ! Il s'est trouvé des gens à
la douzaine pour le lui répéter et pour le pousser à des
dépenses dont ils s'apprêtent à tirer parti. Etait-il d'une
famille simplement aisée, mais vaniteuse ; il a fui le travail de la campagne, il a méprisé la profession paternelle,
et ainsi s'enfle le nombre des ambitieux incapables et
inutiles, de plus en plus dégoûtés du travail manuel.

Donc, au fond, tout se ramène aisément à cette vérité.
Quand l'adolescent est coupable, c'est qu'on ne l'a point
préparé à la vie sociale. La vie sociale est un ensemble de
coopérations réglées par une réciprocité de respect et de
bienveillance. C'est la troubler profondément que de lui
jeter des individus préparés à n'y jouer que le rôle de victimes soit découragées soit irritées, ou le rôle de parasites.
Ce n'est pas seulement dans la suite de la vie que l'adolescent mal élevé sera l'un ou l'autre ; c'est bien souvent
tout de suite. Les chiffres qu'on a lus prouvent qu'il
attend pour cela de moins en moins.

Résumons-nous. Comme objet principal ou comme
centre de notre étude de l'adolescence coupable, nous
avons pris les jeunes clients de l'Assistance publique ou
de la charité collective. Quand ces institutions savent
adapter l'adolescent aux exigences de la vie réelle, quand

---

[1] Sans compter celles qu'on lui propose en cachette, et qu'il apprendra bientôt à vendre de même.

elles le mettent chez des paysans qui en font tout de suite
un des leurs, quand elles lui trouvent un honnête arti-
san qui l'adopte et se l'associe ou tout au moins lui assure un travail fixe, quand elles ont réussi à créer chez
elles des industries ou des cultures en réservant à leurs
pupilles des moyens d'existence certains et honorables,
dans tous ces cas, les institutions réussissent. Non seulement elles préservent ceux qu'elles dirigent ; mais elles
les réhabilitent et les lavent de leur tache héréditaire.
Si elles ne font que garder les enfants, si elles se bornent
à comprimer les effets ostensibles de leurs mauvais penchants et de leurs vices, elles échouent généralement
dans leur œuvre. Elles restituent à la société des jeunes
gens paresseux ou bizarres qui n'ont traversé leurs maisons hospitalières que pour y apprendre la dissimulation,
la rêverie solitaire et l'appétit du fruit défendu.

Mais les adolescents des familles régulières qui sont
venus rejoindre ces derniers devant les tribunaux, qu'ont-
ils donc fait ? A peu près la même chose que ceux des
enfants assistés qui ont échoué ; exactement l'inverse de
ceux qui ont réussi. Les uns n'avaient pas de famille :
on leur en a donné une qui les a solidement encadrés dans
une vie de travail et de probité. Les autres avaient une
famille : mais pour eux les choses se sont passées comme
s'ils n'en avaient pas.

Reste une troisième catégorie ; celle des enfants qui
n'ont eu ni le dévouement obligé d'une famille selon la
nature, ni les soins volontaires d'une famille d'adoption.
On avouera qu'il est vraiment difficile de voir ceux-là
bien tourner.

CHAPITRE VII

LA DIMINUTION DE LA FAMILLE

I. Suite de la question de la vie de famille : nouvel aspect. — II. Si les célibataires donnent plus de coupables, est-ce uniquement parce qu'ils sont jeunes ? — Les vraies proportions. — Plus l'homme est engagé dans la vie de famille, moins il paye de tribut au crime. — III. Crimes et délits des célibataires ; crimes et délits des gens mariés. — Les gens mariés qui n'ont point le respect de la famille. — Les mariages prématurés : une statistique allemande. — IV. Avenir qui menace la famille française. — Le divorce. — Sous le Directoire et aujourd'hui. — Qui use le plus du divorce ? — V. La diminution des naissances. — La stérilité involontaire et l'infécondité voulue. — Quel est le genre de richesse qui exerce ici son influence ? — De quelques départements qui se dépeuplent. — La faute en est-elle au Code civil ? — Craint-on pour le bien-être de ses enfants ou pour le sien propre ? — VI. Effet général de la diminution des naissances dans une moitié de la France et des déplacements qu'elle provoque dans l'autre moitié.

I

La question de l'influence de la vie de famille sur le nombre des crimes ne se pose pas seulement pour les enfants ; elle se pose aussi pour les adultes. — Est-ce là, dira-t-on, une question ? N'est-il pas évident pour tout le monde que la vie de famille est la condition normale

de la personne humaine? Peut-on croire qu'on puisse
s'y dérober sans faire courir un péril de plus à sa propre
moralité et à celle des autres?

Assurément, la supériorité morale de la vie de famille
sur le célibat peut être démontrée sans le secours de la
statistique. Il n'y en a pas moins un intérêt de premier
ordre à voir si l'étude des faits confirme les déductions
auxquelles on a pu arriver par une autre voie. Ce n'est
pas seulement une vérification ou une démonstration de
plus à établir; c'est une épreuve qui doit nous montrer
comment l'institution jugée nécessaire est pratiquée dans
la réalité, soit par les hommes en général, soit par les
hommes d'un pays et d'un temps donnés. Celui qui proclame — comme il le doit — l'excellence de « la famille »
ne nous propose pas comme modèle une famille quelconque. Il propose un certain mode d'existence commune
qui, avant de donner des vertus, commence par en réclamer. Supposons que la vie de famille même ait donné
de mauvais résultats ou des résultats qui n'attestent
point la supériorité prévue, ces conséquences ne juge-
ront pas précisément l'institution, mais la manière dont
elle a été conçue par ceux qui s'y sont soumis.

La question est donc moins simple qu'elle ne le semble
au premier abord. Il faut beaucoup de soins pour démêler tous les faits qui y sont donnés, pour les rapprocher de ceux qui leur sont comparables, et pour les bien
interpréter.

II

Dans son traité de statistique [1], M. Maurice Block

[1] Tome II, p. 451.

s'exprime ainsi : « Depuis 1826, un peu plus de la moitié des crimes sont commis par des célibataires, ce qui n'est pas étonnant, la plus grande partie des crimes se perpétrant dans la jeunesse. » Ainsi, à en croire l'éminent économiste, la question de l'influence morale du célibat, telle que nous l'indiquions tout à l'heure, disparaîtrait ; elle se résoudrait dans la question de l'influence de l'âge. Mais, non seulement il serait difficile à la méthode expérimentale de dégager ces deux problèmes et de les isoler l'un de l'autre ; dans la plupart des cas, l'action de la jeunesse l'emporterait visiblement et de beaucoup sur l'influence du célibat. Les jeunes gens de 16, 18 et 20 ans commettent un grand nombre de méfaits. Est-ce parce qu'ils sont jeunes, c'est-à-dire ardents, impatients, d'une imagination toute obsédée de la jouissance présente, mobiles, peu soucieux de l'estime publique, sans idée de la responsabilité, etc. ? Ou est-ce parce qu'ils n'ont pas encore eu le temps de se marier? Une telle question serait ridicule ; on sent tout de suite dans quel sens elle serait résolue par avance.

Mais voyons de plus près l'espèce d'équation posée par M. Block. Est-il exact qu'il y ait, par exemple, 52 0/0 des accusés qui soient des célibataires, 52 0/0 qui soient des jeunes gens de moins de 25 ans? C'est à peu près ce que la phrase donne à entendre. Si cela était, on pourrait croire que tous les célibataires coupables étant des jeunes gens, tous les hommes de plus de 25 ans qui deviennent criminels sont des mariés ou des veufs. On raisonnerait de la façon suivante : sur 100,000 accusés, 52,000 sont jeunes et 52,000 sont célibataires : ce sont les mêmes ; 48,000 sont mariés et 48,000 sont âgés de plus de 25 ans : ici encore, ce sont les mêmes, à bien peu d'exceptions près. Ce qui viendrait à l'appui de ce raisonnement, c'est que parmi les faits reprochés le plus souvent aux célibataires sont les vols, et que le vol est également le délit le plus habituel à l'adolescence. — Voilà donc une hypothèse qui devient très défavorable à la famille et très flatteuse pour les vrais célibataires, c'est-à-dire pour ceux qui, étant en âge de se marier, ne l'ont pas fait.

Mais en se reportant aux chiffres précis, on voit bientôt les données se distribuer d'une autre manière. Il est bien vrai que si on partage l'existence en périodes de 5 années chacune, la période de 20 à 25 ans est la plus coupable de toutes. Mais il n'est pas vrai que cette période, réunie même à celles qui la précèdent, fournisse plus d'accusés que l'ensemble des périodes suivantes. Loin de là ! Les accusés de plus de 25 ans donnent, tous réunis, 67 0/0 du chiffre total des accusés. Donc les accusés de moins de 25 ans ne figurent que pour 33 0/0 [1]. D'autre part, on voit que, depuis 1830, les célibataires donnent successivement 57, 60, 59, 60, 58 0/0 des accusés. Autrement dit, 59,000 environ sont célibataires. L'écart est bien plus grand qu'on ne pourrait le croire d'après la phrase de M. Block. La jeunesse et le célibat sont donc très loin de coïncider chez les accusés, ce que d'ailleurs la lecture courante des procès rend de notoriété universelle. Mais si ce rapprochement empêche de résoudre trop tôt la question dans un sens, il ne suffit à la résoudre dans un autre. Cet écart étant ainsi donné, peut-on savoir quelle est, sur le chiffre qui le constitue, la part des véritables célibataires et la part des individus mariés ?

Quelle est, dans la population totale de la France,

---

[1] Voyez *Compte général* de 1886, p. ix.

la part proportionnelle des célibataires déclarés adultes par la loi ? La dernière statistique générale qui décompose les résultats du dénombrement de 1886 [1], nous dit 23,27 0/0. Les célibataires, nous l'avons vu, forment, en moyenne 59 0/0 des accusés. La différence est d'environ 66 0/0. Il est vrai que parmi ces « célibataires » accusés, on compte des filles de 15 ans et des garçons de 18 qui, déclarés nubiles par la loi française, ont cependant le droit et presque le devoir de n'être pas mariés. Mais il faudrait faire subir aussi une réduction au chiffre de 23,27 qui, dans la population totale, représente également les célibataires dits nubiles et y englobe les jeunes gens à partir de 15 ans pour les filles et de 18 ans pour les garçons. Mettons, si l'on veut, que les mineurs coupables, malheureusement trop nombreux, aient plus enflé le nombre des jeunes accusés que celui des célibataires en général... Ce n'est pas là une concession de forme, puisque nous avons tant de garçons de moins de 18 ans qui sont accusés.

Tout compensé, les vrais célibataires, les célibataires de plus de 20 ans chez les femmes et de plus de 25 ans chez les hommes sont bien près d'être trois fois plus nombreux dans les prisons que dans la vie libre. Ils fournissent environ deux fois et demie plus d'accusés que les mariés et que les veufs.

Un autre calcul de la statistique est venu d'ailleurs confirmer ces conjectures. On profite périodiquement du recensement de la population de toute catégorie pour se poser la question : Sur 100,000 individus de chaque classe, combien y a-t-il eu d'accusés ? — Eh bien ! sur 100,000 individus mariés, on comptait, en 1860,

---

[1] Page 86.

18 accusés ; on n'en comptait plus que 13 en 1872 et 11 à partir de 1880.

Sur 100,000 veufs des deux sexes on a successivement compté dans la même période 11, 12, 14 accusés.

Sur 100,000 célibataires adultes, on a trouvé tour à tour 32, 42, 32, 35.

Défalquons encore des célibataires accusés, les filles de moins de 20 ans et les garçons de moins de 25, nous retrouvons la proportion à laquelle avait abouti la recherche précédente. Il est définitivement acquis que les célibataires, tels que nous les avons définis, donnent de deux à deux fois et demie plus d'accusés que les veufs et les gens mariés.

Si on considère à part le sexe masculin, la disproportion est encore plus forte. Depuis 1884, 100,000 célibataires hommes donnent 61 accusés, tandis que 100,000 hommes mariés n'en donnent que 18. (Pour les femmes, le rapport n'est que de 3 à 8. Mais réservons pour un chapitre spécial l'influence du mariage et du veuvage sur la moralité de la femme). Les veufs ont plus d'accusés que les hommes mariés : 23 ou 24 au lieu de 18. Le rapprochement qui, cette fois, n'est opéré qu'entre adultes, établit une échelle graduée qui achève la démonstration. Plus l'homme appartient effectivement et présentement à la vie de famille, moins il paye de tribut au crime. Il paraît difficile de diminuer la solidité de cette conclusion.

III

Cette différence qui résulte de l'ensemble ne se retrouve pas exactement dans tous les genres de crimes. Il y a intérêt à l'observer, car c'est dans le détail qu'on mesure avec le plus de précision l'influence des causes d'ordre social. L'état de mariage est un état complexe, où à côté de bien des joies, il entre beaucoup d'épreuves et beaucoup de dangers. Ainsi les célibataires font moins souvent de banqueroutes frauduleuses. On le comprend aisément : il est rare, dans nos mœurs actuelles, qu'un commerçant demeure garçon. S'établir, c'est à la fois prendre une maison et se marier.

Dans les incendies, dans les crimes violents, accusés mariés ou veufs sont également plus nombreux que les accusés célibataires. Ici on pense tout de suite aux haines de familles, aux rivalités d'intérêt, aux jalousies passionnées dont un célibataire tranquille peut, ce semble, être considéré comme exempt.

Mais les tableaux qui nous donnent ces proportions ne tiennent pas compte — comme on l'avait fait pour l'ensemble [1] — du rapport du nombre des accusés dans chacune des trois catégories, avec le nombre des individus auxquels ils correspondent dans la population totale. Si on faisait ce calcul, la proportion serait certainement renversée.

Ce calcul a été fait dans un travail spécial pour un des crimes les plus alarmants de la période actuelle, les viols et attentats à la pudeur sur les enfants. Voici les résultats qu'il a donnés [2]. De 1874 à 1883, sur un million de célibataires, il y en avait 922 qui étaient accusés de ce crime. Sur un même nombre de veufs, il y en avait 1,002 ; sur un même nombre d'hommes mariés, 462.

Cette prédominance des veufs en un si triste groupe

---

[1] *Compte général* pour 1880, p. xxx.

[2] GARRAUD et Dr P. BERNARD, dans les *Archives d'anthropologie criminelle de Lyon*, 1886.

coïncide avec la prédominance, déjà remarquée, des hommes âgés. Les trois quarts du temps le veuf accusé d'un tel attentat doit, par le fait même de son veuvage, être présumé un vieillard ou peu s'en faut. Mais cette coïncidence est loin de diminuer ce que cette partie de la statistique criminelle a d'odieux et de répugnant.

Revenons à l'ensemble de ces chiffres, ils ne sont pas plus honorables, il faut l'avouer, pour les uns que pour les autres. Voilà 1,464 individus qui ont eu l'honneur d'être chefs de famille : ils n'en ont point gardé le respect de l'enfance ! Il est même à remarquer que parmi les hommes mariés ou veufs figurant dans ces tableaux, ceux qui ont des enfants sont, chez les uns trois fois, chez les autres quatre fois plus nombreux que ceux qui n'en ont pas [1].

Au premier abord n'est-il pas étrange de voir la famille échouer ainsi là où elle devrait exercer le plus victorieusement son action préservatrice? Le sujet est délicat. Mais où dira-t-on, si ce n'est dans un livre comme celui-ci, que, selon la physiologie et selon la morale, toute fonction doit être exercée avec sobriété et avec rectitude ? La modération et la conformité avec la nature sont deux choses qui marchent ensemble, et il y en a une troisième qui les suit, c'est la force, qui s'appelle ici fécondité. Sont-ce là les trois caractères ou vertus de la population contemporaine? Pour la fécondité, la diminution du nombre des naissances dit non. Pour la sobriété, le nombre croissant des attentats aux mœurs dit également non. Il est inutile d'insister pour le troisième caractère. Mais il résulte de tout cela que l'insti-

[1] Il faut dire ici la vérité (probable). Ceux qui n'ont jamais eu d'enfants ne craignent pas d'en avoir, et ils ont peut-être moins pris l'habitude de s'oublier hors du domicile conjugal.

tution du mariage et celle de la famille ne sont peut-être pas plus respectées par les hommes mariés que par les célibataires. Celui qui boit trop et se grise avec du mauvais vin s'enivre hors de chez lui comme chez lui et il commet des sottises partout.

On trouvera peut-être que c'est élargir beaucoup la question. En définitive, dira-t-on, qu'est-ce que six ou sept crimes de cette nature par an sur 100,000 individus ? Dans un pareil nombre d'hommes est-il étonnant qu'on trouve des gens surexcités, des gens égarés par la boisson, des érotiques, des pères de famille que la gêne ou la misère obligent à vivre dans des taudis, condamnés à des rapprochements indécents, à deux doigts de la promiscuité [1] ? Peut-être ! Mais quand il y a une catégorie de crimes qui augmente dans une société [2], il est impossible de ne pas croire que la société tout entière ait commencé ou ébauché pareil mouvement dans cette direction périlleuse. Toutes les vagues n'ont pas la même force ; mais lorsqu'il y en a qui nous submergent ou qui nous renversent, c'est que toute la surface et une certaine partie de la masse d'alentour sont agitées. C'est là

---

[1] « Dans les observations que nous avons eues sous les yeux, nous avons été frappés d'y voir figurer en si grand nombre les cas d'incestes. Dans les habitations ouvrières, où l'hygiène et la morale semblent complètement exclues, fréquemment la même chambre, le même lit servent au repos de toute la famille. » — Dr BERNARD, *Travail cité.*

Dans un tableau de la criminalité de la Marne qu'a bien voulu dresser pour moi, un magistrat fort distingué du parquet de Reims, M. C. Vuébat, je vois que les attentats aux mœurs d'ascendants sur leurs descendants augmentent là chaque année ; ils ont surtout augmenté en 1886 et 1887.

[2] Or, voici comment le crime dont nous parlons a augmenté. En 1825, il n'avait été jugé que 83 accusations de cette nature. En 1851 on en comptait 615 ; en 1879, 812. Depuis lors il a un peu baissé ; nous en trouvons 634 en 1886.

d'ailleurs un fait sur lequel nous aurons encore à insister plus d'une fois. Pour le moment, c'est sur la criminalité des célibataires comparée à celle des hommes mariés que nous devons achever de nous expliquer.

La vie de famille — pas plus qu'aucune autre institution — n'est une panacée contre le crime. Une statistique faite en Allemagne [1] montre qu'il est également scabreux de la dédaigner trop longtemps et de l'aborder trop tôt. Elle a enregistré : 1º un nombre excessif de crimes et de délits commis par ceux qui ont pris sur eux prématurément la charge de nourrir une famille ; 2º par les célibataires qui se trouvent déjà dans l'âge mûr, et par des individus divorcés ou devenus veufs avant d'avoir atteint l'âge sénile.

Cette statistique est d'autant plus intéressante qu'elle porte non plus seulement sur les délits contre les mœurs, mais sur les crimes et délits contre la propriété. De plus, elle est très bien circonscrite : elle ne part que de 21 ans, et elle met en dehors de son calcul les délits purement militaires commis par les jeunes gens de 21 à 25 ans.

« Pour les crimes et délits contre la propriété, dans un groupe d'hommes de 21 à 25 ans, composé moitié de célibataires et moitié d'hommes mariés, la proportion des criminels mariés aux criminels célibataires, est de 151,5 à 100. Parmi les habitants de 25 à 40 ans des deux sexes se trouvent en première ligne les veufs et les divorcés, en deuxième ligne les célibataires, en troisième ligne les personnes mariées. Le rapport des chiffres de ces trois catégories est représenté, pour le sexe masculin, par la proportion 164 (pour les veufs et les divorcés [2]), 100 (pour

---

[1] Voyez le *Bulletin international de statistique* pour 1888, p. 68.

[2] Même en tenant compte des divorcés, qui grossissent beaucoup

les célibataires), 66 (pour les hommes màriés). » — « Il
en est de même, ajoute le document que nous citons,
pour toutes les autres infractions, notamment en ce qui
concerne le sexe masculin. »

Les conclusions à tirer de ces rapprochements se présentent d'elles-mêmes. D'une manière générale, les célibataires commettent plus de crimes que les gens mariés ;
les veufs en commettent aussi davantage : moins souvent
coupables que les célibataires, ils le sont plus souvent que
les individus pour qui les liens conjugaux subsistent
encore. Enfin, d'après la statistique allemande, que la
statistique française n'a pas encore eu le temps de suivre
sur ce terrain, les divorcés sont à mettre avec les veufs.
Donc l'état de mariage, malgré les charges qu'il entraîne,
n'a point cessé d'être un milieu plus favorable que les
autres à la probité, à la moralité, à la prudence.

Ce n'est pas diminuer la force de cette conclusion que
de dire avec M. Maurice Block [1] : « Les causes qui ont
éloigné du mariage un si grand nombre de célibataires
— par exemple la mauvaise conduite — peuvent les avoir
poussés au crime. » Si c'est à peu près la même chose
de s'éloigner de la vie honnête et de s'éloigner du mariage, il faut admettre que l'idée seule de la famille et le
désir d'en fonder une, exercent déjà une action salutaire.
Il est clair que ce n'est pas le fait matériel d'être un père
de famille légalement enregistré comme tel à la mairie,
qui a la vertu de sauver un homme. Se mettre dans le
cas de se voir repoussé par les jeunes filles, être ainsi
condamné au célibat et s'y résigner, cela est encore plus
grave que de rester célibataire sans parti pris. Que le

cette catégorie, les veufs allemands paraissent payer un plus large
tribut à la criminalité que les veufs de France.

[1] *Ouvrage cité.*

mariage soit donc utile à la société par les vertus qu'il demande autant que par celles qu'il communique, il n'en mérite pas moins le bien qu'en ont dit tous les moralistes.

Mais nous avons fait jusqu'à présent deux restrictions importantes qu'il ne faut pas oublier : 1º le mariage ne peut pas être abordé trop tôt, et les âges admis par la loi sont certainement placés trop bas, surtout pour les hommes ; 2º il y a une façon d'entendre le mariage qui se rapproche singulièrement du libertinage et de la débauche ; on ne peut douter qu'elle ne prépare à trop de vieillards, soit veufs, soit encore mariés, des occasions trop nombreuses d'encourir ou de mériter la police correctionnelle ou la cour d'assises.

IV

Y a-t-il lieu d'espérer que dans un prochain avenir la famille suffira mieux à sa tâche préservatrice ? On voudrait y compter. Il y a malheureusement quelques faits sociaux qui ne peuvent que nous inspirer la crainte opposée. Non seulement les mariages diminuent [1] et les naissances naturelles augmentent [2] ; mais le mariage même, quand il est conclu, manque à sa mission. De plus en plus, nous voyons augmenter les divorces et diminuer les naissances.

Quelques personnes avaient pensé qu'au lendemain

[1] En 1888, il a été célébré en France 212 mariages de moins qu'en 1887 et 6,360 de moins qu'en 1886.

[2] La proportion de ces naissances qui n'était que de 7,5 0/0 en 1881, et de 8 0/0 en 1885, atteint 8,5 0/0 en 1888. Il est triste d'avoir à dire que sans l'appoint des naissances naturelles la population française diminuerait.

de la loi [1] bien des mauvais ménages « se liquide-
raient », mais qu'ensuite la rupture du lien conjugal
deviendrait plus rare. Les événements ne paraissent
pas devoir donner raison à ces pronostics. L'année 1888
a eu 1,072 divorces de plus que l'année 1887 et 1,758
de plus que l'année 1886. On a souvent parlé de la
fureur du divorce qui s'était emparée de la France à
l'époque du Directoire. Sommes-nous destinés à en
revoir une pareille? Je ne sais si la comparaison pourrait être poursuivie partout sur notre territoire. Elle a
été faite pour certaines localités et elle n'a point donné
de résultats bien avantageux pour notre époque. Le
savant président du tribunal civil de Laon [2] a trouvé
que de 1792 à 1816, en 24 ans, il y avait eu dans le
département de l'Aisne 252 divorces, soit près de 10 par
an. Depuis 1884, dit-il, en 4 ans 1/2, nous en avons eu
131 dans le seul arrondissement de Laon, c'est-à-dire
dans la cinquième partie du département. C'est pour
l'Aisne une proportion de plus de 20 par année.

Ainsi le divorce augmente comme la criminalité générale, et on peut dire qu'il varie comme elle d'une partie
à l'autre du territoire. Quels départements trouvons-nous
parmi ceux qui divorcent le moins? Les départements de
la Bretagne, les départements de l'ouest et du centre,
l'Ain et la Savoie. On peut y ajouter le massif central,
qui a moins de divorces que de crimes. C'est apparemment
un pays où les sévices et injures graves conduisent parfois
en cour d'assises, mais ne passent point aux yeux des
particuliers pour un motif suffisant de rupture. On se
frappe et on se réconcilie. Mieux vaudrait ne pas se

---

[1] Elle date de la seconde moitié de 1884.
[2] M. Combier, auteur d'intéressants travaux sur le département
de l'Aisne et son histoire.

frapper : mais à tout prendre, la réconciliation ne vaut-
elle pas encore mieux que le divorce?

Quelles sont d'autre part les régions où le divorce
fleurit le plus? Elles nous sont connues d'avance ; ce
sont la Seine, l'Aube, l'Hérault, les Bouches-du-Rhône,
la Somme, la Meurthe-et-Moselle, la Seine-Inférieure,
l'Eure, le Calvados, l'Aisne!

N'est-ce pas déjà un symptôme bien grave à tous les
points de vue que ce soient précisément les pays le moins
honnêtes qui se soient ainsi jetés sur le divorce et se
soient empressés d'en faire usage? On dira que de pareilles
lois, destinées à empêcher de plus grands maux, ne sont
pas faites pour les gens vertueux, qu'elles ont pour but
de dénouer des situations exceptionnelles. En théorie,
rien de plus exact : mais là question est de savoir si
cette loi ne développe pas de semblables situations un
peu plus qu'elle n'en guérit. La dernière statistique a
révélé un fait curieux. L'époux dont le conjoint a été
condamné à une peine afflictive et infamante, ne demande
la séparation que 1 fois et le divorce que 3 fois sur 100.
Ainsi la femme dont le mari est condamné aux travaux
forcés ne songe que 3 fois sur 100 à divorcer. C'est
cependant bien là l'un des cas qu'on avait le plus invoqués
à la Chambre ; c'est celui qui avait fourni l'argument le
plus victorieux. A quoi tient ce phénomène inattendu?
Serait-ce que la femme d'un mari ainsi condamné a été
souvent sa conseillère et sa complice impunie? Ce ne
serait pas toujours une raison. Il ne manque pas de
complices qui s'accusent et qui se trahissent. Craint-elle
de ne pas trouver à se remarier? Elle pourrait toujours
espérer un mari dans la même situation qu'elle. Serait-
ce que le malheur immérité trouve toujours les âmes plus
clémentes et moins portées à la vengeance? De toutes

les raisons, celle-là me paraîtrait encore la meilleure. Ainsi les maris sont tués, non par les femmes qu'ils ont trompées, mais par les femmes qui les trompent[1]. Si cela est, le divorce donne donc surtout satisfaction aux passions malsaines. Sur cent situations, il en résoudra une dizaine de vraiment intéressantes[2]. Dans les autres il ouvrira pour certains penchants une issue d'autant plus cherchée qu'on la sait ouverte par la loi.

Les institutions n'agissent pas seulement par les effets directs qu'elles produisent ; elles agissent plus encore par la direction qu'elles donnent aux pensées, aux désirs et aux résolutions des gens. L'idée du mariage souhaité moralise autant que le fera le mariage même. L'idée du divorce ne peut que favoriser plus d'un mariage léger et téméraire ; puis, une fois l'union contractée, elle envenime les querelles et pousse à des actes irréparables. En plusieurs endroits, on me cite des femmes divorcées qui retournent furtivement vers leur premier mari. Qu'est-ce que cela prouve ? Que le divorce a été demandé et obtenu dans des moments de colère ; on a voulu briser des attaches plus solides qu'il ne le semblait. Le divorce, je le sais, n'est prononcé qu'après la faute, et on ne l'a rétabli que parce que les fautes étaient nombreuses[3]. Mais il nous appartient de nous demander si le divorce rend ces fautes plus rares ou s'il les rend plus fréquentes. Pour ceux qui n'obéissent absolument qu'à leurs instincts et qui veulent se contenter coûte que coûte, rien n'y fait,

---

[1] Voyez *Le Crime*, page 320.

[2] Et encore pour celles-là un simple remaniement des cas de nullité du mariage eût peut-être suffi.

[3] On dit que les magistrats laissent le temps de la réconciliation et s'y emploient de leur mieux. Mais toute cette procédure, c'est la guerre, et les actes de représailles ne font que surexciter les passions.

pas plus l'abolition que le rétablissement du divorce ;
mais le vice calculé devient beaucoup plus fréquent que
la passion fougueuse. On ne raisonne guère, dit-on, quand
on fait mal. C'est là une erreur. Il est peu d'actions coupables qui ne soient précédées d'un sophisme. Or, un sophisme c'est un raisonnement, ébauché, court, mauvais
surtout, mais enfin, c'en est un. Or, si le divorce est de
droit dans des conditions qu'après tout on a le pouvoir
de s'assurer à soi-même, si l'on se dit qu'on peut toujours
s'acquitter envers un homme ou une femme en lui rendant sa liberté, pourquoi tant se gêner ? Les injures ou
les infidélités justifient le divorce ? Mais le divorce aussi,
en un sens, les justifie. Que fait l'époux adultère ? Il an-
ticipe sur la liberté que la loi ne lui donne pas encore,
mais qu'elle ne manquera de lui rendre, se dit il, car il n'a
qu'à la demander, à l'offrir et à forcer au besoin son
conjoint à la demander lui même. Oh ! ce n'est pas là
une logique que reconnaîtrait un jurisconsulte, un casuiste
ou plus simplement un moraliste, mais c'est la logique
de la passion et celle du vice. Nul doute qu'elle n'abou-
tisse chez plus d'un à des conséquences pratiques. C'est
tout ce que je me proposais de démontrer.

Tout ? Non, à vrai dire. Force est bien de prévoir
qu'après les enfants naturels, après les enfants trouvés,
après les enfants abandonnés, il y a une autre catégorie
qui va grandir, celle des enfants de divorcés. Compte-
t-on sur eux pour relever la moralité des autres ?

V

Cette variété d'enfants jetés dans des conditions anormales est d'autant plus faite pour alarmer, que le nombre

des enfants légitimes diminue. Les allusions nombreuses
que nous avons faites à cet abaissement de la natalité
française ne suffisent pas. Il y a autre chose à dire sur ce
problème et sur les rapports qui le lient aux problèmes
de la criminalité.

Il y a d'abord un rapprochement dont on ne peut nier
l'importance : notre criminalité va en augmentant pendant que nos naissances vont en diminuant. Est-ce le
premier phénomène qui explique le second, ou le second
qui explique le premier? Aucun des deux en réalité ne
suffit à expliquer l'autre. Une cause unique à laquelle
on puisse ramener tous les phénomènes sociaux, cela
n'existe pas. Nous l'avons vu assez souvent, vagabondage, alcoolisme, prostitution, hérédité pathologique, il
n'y a aucune de ces influences, si pernicieuses pourtant,
qui ne soit souvent tenue en échec et ne soit souvent impuissante à produire le véritable crime. Je demande seulement si la variation correspondante de ces deux faits,
touchant l'un et l'autre à la vie morale [1], n'a pas au
moins la valeur d'une présomption très grave.

Peut-on dire que partout où les naissances diminuent
les crimes augmentent et réciproquement? Non ; car
plusieurs influences de nature diverse s'interposent dans
le jeu de cette loi (si c'en est une). D'abord les populations ouvrières ont plus d'enfants que les populations
agricoles. Le fait est connu de tout le monde : la statistique le confirme et le précise ; elle nous montre que
la Seine-Inférieure a une natalité plus forte, non seule-

---

[1] On n'ira pas s'arrêter, par exemple, aux variations correspondantes de l'élévation du nombre des crimes et l'élévation des importations ou exportations commerciales. Mais s'il y avait un rapport de variation constant entre ces derniers chiffres et ceux du
budget et des impôts ou de l'encaisse de la Banque de France, on
y prêterait certainement attention.

ment que le reste de la Normandie, mais que la moyenne
de la France ; elle nous montre que le Nord, le Pas-de-
Calais, la Loire, sont également au-dessus de cette
moyenne, au-dessus notamment du Cher et de l'Indre ;
elle nous apprend que la Haute-Vienne est plus féconde
que la Vienne, que les naissances ont surtout diminué en
Tarn-et-Garonne depuis que l'industrie en a disparu,
etc. [1]. L'imprévoyance de l'ouvrier a donc ici son bon
côté, comme l'esprit de prévoyance du paysan a ses inconvénients et ses excès. Mais les conditions que l'un et
l'autre trouvent ou s'organisent dans le milieu où ils se
meuvent sont faites pour enrayer tel ou tel symptôme,
ou en affaiblir les caractères.

En second lieu, il y a des départements très féconds,
mais où les chances de criminalité sont augmentées par
une émigration mal entendue et mal dirigée. Tels sont la
Lozère et l'Aveyron. Il en est d'autres enfin où la fécondité est encore supérieure à la moyenne, mais dont la
moralité est compromise par l'affluence des étrangers :
c'est là le cas des Basses-Pyrénées, des Pyrénées-Orientales et des Alpes-Maritimes.

Ces exceptions mises à part — et expliquées — il reste
des faits bien probants. Quelles sont les régions où la
natalité baisse le plus ? Ce sont : 1° tout le centre parisien avec ses deux prolongements, l'un du côté de la
Champagne, l'autre du côté de la Normandie (Seine-
Inférieure exceptée) ; 2° les départements méditerranéens,
l'Hérault, les Bouches-du-Rhône et le Var : on est obligé
d'y ajouter le Gard, le seul des quatre où la criminalité

---

[1] Voyez les deux opuscules, pleins d'exactitude et d'intérêt, de
M. le Dʳ Guiraud, de Montauban, sur la dépopulation du sud-ouest
de la France (*Annales de démographie internationale*, 1881. Lecture
à l'Association pour l'avancement des sciences, 1887).

ne soit pas à un niveau élevé ; 3º tout un groupe de départements situés vers la Garonne, Lot-et-Garonne, Tarn-et-Garonne et Gers. Assurément ces départements ont compté longtemps parmi les meilleurs ; et sur les tableaux où l'on tient compte d'une assez longue suite d'années, ils restent fort bien placés. Mais il faut noter que depuis deux ou trois ans, le Gers et le Lot-et-Garonne étonnent par les chiffres de leurs accusés, que nulle cause spéciale, ni accroissement de garnisons, ni grands travaux publics, ni affluence exceptionnelle d'étrangers ne vient expliquer.

Cherchons maintenant les départements où la fécondité des femmes est au-dessus de la moyenne. Nous apercevons tout de suite la Bretagne, les Deux-Sèvres, la Vendée, la Vienne, l'Indre, le Cher, la Creuse, la Nièvre, l'Allier, Saône-et-Loire, le massif central, la Savoie, l'Isère, la Drôme. A une ou deux exceptions près, ce sont toujours les mêmes ! Ce sont ceux où il y a le moins de crimes, le moins d'enfants naturels, le moins de divorces et le plus d'enfants légitimes.

Cela tient-il à l'abondance ou à la rareté des mariages? Non ; car il est à remarquer qu'on se marie beaucoup en Normandie et dans le groupe des départements gascons[1]; et même qu'on ne s'y marie pas tard[2].

---

[1] Il ne faut sans doute pas oublier que le plus ou moins grand nombre d'enfants augmente ou affaiblit la proportion des gens mariés à la population totale. C'est une apparence que les statistiques devraient dissiper en ne comparant le nombre des mariés qu'à celui des individus mariables. — C'est d'après ce dernier mode de calcul, beaucoup plus exact, que M. le docteur Guiraud a fait ses relevés, et il conclut : « On se marie à Montauban autant et même plus que partout ailleurs. Mais malheureusement la fécondité des mariages est loin d'être en rapport avec leur nombre. »

[2] Voyez le dernier *Album de statistique graphique* du Ministère du Commerce, planche xix.

La restriction est-elle volontaire ? La statistique n'a pas encore trouvé le moyen de pénétrer à ce point dans la vie privée. Voici cependant un petit exemple assez piquant. La *Réforme sociale* du 15 février 1888 enregistre une correspondance d'un village de l'Ain, département où cependant les naissances continuent à excéder les décès. Dans ce village qu'on ne nomme pas, mais qu'on désigne par le nombre précis de ses habitants, la population baisse par émigration et par diminution des naissances. « Il y a quatre ans, une épidémie de rougeole enleva 10 petits enfants ; l'année suivante 7 des familles atteintes faisaient enregistrer un nouveau-né. » Où serait-on embarrassé de trouver des faits analogues, et qui ne se ferait justement taxer de naïveté en en doutant ?

On trouve néanmoins des personnes sérieuses pour affirmer que la fécondité diminue réellement dans la population française et qu'elle y diminue physiologiquement par des causes indépendantes de la volonté des individus. On en donne comme preuve ou comme indice le nombre considérable de ménages sans enfants [1]. Or, ajoute-t-on, si peu qu'on en veuille, on en veut toujours au moins un, et cela pour des raisons très diverses. Dans la région qu'il a étudiée, M. le Dr Guiraud s'arrête à deux reprises différentes sur ce nombre croissant, dans sa région, de familles entièrement stériles ; il en trouve chez les paysans comme dans la bourgeoisie. Mais ce fait est loin d'être particulier, comme il le croit, à ces départements du sud-ouest. Les familles n'ayant aucun enfant sont encore

[1] Au dénombrement de 1886, on compte en France plus de treize cent mille familles n'ayant aucun enfant. Même en tenant compte des ménages récemment mariés et des morts, le chiffre est énorme. Comme ce calcul a été fait pour la première fois en 1886, on ne peut encore établir de comparaison. Le prochain recensement nous édifiera sur ce sujet.

plus nombreuses en Normandie, mais surtout dans l'Orne et dans la Manche où, de toutes les catégories rangées sur le tableau [1], celle-là est la plus chargée. M. Guiraud avoue que ni lui ni les confrères qu'il a consultés n'ont encore trouvé une explication de ces anomalies.

Certainement les personnes qui ne désirent avoir aucun enfant sont rares. Le sont-elles autant qu'on le croit ? Il suffit, je ne dirai pas d'écouter, mais d'entendre certains propos pour comprendre que plus d'un ménage a commencé par ne pas vouloir d'enfant tout de suite, puis a contracté des habitudes de luxe ou de bien-être qui lui ont inspiré définitivement le désir de n'en jamais avoir. Mais il serait tout à fait excessif, je le reconnais, de voir là autre chose qu'une exception. Une question qu'on peut se poser plus sérieusement est celle-ci : la fécondité involontaire d'une partie de la race française n'est-elle pas liée à des habitudes d'infécondité voulue ? Dans la région étudiée par le Dr Guiraud, par exemple, la rareté des naissances est incontestablement volontaire, cela est évident pour lui comme pour tout le monde. Il en est de même en Normandie, et ailleurs. Mais si c'est là le fait dominant, n'a-t-il aucune influence sur les autres ? Autrement dit, dans une race où les femmes ont commencé, pendant plusieurs générations, à avoir systématiquement peu d'enfants, l'aptitude fonctionnelle ne doit-elle pas diminuer ? Les médecins qui ont fait campagne en faveur de l'allaitement maternel ont développé souvent cette idée que, si les mères pouvant allaiter leurs enfants ne le faisaient pas, leurs filles ne le pourraient pas même en le voulant. Il n'y aurait là rien que de conforme aux lois les moins hypothétiques de l'hérédité. Des animaux, des

---

[1] Familles ayant 6 enfants, familles ayant 1 enfant, familles ayant 2 enfants, etc.

hommes qui seraient élevés dans l'obscurité ne risqueraient pas seulement de perdre pour eux-mêmes l'intégrité
de la vision ; ils risqueraient encore de le faire perdre à
leurs descendants. N'en serait-il pas de même dans la
succession des familles où la rareté des conceptions aurait
commencé par être voulue avant de devenir forcée ? C'est
aux médecins à examiner l'hypothèse : elle ne serait pas
rassurante pour l'avenir de la race française [1].

Quoi qu'il en soit, le caractère volontaire de la dépopulation d'une partie de nos départements ne fait pas
doute. Ce qui ne fait pas doute davantage, c'est que
« c'est dans les parties les plus riches, les plus fertiles
que se manifeste avec le plus d'intensité le phénomène ».
On peut comparer les grandes régions et on peut comparer, dans une même région, les petites localités ; on
aboutira aux mêmes résultats. Dans le Tarn-et-Garonne,
« tandis que nous voyons, dit M. Guiraud, quelques
communes situées à l'extrémité est du département,
éloignées de tout centre, mal pourvues encore de voies
de communication, avoir une augmentation de population, d'autres communes, riches, fertiles, dans une situation des plus heureuses, voient leur population décroître
avec une effrayante rapidité... Dans la zone nord-est,
nous trouvons les conditions économiques qui font les
fortes natalités : population pauvre et rude, sol ingrat,
d'une culture difficile, qui se prête mal à la constitution de
la petite propriété... Même dans cette région, la natalité
s'abaisse dans les communes que traversent l'Aveyron

---

[1] Je n'ai aucunement l'idée, cela va sans dire, de prétendre que
cette cause soit la seule. Des médecins de Normandie (Dr Dé-
voisins, *Opuscule cité*), ont attribué la stérilité de certaines de
leurs clientes à l'alcoolisme. Puis un grand nombre de femmes, irréprochables de tout point, naissent les unes avec une prédisposition,
les autres avec une autre.....

ou ses affluents et où par suite se trouvent les vallées
fertiles... Dans le reste de l'arrondissement nous constatons les mêmes faits. Plus une commune est riche, plus
son sol est fertile, plus l'aisance est générale, moins il y
a de naissances. C'est sur les points les plus privilégiés,
dans les riches alluvions du Tarn et de l'Aveyron, sur
les coteaux où la culture des arbres fruitiers ou des raisins de table est une source de richesses pour l'habitant,
que nous trouvons les chiffres les plus bas. »

Est-ce toute espèce de richesse qui pousse à la restriction des naissances ? Il est encore bien acquis à la
science démographique que c'est surtout : 1° la richesse
moyenne donnant une aisance plus ou moins grande ;
2° la richesse assise dans la possession exclusive et individuelle d'une propriété (les fermiers et les métayers ont
généralement plus d'enfants que les petits propriétaires
ruraux) ; 3° la richesse qui ne se prête pas facilement à
la division de l'héritage. J'ajouterais encore volontiers
un quatrième point : c'est la richesse possédée dans un
milieu restreint où les gens ont l'habitude de comparer
sans cesse entre eux leurs fortunes respectives, où les uns
et les autres rivalisent à qui fera le plus sonner son
argent, les uns en le dépensant pour leur plaisir ou leur
vanité, les autres en l'accumulant par avarice ou par
orgueil.

Un élève de Le Play dirait ici : « La faute en est au
Code civil et à la loi du partage forcé. » On sait en effet
que cette école, digne de la plus haute estime, ne cesse
pas de revendiquer, avec une rare persévérance, l'extension de la liberté de tester. A l'en croire, le propriétaire
français recule surtout devant le partage de son bien :
s'il pouvait être assuré de le transmettre tout entier à
l'un des siens, le nombre des enfants ne l'effrayerait pas.

Les filles se marieraient toutes également sans dot et les garçons seraient tous également obligés de compter sur leur industrie personnelle. De là beaucoup plus de mariages sans calcul, beaucoup plus de naissances, de travail et d'émigration. Mais à l'heure actuelle, pour la plupart de ceux qui n'ont pas, à côté de leur propriété, de gros capitaux, le seul moyen de ne pas diviser un bien-fonds, c'est de n'avoir qu'un enfant. Suivant une expression très énergique « comme on ne peut pas faire d'aîné, on ne fait pas de cadet. »

Je ne veux pas aborder de biais une question si importante [1]. Il faut observer cependant qu'à part certains adoucissements aux formalités coûteuses des partages, les populations riches qui ont peu d'enfants ne désirent pas un changement de législation : par contre, les populations plus pauvres et qui ont des familles nombreuses, savent encore s'arranger pour tourner la loi. On me l'a répété de tous les côtés en Normandie. « Non, me dit le président du tribunal de Bernay, le paysan du Calvados, de l'Eure et de la Manche, ne se plaint pas du Code civil, il détestait le droit d'aînesse. » — « Affirmez-le bien, me dit encore un magistrat de Lisieux, non seulement notre paysan ne se plaint pas de l'égalité du partage, mais il serait révolté du contraire. » Je vois également cette passion de l'égalité poussée à un haut degré dans l'Yonne, où tout avantage, fait à l'un des enfants par le père ou par la mère, est considéré comme un scandale.

[1] On n'est certainement pas embarrassé pour trouver de nombreux avantages à la liberté absolue de tester; mais elle a aussi des inconvénients. Dans l'état d'esprit de nos populations qu'est-ce qui dominerait? Car il ne suffit pas de démontrer que, pratiquée de telle façon, telle loi donnerait tels résultats; il faut encore que les gens veuillent la pratiquer de cette manière là et non d'une autre. Voyez par exemple la loi sur les syndicats.

En revanche, dans les montagnes de l'Aveyron, et même dans les Alpes, l'habitude de laisser à l'aîné le fonds héréditaire, avec les trois quarts de la fortune, subsiste encore ; les autres enfants émigrent [1], ils vont travailler dans les grandes villes.

La nature du sol et l'influence de la loi paraissent donc ne jouer ici qu'un rôle, en somme, secondaire.

Il ne faut pas se dissimuler que l'aisance, quand elle arrive, inspire vite le désir de ne pas tant se fatiguer pour l'accroître. Après avoir regardé au sort de la famille future, et même avant de l'avoir fait, on regarde à soi-même. On dit bien qu'on ne veut pas mettre ses enfants à venir dans la gêne ; mais il y a un souci beaucoup plus présent et qui agit beaucoup plus fort : on ne veut pas s'imposer des charges et diminuer la part de plus en plus grande qu'on fait aux agréments de la vie et aux conventions de la société. En Normandie, là est évidemment la raison de la diminution des naissances, on peut l'affirmer sans hésiter.

De plus, on doit reconnaître que la petite propriété, si elle a beaucoup d'avantages, a aussi, comme toutes choses, ses mauvais côtés. C'est bien elle qui pousse à la jalousie, au quant à soi, à la passion d'égalité à outrance. Dans la Nièvre et dans Saône-et-Loire, où il y a beaucoup de grandes propriétés et des métayages, moralité et natalité se soutiennent mieux que dans l'Yonne et dans la Côte-d'Or. Conseiller un régime cultural conçu sur un modèle ou sur un autre, serait peut-être une en-

---

[1] Mais il faut ajouter que cette coutume est l'occasion de procès nombreux et acharnés. Dans l'Aveyron, il arrive qu'on remet en question les héritages en remontant à deux générations. Dans les plus petits tribunaux de ce département, tous les avoués sont occupés.

treprise bien utopique. Chaque régime est le résultat d'une accommodation dont vingt sortes d'influences, les unes naturelles, les autres humaines, règlent le succès. Ce qu'il faut en conclure, c'est qu'il n'y a aucun système, aucune forme de la vie sociale où la morale pure et simple ne soit nécessaire à tout et bonne à tout.

VI

Je retourne à ce qui est proprement mon sujet. La restriction volontaire des naissances exerce-t-elle une influence fâcheuse sur la moralité individuelle et sur la moralité des familles ? Je crois l'avoir assez fait comprendre, et je n'insiste pas. Mais la diminution de notre natalité dans la moitié (exactement) de nos provinces favorise un genre de perturbation sociale sur lequel il est utile de revenir ici.

Reportons-nous à la Normandie et à la Bretagne, deux provinces limitrophes, dont l'une a beaucoup de naissances et dont l'autre en a aussi peu que possible. Lorsqu'on réfléchit à l'immoralité croissante de la première, lorsqu'on voit l'alcoolisme menacer les restes des familles dont une égoïste et lâche prévoyance diminue tous les jours le nombre, on fait une espèce de rêve. On se dit que dans les sociétés anciennes et aux temps que raconte la Bible, il y aurait là une sanction toute prête. A l'étroit dans leur presqu'île, les races bretonnes envahiraient la Normandie : elles réclameraient leur part de ces riches pâturages, et elles l'obtiendraient de leurs possesseurs amollis. Un beau jour, un semblant de résistance, un manquement déloyal au pacte conclu rallumerait la guerre, et les nouveaux habitants réduiraient les anciens en esclavage.

Voilà l'histoire antique. L'histoire d'aujourd'hui, c'est que les chemins de fer et les grandes routes amènent les Bretons là où les propriétaires et les fermiers manquent de travailleurs : les salaires plus élevés les attirent les uns après les autres. Dans une famille nombreuse, les plus indépendants ou les plus mal vus s'en vont. Ils s'infiltrent ainsi dans un milieu nouveau, ils y tombent un à un. Isolés de leurs familles et de leurs traditions, associés tout à coup à un bien-être et à des mœurs qui irritent leurs jeunes convoitises, ils ne peuvent que déchoir de leur vaillance et de leur sévérité.

Faut-il regretter ces luttes barbares où le plus fort prenait la place de ceux que le luxe avait amollis ? Non. Supposez que le nombre des naissances augmente légèrement dans les régions où elles ont tant diminué : on n'appellerait plus autant d'étrangers. Que feraient alors les populations plus fécondes de la Bretagne, de la Lozère et de l'Aveyron? Elles auraient deux partis à prendre : ou redoubler d'activité pour accroître la production de leur agriculture et y allier certaines industries ; ou, en attendant, émigrer au loin, mais émigrer par familles entières, emportant avec elles toutes leurs idées et l'amour plus vivace encore de la mère-patrie. Elles reprendraient la colonisation française du Canada ou peupleraient les hauts plateaux de l'Algérie. Actuellement, le plus grand mal que nous cause la Normandie en restreignant, comme elle le fait, le nombre de ses naissances, n'est pas encore tant de nous priver d'un grand nombre de Normands : c'est de nous gâter les Bretons.

On pourrait conclure en posant la loi suivante qui résume un grand nombre de nos observations :

Les populations riches qui, par amour du bien-être, diminuent le nombre de leurs enfants, se trouvent bientôt obligées de faire venir des travailleurs étrangers plus pauvres. Ce mélange des deux populations fait qu'il y a toujours une des deux qui accroît la corruption de l'autre. Tantôt c'est la population indigène, tantôt c'est la population immigrée dont la moralité est la plus atteinte : elles y perdent généralement toutes les deux.

CHAPITRE VIII

LE DÉCLASSEMENT DES PROFESSIONS

I. Domicile rural, domicile urbain, absence de domicile. — II. Les professions. — Le réceptacle où tombent les mauvais éléments des diverses professions. — Le danger du parasitisme. — Les domestiques attachés à la personne. — Les commerçants. — Les industriels du transport. — Les professions libérales : une catégorie qui a beaucoup perdu. — Les propriétaires ou rentiers. — Les deux pôles de l'activité humaine. — III. L'agriculteur et l'ouvrier. — Il s'agit moins de savoir comment on vit dans une profession que de savoir comment on s'expose à en sortir.

I

L'accroissement des villes et la dépopulation des campagnes sont des faits trop connus pour qu'on ne s'attende pas à voir les habitants des communes rurales [1] fournir de moins en moins d'accusés, tandis que les habitants des communes urbaines en donnent de plus en plus. Sur 100,000 accusés, les premières en comptaient 567 en

[1] On sait que l'administration française qualifie de communes rurales toutes celles qui ont moins de 2,000 habitants.

1840 : en 1856, on ne peut plus leur en attribuer que 430. Pendant le même temps les secondes ont monté de 372 à 430 sur 100,000. C'est qu'en 1846, les communes urbaines ne représentaient que le quart de la population totale de la France. En 1886 elles en représentent plus du tiers. On calcule que si le mouvement se continue, avec la même accélération dans le même sens, les deux populations se feront équilibre en 1920 [1].

Cet accroissement des populations urbaines risque-t-il d'augmenter ou de diminuer la criminalité du pays ? Dans l'état actuel de nos mœurs, la réponse n'est pas douteuse. En 1880, 100,000 habitants des communes rurales donnent 8 accusés ; 100,000 habitants des communes urbaines en donnent 16. En 1883, la criminalité de cour d'assises a diminué de part et d'autre ; mais la proportion reste identique : elle est de 7 à 14. Depuis 1884 elle est de 8 à 17. Si donc les conditions de la vie urbaine ne s'améliorent pas grandement, l'accroissement des villes est et sera encore une cause évidente d'accroissement de criminalité ; car, toutes choses égales d'ailleurs, 100,000 individus qui quittent le village pour la ville risquent de commettre désormais 16 ou 17 crimes au lieu de 8.

Il y a bien des raisons cependant pour que les hommes se rapprochent ainsi dans des centres plus populeux. Tout n'est pas immoral, il s'en faut, dans cette tendance qui pousse un si grand nombre de familles. Il est possible que, mieux cultivée, la terre exige moins de bras et donne plus de produits. Il est également possible qu'on vienne chercher surtout dans les villes cette culture intellectuelle et scientifique qui aura servi la cause des

---

[1] *Statistique générale du dénombrement de la France*, 1888, p. 37.

campagnes elles-mêmes. Si tel est l'esprit qui, un jour, prédomine dans les émigrés des villages, on peut espérer que l'agglomération urbaine s'en ressentira favorablement. Il n'y a donc dans cette distribution de la criminalité rien d'inévitable. Les villes ont des dangers qu'elles n'ont pas encore réussi à conjurer ; elles ont des ressources morales qu'elles n'ont pas encore su développer au profit du plus grand nombre. Pourquoi cela ne changerait-il pas ? On parle presque toujours de l'action des milieux sur le crime ! Mais pourquoi ne parle-t-on pas plus souvent de l'action de l'homme sur les milieux qu'il se crée et qu'il organise, qu'il améliore ou qu'il vicie ? Le milieu, en somme, est une chose inerte : les vertus bonnes ou mauvaises qu'on lui prête ne sont que les résultats des efforts que nous faisons pour y exercer nos talents ou l'adapter à nos vices.

Domicile rural ou domicile urbain peuvent donc très bien donner un jour des résultats différents, meilleurs ou pires. Mais il y a une catégorie d'individus qui ne deviendront jamais meilleurs ; ce sont ceux qu'on range sous cette rubrique : *Sans domicile ou de domicile inconnu.* Sur 1,000 accusés il y en avait 41 d'ainsi désignés, de 1840 à 1851. La proportion s'est successivement élevée à 52, à 70, à 80, à 140.

Cette augmentation étonnante est ce qui sert le mieux à caractériser la criminalité contemporaine. Nous allons retrouver le même fait sous une autre forme en étudiant l'influence apparente des professions.

II

Le Ministère de la Justice a rapproché les chiffres de

ses tableaux des chiffres donnés par le Ministère du Commerce dans l'analyse du dernier dénombrement. Ces résultats authentiques permettent de supprimer cette fois tout appareil de calcul. Le *Compte général* de 1880, résumant une longue série d'années, établissait l'échelle suivante :

Sur 100,000 habitants de la même classe,

L'agriculture donne..............	8	accusés
Les professions libérales et les rentiers.	9	—
L'industrie......................	14	—
Le commerce....................	18	—
La domesticité...................	29	—
Les vagabonds et gens sans aveu....	405	

En 1882 [1], le savant et très scrupuleux rédacteur des statistiques criminelles M. Yvernès, voulut subdiviser davantage et nous donner des indications plus précises. De là un tableau disposé d'une autre manière et avec des indications qui me paraissent plus instructives encore.

Sur 100,000 individus de la même profession et du sexe masculin :

Les propriétaires et rentiers donnent..	6	accusés
Les agents de la force publique.......	12	—
Les cultivateurs...................	16	—
Les domestiques d'agriculture........	24	—
L'industrie	25	—
Les professions libérales...........	28	—
Les transports et la marine marchande.	35	—

---

[1] Les Comptes suivants disent qu'il n'y aurait rien à changer dans les indications données en 1882. Il est du reste bien connu en statistique que si les nombres absolus changent souvent beaucoup, les proportions sont extrêmement lentes à se modifier.

Le commerce	38 accusés.
Les domestiques attachés à la personne.	49 —
Les professions non classées ou incon-nues	54 —

Ce nouveau tableau appelle un certain nombre d'observations intéressantes.

Les professions « non classées ou inconnues » ne tiennent pas ici la place des vagabonds : ces deux groupes sont bien distincts. Les uns sont en grande partie d'apparition nouvelle : ce sont, par exemple, ceux qu'on appelle à Paris des camelots. Ils travaillent un jour sur trois, changent d'industrie selon les événements, occupés tantôt par une élection, tantôt par l'invention d'un nouveau mode de publicité, le matin à la porte des églises, l'après-midi aux courses, le soir aux théâtres, grossissant le personnel des déménageurs aux époques des termes, inventeurs de produits divers qu'ils extraient de tous les résidus en les dénaturant... Quelques-uns encore ont imaginé ou rencontré on ne sait quelle occupation fixe, assez constante, mais bizarre et qui n'a pas assez d'analogues pour pouvoir être classée[1]. Les vagabonds sont autre chose. Eux ne font absolument rien. S'ils ne figurent plus au bas du dernier tableau, ce n'est pas qu'ils aient disparu, le nombre en augmente tous les jours. Donc, ne perdons pas de vue ce dernier fond où descendent et où s'entassent tous les éléments que les milieux actifs éliminent. Ces éléments y arrivent, pour ainsi dire, à l'état neutre ou inerte, dépourvus de toute énergie utile, rebelles à l'assimilation sociale, parce qu'ils ne sont plus qu'un poids mort ou qu'ils ne revivent de temps

---

[1] Voyez le récent volume de M. BARBERET, *Les Professions inconnues* ou *la Bohème du travail.*

à autre que pour devenir des agents de décomposition.
Toutes les professions, ne l'oublions pas, comptent là
des représentants : ce sont ceux qu'une mauvaise organisation du travail, une crise aiguë et mal soignée de la
politique ou du commerce, ou enfin les vices individuels
et les accidents qui en sont résultés, ont fait rejeter par
le corps de métier comme inutiles ou comme nuisibles.

Ceux-là mis à part, considérons la seconde moitié du
tableau, celle qui contient les classes les plus riches en
accusés. Il est impossible de se dérober à cette réflexion
qu'on a là devant soi les professions où il est le plus aisé
de tourner à l'état de parasite. Mais ceci demande à être
expliqué.

Il y a des gens pour écrire que tous les intermédiaires
sont inutiles et que les commerçants sont nécessairement
des voleurs. Je ne m'arrête pas à cette absurdité, mais
je confesse qu'il y a là plus d'occasions qu'ailleurs d'accaparer par habileté, par ruse et avec l'aide de certains
sophismes, un bénéfice pour lequel on n'aura point fourni
un travail équitablement correspondant.

Si nous mettons de côté les gens de profession non
classée ou inconnue, la classe la plus délinquante est
celle des domestiques attachés à la personne. Ce n'est
pas la domesticité proprement dite qui constitue la plus
grosse part du péril. Entre les domestiques d'agriculture
et les autres, il y a une différence de plus de cent pour
cent. C'est que le premier est un véritable producteur ;
c'est que tous les jours sa fidélité, son courage et son
application sont jugés par les résultats visibles d'un travail nécessaire. Il peut y avoir encore d'autres causes
de préservation, la simplicité de vie, le bon exemple, la
participation à une existence de famille, l'éloignement
des plaisirs de la ville ; mais ces causes-là n'ont plus la

même action qu'autrefois dans un grand nombre de milieux ruraux : la première subsiste. Il en résulte que tous les objets, toutes les denrées qui passent dans les mains du valet de ferme, ont une valeur vénale parfaitement déterminée. Pour en détourner une partie comme pour dérober des matières premières ou des produits d'une usine, il faut être délibérément voleur. Le domestique attaché à la personne (je parle ici surtout des domestiques du sexe masculin) vivent dans un milieu de luxe. Ils ne coopèrent à aucune production. Cette richesse qui les entoure, ils n'ont pas contribué à la créer. Ils aident à en jouir, à en déployer l'appareil souvent trompeur, à en multiplier ou à en raffiner les tentations. Ce qui leur est permis et ce qui leur est défendu n'est pas strictement délimité. On leur demande parfois des services dont la valeur économique est aussi difficile à fixer que la valeur morale en est douteuse, faible ou nulle. Si leur action parasitique se développe, elle se développera d'autant plus que la corruption sur laquelle ils vivent, s'étendra davantage et élargira le cercle de son désordre. Dans de pareils cas, ce n'est pas toujours le parasite qui crée le mal en s'abattant sur un être sain qu'il surprend et qu'il désorganise malgré lui : c'est souvent l'être en qui les ressources de la vie surabondaient jusque-là, qui appelle à lui les parasites et qui surexcite leurs appétits. Grâce à Dieu, toutes les maisons riches qui emploient des domestiques mâles ne donnent pas l'exemple du désordre : il s'en faut même de beaucoup. Mais on doit bien avouer que les habitudes de la vie mondaine donnent à tout ce personnel errant et prétentieux, de singulières facilités pour le mal. On le prend sans garanties sérieuses ; on le transmet de même à un autre ; on le laisse ou on le met en contact permanent avec des intermédiaires qui achètent sa complicité par des indélicatesses de toute nature.

Immédiatement au-dessus de la domesticité, vient le commerce et, à peu de distance, le service particulier des transports. Encore une fois, ces professions sont ennoblies par des hommes d'initiative et de prévoyance qui rendent à leur pays ou, pour mieux dire, à la civilisation, des services signalés. Mais enfin, puisque cent mille individus vivant du commerce donnent 49 accusés, tandis que cent mille individus vivant de l'industrie n'en donnent que 25, il faut bien qu'il y ait à cela des raisons. Les raisons, c'est qu'il y a pour beaucoup d'hommes peu scrupuleux, une facilité tentante à tromper sur la valeur de la marchandise qu'ils débitent et à mal tenir leurs engagements. L'industriel n'a généralement affaire qu'à des acheteurs compétents : le marchand s'adresse à tout le monde, et, chaque fois qu'il sert un client, sa conscience est mise à l'épreuve. S'il n'a pas adopté une fois pour toutes une règle fixe, il sophistiquera ses promesses et bientôt après ses poids et ses denrées. Puis il se familiarise bien souvent avec un autre danger non moins redoutable, celui de vivre plus brillamment qu'il ne le devrait sur le produit de ses ventes et d'oublier le paiement de ses achats. Autrement, d'où viendrait que les faux en écriture de commerce figurent parmi les trois ou quatre chefs d'accusation les plus fréquents dans la liste des crimes contre les propriétés ?

L'individu qui transporte les marchandises ou les personnes n'est pas moins utile que le négociant, et l'un ne se comprend pas sans l'autre. Mais ici encore il semble que celui qui crée un produit de ses mains sente mieux sa responsabilité et que sa conscience soit mieux soutenue. Est-ce pour cela que les hommes employés

dans les transports figurent dans la moitié la plus criminelle du tableau des professions? Y a-t-il parmi eux une
ou deux classes particulières, comme celle des cochers
dans les grandes villes ou les marins « tirant des bordées »
dans les ports d'attache, qui compromettent plus gravement la réputation des autres? N'est-ce pas pour
la plupart un péril que d'exercer une profession ne
demandant ni un long apprentissage, ni une bien grande
application, où beaucoup de déclassés ont pu se donner
rendez-vous et où enfin la locomotion continuelle rend la
vie de famille plus difficile?

Il y a un problème plus tourmentant que celui-là, c'est
l'accroissement du nombre des accusés dans les professions libérales. En 1880, on les avait mêlés à la classe des
propriétaires et des rentiers ; les deux réunis occupaient
une situation très favorable, puisqu'ils n'avaient que
8 accusés. En 1882, les propriétaires et rentiers — classés à part — n'ont plus que 6 accusés. Restées seules et
privées du bénéfice du rapprochement, les professions
libérales en ont 28, soit 4 de plus que les domestiques
d'agriculture, 3 de plus que l'ensemble des hommes
employés dans l'industrie. Voilà un renseignement qui
est fait pour étonner. On se dira que les professions
libérales comptent aujourd'hui un personnel beaucoup
plus considérable. Mais il ne s'agit pas pour nous de
chiffres absolus, il s'agit de chiffres proportionnels.
Si d'ailleurs une profession recrute plus d'adhérents,
c'est qu'elle prospère davantage, c'est qu'elle est plus
honorée, plus rémunératrice et d'un accès moins difficile. On serait donc en droit de lui demander plus de
moralité que par le passé, de meilleurs exemples, un
plus noble emploi des prérogatives que lui assurent l'instruction et le labeur de ses divers membres. S'il n'en est

pas ainsi, c'est que le succès même l'a corrompue. Elle est devenue plus active en apparence et dans ses agissements extérieurs, mais elle donne un travail moins consciencieux et moins dévoué. Elle s'est rendue plus soucieuse des intérêts comme des plaisirs matériels : chez quelques-uns de ses représentants, elle aspire moins à stimuler et à régler la production, sous toutes ses formes, qu'à tirer un profit personnel de la production élaborée par les autres. Bref elle prend peu à peu des allures et des habitudes parasitiques.

Est-ce là une hypothèse ? Parmi les professions libérales, il en est une qui, depuis un certain nombre d'années, est plus atteinte que les autres, c'est le notariat. Un document législatif[1] nous donne le relevé des déconfitures et destitutions de notaires depuis plusieurs années. Jusqu'en 1881, la moyenne était de 18 à 25 par an. En 1882, ce chiffre s'élève à 40, en 1883, à 41 ; en 1884, il atteint 58. Il redescend très légèrement dans les deux suivantes où il s'arrête à 54, puis 52. Mais en 1887, il fait un bond effrayant : il atteint 75. En sept années, il a triplé.

D'où le mal vient, tout le monde le sait. De ce qu'en un grand nombre de mains le notariat tourne de plus en plus au métier de monteur d'affaires et de spéculateur opérant sur l'argent des autres. C'était une belle mission cependant que de fixer dans des témoignages authentiques l'accord de volontés qu'on avait soi-même éclairées sur leurs obligations réciproques. La devise de la corporation, *Lex est quodcunque notamus,* l'associait à la majesté indiscutable de la loi. Aujourd'hui trop de notaires cherchent dans l'accord factice de leurs clients l'occasion

---

[1] *Rapport à la Chambre des députés.* Voyez *Journal officiel* du 25 février 1889.

d'une affaire lucrative pour celui qui l'a suggérée : ce qui
était l'accessoire est devenu le principal. Si, dans un
centre quelconque, un seul commence à pratiquer cette
nouvelle méthode, deux autres se diront obligés par la
concurrence de lutter avec les mêmes armes. Il faudra
faire monter le chiffre des affaires pour que la valeur de
la charge monte en même temps. Au lieu d'accepter des
fonds de la confiance des familles, on les attirera ; on
gardera le plus longtemps possible ceux dont on aura
reçu le dépôt momentané. On confondra ainsi peu à peu
la fortune d'autrui avec la sienne : on se dira qu'on a
devant soi quinze ou vingt ans d'une activité fructueuse
et la plus-value « certaine » de son étude pour satisfaire
toutes les réclamations. On fera comme un commerçant
qui, de sa propre autorité ou par des affirmations men-
songères, réussirait à reculer ses échéances, dépenserait
ou « opérerait » sans faire le compte de ce qu'il doit. A ce
jeu, quelques-uns gagnent : d'autres sont assez heureux
pour se liquider au bon moment ; d'autres laissent à leurs
héritiers le soin de se débrouiller comme ils peuvent ;
d'autres enfin risquent ou la perte ou le gain d'une affaire
décisive, et, s'ils la perdent, ils se résignent à la catastrophe.

Au début de ce chapitre, j'ai dit que tous les éléments
paresseux ou désordonnés tendaient vers la dernière
catégorie.

Les éléments actifs ou pacifiques ont aussi leur pôle :
Ils tendent presque tous à se fixer dans la première,
qui est celle des propriétaires et des rentiers. Entre les
deux groupes extrêmes, il y a ceci de commun : que ceux
qui les composent sont également « sans profession ».
Tous les hommes ont à un moment donné l'amour du
repos ; mais chacun le goûte ou y aspire à sa manière et

comme il peut. L'irrégulier renonce à la lutte ; il s'en remet à la charité publique et se laisse aller le long des chemins : il en est venu à voir dans le gendarme un guide secourable et dans la prison un asile hospitalier. S'il avait été absolument coquin, il aurait gardé coûte que coûte dans la société la place qu'il avait l'air d'y occuper. Il aurait lutté plus longtemps pour tromper ses concitoyens et pour les voler largement. Il ne l'a pas voulu, c'est pourquoi il n'est pas toujours un criminel aussi dangereux qu'on le croit.

A l'autre extrémité aboutit celui qui a travaillé long-temps ou qui a recueilli les fruits du travail paternel. Il ne tient pas à grossir davantage une fortune dont il se tient pour satisfait. Voilà bien la condition la plus favo-rable pour n'être jamais tenté d'empiéter sur les droits de personne et pour conserver aisément l'intégrité de sa réputation. Disons-nous que la fortune acquise vaut à celui qui la possède le respect universel et une apprécia-tion bienveillante de toutes ses paroles et de tous ses actes ? Nous dirons surtout que si la classe dont nous parlons est la plus à l'abri du crime, c'est qu'elle est le produit d'une sélection qui a recueilli, puis uni les tra-vailleurs et les pacifiques, ceux dont les ambitions sont calmées et ceux qui n'ont pas même eu le temps d'en concevoir.

III

Il nous reste deux grandes professions, celle de l'agri-culture et celle du travailleur de l'industrie, ou pour reprendre les expressions populaires, celle du paysan et celle de l'ouvrier. Chacun des deux a des occasions de mal faire où les plus faibles succombent ; mais ce qu'il y a surtout lieu de rechercher, ce sont les causes qui déclassent ces travailleurs, les font sortir de leurs milieux primitifs et les précipitent dans ce milieu sans nom, réceptacle universel des égarés.

Le campagnard, tant qu'il suit et creuse son sillon, commet peu de délits [1]. Quand il se trouve en mauvaise passe, quand il est soupçonné par ses voisins, qui voient son champ mal cultivé, ses dettes mal payées, sa maison malpropre, ses animaux mal soignés, ses enfants mal dressés au travail, il se fait autour de lui une pression lente qui le pousse au dehors. Il s'en va donc à la ville où il fait ce qu'il peut. Ses enfants deviennent ouvriers, domestiques, voituriers. Si les exemples premiers ont été foncièrement mauvais, on peut s'attendre à les voir descendre un échelon de plus, peut-être deux. Ils iront aux professions inconnues, jusqu'à ce qu'ils tombent dans le vagabondage, si la prison ne les a pas recueillis pour toujours.

Ce que nous disons là pour le rural peut se dire à plus forte raison pour l'ouvrier. Beaucoup de lecteurs sont peut-être surpris de voir que cet être redouté dans tant de milieux bourgeois fournisse proportionnellement moins d'accusés que les hommes adonnés aux professions libérales. Le fait est là : personne n'a intérêt à le dénaturer ; mieux vaut le constater et l'expliquer. L'ouvrier proprement dit reste donc un honnête homme bien plus souvent qu'on ne le croit. Mais quand il se fait arrêter et condamner, le classe-t-on toujours comme employé dans l'industrie ? Non, puisqu'il y a toutes les chances pour

---

[1] Quoiqu'il en commette assurément, et sur lesquels nous reviendrons.

qu'il n'y soit déjà plus. Un mauvais travailleur est beaucoup plus vite chassé de l'usine que du village. L'ouvrier paresseux et débauché s'en va d'une ville à l'autre. Devant le commissaire de police il se pare souvent d'une profession de fantaisie qu'on se refuse à prendre au sérieux ; il s'avoue enfin sans travail et on le qualifie de vagabond. Mais trois mois avant, il était dans un atelier. Il ne s'est fait arrêter qu'après avoir, nous pouvons même dire pour avoir quitté son travail et sa profession.

Ainsi, avant d'arriver au mode d'existence de l'ouvrier et du paysan, à leurs qualités et à leurs défauts, j'insiste encore une fois sur cette idée qui me paraît de grande importance. Pour expliquer la criminalité de chacun d'eux, il s'agit bien de savoir comment ils vivent dans leurs professions respectives ; mais il s'agit bien plus encore de savoir comment ils sont trop souvent tentés ou contraints d'en sortir.

CHAPITRE IX

LA PRATIQUE ET L'ABANDON DE LA VIE RURALE

I. Les différentes formes de la vie rurale. — C'est dans l'homme
et non dans le sol, qu'il faut chercher les sources du délit. —
II. Qualités et défauts du paysan français. — Les crimes auxquels il est exposé. — Les crimes souvent inconnus ou impunis. — Le braconnage. — III. Une statistique allemande sur
les causes de ruine à la campagne. — La crise agricole et ses
causes morales. — Exigences et instabilité de l'ouvrier des
champs. — Quelques causes de cette instabilité. — Exemples
individuels. — Conséquences. — Le vagabondage dans les
campagnes de la Marne et de l'Aisne.

I

Si on jette les yeux sur les beaux albums de statistique graphique de nos divers ministères, on voit tout de
suite que la France rurale ou agricole n'est pas soumise
partout au même régime. La proportion des cultivateurs-
propriétaires et des cultivateurs non propriétaires, celle
des fermiers et des métayers, celle des domestiques de
ferme et des journaliers diffèrent beaucoup d'une région
à l'autre. Les dimensions moyennes des exploitations ne
varient pas moins.

On est donc tenté de rechercher si la diversité de ces systèmes a quelque influence sur les crimes et sur les délits. Une solution affirmative agrandirait tout de suite le cercle de l'étude ainsi commencée ; car chaque régime agricole est lié à un ensemble de conditions qui nous ferait remonter peu à peu de la vie des travailleurs au mode de culture et du mode de culture à la constitution même du sol. Voyons ce qu'il en est.

Les départements où il y a plus de cultivateurs non propriétaires que de cultivateurs propriétaires sont ceux du nord, du nord-ouest et de l'ouest. La proportion des cultivateurs-propriétaires augmente au fur à mesure qu'on descend au sud-est et au sud-ouest. A quoi cela tient-il ? Visiblement au mode de culture. Plus on s'enfonce dans la culture de la vigne, plus on est dans la petite propriété.

La petite propriété serait plus favorable que la grande à la moralité des individus, qu'il n'y aurait pas lieu de s'en étonner. Mais conviendrait-il d'en faire honneur à la constitution géologique du pays ? Ce serait supprimer gratuitement bien des faits intermédiaires. Avant que le sol ait fait la vigne et surtout avant que la vigne ait fait le vigneron contemporain, il s'est accompli un certain nombre de changements sociaux ou historiques dont il serait bon de tenir compte. Mais au lieu de discuter sur la signification de ce premier groupe de faits, nous ferons mieux d'en considérer tout de suite un second qui nous épargnera peut-être des hypothèses inutiles.

Cette région où les cultivateurs non propriétaires dominent, elle est vaste. Or, on trouve une situation à peu près identique (sous ce rapport) dans l'Eure et dans l'Orne, deux départements géographiquement voisins, mais moralement fort éloignés ; car dans les cartes de la criminalité, le premier est du noir le plus foncé, le second est presque blanc. Cherchons-nous les départements où les proportions des propriétaires ressemblent le plus à celle de l'Eure et de l'Orne ; nous trouverons Seine-et-Oise, où il y a beaucoup de crimes, Eure-et-Loir, où il y en a fort peu, puis le Gers où pendant longtemps il y en a eu peu, mais où depuis quelque temps il y en a beaucoup.

La proportion des cultivateurs-propriétaires, disons-nous, augmente au fur et à mesure qu'on descend au sud-est et au sud-ouest. Cependant elle est plus prépondérante dans l'Aube et dans la Marne, pays relativement très criminels, que dans l'Allier, le Cher, l'Indre qui, les deux derniers surtout, sont très moraux. En revanche, il y a un grand nombre de cultivateurs non-propriétaires dans les Landes, département qui, sur la carte de la criminalité générale, est un des plus blancs.

Prenons plus particulièrement les domestiques de ferme, dont le nombre, restreint ou étendu, peut annoncer des modes si divers d'exploitation rurale. Il y en a très peu dans la Corse et dans les Pyrénées-Orientales, départements où la violence des mœurs fait tant de coupables. Il y en a beaucoup dans la Seine-Inférieure où la cupidité, l'alcoolisme et la paresse ne provoquent guère moins d'accusations. Restons dans cette région même de l'ouest : il y a à peu près autant de ces domestiques dans la Mayenne, plus morale que la Seine-Inférieure, et dans la Bretagne, plus morale encore que la Mayenne. Les proportions se retrouvent également analogues dans le Gers et dans la Corrèze et, ce qui dit plus encore, dans l'Indre et dans l'Eure, deux départements qui sur l'échelle de la criminalité, occupent ou tout au moins avoisinent l'un les premiers rangs et l'autre les derniers,

Enfin, pour l'étendue moyenne des exploitations, je vois que les proportions sont sensiblement les mêmes dans le Gers et le Lot-et-Garonne où depuis quelques années le nombre des accusés va de 15 à 20 et même au delà, et dans la Creuse et la Corrèze où ce chiffre ne dépasse pas 8. Mêmes proportions encore dans l'Eure et dans l'Indre, dont j'ai suffisamment montré les différences au point de vue de la moralité[1].

Laissons donc encore une fois de côté ces explications qui veulent trop emprunter aux causes extérieures. Les traditions, les habitudes, les exemples, le rapprochement ou l'éloignement des diverses classes font beaucoup plus pour modifier les rapports des fermiers et des métayers, des propriétaires et des domestiques, que le sol et la culture ne font pour améliorer ou pour gâter les mœurs des uns et des autres. Il est temps de descendre à l'homme lui-même.

II

Le paysan français vit généralement dans une honnête médiocrité qui le met à l'abri des grands besoins, mais qui l'oblige à la sobriété et au travail. Il passe de longs mois, quelquefois plus d'une année, à vivre uniquement sur les produits de sa propre culture. Il a devant lui peu d'argent. Lorsqu'à la suite de belles récoltes il a encaissé une somme importante, il aime en faire un emploi qui dure et qui paraisse : il augmente son bétail, répare

---

[1] Pour le mode de culture et son influence, je ne reviens pas sur ce que j'ai dit en parlant de la Normandie. Voir plus haut, ch. IV.

ou agrandit sa maison, plante un coteau, marie sa fille [1],
prend une résolution pour l'éducation ou la carrière d'un
de ses fils. Il achète surtout quelques arpents de terre.
Bien heureux, si ayant quinze cents francs devant lui,
il n'achète pas un champ qui en vaut trois mille et qui
l'endette pour longtemps peut-être! Le lendemain donc
de tous ces placements, il recommence sa vie de labeur, cent fois plus esclave des exigences de la terre et
du bétail que s'il travaillait sur les ordres d'un maître et
pour un salaire immédiat.

Son honnêteté n'est cependant pas sans connaître
quelques écueils. Avant l'argent gagné, c'est l'avarice
et la jalousie, ou des imprudences qui le ruinent et le déclassent. Le bien-être une fois venu, ce sont quelques
vices nés de la richesse même et que l'éducation ne vient
pas assez tempérer.

Pauvre encore et aux prises avec les caprices de la
nature, ce paysan, si peu qu'il possède ou qu'il compte
bientôt posséder, est courageux : s'il lui arrive un malheur, il est résigné. Mais il faut s'entendre, il est résigné devant tout ce que lui impose la force des choses et
devant ce qu'il appelle le *sort*. Il ne l'est pas du tout devant les ennuis réels ou imaginaires qui lui viennent de
la rivalité, de la jalousie ou de la supériorité d'un de ses
semblables. La foudre, la grêle, la gelée, les inondations,
les maladies de la vigne et des animaux, sans compter

---

[1] Il y a des filles demandées qui sont obligées d'attendre que le
père ait l'argent de la noce. — « Je ne demande pas mieux que de
te donner ma fille, dit celui-ci au prétendant. Mais qu'est-ce que tu
veux ? Je n'ai pas fait de vin cette année; il faut que tu patientes. »
— D'autres fois, c'est la fille, elle-même, qui est allée se placer
comme domestique à la ville. Si elle est restée sage et a conservé
la ténacité du village, elle ne reviendra épouser son prétendu que
quand elle aura économisé un chiffre fixé par elle.

les maladies de ses enfants, il ne discute généralement rien de tout cela. Aujourd'hui même il croit encore trop volontiers que rien de tout cela ne peut être évité : si un malheur arrive, « c'est qu'il devait arriver ». Cette résignation-là n'est cependant pas inertie. Qui est-ce qui n'a pas admiré le vigneron travaillant sa vigne le lendemain d'un orage qui a tout dévasté ? La récolte de l'année est perdue. Qu'importe ! C'est pour l'avenir qu'il peine et qu'il sue. Mieux encore ! C'est par respect pour la terre et par obéissance aux exigences sacrées de son « travail ».

A l'égard des hommes, le paysan a moins de patience. Il ne s'emporte pas souvent, si ce n'est dans quelques régions méridionales ou montagneuses ou dans celles qu'atteint l'alcoolisme ; mais tout en faisant sa besogne solitaire, il rumine ses griefs et il prépare sa vengeance. A la nuit tombante, il va couper des arbres par le pied, il va empoisonner du bétail ou mettre le feu. D'autres fois il sème des bruits calomniateurs, sachant bien que les moindres propos trouvent des échos qui les agrandissent. Il fait ainsi manquer une vente ou un achat, un mariage, un testament. Il glisse une confidence à l'oreille du garde-champêtre ou du garde-forestier ; et le lendemain il fait semblant d'être surpris quand celui auquel il en veut lui raconte qu'on lui a dressé procès-verbal.

S'il n'est pas bien dans ses affaires et qu'il lui plaise d'en accuser d'autres que lui-même, sa colère prend une nouvelle tournure [1]. Obligé de partager son temps entre sa terre et celle du bourgeois, il donne à celle-ci le moins de soins qu'il peut, et il les donne rarement au moment convenable. Si même il la voit prodiguer trop de pro-

---

[1] Il est bien clair que ce n'est pas tout paysan que je décris ici, mais le paysan qui « tourne mal ».

messes, ce dont il est jaloux, il corrige volontiers
l'œuvre de la nature ; il soulage plus d'un cep de vigne
des bourgeons qui le... fatiguent. S'il a des dettes trop
lourdes, s'il est mécontent d'un partage où il se croit
lésé, s'il a pris en grippe les vieux parents qui lui font
attendre un héritage ou l'obligent au paiement prolongé
d'une pension, l'idée sinistre germe dans sa tête. Il
n'aime pas les servitudes, celles du moins qui sont à son
détriment ; et dès qu'il travaille quelque temps sur un
coin de terre, il en devient terriblement jaloux. C'est
ainsi qu'il a exécuté sans ménagement les détenteurs des
droits féodaux, c'est ainsi qu'il aime à payer le moins
possible son fermage, c'est ainsi que de loin en loin, quand
une série de circonstances individuelles l'ont rendu plus
méchant que ceux qu'il fréquente, il s'enivre pour se
donner « du courage », et il en arrive à l'assassinat ou
au parricide.

Il a encore un autre moyen de se soustraire à de graves
embarras, c'est de mettre le feu dans sa propre maison
ou dans ses granges après les avoir assurées au-delà de
leur valeur. C'est là un genre de crime souvent soupçonné, souvent poursuivi, quelquefois démontré : mais
on pourrait surtout le compter parmi les crimes dont les
auteurs savent le mieux dissimuler toutes les preuves.
Certes, les compagnies d'assurance sont vigilantes et
elles prennent bien des précautions ; mais la lutte qui
s'engage entre elles et les assurés ne tourne pas toujours
à leur avantage pécuniaire.

Je dirai d'abord qu'ils s'accusent mutuellement. J'ai
entendu des paysans accuser les agents des compagnies de
mettre le feu chez les uns pour obliger les autres à s'assurer. Assertion de gens crédules à laquelle il est clair
qu'il n'y a pas lieu de s'arrêter. Les allégations des

compagnies sont assurément plus sérieuses. Frappé de ce que m'avaient dit à ce sujet les autorités de l'arrondissement de Pont-Audemer, je me suis adressé à quelques directeurs et inspecteurs de compagnies bien connues ; je leur ai demandé quels étaient leurs soupçons, sur quelles populations ces soupçons portaient, sur quels indices ils reposaient. Voici les réponses qui m'ont été faites.

Sans connaître aucunement les statistiques criminelles, des inspecteurs très expérimentés et très avisés m'ont dit tout d'abord qu'il n'y avait guère lieu de soupçonner les populations du centre et de l'ouest de la France : on a même à se féliciter de leur probité dans le règlement des sinistres. Voilà une coïncidence que je ne pouvais m'empêcher de remarquer.

En second lieu, ces incendies suspects ont tous lieu à la campagne.

On observe ensuite qu'ils sont beaucoup plus fréquents après les mauvaises récoltes qu'après les bonnes. Je causais récemment avec un inspecteur d'une des deux plus grandes compagnies parisiennes : voici quelque temps déjà qu'il règle tous les sinistres de Nice à Toulouse. Il me disait : « Nous avons eu ces années dernières beaucoup d'incendies dans l'Hérault ; depuis que la vigne y est replantée et donne des résultats, ils diminuent notablement. »

« Nous avons fait, ajoutait-il, une autre genre d'expérience, il y a bientôt vingt ans ; elle portait sur un certain nombre de campagnes de l'Est. Lorsque les Prussiens occupaient les fermes et les granges, ils avaient beau y faire leur cuisine et s'y chauffer sans beaucoup de précautions, on peut le croire : les incendies y étaient rares. Ils ont été moins rares après la libération complète du territoire. »

Toutes les fois qu'il y a quelque opération suspecte, immorale ou à plus forte raison criminelle, qui se pratique avec un peu de régularité, les provocateurs arrivent. Depuis qu'on a rétabli le divorce il s'est établi une nouvelle classe de courtiers, d' « hommes d'affaires » qui s'occupent spécialement de préparer les dossiers, d'indiquer la procédure, de rechercher des témoignages, de s'aboucher avec les agences de recherche et de surveillance. On en trouve aujourd'hui dans les campagnes comme à Paris. Or, les compagnies d'assurance contre l'incendie vous diront toutes à combien de faux agents elles sont obligées de fermer leurs portes. Pour un million d'affaires qu'elles acceptent, il y a un million qu'elles refusent. Ces intermédiaires de bas étage sont des gens qui se sont conféré à eux-mêmes le titre et les fonctions d'agents. Ils en ont d'autres au besoin : mais ils sont souvent à la recherche des bicoques ou semblants d'installation que les vrais agents se sont bien gardés de prendre au sérieux. Les occupants de ces locaux comprennent à demi-mot l'idée que les autres leur suggèrent. Il arrive enfin quelquefois que la négociation est assez bien menée, les apparences assez déguisées pour tromper une compagnie, surtout quand celle-ci est récente et cherche des affaires nouvelles.

Enfin, je dirai qu'il y a des villages devenus tellement suspects que les compagnies les plus considérables les marquent comme étant de ceux auxquels il faut refuser toute assurance, et où leurs représentants ne doivent pas aller.

L'incendie calculé paraît donc bien être l'un de ces crimes plus souvent commis que punis dans un trop grand nombre de nos campagnes. J'y ajouterai l'avortement pour quelques-unes et, pour une quantité probablement plus considérable, le faux témoignage.

Mais voici une autre source plus connue de délits et de crimes ruraux. Il est des campagnes où la culture est maigre et suffit difficilement à l'entretien d'une famille nombreuse. Là, le paysan n'est pas aussi amoureux de la terre; il n'est pas aussi occupé de cultures variées et lucratives. La vie pastorale ou le métier de bûcheron lui donnent des goûts plus sauvages. Lui et ses enfants voient le poisson des rivières, le gibier des champs ou des bois, que nul maître n'a ni élevé, ni soigné et qui ne doit rien qu'au bon Dieu qui l'a fait naître. La chasse et la pêche sont donc bien tentantes : on fabrique des engins, on répare un vieux fusil, on trouve aisément des excuses qu'on trouve excellentes, et l'on devient braconnier. Le département de la Lozère est un des moins peuplés de France : sa population ne dépasse pas 140,000 habitants. En 1886, on y avait compté plus de 220 délits de pêche et 406 délits de chasse (aucun département français, si peuplé qu'il soit, n'atteint ce dernier chiffre).

De pareils délits n'engagent pas, ce semble, bien profondément la moralité des individus. Mais, nous l'avons déjà vu, ils conduisent à d'autres plus graves. Le délit de pêche peut encore s'accommoder de mœurs douces, car on ne pêche pas avec un fusil, et un garde ne se laisserait pas facilement jeter à l'eau. Mais la chasse donne l'habitude et le goût d'une sorte de guerre, guerre offensive contre le gibier, guerre défensive contre le garde et le gendarme. La vie errante, l'émotion du danger, l'odeur de la poudre, la promptitude à mettre en joue, la haine de celui par qui on a été dénoncé, persécuté, traqué ou arrêté, tout cela finit par aboutir à un coup sanglant; et voilà un homme de plus en cour d'assises. C'est peut-être en partie pour cela que la Lozère figure

dans les vingt départements qui ont proportionnellement
le plus d'accusés de crimes contre les personnes [1].

Dans les pays montagneux et pauvres, cependant,
tous ne se sentent pas également cet esprit de violence
et d'aventure. Il en est du moins à qui plaît une autre
espèce, je ne dirai pas de vagabondage, mais de vie libre
et erratique. Ne revenons pas sur les délits particuliers
de ces émigrés, paysans dans une saison, journaliers et
travailleurs urbains dans une autre. Observons seulement
que ce flot d'émigration qui va se souiller dans les villes
ou sur les routes, reflue vers sa source et qu'il y ramène
trop souvent des impuretés de toute nature.

III

Mais que les paysans soient pauvres ou qu'ils soient
riches, il s'en trouve toujours qui finissent par être
expulsés de leurs biens. Ce n'est pas ici le mode de culture, ni la configuration des plaines ou des montagnes
qui sont en cause, car le fait se retrouve partout, comme
les faillites du commerce.

---

[1] Les Lozériens et, en général, les Cévenols sont violents : ils
le sont par nature, car ils sont en même temps religieux. M. Amagat me raconte que dans le Cantal, où ils émigrent beaucoup, on
dit d'eux : « Lozérien ! le chapelet d'une main, le couteau de l'autre. »
Un ancien préfet de l'Ardèche me rapporte de son côté le fait suivant qui s'est passé dans le côté de ce département qui avoisine la
Lozère et fait partie de la même région et de la même race. Deux
groupes d'hommes se disputaient avec acharnement dans un marché,
et ils avaient déjà levé les uns sur les autres de gros bâtons ferrés,
quand, tout à coup, l'*Angelus* sonna. Les deux bataillons ennemis po-
sèrent aussitôt leurs bâtons, se découvrirent, firent le signe de croix
et récitèrent l'*Angelus*, comme des paysans de Millet. Mais la prière
une fois finie, les bâtons se relevèrent, et la bataille s'engagea de
plus belle.

Une statistique allemande a analysé et classé les causes qui avaient amené la vente judiciaire de 2,835 immeubles ruraux en Prusse, en 1887 [1]. Je n'ai pas trouvé en France de statistique analogue ; mais celle-ci mérite d'être connue, car il est bien probable qu'elle pourrait s'appliquer à tous les pays d'Europe et particulièrement au nôtre.

Les causes se décomposaient comme il suit :

1. Mauvaise administration, paresse, ivrognerie, prodigalité, amour de la chicane   41,95 0/0
2. Mauvaises acquisitions, acquisitions de biens que l'acheteur n'avait pas le moyen de payer ni d'exploiter.......   19,55
3. Situation de la famille : maladies......   10
4. Pertes dans les affaires, constructions, aménagements, spéculations, engagements pris pour des tiers....   6,73
5. Sinistres naturels, accidents d'exploitation.................................   6,18
6. Crise agricole........................   5,92
7. Conséquences des lois successorales.....   5,72
8. Emprunts usuraires..................   3,09
9. Divers.............................   0,86

Peut-on trouver un rapport entre les indications de ce tableau et la statistique des crimes ruraux ? Un rapport direct, non. Mais on voit là que dans un grand pays voisin du nôtre, plus de la moitié des cultivateurs qui se ruinent, sont victimes de leur inconduite ou de leur imprudence. Est-il téméraire de penser que ces proportions se

---

[1] Ce travail est extrait du *Deutsche Œconomist*. Il a été inséré dans le *Bulletin de statistique et de législation comparée* de notre Ministère des Finances, août 1888.

retrouveraient à peu de choses près chez nous comme en Prusse? Or, la ruine, ce n'est assurément pas l'immoralité ni le déshonneur pour tous ceux qui succombent. Mais pour ceux-là surtout qui ont succombé par leur faute, c'est le commencement d'une vie de hasards et d'expédients. Quelques-uns se relèvent avec courage ; quelques-uns rencontrent une carrière où des aptitudes qu'ils n'avaient pas eu le temps d'essayer, trouvent heureusement un emploi. D'autres encore se contentent de raconter à tout venant leur ancienne prospérité, ils se plaignent longuement des hommes et des événements qui, disent-ils, la leur ont ravie ; mais pour la retrouver ils ne font rien, ni de bon ni de mauvais. Ces divers groupes éliminés, il faut bien arriver à ceux qui rejoignent n'importe où, les déclassés de toute profession.

La ruine ou la gêne ne sont pas les seules portes par lesquelles le paysan français entre dans le mal. En quelques régions de la France tout au moins, la richesse facilement acquise a amené des habitudes de bien-être et de plaisir grossiers dont j'ai parlé longuement. Je ne puis tout d'abord que renvoyer à ce que j'ai dit de l'Hérault et de la Normandie.

D'une manière générale, c'est un lieu commun, je le sais, de dire que l'agriculture souffre, qu'elle souffre grandement, qu'elle traverse même une crise redoutable. Je ne songe pas à le nier ; mais je n'apprendrai rien à personne, en rappelant que tous ceux qui vivent de l'agriculture sont bien loin de souffrir avec la même intensité. Les frais de main-d'œuvre ont augmenté, les ouvriers des champs coûtent beaucoup plus à payer et à nourrir, voilà le fait qui domine. Il en est résulté un déplacement plus encore qu'une diminution de prospérité. Ce que la crise agricole, issue de la concurrence universelle, a fait, ç'a été d'empêcher qu'un surcroît de bénéfices vînt permettre d'augmenter la part des uns [1], sans diminuer celle des autres. Mais il y en a dont la part a été incontestablement améliorée au point de vue matériel et pécuniaire.

Consultez un campagnard âgé d'environ 60 ans, possesseur d'un petit domaine éparpillé, valant de soixante à quatre-vingt mille francs. Il a connu, lui, la vie dure d'autrefois, celle où le paysan mangeait du pain et ne buvait que de la piquette (quand il en avait). Demandez-lui comment il est obligé de soigner les hommes qu'il emploie ; il vous répondra ce qui m'a été répondu par l'un d'eux : « Comme aux noces qu'on faisait dans le temps ! »

Allez ensuite à une grande ferme louée, je suppose vingt ou vingt-cinq mille francs. Elle occupe quarante, cinquante travailleurs de toute espèce, quelquefois plus. Le fermier est un homme nanti de diplômes et de médailles : il écrit de savants articles d'économie rurale dans les journaux du chef-lieu ; il a perfectionné ses cultures, il y a annexé des productions industrielles. Mais combien chacun de ces auxiliaires lui coûte-t-il de plus qu'il y a trente ans ? Le régisseur du château dont dépend la ferme me dit : « Sans parler de l'élévation des salaires, il faut compter de 1 fr. à 1 fr. 50 de plus. » Il est vrai que la fermière ne fait plus le pain, ne vit plus avec les domestiques, qu'on se fournit largement à la boucherie du chef-lieu de canton, etc. Il passe chaque année à ces dépenses nouvelles une somme qui représente et au-delà le fermage dû au châtelain. Dans

---

[1] Le perfectionnement des cultures le permettrait. Mais ce n'est pas l'œuvre d'un jour.

ses superbes bâtiments qu'il aurait beaucoup de mal à réparer, celui-ci vit peut-être plus simplement que ses fermiers : c'est du moins le bruit qui court aux environs, et les apparences ne sont point pour le démentir.

Qu'est-il résulté de tout cela ? Le petit propriétaire qui cultive tout par lui-même, souffre moins de la cherté de la main-d'œuvre. Il est obligé cependant de renoncer à beaucoup d'améliorations qui exigent des frais de transport et de mise en œuvre et se traduisent par conséquent en journées d'ouvriers. Il y renonce d'autant plus qu'il a le tort, en un grand nombre d'endroits, d'avoir de moins en moins d'enfants. Il se tue pour faire à lui seul tout son travail, sans bourse délier... Le fermier, lui, a un moyen de ne pas perdre d'argent : c'est de ne plus payer son propriétaire. Moyen dont il use !

Revenons au domestique de ferme et au journalier : aussi bien sont-ils plus souvent en rapports avec la justice que le propriétaire et que le fermier. On ne peut que s'applaudir sans doute de les voir mieux payés, mieux nourris, mieux soignés que jadis. On s'en applaudirait bien plus, s'ils n'étaient devenus si exigeants, si amis du plaisir, si éloignés de la stabilité des engage· ments et de la stabilité du séjour, leur double sauvegarde d'autrefois.

Cette stabilité, qui supplée si heureusement à la médiocrité de certains salaires [1], plus d'une cause l'a ébranlée dans nos campagnes. Les procédés de culture et d'exploitation d'il y a trente ans prolongeaient la besogne;

---

[1] Il est aisé de voir combien elle y supplée dans bon nombre d'administrations bien organisées, comme celle des chemins de fer, par exemple, ou celle des compagnies houillères du nord de la France.

les procédés actuels multiplient, à de certains moments, les demandes de travail et font affluer les ouvriers sur des points qui les attirent ; puis vient un intervalle où ce sont les offres inacceptées qui abondent, et il faut que l'homme passe alors son temps comme il le peut.

Au moment où je récris ces lignes, à la campagne, vers la fin d'août 1889, un homme de trente et quelques années entre près de moi : il cherche de l'ouvrage. C'est le premier que je voie de la saison : ses pareils vont arriver à la file. Celui-ci me raconte qu'il est de la Nièvre, où il va encore voir sa mère deux fois par an. Il est d'une famille de six enfants. Une de ses sœurs était allée se placer comme nourrice à Paris ; elle est devenue veuve, elle est restée domestique dans la maison où elle était, et rien ne lui manque. Des quatre autres, deux font le métier de tisserand et s'en trouvent bien ; la Nièvre a gardé quelques vieilles habitudes : on y cultive encore le chanvre, et les paysans y aiment encore la toile filée à la maison. Deux autres enfin sont restés cultivateurs au pays. Leur sort n'est pas mauvais : car ils sont dans un département où le gros propriétaire réside, où il vit volontiers avec ses fermiers et ses domestiques, où le fermier lui-même a souvent des métayers en sous-ordre, qui le respectent [1], et où l'élevage de la bête bovine ou chevaline est restée bonne. Mais dans la culture herbagère le nombre des travailleurs est plus limité. Lui, sixième, est donc parti... pas tout de suite néanmoins. Il me raconte avec plaisir qu'à onze ans, il battait le blé

---

[1] Quelque temps après cette conversation, un médecin, originaire de la Nièvre, me disait y avoir vu, il y a trois ans à peine, un métayer qui venait consulter son fermier sur le mariage de sa fille : il ne lui demandait pas positivement la permission, mais peu s'en fallait ! — Cela devient rare.

en grange avec « défunt son père ». On les avait loués
pour tout un hiver : car c'était là un travail de longue
haleine... C'est encore du battage qu'il arrive en ce
moment. Mais quelle différence ! On sait à la ronde que
telle ou telle ferme veut expédier toute sa récolte à la
vapeur (je parle littéralement). A celle qui demande dix
ouvriers quinze se présentent. En huit jours, tout est
fini. Que faire alors ? « Si les betteraves avaient été
bonnes à arracher, me dit mon homme, je serais peut-
être resté petit à petit jusqu'aux approches des ven-
danges ; mais la betterave n'est pas mûre cette année, et
le fermier nous a congédiés. »

Cet individu m'a paru un honnête homme : il avait
quelques économies sur lui. Mais enfin, il ne savait à
trois heures de l'après-midi, où il allait coucher le soir.
Supposons que sans être un coquin, il eût eu quelque pec-
cadille sur la conscience, qu'il se fût dérangé avec une
fille des environs, qu'il eût été entraîné à boire par un
camarade, qu'il n'eût pas voulu faire succéder trop tôt
l'abstinence aux repas plantureux de la ferme d'où il sortait : le déclassement n'était pas loin, le vagabondage ne
l'était pas non plus.

Deux jours après, un autre passant m'accoste de même
devant ma porte ; c'est la même histoire, avec un petit
nombre de variantes. Il voit qu'on travaille dans un en-
clos, il regarde avec quelque envie et demande si on ne
peut lui donner une besogne quelconque. Il est, lui, enfant
assisté de la Seine ; il n'a jamais connu père ni mère, il
me le dit simplement, avec une nuance imperceptible
de tristesse résignée. Comment n'a-t-il plus de travail
régulier ? Il aimerait bien mieux, et il le dit cette fois
avec accent, être loué toute l'année dans une ferme. On
l'avait placé tout enfant chez des paysans de la Puisaye...

« Mais quelquefois, me dit-il, il y en a, vous savez, qui exploitent le travail des jeunes gens et puis qui, à 21 ans, les renvoient ! Ah ! si le bon M. P. [1], l'ancien Directeur des enfants assistés de ce département, vivait toujours, je suis sûr que je n'aurais pas eu tous les petits ennuis qui me sont arrivés. Mais le nouveau ne connaît pas encore aussi bien tout son monde... »

Cet homme m'avait touché ; j'aurais voulu qu'on l'employât. Mais les gens du hameau ne l'auraient pas vu d'un très bon œil. C'est surtout quand le personnel passe et se renouvelle que les mauvais nuisent aux bons, parce qu'on n'a pas le temps de les connaître et de les discerner les uns des autres. Celui qui gouverne la petite culture de la ferme me rappelle alors que deux fois, on avait pris de ces individus et qu'on avait essayé de les garder. L'un était un lourdaud inoffensif. L'autre nous avait amusés beaucoup par sa verve, ses chansons, et par ses histoires de toute nature ; il avait fait dix-huit métiers, dont plusieurs à Paris, avant de venir essayer de l'agriculture, et il ne s'y prenait pas plus mal qu'un autre ; mais il aimait boire, et autant il était gai dans ses moments de sobriété, autant il avait le vin triste. Il n'était donc pas sans donner quelques inquiétudes. Un jour, il partit ; il se loua dans une autre ferme des environs. Mais six mois après, la gendarmerie venait demander des renseignements sur son compte : il avait été arrêté comme vagabond du côté de Toul.

Il faut descendre encore quelques degrés. A la suite de ceux qui cherchent réellement du travail, viennent...

---

[1] Je sais que cet éloge est mérité. J'ai connu le bon M. P. Je me souviens de l'avoir vu venir, il y a bientôt quarante ans, dans la maison de mon père et s'y enquérir avec sollicitude d'une jeune pupille qu'il y avait placée comme domestique.

les autres. Ces autres savent parfaitement quelles sont les époques où les premiers passent [1], où il y a intérêt à descendre sur les routes parce qu'on profitera de la confusion. Il arrive alors qu'on en voit dix, quinze, vingt, parfois même trente par jour. Les uns sont des paysans comme ceux dont je viens de parler ; aux autres, on est tout de suite tenté de leur adresser la question : combien avez-vous de condamnations ? La demeure que j'habite est modeste et elle est bornée par un simple chemin vicinal : elle n'est cependant pas épargnée des visiteurs. Mais à un demi-kilomètre est un château qui communique avec la grande route par deux belles avenues. On y donne à chaque passant un morceau de pain et quelques sous ; j'ai su qu'il y a deux ans on avait relevé en une seule journée de septembre trente-cinq passagers. On avait même remarqué que quelques-uns, malgré la pauvreté de leur bagage, trouvaient encore le moyen de changer leur costume et de revenir par une avenue, après avoir fait d'abord leur entrée par une autre.

Ces spectacles ne contribuent pas peu à diminuer chez les paysans l'esprit de compassion et d'assistance [2]. Puis de ce mélange des travailleurs sincères et de bonne volonté avec les véritables vagabonds naît, pour les premiers, une sorte de découragement et de honte qui ne facilite que trop leur déclassement progressif.

Le mal que je décris là par quelques exemples familiers sévit à peu près partout et il s'accompagne souvent de

---

[1] Entre moisson et vendange.

[2] La petite commune dont fait partie mon hameau a mis en pratique une idée heureuse et assez répandue déjà. Elle a élevé à ses frais une maison pour y loger, pendant la nuit, ces passagers. C'est prévenir bien des abus, bien des causes de maladies pour les uns et de délits pour les autres. C'est aussi mettre tout ce monde errant sous la surveillance, devenue plus facile, de l'autorité locale.

symptômes plus graves. En bien des endroits, les opti-
mistes veulent expliquer la criminalité par la dépopulation des campagnes, ce qui peut se soutenir : mais ils
veulent ensuite expliquer cette dépopulation par ce qu'on
appelle la crise agricole, et il est probable que cette fois,
ils confondent l'effet avec la cause.

« On accuse volontiers en ce moment, dit le Dr Guiraud (de Montauban) la crise agricole que nous traver-
sons. Mais ce mouvement d'émigration date déjà de loin,
il est bien certainement antérieur à la crise ; car pendant la période la plus prospère de l'agriculture, de 1861
à 1875, époque où nous ne connaissions ni le phylloxéra,
ni le mildiou, ni tous ces autres fléaux américains, où la
vigne donnait abondamment et généreusement ses produits si rémunérateurs, on constatait déjà ce même courant. Ce n'est pas la crise agricole qui pousse l'ouvrier
des campagnes vers les villes. Les motifs sont, nous le
craignons, moins intéressants et moins légitimes. »

Il est peu de départements où la crise agricole ait fait
autant parler d'elle que dans le département de l'Aisne.
Or, il est bien prouvé que là aussi la dépopulation des
campagnes a précédé la crise. M. Baudrillart [1] a exposé
avec beaucoup d'intérêt que, bien avant la période
actuelle [2], les fermages y avaient subi des surélévations
excessives. A la concurrence déjà vive des fermiers qui
se disputaient la location des propriétés, s'était ajoutée
celle de fermiers arrivant des autres départements et de
l'étranger. Les indigènes alors avaient pris le parti de

---

[1] BAUDRILLART, *Les Populations agricoles de l'Ile-de-France*,
p. 517.
[2] La crise a commencé dans l'Aisne en 1876. Elle a battu son
plein de 1880 à 1884. Elle a commencé à s'atténuer en 1885. (Renseignements de M. Sébline, sénateur et ancien préfet de l'Aisne.)

quitter l'agriculture en masse, et ils étaient partis pour
Paris. Paris a exercé sur les habitants de l'Aisne
une attraction d'autant plus grande qu'il est plus rapproché, et que d'autre part le département manque de
centres importants : si l'on y cède à la fascination de la
ville, c'est tout de suite à la capitale que l'on se précipite. C'est pour cela sans doute que de 1801 à 1846,
l'Aisne avait perdu 131,400 habitants.

Les cultivateurs qui étaient restés avaient profité de
ces départs. Dès 1860, les salaires s'étaient élevés dans
de grandes proportions. Ceux qui les touchaient s'y sont
habitués ; ceux qui les payaient ont vu venir le temps où
ils ne pouvaient plus y suffire. Il est bien vrai qu'alors
« la crise agricole a augmenté dans l'Aisne le nombre des
gens inoccupés ». Mais il faut en chercher toutes les
raisons, et un homme justement considéré dans le pays
me donne nettement la suivante [1] : « Les ouvriers des
champs ont voulu toujours être payés sur le même
pied. Les maîtres n'ont pas pu les satisfaire : ils se sont
alors refusés à travailler pour eux. Les uns sont allés
dans les villes industrielles. Les autres sont venus
à Laon, en vue de se faire assister d'abord par la charité privée, puis, au bout d'un certain temps de séjour,
par le bureau de bienfaisance. Enfin beaucoup d'autres,
et leurs fils et leurs filles ont mené la vie errante et paresseuse. Ils y ont pris goût. Pour varier, ils volent,
mendient et tuent afin d'aller à la *Nouvelle* [2]. »

Cette vie errante et paresseuse, on l'a vue en Normandie, je viens d'en donner quelques exemples empruntés à la basse Bourgogne. Nous la retrouvons dans

[1] Note de M. Combier, Président du tribunal civil de Laon.
[2] Il est bon de rappeler que dans le calcul de la criminalité totale, l'Aisne est, après la Seine, le département le plus chargé.

la Marne et dans l'Aisne, avec des caractères qui la rapprochent plus encore de la véritable vie criminelle. J'avais cherché si à Paris, ces émigrés si nombreux de la région du nord-est n'étaient pas poussés dans quelques industries spéciales, comme le sont les émigrés du centre. Mes recherches n'avaient point abouti. Je fis part de ces insuccès à M. le Président du tribunal de Laon qui me répondit :

« Une remarque générale me frappe dans vos observations. C'est que tout en constatant une émigration des plus fortes, vous ne pouvez constater où vont particulièrement ces émigrants. Cela ne me surprend pas, au moins d'après quelques données que j'apprécie d'une certaine façon. J'ai lieu de croire que ces émigrants ne vont nulle part. Ce ne sont pas de véritables émigrants : ce sont des gens qui ont constitué un genre nouveau de mendiants et de vagabonds. Au lieu de résider sur une commune, ils se font défrayer sur une longue étendue de pays, toujours à peu près la même. En effet, ils vont, pour la plupart, de Reims à Laon par étapes d'hôtels Dieu ou d'hospices. Ils partent, par exemple, de Reims ; après une nuit passée à l'Hôtel-Dieu, mendient le long de la route, et viennent coucher à l'Hôtel-Dieu de Laon, où ils trouvent en arrivant une soupe et un lit. Le lendemain, après avoir déjeuné à l'Hôtel-Dieu, ils s'en vont à Soissons où ils trouvent encore à l'Hôtel-Dieu une soupe et un lit. Ainsi de suite jusqu'à Paris, où ils dépensent probablement en débauche les aumônes de la route. De Paris, ils reviennent sur leurs pas et retournent à Reims par les mêmes chemins et les mêmes moyens.

» Si par aventure, ils ne peuvent gagner un hôtel-Dieu pour coucher, ils obligent le fermier à les recevoir.

» Il y a quelque temps on aurait, paraît-il, calculé à

l'Hôtel-Dieu de Laon, le passage de 3,000 individus en une année, et l'on a constaté que c'étaient presque toujours les mêmes qui passaient et repassaient.

» Tous ces vagabonds dont j'ai parlé, sont plutôt des jeunes gens que des vieillards. A plusieurs d'entre eux je dis quelquefois : « Vous êtes grands et forts, vous devriez travailler. » Chacun d'eux me répond : « *Je ne veux pas* travailler. »

Mais d'où viennent ces hordes de fainéants ? J'appelle l'attention sur les lignes suivantes, on y verra que je suis bien ici dans l'ordre d'idées que j'ai entamé.

« Presque tous sont *enfants de paysans*, ne *consentant* plus à faire ce qu'ont fait leurs pères. Ils ne sont pas mauvais en quittant leur village, mais ils le deviennent vite par cette existence de fainéantise et de vagabondage.

» Quelquefois quand ils ont besoin d'argent, ils consentent à travailler un peu dans quelques fermes. Mais au bout de deux ou trois jours, ils s'en vont, et sont remplacés par d'autres nomades comme eux. Il est triste de dire que les fermiers trouvent peu d'ouvriers dans le pays qu'ils cultivent et qu'ils sont souvent obligés de subir ces Bohêmes d'une espèce inconnue encore il y a vingt-cinq ans. »

Ce document remarquable montre donc bien que ce n'est pas la crise agricole qui a, la première, amené le manque de travail ; c'est beaucoup plutôt le refus du travail et (ce qui revient au même) le refus de conditions devenues nécessaires qui a précipité la crise. Ainsi se trouve justifiée notre prévision : quels que soient les défauts souvent graves de celui qui vit de la vie rurale, c'est surtout le jour où il la quitte qu'il s'expose à devenir un délinquant.

CHAPITRE X

L'INDIVIDUALISME ET LE SOCIALISME
DE L'OUVRIER

I. Les qualités de l'ouvrier français. — Ses défauts. — Imprévoyance systématique. — Pourquoi elle est voulue. — L'enquête de 1884. — La théorie de l'imprévoyance. — Plus de règlements. — Les ouvriers qui redoutent de devenir patrons. — Le refus de voir autre chose que le salaire. — Le salariat devenu l'esclavage du patron. — Le chômage périodique et volontaire. — II. Les chefs d'industrie : leur responsabilité morale : de quand date-t-elle ? jusqu'où va-t-elle ? — Distinction des chefs d'industrie qui produisent et des intermédiaires qui ne produisent pas. — Les intermédiaires utiles, les inutiles, les nuisibles. — III. Les parasites de l'ouvrier. — Ceux qu'il entretient et qu'il ménage. — La rupture des liens nécessaires. — Les défiances de classes. — IV. Deux extrêmes qui s'engendrent : individualisme du travailleur, socialisme du syndicat. — Socialiste et ouvrier ; l'un devrait exclure l'autre. — Statistique des chambres syndicales. — Elles avaient en vue la paix ; elles n'organisent actuellement que la lutte. — Rapports du travail et du capital dans divers départements : à quel point la nature de ces rapports influe sur la criminalité.

I

Il est des crimes, ne l'oublions pas, qui auraient pu être commis par leurs auteurs dans quelque profession que ce fût : car du haut en bas de l'échelle sociale on est exposé à la jalousie, à la cupidité, au libertinage et à leurs suites. Mais chaque profession crée à ces penchants toujours prêts des dangers spéciaux. Quels sont ceux du milieu industriel à l'époque où nous vivons ?

Commençons par l'ouvrier.

L'ouvrier français a des qualités qui expliquent le rang honorable où nous l'avons vu placé dans la statistique. Il n'est généralement pas cupide, il n'est même pas ce qu'on peut appeler vulgairement « intéressé ». Habitué à vivre au jour le jour, il ne songe point à amasser. Tel il était du temps où La Fontaine faisait parler le savetier de sa fable, tel il est de nos jours, avec moins de gaieté cependant. Il en résulte qu'il n'est point voleur, même dans les milieux où l'amour du gain est poussé au plus haut degré, comme, par exemple, en Normandie.

Cette probité est le plus souvent soutenue par d'autres sentiments qu'on ne retrouve pas au même degré chez le paysan : l'ouvrier est fier ; et comme il a la parole facile, il prend l'habitude d'exprimer souvent et très haut la prétention qu'il a de valoir n'importe qui. Son honnêteté réelle est-elle au niveau de celle qu'il vante et qu'il s'attribue ? Non. Mais qui n'en est là ? Sa conscience n'en est pas moins soutenue par la théorie même qu'il aime à développer ; car ce qu'il dit, il le pense, il n'aime ni les ruses et les détours, ni la dissimulation et les finesses de l'homme qui ne cherche qu'une chose, se faire payer le plus cher possible, et qui sacrifie volontiers son amour-propre à son intérêt.

De plus l'ouvrier n'est pas égoïste. Il pratique généralement ce qu'il appelle la solidarité ; seulement il ne la pratique qu'avec les siens et avec ceux qui sont de son avis. Dans bien des circonstances, il est extrèmement exigeant à l'égard des classes riches, à l'égard des propriétaires et des patrons, et peu lui importe de leur faire subir des pertes considérables. On peut dire néanmoins que s'il attend, s'il réclame violemment des concessions et des secours, c'est que lui, de son côté, ne demande jamais mieux que de secourir ses pareils et ses inférieurs (quand il en trouve). Renoncer à une partie de son salaire pour un ouvrier malade, concourir à une collecte, partager son dîner gaîment avec celui qui n'a rien, mettre trois mois de misère au service du gouvernement ou de la cause qui lui plaît, tout cela lui paraît tout naturel : il le fait sans qu'il lui en coûte.

Abandonné à lui-même, il est encore loin d'être méchant. Il commettra sans doute par légèreté, quelquefois par théorie, bien des actes qui nuiront à d'autres : familier avec la gêne, il ne plaint pas beaucoup celle dont il peut être la cause. Il est encore violent contre les forts ou contre ceux qu'il suppose tels et contre ceux qui l'humilient : il est assez généreux envers ceux qui sont à terre et qui souffrent. Sa colère est prompte et elle est violente, mais elle ne dure pas. Il jetterait de bon cœur à l'eau le malfaiteur qu'on vient de surprendre et d'arrêter ; mais l'accusé, le condamné surtout excitent sa pitié. Je ne crois pas qu'on entende souvent dire à des ouvriers ce que j'ai entendu répéter par bon nombre de paysans, à savoir que la mort est une peine trop douce pour certains criminels et qu'il faudrait trouver davantage.

En ce qui touche aux mœurs, l'ouvrier est facile, il court après le plaisir, et s'il compromet gravement d'autres personnes que lui, il aime à se couvrir de cette excuse, qu'il n'a pas été seul à s'amuser. Il n'a pas l'emportement un peu brutal du campagnard ; celui-ci vit en plein air et a sous les yeux le spectacle continuel des

bêtes, qu'il imite avec trop de facilité. L'ouvrier aime
à entourer son vice d'un semblant de cour et de persua-
sion, de conquête romanesque ou encore de théories
empruntées à la littérature qu'il connaît ; car des théories, il faut qu'il en mette partout.

Il est à remarquer qu'ici comme ailleurs il est plus
sévère pour les autres que pour lui-même[1]. Il demande
quelque dignité chez ceux qui s'adressent à lui, et il tient
à faire élever ses filles dans des sentiments[2]... dont il
ne s'empresse pas beaucoup de s'inspirer.

Voilà les qualités, déjà mélangées de certains défauts,
qui dorment dans les temps ordinaires, et que la politique[3] réveille, puis exaspère. Mais le défaut le plus
habituel, le plus répandu, et, à tout prendre, le plus
fécond en conséquences fâcheuses, c'est l'imprévoyance.
Imprévoyance voulue, et à laquelle on ne le fait renoncer
qu'avec les plus grandes difficultés. Au cultivateur,

---

[1] Je me trouvais récemment et par hasard dans un comparti-
ment de chemin de fer avec un journaliste parisien qui, pour le
quart d'heure, était courtier en élections. Il me parla des élections
du 22 septembre qui étaient proches. La conversation tomba sur un
député sortant, fort connu pour certaines aventures galantes et qui
se présentait dans une des circonscriptions les plus démocratiques et
les plus avancées de Paris. (Il y en a tant qu'on ne m'accusera
point, je l'espère, de commettre aucune indiscrétion.) « Ce qui lui
nuira beaucoup, me dit-il, ce sont toutes ces petites histoires...
Ah ! s'il n'avait fait que tuer un ou deux sergents de ville ou
quelques bourgeois, dans une « journée » quelconque, ajouta-t-il en
riant, à la bonne heure ! Mais le reste, non. L'austère révolutionnaire, l'intègre faiseur de barricades qu'on lui oppose a, je le
crains, plus de chances que lui, bien que lui, cependant, soit notre
ami... »

[2] C'est pourquoi, dans les quartiers de Paris qui votent avec le
plus d'empressement pour les candidats de la Commune, tant d'ouvriers envoient leurs filles aux institutions congréganistes.

[3] Je reviendrai sur les rapports du crime et de la politique, dans
un chapitre spécial.

tout enseigne la patience et le long espoir. Avant de toucher l'argent de la récolte, il faut la préparer, la semer, la défendre contre des périls prévus ou imprévus, il faut la rentrer à temps, ne la céder qu'au bon moment... C'est toujours pour un avenir relativement éloigné que le paysan travaille. L'ouvrier, lui, fait sa tâche, et il en est payé promptement. Dans la plupart des industries, on a aujourd'hui la paye par quinzaine. Mais l'intervalle paraît encore trop long à un grand nombre d'ouvriers. Un inspecteur du travail disait en 1884, devant la Commission parlementaire [1] : « On ne travaille plus au mois, ni à la journée, mais à l'heure ; on arrivera bientôt à travailler à la minute, comme en Angleterre [2]. » En tout cas, il est très ordinaire que l'ouvrier travaille aux pièces et qu'il passe d'atelier en atelier, ici chez un patron, demain chez un autre.

Vite gagné, cet argent se trouve encore plus vite dépensé. « Il n'y a pas un ouvrier sur dix faisant des économies, le reste vit au jour le jour [3]. » Il semble même que toutes les formes de l'économie et de la prévoyance leur soient importunes, qu'ils s'en défient, qu'ils y voient comme un piège à eux tendu par les détenteurs du capital et les directeurs des grandes entreprises.

Evidemment tous n'en sont pas là. Mais je prends ici la moyenne. Il en est chez qui on ne trouve aucune des qualités que j'ai signalées, il en est qui ont su se préserver des défauts. Je cherche à m'expliquer, en ce moment sur tout ce qui favorise l'inconduite et expose au délit :

---

[1] *Enquête des 44.* Séance du 21 mars.

[2] C'est ce mode de travail « à la minute » qui vient de provoquer la grève des Docks de Londres.

[3] Déposition des délégués du syndicat des entrepreneurs de démolition. — *Enquête citée*, séance du 29 février.

je n'ai donc pas à parler des habitudes des honnêtes gens
et des sages [1]. Mais que la disposition d'esprit dont je
viens de parler soit répandue dans une foule de centres
industriels, et qu'elle y fasse beaucoup de mal, c'est ce
qui n'est que trop facile à prouver.

Dans cette grande Enquête de 1864 qui est si précieuse
à consulter, les patrons qui déposaient, disaient à peu
près tous comme l'un d'eux [2] : « Ce sont surtout les ouvriers qui s'opposent aux créations de caisses de secours.
Ils en ont maintes fois, dans des circulaires, repoussé
l'idée. »

Les représentants des ouvriers n'ont point voulu laisser aux patrons le soin d'avoir à prouver cette assertion. Ils sont venus soutenir eux-mêmes publiquement
la théorie. Un délégué, fort intelligent d'ailleurs, des
ouvriers peintres en bâtiment [3], eut avec un député
« socialiste », membre de la Commission d'enquête, le
dialogue suivant [4] :

M. Brialou (député). « Vous êtes, je crois, l'ennemi
des caisses de secours ? Vous les jugez inutiles. »

Réponse. « Nuisibles ! »

Et l'ouvrier développe incontinent cette idée singulière
que si l'on compte sur une institution et sur un droit
acquis, l'esprit de solidarité se perdra : on cessera de
venir au secours les uns des autres. Était-ce là la véri-

[1] Pas plus que sur celles des individus passés définitivement à
l'état de scélérats. Pour ceux-ci, je n'ai qu'à renvoyer à mon premier
volume.
[2] M. Morin, président de la chambre syndicale des entrepreneurs de peinture. — Séance du 28 février.
[3] Membre du cercle des prolétaires positivistes, réunion qui a
exprimé quelquefois, dans des pétitions ou circulaires, des idées
politiques très modérées, très étudiées et très sensées ; à mon avis,
du moins.
[4] Séance du 20 février 1884.

table raison ? On n'a le droit de suspecter la sincérité de personne. Le délégué qui parlait ainsi et qui n'est certes pas un ouvrier ordinaire, voulait réellement que nul travailleur frappé par la maladie, l'âge ou les accidents, demeurât sans aide. Mais il y a dans les esprits des conceptions dont ne se doutent pas toujours ceux qui les ont. Le lendemain du jour où cette déposition avait été faite, un ami, membre du même cercle [1], démasquait ouvertement une autre idée.

Lui non plus ne voulait ni caisse de retraite, ni société de secours mutuels : « Ce que nous voulons, disait-il, c'est stimuler le concours volontaire. Car, par le moyen des secours mutuels, ceux qui se trouvent en dehors des sociétés sont abandonnés. Nous voudrions qu'ils soient secourus parce qu'ils le méritent, *sans qu'ils soient astreints à des règlements.* » Remarquez la candeur de ce dernier membre de phrase. La misère, si l'on veut, et, pour y remédier, la charité des camarades, parée du nom plus moderne et plus vague [2] de solidarité, mais pas de règlements ! Ce serait aliéner sa liberté.

L'orateur allait encore plus loin. Il repoussait nettement tout système de participation aux bénéfices. Ici encore voici (toujours d'après la sténographie) le dialogue textuel [3] :

« — Pensez-vous qu'une participation dans les bénéfices entre les ouvriers et les patrons qui les occupent serait une bonne chose pour vous ?

« — Nous pensons tout le contraire ! Quand nous

---

[1] Représentant des ouvriers plombiers, zingueurs et gaziers.
[2] Il n'est pas difficile d'y trouver l'idée d'une contrainte exercée sur les camarades, pour leur imposer les mêmes luttes et le même antagonisme contre d'autres classes.
[3] Même député et même ouvrier que plus haut.

serons dans cette situation-là, nous aurons toujours une
tendance à devenir patrons.

« — Et vous regardez comme un mal de devenir tous
patrons ?

« — Oui. Nous nous ferons concurrence, et il n'y
aura plus aucune solidarité entre nous. Cela ne profite-
rait qu'aux propriétaires auxquels nous nous offririons en
concurrence les uns avec les autres. »

Ainsi quand il y a des ouvriers prévoyants qui s'astrei-
gnent à des règlements, quand il y a des travailleurs à
moins courte vue qui veulent engager leur responsabilité
par la coopération, il y en a des centaines d'autres qui
les blâment et presque les flétrissent. Au congrès anarchiste de Marseille en 1879, un orateur s'était écrié :
« Les associés ne font pas de grèves. La coopération
démoralise les ouvriers en faisant d'eux des bourgeois. »

Ce n'est donc pas seulement à Paris que cette théorie
est répandue avec toutes les idées et les projets dont elle
est grosse. Mais c'est à Paris qu'elle s'est formulée sous
les apparences les plus prétentieuses. « Si, disait l'un de
nos derniers déposants, la coopération se généralisait,
on laisserait tomber la question des salaires, en comp-
tant sur la participation. Alors les salariés auraient des
luttes bien plus difficiles à soutenir ; car nous aurions
en face de nous des collectivités en quelque sorte patronales, celles des participants aux bénéfices. Cela
pourrait reculer de huit à dix ans le succès de nos revendications ! »

Il était acquis depuis longtemps qu'un ouvrier parvenu
à s'établir était traité de faux frère par un grand nombre
de ses anciens compagnons. Il suffit aujourd'hui d'être
associé à un entrepreneur et de constituer un dixième ou
un centième de patron pour avoir immédiatement sa part

proportionnelle des injures réservées aux patrons et aux bourgeois.

Quelles sont donc ces revendications dont la solidarité obligatoire et perpétuelle des prolétaires devrait amener le triomphe ? Elles sont bien simples, elles se réduisent à une ou deux formules. « Nous voulons des secours, nous voulons être heureux [1] », ainsi s'exprimait le président du syndicat des ouvriers peintres sur porcelaine. Des secours et de gros salaires. Augmentation forcée et continue des salaires ! Ils ne voient rien au-delà !

Faisons bien attention qu'ici nous ne discutons pas du tout sur la part qui doit revenir au travail proprement dit dans les répartitions des bénéfices. Cette question demeure tout entière, et nous n'avons à aucun degré la prétention que les salaires restent immobiles : ce serait une iniquité et une absurdité. Mais ce qui me frappe, c'est que le salariat, où beaucoup d'esprits généreux voyaient la servitude de l'ouvrier, l'ouvrier s'y attache aujourd'hui par système. Il est vrai qu'il entend s'arranger pour que son système fasse désormais du salariat la servitude du patron. Il veut être secouru, sans être astreint à des règlements. Il veut de même être payé de plus en plus sans être astreint à aucun esprit de prévision et à aucun risque. Dans les réunions publiques et dans les discussions des syndicats, demande-t-on que les patrons et les entrepreneurs disparaissent et cèdent la place aux associations de travailleurs ? Nullement ! Ce sont eux qui deviennent les serfs de leurs usines. « C'est leur tour ! » Il faut qu'ils restent là pour organiser et pour conduire les entreprises. A eux les conceptions, à eux le souci des inventions, à eux les responsa-

---

[1] *Enquête citée*, séance du 18 février.

bilités pécuniaires, la responsabilité des accidents, et quelques autres encore ! Il faut qu'ils gagnent de l'argent, certes, il faut même qu'ils en gagnent beaucoup, mais pour qu'on le leur prenne tout aussitôt, par la voie des séries de prix, de l'impôt progressif, etc. Ils ne sont libres ni de liquider, ni de se reposer, ni de consulter leurs propres intérêts. Le propriétaire de la mine n'est pas maître d'en cessser l'exploitation, même s'il y mange de l'argent. Le fabricant n'est plus maître de ne plus fabriquer, même s'il fabrique à perte, et si on ne demande pas ses produits. Celui qui possède un terrain n'est pas maître de le garder sans y faire exécuter des travaux : toutes les fois qu'il y a « une crise du bâtiment » causée par l'excès des constructions, le remède qu'on propose est de mettre un impôt sur les terrains non bâtis, afin de punir les propriétaires ou de les contraindre à édifier encore plus de maisons inutiles. L'entrepreneur non plus, par conséquent, n'est pas libre de ne pas construire, même si les habitants s'en vont. C'est à empêcher ces abstentions coupables et toutes ces « grèves du capital » que les syndicats ouvriers doivent servir.

Ce que je retiens, encore une fois, de tout ceci, ce n'est pas que les ouvriers veulent améliorer leur situation (quoi de plus naturel?), c'est qu'ils veulent en masse l'améliorer sous une forme qui encourage parmi eux l'incurie du lendemain.

Elle encourage bien d'autres choses : d'abord ce « déplorable esprit de nivellement des capacités et des traitements » que déplorait dans la même Enquête[1] un sincère ami des travailleurs, M. le sénateur Corbon. L'ouvrier qui a su faire quelques économies, et qui en-

---

[1] Séance du 4 mars.

trevoit le moment où il deviendra son maître, celui-là se tient coi. Il a presque le silence prudent et songeur du paysan qui médite l'acquisition d'un coin de terre. Il ne cherche querelle à personne et ne parle de ses projets qu'en famille. Il est sans doute fier, au dedans de lui, de se voir à la veille de réaliser des projets longtemps caressés ; mais l'idée des responsabilités qu'il encourt et des combinaisons qu'il doit préparer calme son orgueil. Celui qui n'a rien et ne compte jamais rien avoir au-delà de sa journée, n'est pas tourmenté du besoin de réfléchir mûrement, il surveille les autres avec « cet esprit chagrin et ces défiances » que M. Corbon dit encore être une maladie de l'atelier. Il pérore tous les jours sur l'égalité, sur la solidarité, contre la lâcheté de ceux qui veulent faire partie des exploiteurs et des privilégiés. Les gens satisfaits sont quelquefois orgueilleux, les mécontents le sont plus encore. Il n'y a que les travailleurs persévérants et toujours attentifs qui ne le soient pas.

Cet esprit de nivellement fait d'orgueil et de jalousie s'est encore manifesté dans ces derniers temps par un trait bien significatif. La législature qui vient de finir a été occupée d'un projet de loi qui, comme bien d'autres, a été discuté plusieurs fois sans parvenir à être voté. Je veux parler d'un projet de loi sur les livrets d'ouvriers. La Chambre et le Sénat étaient d'accord pour supprimer l'obligation du livret comme attentatoire à la liberté du travail. Mais le Sénat voulait conserver le livret facultatif, et la majorité de la Chambre, sous l'évidente pression de sa clientèle ouvrière, s'y opposait.

Quelle est ici l'idée des ouvriers et de leurs amis imprudents ? Ils craignent que si certains ouvriers ont la faculté de se faire délivrer des livrets visés par les chefs d'atelier et par les maires [1], les patrons ne préfèrent ceux-là et ne se les disputent. Alors, disent-ils, les ouvriers sans livrets seront mal vus, et, de facultatif qu'on l'aura déclaré, le livret redeviendra obligatoire. C'est pourquoi il ne faut pas qu'un ouvrier ait le droit d'en demander, et il ne faut pas qu'on ait le droit de lui en donner.

Ce raisonnement est absolument le même que celui qui dit : si l'on institue des caisses de secours, ceux-là seuls seront secourus qui se seront soumis à une cotisation régulière et à l'observation des règlements. On a ainsi la prétention d'être libéral et ami de la solidarité ; on va droit à une protection arbitraire et d'un genre singulier, la protection des paresseux contre les travailleurs, des dépensiers contre les économes, des vagabonds contre les ouvriers sédentaires et — voyez jusqu'où va l'aveuglement — à la protection des ouvriers étrangers contre les ouvriers nationaux. En vain les chambres syndicales de quelques industries d'élite ont-elles signalé ce dernier péril. « Si nos législateurs, ont-elles dit [2], désirent la prospérité de l'industrie française, il ne faut pas qu'ils mettent les industriels dans l'impossibilité de pouvoir recruter des collaborateurs nationaux, sérieux et honnêtes, dont ils ont si grand besoin, et qu'ils les exposent à ouvrir les portes de leurs ateliers à des sujets étrangers ou à des malfaiteurs [3]. »

---

[1] Et portant mention de leur apprentissage, de leurs engagements et des établissements où ils ont travaillé.

[2] La chambre des mécaniciens de Paris. — La chambre syndicale des constructeurs mécaniciens, chaudronniers et fondeurs de l'arrondissement du Havre.

[3] On a discuté bien longuement aussi en 1888 (et sans aboutir) des projets de loi sur les accidents du travail. Beaucoup voulaient mettre la responsabilité tout entière au compte exclusif du patron,

Tel a été l'avis du Sénat. C'est pourquoi la loi est restée en souffrance. Voilà donc où nous en sommes. Ceux qui veulent la liberté pour tous passent pour les ennemis systématiques de toutes les réformes démocratiques. Quant à ceux que, jusqu'ici du moins, les gros bataillons d'électeurs urbains ont soutenus comme étant seuls partisans de la liberté, que craignent-ils par dessus tout ? Ils craignent que la liberté laissée aux hommes d'ordre et aux laborieux ne diminue la liberté des paresseux, des nomades, des irréguliers, des vagabonds. Et c'est là ce qui les préoccupe!

L'homme insouciant, vaniteux et jaloux est un homme passionné. Or tout homme se complaît dans son péché, comme tout malade, dit-on, dans ce qui a produit sa maladie. Il paraît, nous disent les médecins, que tous les dystrophiques, tous les goutteux, tous les diabétiques ont particulièrement envie de tout ce qui est de nature à empêcher leur guérison. Ce n'est peut-être que la continuation de la répugnance ou du goût immodéré qui les a rendus malades. Mais il est probable aussi que l'irritation produite par le mal et les privations qui en résultent ravivent souvent les désirs. Quelques sages se résignent, réfléchissent et se corrigent : la majorité se révolte ; puis l'affaiblissement même qui résulte du mal enlève la vue calme et la juste appréciation du danger. Quoi qu'il en soit, il y a une espèce de fatalité (elle est nôtre œuvre) qui fait que nous n'aimons rien tant que ce qui nous est le plus pernicieux. Ainsi l'ouvrier est passionné : il recherche donc imprudemment tout ce qui peut l'exciter et le troubler : les boissons, la politique, ou ce qui a

Cela est-il juste, quand on lui enlève tout moyen de savoir ce qu'est l'ouvrier qui s'offre à lui, s'il a fait un apprentissage, s'il a l'habitude du métier, etc. ?

l'air d'être de la politique, les réunions tapageuses, les sociétés secrètes, les conciliabules où il n'entend que ceux qui abondent dans son sens, et qui flattent sa passion présente.

Le président d'un syndicat d'entrepreneurs que j'ai déjà cité disait devant la Commission d'enquête [1] : « J'estime à 33 0/0 le montant des salaires qui passe chez le marchand de vins en dehors de la nourriture. La femme et les enfants ne voient que le reste de la paye, souvent même que la moitié seulement. » Il y a ici double danger : l'ivresse d'abord, puis l'abandon de l'atelier et l'irrégularité dans le travail.

Certainement les paysans ne se privent pas de boire ; mais si on excepte quelques foyers particuliers, on peut dire d'eux en général ce que le médecin de l'asile de La Roche-sur-Yon [2] dit du paysan vendéen : « Il est souvent ivrogne, mais il devient rarement alcoolique ; 1° parce qu'il boit surtout du vin (ou des boissons naturelles) ; 2° parce que ses excès sont ordinairement intermittents et restreints aux dimanches, fêtes, foires et marchés... Ces excès là n'ont pas de lendemain et le poison s'élimine rapidement, grâce à la sobriété des jours ouvrables. » L'ouvrier des villes n'en est pas là. Plus il va chez le marchand de vins, plus il s'intoxique et perd l'habitude du travail quotidien. C'est à cela surtout que sert — jusqu'à présent — l'élévation croissante des salaires obtenue par la pression des syndicats.

Le 29 mars 1864, M. Dietz-Monnin, avec la compétence et l'autorité qui lui appartiennent, rappelait dans sa déposition la marche des salaires parisiens [3], et il ajou-

[1] Séance du 27 février.
[2] *Rapport Claude sur l'alcoolisme*, p. 288.
[3] Voyez plus haut, page 81.

tait : « Mais ce qui n'est pas moins curieux, c'est la statistique de la moyenne du travail fourni dans un mois... Je pourrais citer des ateliers où l'ouvrier autrefois arrivait à travailler 27 jours dans un mois : aujourd'hui c'est à peine s'il fournit 18 jours de travail. Vous voyez dès lors quelle est la situation du patron. Il paye 9 francs ce qu'il payait 4 francs ; et il ne peut compter que sur 18 jours de travail, au lieu d'avoir une production régulière. Dans ces conditions quel est celui qui souffre ? Quel est celui qui est coupable ?

M. Brialou : « Je m'incline devant ce qui est la vérité. »

Ce n'est donc pas à tort qu'un menuisier disait devant la même commission [1] : « Les ouvriers ont un désir ardent, c'est de gagner beaucoup d'argent, ce qui serait très légitime, s'ils apprenaient à le gagner, c'est-à-dire à devenir habiles ; mais, bien au contraire, on a le regret de constater que plus les salaires augmentent, plus l'habileté et l'énergie de nos ouvriers diminuent. »

Pour tous ceux qui se mettent dans le cas de mériter de tels reproches, le chemin du crime et des délits est évidemment le chômage, non pas celui qui résulte d'une crise plus forte que toute puissance humaine, mais celui qui est voulu. On vient de voir qu'il y a une espèce de chômage périodique produit tout simplement par le désir de manger son salaire en s'amusant. Cet amusement ne tarde pas à faire contracter des dettes, à amener des ménages irréguliers : d'où les enfants naturels et les enfants abandonnés. Faites que l'individu qui a commencé à ne travailler que quatre jours par semaine trouve un

---

[1] Séance du 21 mars.

beau moment que c'est encore trop : la limite qui le sépare de l'homme sans aveu et sans profession sera désormais bien raccourcie.

Mais il y a une autre variété de chômage qui a pour
cause l'entêtement et surtout le désir d'embarrasser les
patrons. Le délégué des ouvriers carreleurs [1] rendait cet
état d'esprit bien nettement : « Les ouvriers n'ont pas
voulu accepter de réduction de salaire [2] : ils ont préféré
chômer. » Je ne reviens point sur cet amour maladif
de la grande ville dont j'ai décrit les symptômes. Ces
ouvriers qui se sont familiarisés avec l'inaction, prennent
d'autant plus de goût à Paris qu'ils y sont moins occupés. Ce qui en éloigne alors les laborieux et les économes y retient les paresseux qui, comme disait l'un de
leurs orateurs, y ont « leurs habitudes »…· malsaines.
C'est alors qu'éclatent les violences, les atteintes à la
liberté du travail, les actes de banditisme organisés
sous couvert de propagande anarchiste et de propagande par le fait. Alors aussi la misère amène la prostitution des femmes et des filles. Beaucoup sans doute
reviendront au calme et à la raison ; mais ceux que leurs
vices et leurs mauvais sentiments ont compromis plus que
les autres, rencontrent là l'écueil où se fait leur naufrage
définitif. Ils vont rejoindre par une autre voie les paresseux qui ne songent qu'à travailler le moins possible.
Les uns et les autres uniront leur indolence ou leur sauvagerie : on les retrouvera dans les bandes dont nous
connaissons l'organisation et les destinées.

---

[1] Séance du 18 février 1884.
[2] Elle était visiblement imposée par la crise.

II

Les ouvriers proprement dits ne sont pas seuls, dira-t-on, à former le contingent des individus « attachés à l'industrie ». Les patrons, les chefs d'usine ou d'atelier sont-ils donc placés dans une sphère éthérée ? Echappent-ils vraiment au délit ? Et si cela est, que doit-on voir dans ce privilège ? Le résultat de l'hérédité ? celui de la fortune ? ou une sorte de connivence des magistrats et de la police qui ne s'attaquent qu'aux pauvres diables et à ceux qui vivent dans la rue ?

Dissipons vite cette fantasmagorie. Non, les patrons ne sont pas à l'abri de toute tentation et de tout délit. La statistique n'a point analysé les proportions dans lesquelles ils figurent parmi les coupables ; mais si les rentiers et les propriétaires, si les hommes adonnés aux professions libérales payent leur tribut, on ne voit pas pourquoi les industriels grands et petits ne payeraient pas le leur. Ils sont hommes comme les autres : il y a donc malheureusement des chances pour qu'on trouve également chez eux des ambitieux sans scrupules et des amis du plaisir qui, s'ils ne commettent pas toujours des actes passibles des tribunaux, en font commettre ; on y trouve aussi des imprudents qui s'étourdissent et qui, par leur faute, se trouvent acculés un jour au suicide ou à la banqueroute frauduleuse.

Il faut dire pourtant que n'est pas chef d'industrie qui veut. Les patrons sont le produit d'une sélection évidente. Les uns sont à la tête de maisons toutes montées parce que leurs pères les leur ont transmises. Mais cela déjà est une preuve qu'ils ont été bien élevés. On peut dire que c'est également une bonne marque pour un jeune homme de suivre la profession paternelle. Il est plus vite classé dans la société, ce qui est le grand point.

Prenez un industriel riche qui ait deux fils : l'un veut continuer la tradition paternelle ; l'autre cherche une carrière quelconque, et il la cherche si à loisir, qu'il risque bien de ne pas la trouver : il s'en console parce qu'il a de quoi vivre. Quel est celui des deux qui offre le moins de garanties ? C'est assurément le second : car, en haut comme en bas, je me permets de répéter cette grosse vérité, celui qui est le plus en péril de déshonorer une carrière, n'est pas tant celui qui y reste, mais celui qui en part.

Supposons que le chef de la maison soit lui-même un ancien ouvrier : cela est fréquent, surtout dans la petite industrie. Quand les délégués des chambres syndicales des patrons comparaissent devant les commissions d'enquête, ils le disent à l'envi : « Nous sommes nous-mêmes des ouvriers..., nous étions ouvriers hier. Les neuf dixièmes des patrons actuels du bâtiment sont d'anciens ouvriers ou employés... [1]. » « Les dix-neuf vingtièmes des patrons qui sont dans notre corporation, dit une autre [2], ont été des ouvriers. » La chambre des imprimeurs-lithographes [3] dit la même chose. « Sur 700 entrepreneurs de menuiserie, dit encore un délégué, il y en a 680 qui sont d'anciens ouvriers. » Eh bien ! il est clair que ces hommes ont fait leurs preuves : ils ne sont point précisément honnêtes parce qu'ils sont patrons :

---

[1] Délégué de la chambre syndicale des entrepreneurs de démolition. Séance du 29 février.

[2] Les entrepreneurs de fumisterie. Séance du 1er mars.

[3] 3 mars.

mais ils sont devenus patrons parce qu'ils ont été et sont restés honnêtes, laborieux et modérés.

Néanmoins les représentants de l'industrie ont attiré sur eux plus d'un reproche qu'il importe d'examiner. La criminalité n'est pas seulement alimentée par les mauvaises passions de ceux qui commettent matériellement les délits punis : elle l'est aussi par des excitations et des complicités qui ne tombent pas toujours, il s'en faut de beaucoup, sous les poursuites de la justice.

« La passion des capitaux français pour les promptes réalisations, pour les rémunérations exagérées et pour les bénéfices fabuleux a été funeste à notre industrie et à notre agriculture. » Qui a dit cela [1] ? Un homme consciencieux et très éclairé, M. Claude des Vosges, sénateur, celui-là même auquel nous devons la belle enquête sur l'alcoolisme, un des chefs-d'œuvre de la science sociale de notre temps.

Un autre sénateur, plus engagé, il est vrai, dans les polémiques des partis, disait davantage encore [2], et il cherchait à accentuer la portée accusatrice de ses paroles. « Quand une population ouvrière a eu pendant des années le spectacle de spéculations de bourse ou industrielles, d'agiotage sur les marchandises, qui sont connues aujourd'hui bien mieux qu'elles ne l'étaient jadis, grâce à la liberté de la presse et de réunion ; quand l'ouvrier a vu la société tout entière se ruer à la fortune sans souci de la morale, faut-il s'étonner qu'il se soit dit à un moment donné : Pourquoi sacrifierais-je, en définitive, mes intérêts pour des idées d'ordre élevé qui me conduisent purement et simplement à la misère et à l'hôpital, tandis que ceux qui réalisent de si gros bé-

---

[1] *Enquête des 44.* Séance du 1er avril.
[2] Séance du 7 mai.

néfices, sont, dans la société, respectés et honorés ? »

Voilà de graves reproches, et il est malheureusement certain que beaucoup les ont mérités. On ne conteste plus que, sous le régime de la protection dont ils ont long-temps bénéficié, les gros industriels aient eu la vie très heureuse. Ils étaient garantis contre les marchandises étrangères par des droits élevés, garantis contre la pression des ouvriers par la loi des coalitions. Quand la perte de ce double privilège les surprit, beaucoup furent lents à renouveler leurs procédés ; beaucoup préférèrent demander la continuation de leur bien-être à des place-ments mobiliers. Beaucoup spéculèrent ; beaucoup mon-tèrent des entreprises qu'ils cédaient à des compagnies anonymes. Quand les véritables industriels prenaient enfin la direction du travail, ils se voyaient grevés de charges énormes ; car chacun de ceux qui avaient mis la main dans l'une ou dans l'autre de ces transforma-tions avait pris sa part au passage, et d'avance. Enfin, lorsque l'œuvre succombait, celui qui s'était fait re-mettre en actions le double de ce que l'affaire valait, avait depuis longtemps « réalisé » ses bénéfices.

Tout cela est bien connu. Mais il semble qu'ici nous retrouvions, une fois de plus, la vérification de cette double loi que nous avons si souvent rappelée. Quels sont les hommes qui donnent à notre monde industriel d'aussi tristes exemples ? Sont-ce ceux qui demeurent attachés à cette grande profession, qui conduisent et qui gouvernent eux-mêmes un travail réel ? Non. Ce sont ceux qui tournent autour de l'industrie, pour en vivre, sans prendre part ni au travail scientifique, ni aux soucis quotidiens qu'elle impose. Ce sont les spéculateurs et les agioteurs, ce sont ceux qui, au lieu de calculer et de prévoir la hausse ou la baisse, la *font* par l'accaparement

illicite ou par la propagation des fausses nouvelles ; ce
sont ceux qui n'entrent dans les conseils d'administration que pour aider à la violation des statuts : ce sont, en
un mot, les parasites. Ceux-là sont aux vagabonds et
aux camelots du bas peuple, ce que la femme galante en
équipage et couverte de diamants est à la prostituée de
Grenelle ou de la Villette. Les uns et les autres se
rejoignent quelquefois à la cour d'assises.

Il est bien certain que la classe ouvrière s'y est souvent trompée. Ce qui frappe les yeux, ce n'est pas la
situation souvent anxieuse du chef de maison qui cache
ses soucis et qui, par ses économies, cherche à se créer
des réserves indispensables ; c'est le luxe de celui qui vit
au jour le jour, bâtissant et reconstruisant, avec du
papier, une fortune toujours prélevée sur la sottise et
l'ignorance. Il est inutile de revenir ici sur ce que nous
avons dit des intermédiaires, des utiles et des inutiles,
des bons et des mauvais. Il y a cependant certains abus
qui sont propres à l'industrie : ils y entretiennent ces
haines sociales si fécondes en crimes collectifs. Il nous
faut en dire quelques mots.

III

L'ouvrier qui se plaint des parasites, commence d'a-
bord par en cultiver quelques-uns. Pourvu que ces derniers aient l'air d'être de son monde, qu'ils se plaignent
avec lui du capital et, s'il y a lieu, qu'ils lui fassent
crédit, il les accueille, il les fréquente et surtout il fait
cause commune avec eux.

Dans l'Enquête parlementaire sur la crise, on posa au
Préfet de police la question suivante : Ce qu'on dit de

la gourmandise des ouvriers et de l'habitude qu'ils ont prise d'acheter des aliments de luxe, est-il fondé? — Le Préfet répondit : « En très grande partie. Toutefois il n'y a pas que les ouvriers proprement dits, les travailleurs payés à tant par jour qui se livrent à ces consommations excessives. Il est une classe qui consomme à outrance : c'est celle des petits courtiers, commissionnaires, intermédiaires de peu d'importance, qui traitent le plus souvent des affaires dans les cafés ; ce sont ceux-là qui dévorent les comestibles de prix. Ils gagnent une petite commission et la dépensent immédiatement. Ce sont eux qui remplissent les petits restaurants où l'on espère manger mieux que chez soi. C'est surtout dans le périmètre des Halles, que se rencontrent ces négociants de bas étage. Beaucoup font des affaires plus ou moins véreuses, notamment des négociations de papiers de commerce avec des signatures invraisemblables ou des placements d'employés et de domestiques, et ils touchent des commissions au détriment des gogos. Ce sont leurs clients qui payent les repas qu'ils s'offrent [1]. »

[1] Voir, plus haut, ce que nous avons dit des faux courtiers d'assurances (page 272). Les variétés d'ailleurs sont innombrables. — Un exemple entre autres. A Paris, on peut souvent voir arriver, chez soi, par l'escalier de service, des individus qui viennent proposer aux domestiques des « bons de faveur pour se faire faire sa photographie à prix réduits ». La faveur et le prix réduit, inutile de dire que c'est une des mille formes de la réclame. Si l'individu fait une affaire lui rapportant, je suppose, 1 franc de bénéfice, vous pouvez le suivre des yeux, il entrera chez le premier marchand de vins venu, chez celui qui est au rez-de-chaussée de votre maison...

Ces courtiers-là sont encore admis à apporter des affaires, et leurs bénéfices sont licites. Mais les plus « ingénieux » d'entre eux perfectionnent le système. Ils se disent envoyés par un notaire, par un banquier, etc. ; c'est l'escroquerie.

Un jour, un de ces individus prend un portefeuille et un carnet. Il se rend successivement dans quatre ou cinq bureaux de nourrices. C'est lui l'inspecteur nouveau, récemment nommé, pour ré-

Lorsqu'on peut faire croire au client ouvrier que les questions sociales ou politiques sont en jeu, le rôle de ces industriels aberrants se métamorphose : leurs appétits grandissent avec l'enthousiasme de ceux qu'ils abusent. Depuis le vote de la loi sur les syndicats ouvriers, par exemple, combien de fois n'a-t-on pas vu telle ou telle corporation se faire représenter par un homme qui n'avait jamais travaillé pour elle !

Dans cette enquête de 1884 (dira-t-on que je la cite trop ? Mais elle fourmille d'aveux naïfs et précieux) comparut un délégué des mineurs d'Anzin. Il expliqua d'abord au citoyen président que les chefs de la compagnie voulaient détruire la République et qu'il fallait que les mineurs la défendissent. Un député, fort au courant de la profession minière, voulut quelque chose de plus sérieux. Il essaya d'entamer une discussion sur le nouveau système de travail introduit par la Compagnie et refusé par les ouvriers avant même qu'on ne l'eût essayé. Aussitôt le délégué esquiva la discussion. Il se bornait à dire que les faits par lui signalés étaient « patents, prouvés, évidents » et scandaleux. C'est alors que les sténographes recueillirent ce petit dialogue.

Le président : « M. Reymond vous parle un langage technique qui ne paraît pas vous être familier, puisque vous ne répondez pas à sa question. Vous êtes ouvrier mineur ? »

— Le délégué : « Non, je suis fondateur de la chambre syndicale des mineurs. »

pondre aux réclamations des familles, il range les nourrices, les examine, fait semblant de goûter leur lait, leur donne un avertissement ou un éloge, prend des notes, puis délivre à chacune d'elles un petit carré de papier, en disant : c'est deux francs.

Le courtier de bas étage, le filou, l'escroc sont d'une même famille.

— Le président : « Quelle est votre profession ? »

— Le délégué : « Je suis cordonnier. »

Puis notre individu, qui n'était en définitive ni cordonnier ni mineur, se retira, non sans avoir prononcé cette phrase mémorable : « Il faut que les ouvriers mineurs sachent s'il y a à la Chambre des députés des hommes compétents[1] et résolus à prendre la défense des travailleurs. »

Il est à craindre que ce fait soit loin d'être isolé. Dans les environs du 20 novembre 1888, la police recherchait des individus accusés d'avoir jeté des bombes dans la rue Saint-Denis. Elle se présenta chez un homme à double nom, B. dit C., soupçonné d'être un des agents les plus actifs du désordre qui s'était manifesté chez les coiffeurs à propos de leurs bureaux de placement. — « Vous êtes coiffeur », lui dit-on. — « Non, répondit-il, je suis homme de peine, secrétaire de la chambre syndicale des hommes de peine, et, en outre, je suis gérant imprimeur du *Ça Ira*, organe anarchiste. » Que de professions — non remplies — pour arriver à être anarchiste et lanceur de bombes ! On voit que nous sommes bien dans notre sujet.

Ces démonstrations à main armée contre certaines catégories de bureaux de placement et certaines agences montrent que quand l'ouvrier se croit volé par ces intermédiaires, sa colère l'entraîne plus loin que de justice. Elle lui fait commettre encore d'autres erreurs de raisonnement et de pratique. Il se défie de tous ceux qui occupent un échelon quelconque entre lui et le patron. Les contre-maîtres, les économes, les sous-directeurs d'entreprises, les tâcherons deviennent ainsi les causes sou-

[1] S'il n'y en a pas eu dans la législature suivante, la faute n'en a pas été à ces bons mineurs, si bien conseillés : ils envoyèrent à la Chambre un cabaretier.

vent très innocentes [1] de grèves ruineuses et sanglantes.

Quelquefois sans doute, le travailleur se trouve au service d'une entreprise anonyme qui n'est qu'une société montée par des capitalistes ou des banquiers éloignés. Les sous-traitants qui conduisent le travail n'ont qu'une idée : réduire le plus possible la part due à l'ouvrier, pour diminuer [2] les conséquences des rabais qu'ils ont consentis dans l'adjudication publique, ou pour répondre aux exigences des bailleurs de fonds qui leur disent : Il faut que l'affaire rapporte tant, arrangez-vous comme vous voudrez.

Si alors il n'y a plus de relations cordiales entre la direction du travail et le travail même, la faute n'en est pas toute au travail [3]. Mais d'autres fois, c'est une jalousie mal entendue qui fera que l'ouvrier verra d'un mauvais œil son compagnon d'hier « entreprendre » une fourniture, une démolition, une construction plus ou moins considérable. Tout ce que le marchandage donnera de

[1] J'admets que cette innocence n'est pas toujours démontrée. Si, par exemple, il en est qui abusent de leur autorité pour détourner des femmes ou des filles travaillant dans l'usine, il est difficile de diminuer l'étendue de leur responsabilité.

[2] Par des amendes et des retenues, par exemple.

Il faut remarquer, cependant, que ces tâcherons ont tout intérêt à faire travailler l'ouvrier. C'est là une action plus morale et plus utile que celle des meneurs qui ne conseillent que l'abstention. Il est vrai que, par cela même, elle est beaucoup moins agréable.

[3] M. Le Play disait davantage : « La permanence des rapports est scrupuleusement respectée par les classes inférieures parce qu'elles y trouvent leurs principales garanties de bien-être. La rupture, lorsqu'elle se produit, a *toujours* pour origine la *corruption* et *l'absentéisme du patron.* » Un pareil témoignage mérite d'être pris en sérieuse considération ; et il est plus que probable qu'il est rigoureusement exact pour le passé. — Mais je crois que depuis vingt ans, bien des patrons présents et honnêtes et dévoués à leurs ouvriers sont singulièrement battus en brèche par les étrangers, par les politiciens, par les syndicats. J'en connais de tels à Troyes, à Sedan...

bénéfice en sus des salaires communs paraîtra au travailleur ordinaire un vol qui lui est fait.

Ce n'est pas une question d'économie politique que nous discutons. Il n'y a donc pas plus lieu d'examiner ici la théorie du marchandage que celle de l'association, de la participation aux bénéfices, etc. Nous constatons seulement un fait. Parmi les intermédiaires qui s'échelonnent entre le capital ou la science et le travail manuel, il y en a beaucoup de nécessaires et de bienfaisants ; il en est d'autres qui ne sont que des parasites dont la multiplication est stimulée par l'imprévoyance d'en bas ou par la cupidité d'en haut. Entre les uns et les autres la population ouvrière sait rarement faire les distinctions équitables : dans les jours de crise, son aveugle colère pille ou tue ceux qui pourraient lui être utiles ; elle s'allie, elle obéit à ceux-là mêmes qui vivent de son désordre et ont tout intérêt à le développer.

IV

Accroissement des grandes entreprises impersonnelles et anonymes, rupture des liens qui existaient entre le patron et l'ouvrier, défiance des ouvriers contre les intermédiaires qu'ils n'ont pas eux-mêmes choisis, ces causes, soit isolées, soit réunies, ont produit d'abord un esprit d'individualisme très accentué.

L'ouvrier jeune et mal élevé cherche avant tout sa liberté. Questionnez, par exemple, le chef d'une grande imprimerie parisienne. Il vous dira que d'une semaine à l'autre, il y a plus d'une figure qui change dans ses ateliers. Un compositeur qui est là depuis huit jours est pris tout à coup de la fantaisie d'aller se promener ou de

prendre part à une fête quelconque : il demande son
« bordereau », on lui paye le travail fait et il s'en va.
Qu'est-ce qui le retiendrait ? son domicile ? Il y a beaucoup à parier qu'il loge en garni. Quelques jours après,
il ira s'offrir dans d'autres maisons. Il se flatte qu'après
deux ou trois tentatives inutiles, il tombera sur un atelier où une commande imprévue vient d'arriver par le
télégraphe ou le téléphone. On est pressé, le personnel
ordinaire ne suffit pas ; on est donc heureux de voir
arriver un auxiliaire, et on le prend pour quatre ou cinq
jours, ce dont lui-même s'accommode.

Bien des patrons s'imaginent trouver leur compte à
cette indépendance réciproque. Ils n'ont plus à jouer
leur rôle de membres de classes dirigeantes : c'est une
responsabilité de moins. Il y avait sans doute quelque
humeur et quelque ironie dans cette réponse d'une
chambre de commerce [1] répondant à un questionnaire
administratif : « Lorsqu'on reconnaît que l'ouvrier peut
participer au choix des hommes chargés de gouverner le
pays, on ne peut prétendre qu'il soit incapable de se gouverner lui-même. » Peut-être ! Et il est en effet souhaitable que chacun sache se gouverner soi-même. Mais le
fils devenu majeur a toujours besoin des conseils de son
père, et une direction persuasive qui ménagerait la liberté
des gens n'en serait pas pour cela plus mauvaise.

Mais les extrêmes se touchent et s'engendrent ; voilà
encore une de ces vérités dont aucune théorie soi-disant
nouvelle ne vient à bout. L'union, gage de la paix, est,
avons-nous dit, un concours de bonnes volontés que la
bienveillance rapproche et que le respect du droit et de la
dignité individuelle maintient dans une juste indépendance.

[1] De Saint-Dizier. *Journal officiel* du 25 novembre 1875.

A cette union l'ouvrier individualiste a substitué une action collective où il n'entre plus ni bienveillance, ni respect du droit, ni indépendance et qui est tout simplement le socialisme.

A Dieu ne plaise que je confonde ici l'esprit ouvrier et l'esprit socialiste[1]. D'abord tous les socialistes ne sont pas ouvriers, à beaucoup près. On n'aurait pas de peine à trouver en Europe et en Amérique d'illustres et puissants socialistes qui n'ont jamais songé à prendre l'outil. D'autre part un ouvrier qui réfléchit et qui travaille (ce dernier point est essentiel) n'a guère intérêt à être socialiste. « Le socialisme, dit avec tant de bon sens et de netteté M. Aucoq, est la doctrine qui veut faire le bonheur de tous avec la bourse commune et avec le concours obligé de toutes les forces de l'État. » Il n'y a rien qui exige plus de surveillance, plus de commissions, plus de réquisitions, plus d'inspections, plus de répartitions, plus de convocations, plus de délibérations, plus de rapports, plus d'administration en un mot. Or, tous ceux qui feront cette besogne paperassière et tracassière, avec quoi les payera-t-on ? Avec le produit du travail des producteurs, c'est-à-dire, en somme, des vrais ouvriers ! Quant aux ouvriers intermittents, oui sans doute, ils ont de fortes raisons pour devenir socialistes : c'est pour eux le moyen d'avoir, en travaillant peu, une part de ce que leurs voisins gagnent en travaillant beaucoup. Ne pourrait-on dire encore que le socialisme est l'organisation despotique d'un vaste parasitisme qui met la substance des bons travailleurs à la disposition des mauvais et à la disposition de leurs

[1] Je respecte les intentions de ceux qui prennent ce mot « socialisme » dans le sens vague de recherche d'une bonne solution des questions sociales.

gouvernants ? C'est pourquoi il y a tant d'individus qui, ne pouvant encore décréter le socialisme dans l'État, cherchent à l'établir dans leur industrie et dans les syndicats par lesquels ils s'efforcent de la régenter.

Les législateurs qui ont créé les syndicats avaient l'intention de faire une bonne chose ; et rien n'empêche en effet que cette création ne devienne telle. Rien n'empêche que la majorité des ouvriers, qui est bonne[1], ne se réunisse avec les patrons pour discuter certaines conditions du travail, assurer l'apprentissage, organiser les assurances, chercher ensemble avec sincérité la solution de divers problèmes économiques. Quant à présent, les patrons et les ouvriers se syndiquent bien, mais à part les uns des autres.

Voici comment, en 1884, les uns et les autres s'étaient empressés de profiter du bienfait tout récent de la loi.

Le 31 mars 1884[2], on comptait :

Chambres patronales.................. 184
Chambres syndicales ouvrières.......... 241
Chambres mixtes de patrons et d'ouvriers.   4 !

Le mouvement s'est développé depuis lors, et il y a un peu plus de chambres mixtes, mais les proportions en demeurent toujours faibles. Au 1er mai 1888, le Ministère du Commerce, dans ses statistiques, donnait les chiffres suivants : Syndicats patronaux : 859. — Syndicats ouvriers : 725. — Syndicats mixtes : 78[3].

---

[1] Je ne puis répéter ces restrictions trop souvent, je ne songe nullement à appliquer à tous les ouvriers ce que je suis obligé de dire de ceux qui touchent, qui confinent ou qui poussent à la criminalité.

[2] Déposition du Préfet de police, dans la séance de la commission dudit jour.

[3] Dont 17 dans les Bouches-du-Rhône, 12 dans la Seine, 9 dans le Rhône, 7 en Maine-et-Loire, 4 dans la Vienne.

Au 31 décembre de la même année, d'après un document mis au jour, les syndicats ouvriers rivalisaient pour regagner l'avance que les syndicats patronaux avaient prise, et ils se trouvaient au nombre de 817. Mais les syndicats mixtes avaient déjà diminué : on n'en inscrivait plus que 69.

·Les chambres syndicales purement ouvrières réunissent-elles la majorité des travailleurs ? On a calculé qu'il n'y était pas entré, dans les premières années, plus d'un cinquième de la population ouvrière de chaque genre d'industrie. Depuis lors, les industries munies de chambres syndicales augmentent, mais la proportion des adhérents ne paraît pas plus s'accroître dans les nouvelles que dans les anciennes.

Quels sont donc ceux qui s'y rattachent ? Il y a certainement des individus sincères, des ouvriers intelligents et hardis qui cherchent le bien, qui y croient et qui ont bonne volonté. Mais il est indubitable que jusqu'à présent, ce n'est point là la majorité ! Ce qu'on y trouve surtout, ce sont des parleurs et des politiciens. Ceux-là, remarquez-le bien, ne renoncent pas du tout à l'individualisme qui leur est cher. Qu'ils soient habiles ou inhabiles, réguliers ou non, mariés ou vivant en concubinage, peu importe ! Personne ne leur demandera compte de leurs connaissances pas plus que de leur moralité. Ils peuvent changer de domicile tous les huit jours, déménager sans payer leur terme ; mieux encore, ils peuvent refuser de quitter un logement qu'ils ne payent plus, berner le propriétaire qui devrait, pour les expulser, dépenser une somme supérieure à celle qui lui est due [1]... Le syndicat ne s'occupera jamais de ces ba-

---

[1] Ce manège se pratique sur une large échelle dans les maisons à petits loyers de certains quartiers, comme La Chapelle et

gatelles. En revanche, chaque membre bénéficie de toute la force commune et de toute la puissance collective de l'association. A-t-il quitté son atelier ; il passe dans une maison où il offre son travail. Si on lui répond qu'il n'y en a pas, il fait circuler sous les yeux des camarades la feuille de cotisation qui établit sa qualité de membre de la chambre syndicale. Alors les amis en train de travailler se cotisent et lui font passer dans sa casquette de quoi patienter. Il y a du bon dans cette habitude : on la louerait de meilleur cœur si la paresse systématique et nomade n'en abusait pas, et si cette espèce de droit au secours se payait par plus de responsabilité et plus de contrôle.

Ce n'est pas encore là, toutefois, le caractère le plus saillant et le plus malfaisant de l'organisation actuelle. Ce qui est surtout confié au syndicat, à ses présidents, vice-présidents, secrétaires, trésoriers et délégués, c'est la lutte. Pourvu qu'ils inspirent confiance dans leur audace et dans leurs aptitudes révolutionnaires, on leur abandonne de la façon la plus absolue la suspension, la

---

autres. Quelquefois le locataire qui n'a voulu ni payer ni partir, feint de faire preuve de bonne volonté. Sous prétexte qu'il n'a pas de quoi déménager, que sa femme est malade, etc., il demande au propriétaire une petite somme de 20 ou 15 francs, moyennant quoi il videra les lieux. Le propriétaire à qui une expulsion forcée coûterait 75 francs a quelquefois la faiblesse d'accepter le marché. Alors l'individu va payer un demi-terme d'avance dans un autre logement où on l'accepte. Une fois qu'il y est, il paye de moins en moins et essaye de recommencer la même opération. — J'avais été le témoin oculaire de ces faits et je les avais commentés dans un journal quotidien. Je reçus alors des doléances de propriétaires qui avaient lu mon article et me racontaient à leur tour qu'ils avaient été victimes de faits pareils. Les ouvriers qui s'en rendent coupables sont à cheval sur la jurisprudence des justices de paix. Si on voulait les presser ou leur adresser des reproches un peu vifs, ils iraient jusqu'au couteau : je l'ai vu et l'un de mes correspondants l'a vu.

reprise, la distribution du travail [1]. C'est ainsi que se décident les grèves, les concours donnés aux grèves des autres métiers, l'intervention plus ou moins violente et, par exemple, la destruction des outils entre les mains de ceux qui travaillent, les concessions à faire ou à refuser selon les circonstances où l'on se trouve. Nous avons commencé par dire que l'imprévoyance, la jalousie et la passion sont les défauts les plus habituels de l'ouvrier, quand il vit de la vie extérieure de l'ouvrier des villes. Eh bien ! voilà notre cercle qui se rejoint ! Les syndicats fondés par la minorité des ouvriers ne s'attachent guère, en ce moment, qu'à faire de leur imprévoyance un système, qu'à organiser leurs défiances et à armer leurs passions. On comprend qu'alors l'entente si nécessaire à la paix sociale devienne difficile. « Quand pour discuter on nous envoie de véritables ouvriers, disait un entrepreneur de menuiserie [2], l'accord se fait aisément. Mais souvent les chambres syndicales sont menées par des hommes qui ne travaillent pas ! »

L'antagonisme du travail et du capital qui trouble si fréquemment la société, ne repose donc pas sur le fond des choses. Là où il se manifeste, il est l'œuvre de mauvaises passions qui trouvent leur compte à le raviver. Là où rien ne le fait sentir, la paix n'est en aucune façon le résultat d'une aisance exceptionnelle. Elle est le produit de bonnes volontés qui ont réussi à se mettre d'accord. Alors, non seulement l'entente mutuelle amène une estime réciproque, mais elle établit une cohésion qui ferme l'ensemble tout entier aux influences des étrangers, des nomades et des parasites.

Par quoi cela est-il prouvé ? Par la comparaison facile

[1] Voyez déposition de M. Alphand dans l'*Enquête*, 28 mars.
[2] *Enquête citée*, séance du 27 février.

de la statistique criminelle avec les conclusions des enquêtes administratives.

Voici par exemple deux départements qui ne sont guère éloignés l'un de l'autre, la Seine-Inférieure et le Pas-de-Calais. Dans l'enquête de 1875 [1], le Préfet de la Seine-Inférieure s'exprimait ainsi : « L'industrie est généralement florissante. Les rapports entre les ouvriers et les patrons sont cependant difficiles... Les causes en sont multiples... Elles proviennent tantôt du patron qui néglige les relations directes avec l'ouvrier, impose des règlements très rigoureux, ne se soucie pas assez de la jeune population ouvrière ; tantôt des ouvriers eux-mêmes qui, persuadés par certains meneurs qu'ils sont exploités par le patron, travaillent le moins possible et entretiennent une lutte constante avec lui. » Invoquera-t-on ici encore une fatalité historique ou physiologique ? Mais la réponse au questionnaire du Ministre ajoute : « Les dispositions morales varient suivant les centres [2]. » Elle se termine en disant : « Le chômage est la plaie du département et la cause permanente de la misère. » Remarquez bien la première et la dernière ligne de ce témoignage. Il commence par le mot « florissante » ; il finit par le mot « misère ». Qu'y a-t-il entre les deux ? La discorde.

Passons au Pas-de-Calais. Le rapport administratif est plus bref ; mais il n'est pas moins expressif dans un autre sens. « La condition des ouvriers est bonne... [3] ; les

[1] Dont les résultats sont consignés au *Journal officiel* du 25 novembre 1875.
[2] Voyez plus haut, p. 36.
[3] Il ne faudrait pas se laisser prendre aux descriptions romanesques ou passionnées de la vie des mineurs. Dans presque toutes les mines du Pas-de-Calais et du Nord, le mineur a huit heures de *présence* à la mine. Il y descend à six heures du matin : à deux

rapports entre les ouvriers et les patrons sont bons :
les patrons et les chefs de compagnie s'occupent des
ouvriers. »

Reportons nous maintenant à la statistique judiciaire.
Dans les dix dernières années, le Pas-de-Calais a, par
100,000 habitants, 565 individus soit accusés en cour
d'assises, soit jugés en police correctionnelle à la requête
du ministère public : la Seine-Inférieure en a 834.

Dans cette même enquête de 1875, il est dit du département de l'Aisne : « Les rapports sont moins bons
qu'autrefois. On constate, sous l'influence d'une pression
presque toujours étrangère, un état d'antagonisme très
regrettable. » Cette constatation ne coïncide que trop
bien avec celles que fait de son côté la magistrature.
« Autrefois », c'est-à-dire de 1825 à 1860, la moyenne de
l'Aisne aux tableaux de la Chancellerie était plus favorable que la moyenne de la France. On a vu à quel
point il a cessé d'en être ainsi depuis 1860, c'est-à-dire
à peu près depuis l'ouverture de la période où le préfet
signale un état plus fâcheux dans la population industrielle du département.

Quelques rapprochements encore. Dans le Gard « l'esprit de l'industrie minière est excellent : la population
est travailleuse, disciplinée, attachée au sol... » Dans
l'Hérault, département limitrophe, « les rapports manquent de cordialité... ; il y a de la défiance... ; la discipline est difficile » [1]. Eh bien ! la moyenne criminelle du

heures, il a fini sa journée et vit en plein air. Il est facile aux bons
ouvriers d'acquérir assez vite (grâce aux combinaisons offertes par
les Compagnies) une petite maison à éux avec un jardinet. Les
mineurs de ces régions sont très fiers de leur état et ils l'estiment
supérieur au métier de paysan.
[1] Dans les rapports adressés au Président de la République par
la Commission supérieure du travail des enfants (1889), l'Inspecteur

Gard est représentée par 439 ; la moyenne de l'Hérault par 815.

Dans l'Ardèche, dans l'Isère, les préfets signalent les efforts justement récompensés des industriels qui luttent pour améliorer le sort de leurs ouvriers. Dans la Haute - Vienne, on lit au contraire qu'il y a « peu de bienveillance réciproque ». Nous ne sommes donc pas étonnés de voir la moyenne criminelle des deux premiers départements moins élevée que celle du troisième [1], où cependant l'industrie est localisée. Il est vrai qu'au dire d'un témoin oculaire et digne de foi [2], l'une des grèves les plus redoutables de Limoges avait été occasionnée « par la débauche et le cynisme d'un chef d'atelier ».

En résumé, il y a deux espèces d'ouvriers, l'ouvrier qui travaille et l'ouvrier qui ne travaille pas, j'entends, cela va de soi, d'une façon régulière. Si la seconde catégorie ne contient pas tous les malfaiteurs, il est certain qu'elle les attire.

L'ouvrier qui travaille est généralement encadré dans une double famille, la famille proprement dite et la famille industrielle ou ouvrière. Il fait partie de ce que tout chef d'atelier appelle son noyau, groupe de travailleurs attachés à la maison, que l'on ne congédie jamais dans les crises mêmes les plus intenses, et que l'on conserve au prix des plus grands sacrifices.

L'ouvrier qui ne travaille pas substitue à la famille les

divisionnaire d'une des grandes circonscriptions du Midi s'exprime ainsi : « C'est principalement dans l'Hérault que se manifeste le plus de mauvais vouloir et de négligence. » Et l'Inspecteur raconte (page 77) des faits regrettables qui se sont passés à Cette. Ces concordances (voyez plus haut ch. IV, parag. 3) ne sont-elles pas remarquables ?

[1] Les chiffres sont : 329, 358, 453.

[2] Voyez *La Réforme sociale* du 15 février 1883.

liaisons provisoires, l'existence du « garni » et du cabaret. A la famille industrielle il oppose le socialisme du
syndicat. Il déteste l'autorité égale pour tous, fondée sur
la tradition et sur la loi ; mais il invente l'autorité spéciale de ses délégués, il renonce en leur faveur à la direction personnelle de son existence, et il se livre tout
entier à ces entraînements tumultueux qui font la criminalité collective des jours de grève et des manifestations
politiques.

L'ouvrier qui ne travaille pas a encore à l'égard des
étrangers une conduite qui n'est ni moins contradictoire
ni moins dangereuse. C'est lui d'abord qui, par son irrégularité dans le travail et ses exigences, a provoqué
leur entrée en masse sur le territoire de la France.
Quand il voit à côté de lui ces ouvriers plus laborieux et
se contentant d'un moindre salaire, il demande qu'on les
expulse, sans respect pour la liberté du travail. Si cependant, il en est qui veuillent entrer dans les syndicats,
(comme le leur permet la loi de 1884), il les accueille
fraternellement, et il travaille alors avec eux à la
révolution cosmopolite.

CHAPITRE XI

UNE ALLIANCE PRÉSERVATRICE

I. Instabilité industrielle : élément de stabilité donné par le sol et la culture, si petite qu'elle soit. — Exemples : quelques îlots sains et moraux dans la région criminelle de la Normandie. — Limoges et le Berry. — Les industries du centre de la France. — Saint-Étienne et Roanne. — Dans le Doubs. — Situations critiques résolues. — Autres exemples. — Une monographie sur l'Ariège. — II. L'alliance du travail industriel et du travail agricole n'enrichit pas beaucoup : ce qu'elle donne et ce dont elle préserve. — Quand l'alliance se dissout, à qui est la faute ? — Il y a plus d'une forme de la prévoyance.

I

Nous venons de voir ce qui pousse au mal les paysans et les ouvriers qui faiblissent. Il ne sera pas inutile de signaler un état favorable au rapprochement des uns et des autres, et à leur moralité respective.

D'illustres publicistes, M. Le Play, M. Jules Simon, M. Baudrillart ont plus d'une fois vanté les populations qui unissent le travail agricole au travail industriel. Ils ont trouvé dans cette alliance le gage d'un état plus stable, plus à l'abri des crises et par conséquent de la misère, plus favorable à la modestie des goûts et à la rectitude de la conduite. Plus on recueille des exemples de cette union et des effets qu'elle produit, plus on est convaincu que ces écrivains étaient dans le vrai. Sur une cinquantaine de cas bien observés, c'est à peine si l'on trouve deux ou trois exceptions.

A priori, on aurait pu croire que le mélange des deux professions prenant un peu à l'un, un peu à l'autre, aurait plutôt marié des vices que des qualités. La supposition eût été aussi vraisemblable qu'aucune autre : mais on va voir qu'elle eût été fausse. Il vaut la peine de le constater et d'en chercher les raisons.

Il n'est pas besoin d'avoir visité beaucoup de pays industriels et beaucoup de pays agricoles pour savoir que la division du travail s'accentue de plus en plus. Les usines s'établissent dans des centres populeux ; ou, si elles ne trouvent pas ces centres tout faits, elles les créent par l'ampleur même de leur entreprise. Au lieu d'aller chercher sur place les travailleurs, elles les font venir et les réunissent tous en un même lieu. Les petites machines disparaissent de jour en jour. Cent individus dans un rayon de dix lieues faisaient marcher, il y a quarante ans, cent métiers à bras. Aujourd'hui ces cent individus sont réunis dans un faubourg de chef-lieu. Ils sont désormais les *servants*, c'est-à-dire presque les esclaves de machines compliquées qui, pour rémunérer leurs frais d'installation et d'entretien, sont condamnées à ne jamais chômer.

Les cas dont je parle (de familles vivant à la fois d'agriculture et d'industrie) sont donc devenus des raretés. On ne les trouve plus que sur certains points isolés ou dans des régions privilégiées. Ils offrent alors à celui qui les étudie l'avantage d'une comparaison facile et instructive avec le milieu qui les entoure.

Il y a peu de bien à dire, on ne l'a que trop vu, des populations actuelles de la Normandie, ou plus précisément de la Seine-Inférieure, de l'Eure et du Calvados. Les paysans herbagers de l'ancien évêché de Lisieux ont été corrompus par une aisance facile et dont ils n'ont voulu faire usage que pour la satisfaction de leur sensualité : les actes d'immoralité, la violence, les actes de cupidité, l'alcoolisme, s'y sont développés dans des proportions lamentables. Les ouvriers du Hâvre, de Rouen, des Andelys, d'Elbeuf ne grossissent pas moins les statistiques criminelles. On a vu comment, dans l'enquête de 1875, l'administration jugeait les centres industriels de ce pays. J'aurais pu y relever le membre de phrase suivant : « De tous les centres ouvriers du département le plus mauvais est Elbeuf. »

Ceci étant, comment ne pas être frappé par la vue de quelques îlots qui, sur ce double fond de criminalité rurale et de criminalité industrielle, se détachent avec un aspect de vigueur saine et réconfortante. M. Baudrillart, qui a si bien observé les habitudes et les mœurs culturales des populations françaises, a remarqué en Normandie ce mélange du travail industriel et du travail agricole. « Il est rare, dit-il [1], qu'on ne trouve pas à ce mélange des avantages marqués. Souvent, à l'aisance qui en résulte se joignent des habitudes dont la morale n'a qu'à se louer. Nous avons pu observer en Normandie des exemples fréquents de ce genre ! » Mais où le savant économiste nous dit-il les avoir observés ? D'abord à Bayeux, à Vire et à Domfront. Or, ce sont là des régions où la criminalité reste beaucoup moins élevée que dans les arrondissements de Pont-l'Evêque, de Lisieux, de

[1] BAUDRILLART, *Les Populations agricoles de la Normandie*, p. 137 et suiv.

Bernay, qui sont cependant assez voisins. Mais ce qui est plus intéressant encore, il les a observés dans les environs d'Elbeuf et dans la vallée de l'Andelle. « Il existe, écrit-il, un assez grand nombre de tisserands campagnards aux environs d'Elbeuf. Ils donnent leur temps au travail de la laine, généralement assez sûr et assez régulier. Ils réservent les heures qui leur restent au soin de leur jardin. Cette situation plus favorable s'est manifestée bien souvent par la transformation des demeures rustiques. La tenue est devenue meilleure, la mise moins pauvre ; l'esprit a gagné en mouvement, a acquis quelques lumières : on est devenu moins grossier. Les populations qui exercent l'industrie aux champs, ont en somme donné l'idée d'une existence où règne une heureuse harmonie entre des besoins modestes et des moyens suffisants. Qui n'en serait frappé, si on les voit un dimanche, un jour de fête ? On remarque leur physionomie ouverte, leur gaieté qui s'unit à leur calme habituel, avec quelque chose de délibéré dans les allures. L'impression reste favorable si on a visité ces mêmes familles un jour de semaine chez elles [1]. »

Le nom d'Elbeuf rappelle, par une association inévitable, le nom d'une autre ville où fleurit une industrie tout analogue, je veux dire Sedan. Le département des Ardennes est un département qui, chez lui, est assez bon : sa moyenne criminelle est inférieure de 23 unités à la moyenne de la France. L'enquête de 1875 nous apprenait que ses industries occupaient 36,000 ouvriers ; elle nous signalait, en même temps, le bon esprit de ses

---

[1] Un conseiller à la Cour de cassation, M. Delise, me rend un témoignage non moins flatteur de l'honnêteté, de la sûreté, du bon esprit des habitants de la vallée de l'Andelle, où il remarque lui-même tous les ans les heureux effets de ce mélange.

populations attesté par la rareté des grèves. Elle ajoutait enfin, comme trait caractéristique : « Un grand
nombre d'ouvriers s'occupent à la fois d'industrie et de
travaux agricoles. » En 1889, un des principaux industriels de Sedan [1] me dit que les choses demeurent,
somme toute, dans le même état. Les ouvriers de son
usine ont généralement leurs petits jardins autour de la
ville. La tradition n'est peut être plus aussi religieuse-
ment observée, mais elle subsiste. On peut en dire
autant de la moralité générale du centre ouvrier :
elle résiste mieux qu'ailleurs aux sollicitations qui ne
l'épargnent pas.

Les statistiques et les observations que je rapproche
sont ici, comme partout, faites séparément par des
hommes spéciaux qui ne se sont nullement entendus.
Or, la comparaison des documents, on vient déjà d'en
avoir un aperçu, nous montre ceci : quand le département a une bonne moyenne devant la justice, l'enquête
administrative [2] donne l'union des deux modes de travail
comme répandue à peu près dans tout le département ;
quand cette alliance est le fait de quelques localités
isolées, on peut conjecturer que le département dans son
ensemble est moins bon, mais que ces localités sont
meilleures que les voisines, et l'on a peu de chance de se
tromper.

Le département de l'Indre a toujours eu l'un des
rangs les plus honorables dans les statistiques de la
Chancellerie : il a même assez souvent occupé le premier. Or, on y compte des industries fort importantes

[1] M. Charles Berlèche.
[2] Parmi les questions qui avaient été posées dans le questionnaire figurait en effet celle-ci : « Avez-vous dans votre département
des populations qui allient l'agriculture à l'industrie ? »

(des forges et hauts-fourneaux, des fonderies, des ma-
nufactures). Le Cher ne fait guère moins d'honneur au
Berry, et l'industrie y est encore plus répandue. Je
veux bien qu'il y ait là un esprit provincial, un caractère de terroir et si l'on veut, un tempérament héréditaire. Mais que tout cela est fragile aujourd'hui ! Que
tout cela résiste peu aux migrations, à l'invasion des
étrangers, quand aucun ensemble de traditions respectées ne les défend ! Dans tous les cas, que certaines
habitudes découlent de la vertu originaire des gens ou
qu'elles en soient au contraire la source, elles n'en sont
pas moins bonnes à imiter.

Est-ce la théorie qui le dit ? La pratique le dit aussi.
Des hommes dont le nom est bien connu dans l'industrie
de Limoges citaient, il y a quelques années [1], à leurs
concitoyens l'exemple de la province voisine. La mauvaise situation [2] où nous sommes, se demandaient-ils,
« est-elle le résultat fatal de l'industrie houillère » ?
Mais voyez le Berry : « Là les patrons ont compris leur
rôle et, malgré quelques défaillances, y sont restés fidèles. Ils ont su allier les industries rurales aux travaux
de l'atelier ; ils ont donné à l'ouvrier des habitudes d'é-
pargne et d'économie qui maintiennent la conservation
de l'esprit de famille. Ils n'ont pas abdiqué leur influence morale sur les ouvriers, et la prospérité matérielle de leurs usines, bien supérieures à celles du
Limousin, peut montrer de quel côté est la vraie pratique sociale. »

De son côté, qu'est-ce que l'enquête administrative

[1] V. la *Réforme sociale* du 15 février 1883, Communication de
M. C. Ardant.

[2] Mauvaise au point de vue moral, surtout ; voyez plus haut
page 321.

nous avait appris sur les deux départements modèles ?
Sur le Cher, on lit : « Les rapports entre ouvriers et
patrons sont bons, il y a peu de différends, la grande
industrie donne bon exemple. » Je lis encore que les
populations du Berry tiennent au sol, que le nombre des
propriétaires y augmente : « Cultivateurs, commerçants, *ouvriers même*, s'efforcent de faire des économies
pour acquérir un lot de terrain [1]. » Sur l'Indre, l'Enquête dit que le travail à la tâche s'y généralise, que les
chefs d'ateliers sont intéressés aux bénéfices, que les
patrons savent s'imposer des sacrifices pour prévenir
les chômages, que les ouvriers sont stables dans le
pays, et l'on termine par ces mots : « De là résulte
leur attachement au sol, vers lequel se portent leurs
économies. »

Le département de l'Allier, quoique l'un des plus honnêtes, est, chez lui, un peu moins bon que le Cher et
surtout que l'Indre. Si, dans ce que l'Enquête nous en
apprend, je cherche ce qui touche à notre problème, je
trouve tout de suite une petite restriction : « Le travail
industriel ne s'allie au travail agricole que dans les
industries des mines, dans l'arrondissement de Mont-
luçon notamment. » La compagnie de Châtillon-Com-
mentry donne à prix réduits logements et jardins, facilite l'acquisition de maisons et de terres. Il est vrai que
« la moralité des résidents diminue en proportion du
contact avec les ouvriers nomades ». Mais que serait ce
si un certain amour du sol ne diminuait pour un grand
nombre le péril de ce contact ?

Nous sommes ici tout près de la Loire, département
plus industriel encore. « Dans tout le département de la

[1] On ajoute aussi : « L'instruction des campagnes est en progrès
et semble dirigée dans un sens favorable à l'agriculture. »

Loire, écrit le Préfet, l'amour de la propriété est très
répandu : l'ouvrier consacre ses économies à acheter une
maison, de la terre. » Est-ce là ce qui nous explique que
la moyenne générale de la France étant 517, la Loire,
malgré tant d'éléments de trouble, n'atteint que 508 ?
Mais décomposons l'une et l'autre statistique. Dans l'arrondissement de Roanne « le travail industriel s'unit au
travail agricole et la situation des ouvriers est bonne ».
Dans l'arrondissement de Saint-Étienne « les éléments
étrangers sont nombreux », ce qui veut dire : les éléments de stabilité créés par l'amour de la terre sont
neutralisés par la présence des nomades. Ouvrez maintenant les comptes de la Chancellerie. Vous verrez que le
chiffre des prévenus, relativement à la population, est
toujours beaucoup plus élevé au tribunal de Saint-
Étienne qu'à celui de Roanne [1].

Ne quittons pas la région. L'ouvrier lyonnais a été
pendant de longues années la terreur de la France. Mais
la plupart des métiers se sont transportés à la campagne,
et la criminalité du Rhône doit aujourd'hui plus de la
moitié de son contingent [2] aux étrangers qui y campent.
« La population indigène a fait des progrès considérables... En général le travail agricole uni au tissage a
produit des résultats très heureux. »

Le Doubs, dans son ensemble, n'est pas un bon département. Hors de chez lui comme chez lui, sa criminalité
totale le met parmi les douze départements les plus cou-

---

[1] Année 1880, arrondissement de Roanne, population 157,132 ;
prévenus 529. — Arrondissement de Saint-Étienne, population .
364,655 ; prévenus 2,371. Les autres années sont à l'avenant.

[2] En chiffres absolus. Ainsi la cour d'assise du Rhône a vu comparaître devant elle : en 1870, 76 étrangers contre 31 originaires ; en
1881, 76 étrangers contre 25 originaires ; en 1883, 55 étrangers contre
32 originaires ; en 1884, 44 étrangers contre 20 originaires.

pables. L'enquête de 1875 y signalait simplement un fait qui paraîtra singulier ; elle disait : « L'état moral autant que matériel y est meilleur dans l'industrie que dans les campagnes. » Un rapport spécial écrit dix ans après pour le *Bulletin d'études pratiques d'économie sociale* [1] explique en partie cette assertion. L'arrondissement de Pontarlier, par exemple, entretient un nombre considérable de petites industries qui marchent sans rompre la vie de famille. « C'est peut-être à cette organisation particulière, dit l'auteur de cette étude, et aussi à l'alliance féconde du travail industriel et du travail agricole qu'il faut attribuer le degré de moralité assez élevé qu'on trouve dans les populations des montagnes de la Franche-Comté. »

Une autre étude faite également sur les lieux nous décrit [2] les usines de la Ferrière-sur-Jougne [3] « où le bon accord n'a cessé depuis cinquante ans de régner entre les ouvriers et les patrons ». Les ouvriers, au nombre de 350 à 400, ont tous un petit jardin, un terrain où ils cultivent des pommes de terre avec un endroit où ils entretiennent de la volaille. « Ces occupations rurales, outre le petit profit qu'elles assurent aux ménages, ont une grande influence sur la moralité de la population ouvrière. »

C'est avec les mêmes détails matériels, c'est avec les mêmes éloges de la moralité des gens que des observateurs disséminés ont décrit cette alliance dans les usines de Japy, du territoire de Belfort, dans les forges de la Côte-d'Or, dans les toiles et fonderies de la Sarthe,

---

[1] Tome IX, p. 324 et suiv. Rapport de M. ROLAND sur *les Industries locales de la Franche-Comté*.

[2] *Réforme sociale* du 15 janvier 1886.

[3] Forges, mégisserie, clouterie, scierie mécanique.

dans les usines de Fourchambault, dans les papeteries de l'Isère et notamment dans celles de Vidalon, dans les usines de produits chimiques et teintureries d'Oberbrück, dans les ardoisières de Chattemoue (Mayenne), etc.[1].

Je n'insisterai plus que sur deux exemples qui me paraissent plus intéressants ; car ils ont été observés dans des temps de crise où l'efficacité du régime avait été mise à l'épreuve.

L'usine de Montataire[2] est située dans l'Oise, c'est-à-dire dans un de ces départements où la moyenne criminelle est très élevée[3]. Lorsqu'on observa l'usine de près, en 1887, elle venait de traverser une crise : la réduction des commandes et la diminution des bénéfices avaient entraîné un abaissement des salaires. D'où protestations du personnel, renvoi d'ouvriers étrangers et de jeunes gens bruyants : grève générale enfin. Mais tous ces incidents furent en somme sans gravité, et le travail reprit assez vite.

Or, un ancien ingénieur des forges explique à quelles causes on a pu attribuer cette sagesse relative. La compagnie loue à 128 de ses ouvriers, et sur des taux très modérés, des parcelles de terre dont l'étendue totale est de 9 hectares. La surface de chacune de ces petites parcelles est donc d'environ 7 ares. En outre, on peut évaluer à 200 ou 250 le nombre des ouvriers qui louent à d'autres propriétaires de petits champs labourés et fumés, plus éloignés des usines que les jardins. C'est l'exemple des premiers qui les a entraînés. Le petit coin de terre qu'ils louent est peu de chose : mais ils y entre-

---

[1] Voyez *Journal officiel* du 20 novembre 1875 et *Réforme sociale* du 1er février 1881 et 15 juillet 1883.

[2] Voyez *Réforme sociale* du 1er octobre 1887.

[3] 160 unités de plus que la moyenne de la France.

tiennent des lapins et des pigeons, quelquefois un porc et ils y récoltent des légumes. Rien de tout cela n'est à dédaigner : c'est de petites mesures individuelles, c'est de petites vertus de ménage que dépendent la paix et la probité des familles.

Presque à la même époque, un publiciste chargé d'une mission spéciale, M. Eug. Simon[1], étudiait soigneusement dans l'Ariège des faits tout analogues[2].

« Dans la vallée de la Bargillière, près Foix, tous les paysans avaient chez eux de petites forges de cloutiers. Ils travaillaient pour le compte de patrons qui fournissaient le fer et reprenaient les clous, faits à la main, pour ferrer les chevaux et les bœufs. Ces ouvriers, au nombre de huit cents environ, étaient presque tous propriétaires de terres et ne travaillaient, le plus grand nombre du moins, à la clouterie que pendant les chômages des travaux agricoles ou pendant les mauvais temps.

» Aujourd'hui cet état de choses n'est plus. Les clouteries à la main de l'Ariège sont ruinées depuis quatre ou cinq ans. C'est avec des clous fabriqués à la mécanique, en Norwège principalement, que l'on ferre maintenant les chevaux et les bœufs. Les industries tendent à se concentrer de plus en plus autour de machines puissantes, dans de vastes ateliers, et la classe des petits patrons,

[1] *Bulletin du Ministère de l'Agriculture*, mars 1887. Cet intéressant travail ayant été publié dans un recueil très spécial, je crois devoir en faire ici des extraits un peu étendus.

[2] Déjà le Préfet du département disait en 1875 : « Les salaires ont légèrement augmenté dans notre pays, les denrées alimentaires ont augmenté aussi considérablement ; mais cette dernière augmentation touche peu l'ouvrier, qui est presque toujours propriétaire d'un champ et s'occupe à la fois d'industrie et de travaux agricoles. » Le champ d'observation était donc, on le voit, bien choisi.

industriels cultivateurs aura bientôt disparu. Quant aux
ouvriers qui n'ont plus dans les campagnes l'emploi des
longues soirées et des loisirs forcés de l'hiver, ils désertent
les champs pour lesquels ils sont désormais perdus. En
voyant s'élever ces usines immenses qui coûtent souvent
des sommes formidables, ils se disent qu'on n'a pas pu
immobiliser tant de richesses sans être certain qu'elles
ne chômeraient jamais, et ils y accourent en foule, se
croyant garantis eux-mêmes contre toute chance de
chômage. Mais, un jour, à force de produire sans cesse,
de produire à outrance, comme si le monde entier était
devenu tributaire de chacune de ces usines, il arrive
qu'elles ont trop produit ; les feux s'éteignent un à
un ; les salaires sont diminués, puis supprimés. Des
milliers d'ouvriers sont congédiés, trop déshabitués de la
vie rurale et des travaux de l'agriculture pour y retourner, trop nombreux d'ailleurs pour trouver dans les
environs de leur usine des occupations immédiates.

» Calamiteux au point de vue de l'agriculture, à
laquelle elle enlève des bras indispensables, cette séparation, ce divorce de la terre et du métier n'est pas non
plus sans danger au point de vue de la paix publique. On
a fait venir des milliers d'hommes de tous les points de
l'horizon : on en a même fait venir des pays étrangers.
On les a séduits par l'appât de salaires relativement
élevés et par la promesse (l'usine n'en est-elle pas une ?)
de salaires constamment assurés. Puis un jour, par
suite de circonstances que ces malheureux ne pouvaient
prévoir et qu'ils n'ont pas à apprécier, l'usine ferme ses
portes et les laisse sur le pavé ; ou bien elle diminue
tellement le nombre des heures de travail, et le prix de
ces heures-là que, dans les deux cas, le résultat est
le même : les ouvriers n'ont plus de quoi manger.

Quelques-uns tombent à la charge des municipalités des communes ; les autres s'irritent des conséquences cruelles dont ils sont les victimes et dont la responsabilité devrait remonter en fait aux fondateurs de l'usine ; et tout disposés à prêter l'oreille aux pires suggestions, ils deviennent des causes de troubles et d'embarras les plus sérieux. »

Ces embarras cependant n'ont pas eu dans l'Ariège d'aussi graves conséquences qu'ailleurs. « L'usine de Pamiers qui emploie ordinairement 1,600 ouvriers en a renvoyé 1,000, depuis quinze ou dix-huit mois, on a réduit le travail de la plupart de ceux qu'elle a gardés à quelques jours par semaine... ; pourtant la tranquillité publique n'a pas été un seul instant troublée. »

C'est ici le lieu de rappeler que le naturel primitif des habitants de l'Ariège ne peut passer pour avoir été d'une bénignité à toute épreuve. En 1834, l'Ariège faisait partie des départements les plus mauvais : il s'était un peu amélioré en 1842. Vers 1860, il se plaçait dans les 10 meilleurs : il y reste dans la période actuelle. Il y a donc eu chez ces hommes création lente ou réfection d'un fond moral, et ce fond a résisté, nous le voyons, à des orages qui n'étaient pas sans péril.

« J'ai voulu, dit encore M. Eug. Simon, me rendre compte des raisons d'une aussi heureuse immunité. A Pamiers, je me suis mis en relation avec les ouvriers, j'en visitai un certain nombre, je parcourus quelques-uns des villages qu'ils habitent, et je constatai ainsi qu'ils étaient tous ou presque tous propriétaires ou locataires d'un petit lopin de terre qu'ils cultivent ou bien qu'ils appartenaient à des familles de petits cultivateurs avec lesquelles ils n'avaient pas cessé de vivre en communauté.

» Ils ne se trouvent pas rassemblés dans des bâtiments spéciaux, dans des cités ouvrières. Leurs demeures ne sont même pas, sauf exceptions, groupés aux abords immédiats de l'usine ; mais ils sont établis dans les villages disséminés çà et là dans un rayon de cinq à six kilomètres de Pamiers. Un sifflet assez puissant pour être entendu des plus éloignés, leur annonce chaque matin, la reprise des travaux. »

Puis l'auteur nous décrit par le menu, les petits travaux d'agriculture et de jardinage, auxquels se livrent ces ouvriers dans les loisirs que leur laisse l'usine ; il nous fait, sou à sou, le budget d'une famille, dans l'intimité de laquelle il a pénétré, compte ce qu'elle récolte de méteil, de maïs, de pommes de terre et de haricots, ce qu'elle peut nourrir de volailles. Il conclut : « En résumé, si le bien-être de la famille B... se trouve sensiblement réduit, on ne peut pas dire, grâce à l'ordre et à l'économie qui règnent chez eux, grâce aussi aux ressources de leur petite exploitation, qu'ils sont malheureux. Ils peuvent attendre que l'usine rouvre ses portes au grand large, qu'on leur donne la possibilité d'arroser leurs champs, qu'on leur enseigne des pratiques, des procédés de petite culture un peu plus habiles, et ils deviendraient riches. »

Enfin M. Eug. Simon termine son rapport en rappelant les services précieux que rendent, là où ils existent encore, les biens communaux. En maint endroit, une civilisation imprudente les a détruits : une civilisation plus instruite et plus soucieuse du sort de tous, devrait les rétablir. « Pourquoi les grands industriels ne seraient-ils pas invités, au moment même de la fondation de ces établissements, à constituer, dans les communes voisines, un domaine dont l'usufruit serait divisé entre tous ceux des ouvriers qui ne seraient pas déjà usufruitiers de ces communes [1] ? »

II

Tous ces rapprochements que nous venons de faire, à la suite d'enquêtes et de rapports dignes de notre confiance, doivent paraître probants. Il va sans dire toutefois qu'il faudrait se garder de voir là un spécifique contre aucune des misères humaines. Si la famille n'est pas un préservatif absolu, l'alliance du travail agricole et du travail industriel n'en est pas un qui suffise à tout et qui suffise seul. C'est un état de choses qui a des avantages signalés. N'est-ce pas déjà beaucoup ?

Est-ce à dire qu'il enrichit les gens ? Non. Cette union n'est évidemment compatible ni avec une grande exploitation rurale, ni avec cette passion du travail industriel qui fait de certains ouvriers des contre-maîtres, puis des inventeurs et des patrons. Elle met à l'abri de la misère, elle assure une honnête médiocrité ; or, tout démontre que c'est encore là, quand on s'y tient volontiers, la condition la plus favorable à l'intégrité des mœurs privées et publiques.

Cette petite aisance suppose et produit à la fois la stabilité. La jouissance et la culture d'un coin de terre sont généralement liées à un certain amour du chez soi.

---

[1] Quand les grandes compagnies de chemins de fer construisent des cités pour leurs employés fixes ou ambulants, près de certaines gares (exemple : la gare de La Roche, Yonne) elles font quelque chose d'analogue. Les maisons sont séparées par des jardins qui, sans être d'une bien grande étendue, présentent néanmoins quelques ressources.

L'ouvrier qui travaille à la terre garde les qualités de
l'ouvrier, et il n'a pas le temps de prendre les défauts du
paysan, l'âpreté pour la possession, la jalousie... Peut-
il contracter quelques-unes des qualités de ce dernier ?
Pourquoi non ? Il se montre déjà guéri de l'imprévoyance
du salarié : il évite les réunions qui passionnent, il passe
ses loisirs en famille. Ce n'est là qu'un enchaînement de
faits très simples, mais très importants.

Dans ce mélange ou dans cette alternance de deux
occupations, quelle est celle qui a la vertu la plus décisive ? Quelle est celle qui joue dans l'harmonie obtenue
le rôle dominant ? Il est difficile de nier que ce soit
l'amour, la culture et la possession du sol. Lorsque dans
un milieu où les deux choses étaient réunies, la paix se
brise et que la criminalité y augmente, il est bien probable que c'est l'industrie qui a tué ou corrompu l'agriculture. J'en vois pour ma part, dans les comparaisons
qui s'offrent d'elles-mêmes, quelques exemples saillants.

A l'inverse de la plupart de ses collègues, le préfet du
Gard écrivait en 1875 les lignes suivantes : « Le travail
industriel uni au travail agricole produit dans les environs des villes d'assez mauvais résultats. La moralité
des deux sexes reçoit d'assez rudes atteintes des émigrations de la campagne à l'usine. » Si, au lieu de comparer entre elles plusieurs parties de son département,
le préfet avait pu comparer son département tout entier
à d'autres régions, il aurait eu des motifs d'être moins
sévère. Dans tous les cas, prenons que le Gard ait fait
exception à la règle dont nous venons de voir tant
d'exemples ; c'est le voisinage des villes qu'on incrimine.
Ce n'est pas le travail des champs qui nuit à l'ouvrier,
c'est l'appel de l'usine... et celui de la grande ville, qui
a nui à la moralité du paysan.

Enfin, M. Baudrillart, qui avait tant admiré, dans de petits coins de la Normandie, l'union des deux professions, nous signale lui-même dans l'Aisne une douloureuse exception [1] : « J'arrive à l'ouvrier semi-rural, semi-industriel qui est une des variétés les plus singulières et les plus affligeantes [de ce département]. Beaucoup d'ouvriers agricoles travaillent pendant quatre mois dans des fabriques qui se rattachent à la ferme, comme les distilleries et les sucreries [2]... C'est une triste population, à un degré qu'on a peine à croire. Il y règne une intempérance abrutissante. La consommation de l'alcool y est énorme. » Mais est-ce bien là une exception à l'espèce de loi que nous avions pu dégager ? M. Baudrillart dit quelques lignes plus loin : « On a connu un temps où ils achetaient un coin de terre, une petite habitation. Ce temps est passé. » Ainsi, c'est bien l'usine et l'abus de ses productions qui a tué ces pauvres gens. Le jour où ils ont dû revendre leur maison et leur petit champ, c'en a été fait de leur moralité.

A quelle fatalité ont-ils succombé ? Rester quatre mois de suite à l'usine, est-ce trop pour entretenir, en les reprenant à propos, les anciennes et bonnes habitudes ? Mais pendant très longtemps, les Creusois, les Limousins, les Nivernais faisaient de plus longues absences : beaucoup savent encore aujourd'hui reprendre le travail des champs, après avoir séjourné toute une saison dans la capitale. Est-ce à la tentation permanente de l'alcool qu'ils ont cédé ? Apparemment, puisqu'on nous dit qu'ils en font une consommation énorme. Mais personne ne peut dire qu'il leur fût impossible de l'éviter. L'usine

---

[1] BAUDRILLART, *Les Populations agricoles de l'Ile-de-France*, p. 525.
[2] Dans les environs de Laon, notamment.

Pernod qui fabrique de l'absinthe dans les environs de Pontarlier a été vantée pour la sobriété de ses ouvriers. Non. Il n'y a là aucune fatalité. De mauvais exemples ont été donnés, on a cédé à la contagion, la tradition s'est créée, un milieu s'est constitué : ceux-là seuls y sont désormais venus ou y sont restés que ni cette réputation, ni ces exemples n'effrayaient [1]. Voilà comment se forment les foyers : les mauvais sont plus difficiles à éteindre que les bons [2].

L'union du travail industriel et du travail agricole reste donc l'un des plus sûrs moyens de résister au mal, un de ces moyens que les uns font bien de conseiller et d'organiser, s'ils le peuvent, que les autres font bien de pratiquer. Toutes les industries ne sont peut-être pas à même de l'employer. On dit, par exemple, qu'il est plus particulièrement difficile dans les centres miniers. Ce qu'on avance là n'est pas prouvé. Admettons-le cependant ; d'autres formes de prévoyance sont alors nécessaires. C'est ce qu'ont bien compris les grandes compagnies du Nord et du Pas-de-Calais qui ont institué d'admirables moyens de préservation ; et c'est ce qui fait que, malgré tant d'éléments de trouble et de désordre, ces deux départements sont loin de compter parmi les plus criminels de notre pays.

---

[1] De même que ceux qui tiennent à garder de bonnes habitudes cherchent les endroits où la chose leur sera rendue plus facile, et ils contribuent ainsi à entretenir les vertus de leur milieu, comme le milieu contribue à entretenir les leurs.

[2] Voyez plus haut, pages 161-163.

CHAPITRE XII

RICHESSE ET MISÈRE

I. Les forces abstraites. — Les moyennes en statistique. — Ceux qui sont au-dessus : ceux qui sont au-dessous. — Instabilité souhaitable et possible de ces moyennes. — II. La misère : elle est souvent innocente. — Imprévoyances des pauvres, imprévoyances des riches. — Les victimes à plaindre. — III. Le crimɔ a pourtant augmenté, tandis que la richesse augmentait. — Les salaires et le mode d'existence. — La vie autrefois, la vie aujourd'hui. — Témoignages de l'enquête de 1884. — IV. Ceux que l'accroissement de la richesse générale appauvrit au lieu de les soulager. — Est-ce fatal ? — Sont-ce les pauvres qui volent le plus ? — Statistiques des vols. — Témoignages de la police : affirmations de M. Macé. — Les crimes des années de disette, les crimes des années d'abondance. — Les crimes et les suicides des jours de paye. — Observation faite à Marseille. — V. Le malheur immérité rend moins coupable que le malheur mérité.

I

Qu'est-ce qu'une force abstraite? Il faut bien croire que l'expression répond à quelque chose, puisqu'elle a été employée par un savant comme M. Biot, à propos d'un savant tel que Newton. Dans les pages où il a esquissé l'histoire de la découverte de l'attraction universelle, M. Biot nous dit en effet que le calcul infinitésimal permit à Newton « d'atteindre les effets les plus

composés, d'en mettre en évidence les éléments simples,
d'obtenir ainsi les *forces abstraites* qui les produisent,
pour redescendre ensuite, par la connaissance de ces
forces, au détail de tous les effets ». Les forces abstraites sont donc là l'expression des lois universelles selon lesquelles tout corps, quel qu'il soit, se meut dans
l'univers. On néglige les caractères particuliers des
corps : on en fait abstraction, et on arrive ainsi aux
forces qui les font agir de la même manière en toute
fraction du temps et de l'espace.

Y a-t-il dans le monde moral de ces forces abstraites
qu'on puisse dégager pour redescendre ensuite au détail
de tous leurs effets ? Je vois bien que divers philosophes
ou... savants se flattent d'en trouver. L'atavisme de
Lombroso a tout l'air de vouloir être une de ces forces
abstraites. C'est bien aussi la prétention de ces entités
que définissent plusieurs statisticiens : le penchant au
crime, la profession et l' « homme moyen », de Quételet.

En statistique, on peut toujours obtenir une moyenne.
On prend le chiffre le plus haut, le chiffre le plus bas...
on fait une addition, puis une division : on a sa moyenne,
et les habitudes du langage se prêtent parfaitement à la
transformer en une réalité, voire en une force. Mais ne
faut-il point ici se défier des mots ? En médecine même,
supposons une moyenne bien établie pour un mode de
maladie ; la grande question sera toujours de savoir
comment tel ou tel individu a chance de s'éloigner ou de
se rapprocher de la moyenne. C'est en lui, c'est dans sa
constitution individuelle qu'il faudra chercher les raisons
de cet écart possible. Voici, par exemple, une maladie
où l'on sauve, nous dit-on, avec un traitement donné,
50 malades sur 100. Si je suis de ceux qui doivent
échapper, les causes d'immunité ou de salut qui sont en

moi ne profitent guère à ceux que des conditions tout op-
posées condamnent, ou, tout au moins, exposent à suc-
comber. De mon côté, qu'ai-je à redouter des causes
spéciales qui feront la perte de ces derniers, si ces
causes ne sont représentées ni dans mes antécédents, ni
dans mes habitudes, ni dans les effets de mon régime ?
C'est en ce sens qu'un médecin célèbre disait : « Je ne
sais pas ce que c'est que la pleurésie, je ne connais que
des pleurétiques. » On peut prendre encore d'autres
exemples. Cinquante ouvriers donneront une moyenne
de travail qu'on pourra toujours évaluer mathématique-
ment : cette moyenne n'empêchera pas qu'une partie des
ouvriers n'ait rien fait ou fait peu de chose. On a mis
quelques zéros ou quelques fractions dans les colonnes de
chiffres et l'addition a été exacte. La moyenne s'applique
indistinctement à tous ; mais les paresseux dont le faible
travail a diminué la moyenne, et qui n'ont guère soulagé
leurs camarades, ont-ils droit à l'honneur qu'on leur fait
au détriment des autres ?

Lorsqu'il s'agit des corps bruts, il est permis, il est
même recommandé au savant de négliger les traits individuels et les accidents particuliers : ils n'ont rien qui
intéresse, et l'expérience a vite prouvé qu'ils n'ont pas
le pouvoir d'exercer une influence appréciable sur les
faits qui se passent dans les corps auxquels ils sont
liés. Quand nous arrivons à l'individu humain, à plus
forte raison à la personne, n'est-ce pas au contraire le
cas particulier qui nous intéresse le plus ? Il nous faut
sauver tel malade, il nous faut préserver tel enfant de la
contagion des mauvais exemples, il nous faut punir tel
coupable et le punir selon le degré de sa responsabilité
propre. Autrement il n'y a plus ni médecine, ni éducation, ni justice.

Il est donc bien difficile, peut-on dire, de trouver quoi que ce soit qui, dans l'homme, puisse être « abstrait », de ses dispositions intimes et de ses habitudes personnelles.

Cependant (c'est une question bien ancienne et toujours bien grave que nous discutons là), nous ne pouvons pas perdre de vue les ressemblances qui nous rapprochent. En somme, nous avons mêmes organes, mêmes nécessités, mêmes tentations ; nous avons également des ressources qui nous sont communes. Quand une maladie nous atteint, notre constitution en allonge ou en raccourcit, en aggrave ou en atténue les phases diverses ; mais ces phases tendent à se succéder chez nous selon la même loi que dans l'immense majorité de ceux qui payeront le même tribut. Vous n'avez pas les mêmes motifs de crainte que beaucoup d'autres ; mais si on ne veillait pas sur vous, vous ne tarderiez peut-être pas à les connaître. Votre voisin n'a pas les mêmes ressources que vous ; mais précisément on cherche à les lui donner, en réveillant chez lui des forces trop endormies, en calmant des forces trop agitées. Sur cinquante ouvriers, il y en a cinq qui n'ont rien fait ; mais le travail exécuté par les autres sert à mesurer ce que, sous certaines réserves ou conditions, on aurait pu exiger des paresseux. Quant à l'inertie de ces derniers, elle montre peut-être la nécessité d'une surveillance et d'un contrôle à exercer sur l'ensemble même des bons travailleurs. Ainsi quand un médecin dit spirituellement qu'il ne connaît que des pleurétiques, il ne faut pas le prendre au pied de la lettre, il sait très bien ce que c'est que la pleurésie, et il ne serait pas en peine de la définir.

C'est donc la difficulté, mais c'est aussi le suprême intérêt des sciences de la vie (de la vie corporelle et de la vie morale ou sociale; que de démêler dans la complexité de leur objet ce qui est individuel et ce qui est universel. Lorsque les sciences physiques ont trouvé une loi, elles n'ont plus qu'à en calculer les effets, et les applications suivent nécessairement. Lorsque le moraliste a trouvé des moyennes, il sait qu'elles demeurent variables. Il sait ensuite, et cela est encore plus important, qu'il lui reste à faire un double travail : ramener à cette moyenne ceux qui restent trop en dessous, encourager ceux qui la dépassent à la dépasser plus encore, et à élever ainsi de plus en plus la moyenne commune [1].

Si cette moyenne existe — plus ou moins facile à déterminer — il y a à cela, comme à toute chose, une cause. Dire que cette cause est une force est parfaitement admissible. La considérer dans les effets analogues qu'elle produit partout où elle n'est pas contrebalancée par une autre, cela est encore possible. Obtient-on ainsi des forces abstraites, se prêtant à la prévision et au calcul ? Peut-être ! Mais il s'agit là d'une prévision qui doit être active et modificatrice, d'un calcul qui opère sur ce qui doit être autant que sur ce qui est ou a été, et qui, au lieu d'imposer ses conclusions à une matière passive, en attend la réalisation d'une volonté éclairée et persuadée, c'est-à-dire libre.

Nous avons passé en revue bien des actes délictueux, bien des milieux criminels. N'y a-t-il point quelques forces qui poussent également hors de la bonne voie des individus de tout âge et de tout rang et de toute profession ? On nomme bien souvent *la misère* et bien souvent

---

[1] Je parle là, bien entendu, de cas où la moyenne résume de bonnes choses. S'il s'agit de mauvaises, alors le travail est à faire en sens inverse. Il faut diminuer la moyenne au lieu de l'augmenter, mais le principe est le même.

aussi l'*ignorance*. Sont-ce là de ces forces abstraites qu'on puisse suivre dans leur action désorganisatrice et dont on puisse calculer les fâcheux effets ?

II

« Le grand facteur du crime, c'est la misère », voilà un mot qui a été dit souvent. Au premier abord il ne soulève aucune contradiction ; mais il y a lieu de s'y arrêter et d'y regarder de très près : il n'y a rien de plus compliqué, de plus obscur et de plus troublant que ce problème.

Il convient d'abord d'éliminer la misère voulue ou tout au moins encourue par la faute évidente de l'homme. Chez les vagabonds de profession, chez les mendiants par choix et par spéculation, chez les ivrognes, chez ceux qui ont pris la résolution de vivre n'importe comment et qui se sont par là même fermé toutes les professions régulières, chez les jouisseurs qui ont dévoré systématiquement leur capital et celui de leur famille, chez les ouvriers qui n'ont cessé leur travail qu'avec accompagnement de rébellion et par haine contre la société, oui, chez tous ceux-là la misère conduit au crime. Est-ce assez dire ? Ne peut-on se demander si cette misère là n'est pas déjà elle-même un commencement de vie criminelle ? Elle mène au vol, comme le vol mène à l'assassinat ? Mais n'est-elle pas elle-même une forme de vol, vol à la société, vol à la famille, vol à la corporation ? C'est presque une « tantologie », comme disent les logiciens, que de voir dans une pareille misère une source de crimes. Autant dire que la volonté de mal faire est la cause du mal que l'on fait !

Mais il y a une misère involontaire, une misère qui provient des accidents, de la maladie, des infirmités, des charges de famille, de la mort d'un père ou d'un mari, de la faute ou du crime des autres. Personne ne peut nier que ce genre de misère existe et qu'il accable un grand nombre d'innocents.

On allègue l'imprévoyance et on l'accuse! J'en ai parlé longuement quand j'ai étudié l'ouvrier : je ne vois rien à effacer de ce que j'ai dit. Mais dans la pauvre humanité, qui est-ce qui n'est pas imprévoyant? Seulement il en est dont les imprévoyances n'entraînent que des suites faciles à supporter pour eux : il en est surtout dont les imprévoyances ne compromettent et ne perdent que les autres. Les classes pauvres, on le répète souvent, ne prévoient pas que six ou sept enfants par famille empêchent de faire aucune économie. Mais les classes riches ne prévoient pas que le petit nombre de leurs enfants à elles amènera un jour ou l'autre l'abaissement, peut-être même la ruine de la patrie. Un jeune homme riche et une fille pauvre, un maître et sa domestique, s'abandonnent l'un à l'autre à un entraînement dont l'un n'a pas voulu, dont l'autre peut-être n'a pas su prévoir toutes les suites. L'une tombe dans la misère, et tout le monde dit que c'est par sa faute : on a raison. Mais a-t-on autant raison d'excuser l'autre qui porte si légèrement la poids de sa responsabilité? Une famille est ruinée par la mort de son chef, par la perte d'un procès, par un mauvais placement; n'y a-t-il pas eu de médecins, n'y a-t-il pas eu d'avocat, n'y a t-il pas eu d'hommes d'affaires imprévoyants? On dit que le riche peut se permettre de risquer beaucoup et que le pauvre ne le peut pas, qu'il est coupable quand il le fait. Cela est spécieux; mais il serait peut-être plus exact encore de dire que le pauvre, inhabile à faire de grandes spéculations, n'expose que ce qu'il a, et que le riche, en opérant largement, expose surtout ce qu'il n'a pas.

Une grande entreprise financière a récemment sombré. Ceux qui l'administraient ont méconnu sciemment les statuts. Ils ont couru après des bénéfices immenses dont ils n'auraient point fait part aux actionnaires de la maison ; mais c'est la ruine qui est survenue, et quelle ruine ! Celle de l'entreprise d'abord ; on a congédié d'un seul coup 350 employés, et un grand nombre de petits patrimoines ont été perdus. Quant à ceux qui ont la responsabilité de la catastrophe, ils ont du temps devant eux ; ils vendent leurs galeries de tableaux et leurs diamants, puis ils transigent. J'entends vanter le désintéressement d'un homme qui, ayant trois millions, en sacrifie un et demi pour arrêter l'action de la justice — « Voulez-vous, me dit-on, qu'on le dépouille absolument? Voulez-vous qu'en dispersant son industrie, l'on tarisse une source de la production nationale [1] ? » Eh bien, non ! je ne le réclame pas ; mais je ne puis m'empêcher de constater que le coupable, en sacrifiant à temps un million, en garde encore un, et que tel petit employé ou fonctionnaire qui avait là vingt mille francs placés perd tout ou à peu près.

Il y a donc évidemment des misères innocentes ; et il y en a d'autres d'autant plus pardonnables que les suites en ont été aggravées par la faute des autres. Est-ce donc dans la région intermédiaire qu'il faut chercher les influences qui portent au mal ? Soit. Cette région ne

---

[1] On me donne une autre raison : « Si on voulait lui tout prendre, il a devant lui le temps nécessaire pour dénaturer sa fortune, la faire passer sur d'autres têtes. Mieux vaut consentir à la transaction et accepter ce qu'il offre. »

nous est pas inconnue. Cherchons-y sans parti pris d'aucune espèce, et examinons les faits du mieux qu'il nous sera possible.

III

Il y a une méthode qui permet de voir si un phénomène agit sur un autre phénomène : c'est celle qui cherche si l'un et l'autre varient en même temps. Le nombre des crimes et des délits a indubitablement augmenté dans notre pays comme dans le reste de l'Europe. Est-ce parce que la richesse publique a diminué ? Nous pourrions à la rigueur nous en tenir à ce que nous avons vu de la Normandie et de l'Hérault. Mais d'une manière générale est-il un citoyen français qui n'ait vu, lu et entendu mille fois que cette richesse a augmenté dans des proportions considérables ? Les grands journaux, les revues spéciales nous donnent chaque année des tableaux qui nous montrent l'accroissement continu des achats de rente, des dépôts et comptes-courants dans les banques, des versements faits aux caisses d'épargne, de l'ensemble de nos importations et exportations, etc. Qu'une partie de cette fortune soit bien ou mal dépensée, cela ne prouve pas qu'elle n'existe pas. On donne bien comme ombre au tableau, la diminution actuellement subie par la propriété foncière. Mais j'ai eu occasion de rappeler que si la grande propriété se vend plus mal et si les fermages ont diminué, la petite propriété se maintient. D'autre part, l'ouvrier rural a gagné beaucoup, et c'est précisément cette augmentation de la main-d'œuvre qui ici, comme partout ailleurs, a éprouvé les classes moyennes.

La condition des ouvriers des villes est-elle devenue plus mauvaise ? Il ne le semble guère, puisque les campagnes continuent à se dépeupler et que les habitants des villages continuent à chercher dans les travaux des grandes villes des salaires plus élevés. Ils n'y sont pas plus heureux, ils n'en ont pas plus de reste au bout de l'année ; car s'ils gagnent des salaires plus élevés, ils les dépensent ; la facilité du plaisir les amène à chômer volontairement deux ou trois jours par semaine... D'accord, mais cela ne prouve pas que les conditions économiques du pays aient empiré pour la masse ; cela ne prouve pas que l'accroissement de la criminalité puisse être mis sur le compte d'une misère involontaire et plus inévitable qu'autrefois.

Serrons la question de plus près. La cherté de la vie a-t-elle augmenté plus rapidement et dans des proportions plus grandes que les salaires ? Les préfets ont eu à se prononcer sur ce point lors de l'enquête de 1875. Dans l'immense majorité des départements, la réponse a été la même : salaires et denrées ont augmenté proportionnellement. Si cela est — et comment s'inscrire en faux contre de telles assertions ? — on peut bien dire que l'accroissement des salaires n'a pas rendu l'ouvrier plus riche ; on peut bien dire que les classes laborieuses ont à la fois plus de satisfaction et moins de sécurité, plus de plaisirs et pas plus de bonheur : elles se sont créé des besoins qu'elles ne connaissaient pas, elles les contentent souvent, mais souvent aussi elles se mettent hors d'état d'avoir régulièrement le nécessaire pour avoir trop joui du superflu. Tout cela concédé, est-il possible d'aller plus loin ? Ce sont là, en définitive, des causes morales et nullement des causes économiques.

Le dialogue suivant, de la Commission des 44 [1], met parfaitement en relief ce côté de notre histoire sociale. C'est un ancien ouvrier charpentier, devenu Président de la Chambre syndicale des patrons charpentiers de la Seine, qui dépose :

« Maintenant, les ouvriers dépensent beaucoup plus qu'autrefois, parce qu'ils vivent autrement que nous ne vivions... Je n'y trouve aucun mal.

» — Quelle somme pensez-vous que l'ouvrier vivant hors de chez lui doive dépenser pour sa nourriture ?

» — Cela dépend de ses besoins. Maintenant je vais faire une comparaison. Autrefois, nous qui ne sommes cependant pas morts de faim, nous dépensions 25 sous au maximum pour notre repas du matin ; les ouvriers aujourd'hui dépensent 3 francs ou 3 fr. 50 ; et puis il y a le vin de midi, le vin d'une heure, le vin de deux heures. Nous, nous payions 7 sous un ordinaire qui vaut 8 sous aujourd'hui : le pain est meilleur marché, le vin n'est pas plus cher, seulement nous n'en buvions qu'un demi-setier, et maintenant on en boit un litre, on prend le café et on fume un cigare : je ne vois pas de mal à cela, je voudrais que tout le monde pût le faire.

» — Vous n'admettez pas que la vie ait renchéri depuis vingt-cinq ans ?

» — Dans la classe ouvrière, non.

» — Je ne suis pas de votre avis.

» — Parce que vous n'allez pas dans les mêmes maisons que les ouvriers... Si l'on voulait vivre aujourd'hui comme autrefois, cela ne serait pas plus cher ; mais on ne se contente pas maintenant de ce dont nous nous contentions. Vous pourrez consulter tous les anciens, ils vous diront ce que je vous dis.

[1] Séance du 4 février 1884.

» — Et que mange-t-on au repas de deux heures ?

» — Autrefois nous gardions un peu de notre bœuf du matin et nous buvions un demi-setier ; aujourd'hui on fait un repas complet et on prend le café.

» — Comment ! vous gardiez de votre bœuf du matin ?

» — Nous n'en étions pas plus maigres. Cela nous irait peut-être moins bien maintenant... Notre journée était de 4 francs : elle est aujourd'hui de 8 francs. Quand bien même le prix des choses aurait doublé (ce qui n'est pas [1]), l'ouvrier devrait être plus heureux. Est-ce que les vêtements ne sont pas meilleur marché qu'autrefois ?

» — A cette époque on se contentait de porter une blouse.

» — Nous sommes absolument d'accord. Oui, aujourd'hui les ouvriers sont mieux mis, et je ne les en blâme pas ; seulement je dis qu'on s'est créé des besoins et qu'on cherche les moyens de les satisfaire. »

On les cherche, bons ou mauvais, et ce ne sont pas seulement les ouvriers qui se mettent ainsi en quête de satisfaire des besoins nouveaux ; ce sont toutes les classes de la société. On fait des « visites », on conseille des procès et des « actes » inutiles ; on se fait payer des services qui ne sont rendus aux uns qu'au détriment des autres, on joue, on parie, on spécule, on falsifie et finalement on vole sous une forme ou sous une autre. Est-ce que les moyens d'existence ont diminué ? Non ; mais les besoins développés par des habitudes nouvelles ont augmenté.

[1] M. d'Haussonville affirme, d'après des calculs très minutieux, qu'il n'a pas augmenté, à Paris, de plus d'un quart ou d'un cinquième. On lit d'autre part dans le *Journal de la Société de statistique de Paris* (août 1889) : « Aujourd'hui la population parisienne paie le pain le même prix, à quelques centimes près, qu'il y a quatre-vingts ans. »

Revenons à la question des salaires et à l'ensemble du pays. On a vu que d'après l'enquête de 1875, les salaires et les denrées ont augmenté proportionnellement dans la plupart des départements français. Il y avait cependant des exceptions dans les deux sens. N'ayons garde de les négliger, nous avons déjà vu que les cas exceptionnels sont souvent, par les comparaisons qu'ils suggèrent, les plus instructifs de tous.

Parmi les départements où la hausse des salaires n'avait pas suivi celle de la vie, j'en vois d'abord deux : le Morbihan et la Vendée. On dit du premier : « Salaires très peu augmentés ; objets nécessaires à la vie doublés de prix. » On dit du second : « Les salaires qui n'ont pas augmenté ne sont plus en proportion avec les denrées, dont le prix s'est élevé d'un tiers. » Parmi ceux où l'on a remarqué le phénomène inverse figurent les Bouches-du-Rhône et l'Hérault. Dans le premier : « Depuis 10 ans, accroissement de 30 0/0 dans les salaires et de 15 0/0 dans les denrées nécessaires à la vie. » Dans le second : « Les salaires ont augmenté de 60 à 90 0/0 depuis 25 ans, et les denrées dans une proportion moindre. » Or, je n'ai pas besoin de rappeler que le Morbihan et la Vendée figurent parmi les départements les plus moraux, les Bouches-du-Rhône et l'Hérault parmi ceux où il se commet le plus de crimes et de délits.

Je suis loin de dire qu'il y ait là une loi faisant que le délit augmente avec le salaire ; car ici aussi on ne serait pas embarrassé pour trouver des exceptions. Je me borne à conclure que dans la complexité des faits sociaux, la hausse ou la baisse des salaires ne suffisent pas, à elles seules, pour créer à la moralité des gens des conditions bonnes ou mauvaises. On l'a vu à la fin du dernier chapitre : tantôt l'union de l'agriculture et de l'industrie

permet à l'ouvrier de ne pas s'apercevoir de la hausse
des denrées ; tantôt il y a lieu de dire ce que disait en
1875 le préfet de l'Allier [1] : « Les dispositions prises par
les grandes industries ont empêché dans une certaine mesure l'ouvrier de supporter le désavantage de ce renché-
rissement. » Rappelons-nous enfin qu'un salaire moindre,
avec un avenir assuré contre la maladie et la vieillesse,
est une condition cent fois plus morale, qu'un salaire
beaucoup plus élevé avec l'incertitude de l'avenir voulue
ou acceptée.

En résumé, quoi qu'on puisse dire sur ce que la hausse
générale des salaires a eu souvent d'artificiel et de trompeur pour ceux qui l'ont obtenue, le mouvement économique a-t-il amené une diminution d'aisance à laquelle il
y ait lieu d'attribuer l'accroissement du délit ? Il s'en
faut de beaucoup. Mais si ce n'est pas la misère qui a été
la cause de cet accroissement, dans l'époque dont nous
pouvons suivre et mesurer les variations, on ne peut pas
dire, ce semble, d'une manière générale, qu'elle soit la
cause principale ou l'une des causes les plus importantes
du délit.

IV

Essayons néanmoins d'atteindre un fond plus ancien
et plus permanent. Vous prenez, peut-on dire, l'aisance
générale ; mais vous avez beau restreindre votre examen
à l'ensemble des classes laborieuses ; ici encore c'est le
cas de rappeler la distinction de tout à l'heure. Quand
on établit une moyenne de gain, l'argent gagné par ceux

---

[1] *Journal officiel* du 25 novembre 1875.

qui la dépassent ne procure rien à ceux qui ne l'atteignent pas.

Or, où voit-on le plus de différences et où les sent-on le plus vivement? Précisément dans les époques riches et dans les milieux riches. Aussi est-ce dans les départements pauvres que les crimes contre la propriété se développent le moins. Il y a à cela deux raisons, l'une psychologique, l'autre sociale. Ce qui tient le plus au cœur d'un homme quel qu'il soit, ce n'est pas tant d'être ou d'avoir absolument; c'est d'être ou d'avoir plus ou moins que ceux qui l'entourent. Ce qui devra pousser au crime ou au délit sera donc surtout la comparaison de la richesse et de la pauvreté. Or qui ne voit que les milieux riches prêtent à cette comparaison plus que les autres? Plus la richesse s'accumule, plus les différences deviennent saillantes. Mais pourquoi est-il tant d'individus qui restent au-dessous de la moyenne? Pour la raison qui fait rester en arrière dans une armée en marche tant de malades et d'éclopés. Ou les forces physiques leur ont manqué, ou l'ennemi les a blessés, ou le fardeau qu'ils avaient à porter était trop lourd. — Ai-je nié l'existence de ces misères? Non certes. A côté des maraudeurs et des lâches, qu'il ne faut pas oublier, je vois, en effet, bien des invalides de cette espèce dans la grande armée professionnelle. Les conditions économiques se sont-elles aggravées pour eux plus que pour les autres? Assurément oui. Si en effet les subsistances se sont élevées dans la même proportion que les salaires, ceux-là seuls ne souffrent pas qui touchent ces salaires. Mais ceux qui en sont momentanément privés doivent toujours vivre : la seule augmentation qu'ils connaissent alors et dont ils souffrent est celle des subsistances. Qu'est-ce que cette loi nous prouve? Deux choses : la nécessité en quelque sorte

physique de la prévoyance et la nécessité morale de la
charité. Mais la prévoyance ne l'offre-t-on pas? Ne
cherche-t-on pas à l'organiser? N'en prépare-t-on pas
l'accès à un nombre toujours croissant d'individus? Quant
à la charité privée ou publique n'a-t-elle pas également
multiplié ses œuvres? On peut donc répondre à l'objec-
tion — sans en nier la valeur — que, quoi qu'il paraisse,
l'argent gagné par ceux qui dépassent la moyenne profite
souvent à ceux-là même qui ne l'atteignent pas. Je dis
souvent. On voudrait pouvoir dire toujours, et il est
évident qu'on ne le peut pas.

Finalement, il y a une misère innocente et excusable.
Peut-on trouver des indices constants et sûrs du rapport
plus ou moins étroit qui, répètent tant de personnes, la
lient au délit?

Le service de la statistique criminelle a analysé l'ensemble des vols traduits en cour d'assises de 1830 à
1860. Les vols d'argent proprement dit, de numéraire,
de billets de banque ou autres étaient les plus nombreux.
Ils atteignaient 395 sur 1,000. Venaient ensuite, par ordre
d'importance décroissante, les vols d'objets mobiliers et
objets divers, puis les vols de linge et effets d'habille-
ment, puis les vols de marchandises diverses, puis les
vols de bijoux et argenterie, puis les vols de comestibles,
de blé ou farine, d'animaux domestiques vivants. Les
vols de blé ou farine ne dépassaient pas 55 pour 1,000.

J'avoue qu'on ne trouve pas là toute la clarté que l'on
souhaiterait. Les bijoux sont inutiles ; mais ne les a-t-on
pas volés quelquefois pour les vendre et se procurer du
pain ? Question dont l'effet peut être contrebalancé par
cette autre: N'y a-t-il pas des gens qui, après avoir volé
des objets ou des denrées de première nécessité, les ont
vendus pour se procurer un plaisir quelconque ? Il paraît

bien cependant que le vol subit, le vol accompli sous l'action irrésistible de la faim ou du froid ne doivent fournir à cet ensemble qu'un apport très faible.

L'analyse de la valeur des objets volés présente [1] à peu près les mêmes incertitudes et les mêmes probabilités. Dans une période de 25 ans, les vols les plus fréquents avaient été d'une importance de 10 à 50 francs : ils formaient à peu près le tiers du nombre total. Venaient ensuite les vols de 100 à 1,000 francs, puis ceux de moins de 10 francs. Dix ans plus tard, c'étaient les vols de 100 à 1,000 francs qui étaient les plus nombreux : à leur tour, ils formaient le tiers. Ce sont donc les vols les plus hardis et les plus fructueux qui progressent.

Je sais bien qu'on dira : le voleur prend ce qu'il trouve ; le porte-monnaie qu'il tire de la poche contient ce qu'il contient, de même le tiroir ou le coffre-fort brisé. Puis, il faudrait savoir combien de fois celui qui a volé de petites sommes ou des objets de peu de valeur, a récidivé. Mais ni les vols des pick-pockets, ni les vols réitérés des malfaiteurs de profession ne sauraient être mis au compte de la misère avouable.

Une étude faite par la police sur les cas individuels peut donner des renseignements plus corrects. Il y a donc lieu de prêter grande attention à ces témoignages d'un ancien chef bien connu de la Sûreté qui nous dit [2] : « On compte une indigente sur cent voleuses à l'abri réel du besoin... L'excuse de la misère est rare... La femme qui vole dans les magasins est généralement sans ordre et amie de plaisir... Si l'amant n'est pas arrivé, il est en bon chemin... Vous verrez une

---

[1] Voyez le *Compte général* pour 1860 (ce Compte renferme des revues rétrospectives intéressantes, voyez notamment page XLII).

[2] G. MACÉ, *Un joli monde*, p. 256, 258, 283.

femme sur millé voler un vêtement pour son enfant...

» La misère, dira-t-on, doit pousser bien des malheureux à se livrer au vol pour exister. — ... Généralement la faim y est étrangère. L'enfant ne dérobe pas un
pain ou un gâteau. Son premier vol se commet dans un
bazar, pour un couteau ou un porte-cigarette. Les vols
de comestibles, quotidiens, très nombreux, ne naissent
pas non plus de la misère, mais bien de l'inconduite, de
la paresse et, plus encore, de la gourmandise. L'homme
volera du vin, des liqueurs, la femme du chocolat, des
bonbons, un pâté et des fruits... Les procès-verbaux
classés dans les archives de la préfecture de police en
fournissent la preuve [1]. »

Je sais bien qu'on a observé plus d'une fois [2] que l'élévation du prix de l'hectolitre de blé amenait régulièrement une élévation du nombre des vols et des attentats
contre la propriété. Cette assertion et celle de M. Macé
paraissent en contradiction l'une avec l'autre : on peut
cependant les concilier.

Les disettes sont, en somme, exceptionnelles : le vol
est constant; et tandis que les disettes vont toujours en
diminuant, le vol va toujours en augmentant. Supposons
que dans les années ordinaires on ne vole pas ou qu'on
vole très peu : les moments difficiles trouveraient les
gens plus patients, plus résolus à n'avoir recours qu'aux
moyens légaux et permis; on ne les verrait pas si
prompts à se tirer d'affaire en prenant purement et simplement le bien d'autrui. Mais sur quelle résistance peut-

---

[1] Je n'ai pas eu recours bien souvent dans mes travaux aux assertions de M. Macé; il y a trop de « littérature » dans ses écrits.
Mais, ici, on remarquera le caractère si net et si affirmatif de ces
lignes qui équivalent à un témoignage professionnel.
[2] Voyez notamment une leçon de M. LACASSAGNE dans la Revue
scientifique de mai 1881.

on compter chez ceux qui, de longue date, ont contracté l'habitude de voler par gourmandise, fantaisie ou cupidité? Quelle résistance espérer surtout quand l'habitude a commencé dès l'adolescence? Or, nous avons vu que le tiers des vols est commis par des enfants mineurs.

Il serait plus facile de décharger la nature humaine et d'accuser les circonstances économiques, si les années d'abondance abaissaient la criminalité autant que les années de mauvaise récolte l'élèvent. Mais M. Prins, en Belgique, M. Garofalo, en Italie, et dans quelques autres pays de l'Europe, ont observé qu'il était impossible de compter sur une pareille compensation. L'état économique change : la nature des crimes change, mais non leur nombre. La statistique criminelle nous donne en France les mêmes résultats.

Le vin d'abord, lorsqu'il est abondant et à bon marché, provoque des crimes de plus d'un genre : actes de rébellion, outrages et violences envers des fonctionnaires publics, rixes de cabarets, meurtres s'ensuivant, viols et attentats à la pudeur. En 1858, année brillante dans notre histoire vinicole (et qui succédait à une année déjà favorisée sous certains rapports) les meurtres par gens ivres s'élèvent à 73, après avoir oscillé entre 25 et 28 dans la période précédente.

Mais ce n'est pas seulement la facilité à boire qui augmente les crimes contre les personnes, c'est la facilité de la vie en général, c'est l'abaissement du prix du blé. Comme le dit très bien M. Garofalo [2] : « L'ouvrier ayant fait bonne chère et voyant son existence matérielle assurée pour le lendemain, recherchera tout de suite les amusements, les fêtes, les amours : autant d'occasions de

---

[1] GAROFALO, *La Criminologie*, p. 166.

querelles, de rixes et de vengeances. » Or, de ceux-là
aussi l'on peut dire : s'ils avaient toujours été sobres, s'ils
n'avaient jamais eu aucune tendance à s'abandonner aux
excitations grossières, sont-ce quelques sous de moins
dans le prix du litre de boisson qui les auraient rendus
criminels?

L'ouvrier dans la misère est souvent redoutable, surtout quand il parle et quand il agit dans l'entraînement
des réclamations collectives. Mais ces cas sont exceptionnels; ce qui ne l'est pas, c'est l'entraînement des
jours de paye. Dans certains centres industriels il s'est
trouvé des administrateurs prévoyants et préoccupés de
leur mission; ils ont imaginé une innovation bien simple,
mais d'une grande portée. Au lieu de payer tous les ouvriers à la fois et de les payer la veille d'une fête, on les
solde l'un après l'autre par ordre alphabétique[1]. Voilà
une idée qu'on devrait appliquer partout. Il a été constaté à Marseille que les jours de la semaine où les suicides sont le plus nombreux sont le lundi (122) et le
dimanche (100), et que ceux où ils sont le plus rares sont
le samedi (32) et le vendredi (63). « Cette distribution
hebdomadaire du suicide n'est pas particulière à notre
ville, dit le savant[2] qui l'a relevée; elle correspond
exactement à ce qui a été observé en France et dans les
autres pays. On aurait tort d'en chercher la cause ailleurs
que dans une question ouvrière, la paye du samedi, la
débauche du dimanche et du lundi. »

Quand on touche au suicide, on ne touche pas toujours
au crime, on en est même quelquefois loin, mais bien

---

[1] C'est à Guise que l'idée a été appliquée, *Bulletin de statistique internationale*, 1888, p. 160.
[2] M. le Dr MIREUR, *Le mouvement comparé de la population à
Marseille, en France et dans les États de l'Europe*, 1889.

souvent aussi on y confine. Dans ces états de débauche notamment, qu'est ce qui fait qu'un individu dont l'imagination est à. l'état de cauchemar, choisit entre e meurtre de soi-même et celui d'un autre ? Le hasard... et certains traits de tempérament difficiles à analyser. Le phénomène social que nous signalons peut donc produire le crime autant que le suicide. Il y a là périodiquement un état d'aisance temporaire dont les effets sont analogues à ceux d'une année d'abondance et d'une saison où le vin est à bon marché ; mais dans chacun de ces cas, l'effet des causes accidentelles est en grande partie déterminé par les dispositions ordinaires de l'individu qu'elles intéressent. La hausse et la baisse des denrées ont chacune un groupe de clients dont elles irritent ou dont elles flattent les goûts particuliers. Si les buveurs qui ont accru en 1858 le nombre des meurtriers, si ces hommes qui se tuent le dimanche et le lundi avaient été habituellement plus sobres, s'ils n'avaient jamais eu si grande tendance à s'abandonner aux excitations grossières, encore une fois, ce n'est pas quelques sous de plus dans leurs poches et quelques sous de moins à dépenser qui les auraient fatalement conduits au crime ou au suicide.

V

Les observations que nous venons de présenter n'infirment donc nullement celles qui nous avaient permis d'établir que l'accroissement du vol n'était dû à aucune influence économique et que par conséquent la misère involontaire n'est pas une cause essentielle de criminalité.

Elles vont nous en permettre quelques autres qui, ainsi étayées, paraîtront moins conjecturales.

Nous avons mis de côté l'homme qui, voyant la misère au bout d'une conduite anormale, n'a point reculé. Celui-là était résigné d'avance aux suites de son inconduite : « d'une manière ou de l'autre, se disait-il, je trouverai bien le moyen de m'en tirer ». C'est pour n'avoir pas eu peur du délit qu'il s'est laissé tomber dans la misère, ce n'est pas la misère qui lui a suggéré l'idée du délit.

L'homme qui a été précipité dans le dénuement par des fautes indépendantes de sa volonté, doit être évidemment tenté d'en sortir par des moyens dont il regardera plutôt le résultat que le caractère. Tout le monde est tenté de mal faire. Lorsque l'on voit tant de gens qui ne sont pas pauvres et qui volent, soutenir que le pauvre est à l'abri d'une pareille faute serait un paradoxe tout à fait excessif.

Il est bien aisé de voir cependant que le pauvre s'habitue souvent à sa pauvreté. On peut même dire qu'il s'y habitue trop, en ce sens qu'une fois classé comme indigent, il s'en fait une sorte de profession. Il en est qui aiment à raconter leur misère et à en faire sonder la profondeur, comme d'autres s'enorgueillissent de vous faire compter leurs millions. Il en est qui y mêlent un autre sentiment, quelque chose comme la consolation, parfois même l'orgueil bien excusable de se dire qu'ils n'ont point mérité leur malheur ni avant ni après, et qu'un jour ou l'autre ils auront droit à une compensation. Il en est qui s'abandonnent au contraire à l'amertume de leur tristesse et se découragent, mais ne s'en prennent qu'à la vie et, ne voulant faire ni mal ni tort à autrui, se suicident. Beaucoup tombent dans cet engourdissement où les besoins du corps et ceux de l'esprit s'endorment peu à peu : ceux-là attendent que la charité publique les recueille et les enterre. Il en est enfin qui meurent de privations, sinon positivement de faim. Sur 57,000 personnes décédées à Paris en 1886, la statistique officielle en portait 6 dont on attribuait authentiquement la mort à « l'inanition ». Mais sur un corps épuisé n'y a-t-il pas toujours quelque maladie prête à s'abattre, et la terminologie médicale n'a-t-elle pas toujours de quoi déguiser sous un nom spécial le résultat définitif d'un long épuisement ?

Ce n'est donc pas l'état économique d'un individu qu'il faut considérer pour expliquer son improbité ou sa probité ; c'est le rapport de son état moral à son état de richesse ou de pauvreté. On trouve des individus qui n'ont rien et qui ont perdu l'espoir même de ne jamais rien avoir. On en trouve qui ont beaucoup et qui sont dévorés du désir ardent d'avoir encore davantage. Entre ces deux extrémités les degrés sont innombrables. Or il n'en est pas un qui ne prête aux efforts les plus divers, soit pour s'adapter à la situation et en profiter, soit pour essayer d'en sortir. Ces efforts qu'est-ce qui les anime et qu'est-ce qui les dirige ? Bien des choses, dont aucune n'a quoi que ce soit d'impersonnel, de fixe et de mesurable : c'est la comparaison de l'état d'hier avec l'état d'aujourd'hui et avec celui qu'on juge possible pour le lendemain ; c'est la comparaison de son état avec celui des gens qu'on a connus, qu'on fréquente, qu'on envie, avec lesquels on a pris l'habitude de rivaliser ; c'est le désespoir, c'est l'espèce de rage que l'on éprouve de ne pouvoir montrer aux autres tout ce qu'on s'est vanté sottement de posséder ; c'est l'appât d'un plaisir qui est là tout prêt et dont on a conservé le désir, sinon toujours la capacité. Il y a peu de gens qui soient plus à

l'abri du besoin que les domestiques ; il y en a peu qui
volent davantage. Les célibataires, qu'ils soient jeunes
ou vieux, ont évidemment moins de charges et sentent
moins la misère que les gens mariés : leur part proportionnelle dans les vols a toujours monté. Lorsque la
Chancellerie faisait sur ce point des calculs spéciaux,
elle trouvait 66 0/0 de vols à mettre à leur compte.
Ajoutez-y les vols qualifiés, les vols organisés par les
bandes, et vous verrez combien les données de la statistique tendent à se mettre d'accord avec les observations
personnelles de M. Macé.

Un tableau spécial de la criminalité de la Marne m'a
encore montré, sous une autre forme, l'exactitude de ces
conclusions. Un magistrat, que j'ai déjà cité [1], a examiné
pour moi scrupuleusement les dossiers de 107 affaires
portées depuis dix ans devant la cour d'assises de Reims.

Les colonnes ouvertes sous les rubriques : Crise agricole, crise industrielle, crise commerciale, sont souvent
vides, et ce n'est guère que dans les deux dernières années que cette troisième cause a paru exercer un effet de
quelque gravité. Mais ces causes elles-mêmes et surtout
leurs effets moraux demandent à être étudiés. Ce qu'il
faut expliquer ce n'est pas qu'il y ait des difficultés, c'est
que ces difficultés conduisent de plus en plus au délit.
Or, si dans le tableau qui m'est donné je passe des causes
économiques aux causes sociales, je vois deux colonnes
qui n'ont jamais cessé d'être remplies, ce sont celles qui
sont consacrées à l'immigration étrangère et à la dépopulation des campagnes ; j'en vois une troisième qui,
restée vide pendant neuf ans, commence à se garnir ;
c'est celle qui est consacrée aux difficultés entre ouvriers
et patrons.

[1] M. Ch. Vuébat, voyez plus haut page 230.

Mais viennent enfin les causes morales; et ici le magistrat a été obligé de multiplier les rubriques. Les habitudes de paresse et de débauche dominent de beaucoup. Viennent ensuite la diminution des mariages et la diminution des naissances, l'accroissement des naissances illégitimes, l'alcoolisme, les dépenses excessives, les torts réciproques de deux époux ou l'inconduite de l'un d'eux; puis çà et là des passions telles que la haine, la vengeance, la jalousie, la cupidité calculée produisent des effets accidentels. En résumé, les causes économiques sont sous la dépendance des causes sociales, et celles-ci sous la dépendance des causes morales qui, directement ou indirectement, produisent les plus nombreux et les plus redoutables effets.

En résumé, ce n'est pas l'accroissement de la misère qui est la cause de l'accroissement du vol; ce n'est pas la misère en général qui pousse au crime contre les propriétés. Cela ne veut pas dire du tout que la misère et la misère innocente n'existe pas, cela ne veut pas dire qu'elle ne soit pas mauvaise conseillère, cela ne veut pas dire que les hautes classes et le gouvernement n'aient pas le devoir de se préoccuper du sort des pauvres. Cela veut dire que l'homme est moins porté à la méchanceté par la faute des autres ou par celle de la destinée que par ses fautes personnelles.

Que d'exemples, que de preuves n'en avons-nous pas déjà rencontrés? Ce n'est pas l'époux trompé qui tue le plus; c'est l'époux trompeur. Ce n'est pas le jeune homme qui commet le plus d'attentats aux mœurs, c'est le vieillard. Faut-il ajouter ici : ce n'est pas le pauvre qui vole le plus, c'est le riche? La formule serait excessive, et elle prêterait à des interprétations qui dépasseraient de beaucoup ma pensée. Disons plus exactement :

celui qui vole le plus n'est pas celui qui n'a rien, c'est celui qui a gaspillé volontairement tout ce qu'il avait; c'est celui qui, ayant quelque chose, veut jouir au-delà de ce qu'il a, veut avoir davantage et veut l'avoir à tout prix. Lorsque le pauvre vole — ce qui arrive — c'est qu'il s'est rendu tel par le désordre de sa vie et qu'il ne veut se résigner à aucune des conséquences de sa conduite.

Supposons un ménage d'ouvriers : l'homme a mangé ou bu sa paye en 24 heures, et la femme meurt de faim à la maison. Quel est celui des deux qui, le lendemain, sera le plus tenté d'aller voler? Ce ne sera pas la femme. Supposons un homme d'affaires, agent, courtier, banquier, notaire ou monteur de sociétés, qui aura ruiné un honnête père de famille ou une veuve ou une pauvre domestique à laquelle il aura enlevé les économies de quarante années avec lesquelles elle allait soigner ses infirmités. Sont-ce ces victimes qui, le lendemain, méditeront quelque entreprise sur le bien d'autrui? L'expérience universelle est, je crois, bien éclairée sur ce point; elle vaut les statistiques, et, ce qui est heureux, l'une et l'autre se confirment mutuellement.

CHAPITRE XIII

INSTRUCTION ET IGNORANCE

I. Quelques incertitudes de la statistique. — II. Modes de culpabilité de l'homme instruit : modes de culpabilité de l'homme ignorant. — La question de l'influence moralisatrice de l'instruction. — Comparaison des temps. — Comparaison des lieux. — III. Utilité et moralité. — Les résultats de l'école avant seize ans ; les résultats après seize ans, en France. — Ce que l'école a obtenu en Amérique, en Prusse. — Pourquoi ne l'obtient-elle pas encore chez nous ? — La religion, la famille et l'école. — IV. L'instruction qui ne s'acquiert pas à l'école. — L'ouvrier d'aujourd'hui est-il plus instruit de son métier que celui d'autrefois ? — Est-il plus instruit des possibilités et des impossibilités ? — Témoignages de M. Corbon. — La méconnaissance voulue du possible et de l'impossible.

I

L'ignorance ! Voilà encore une « force abstraite », à laquelle on prête, comme à la misère, toutes sortes d'influences. Mais comme il y a bien des misères, il y a bien des espèces d'ignorances, ou plutôt d'hommes ignorants comme de gens misérables. La question est donc très complexe ; et, ce qui l'embrouille davantage, c'est que la statistique n'est pas ici d'une sûreté à toute épreuve.

La statistique devrait pouvoir nous donner deux
ordres de renseignements. La justice devrait d'abord
nous dire avec exactitude[1] le degré d'instruction de
chaque accusé. Elle est censée le dire ; mais quand elle le
dit, le sait-elle et s'est-elle donné la peine de se renseigner ? Il y a dans les nombreux tableaux qu'elle nous
livre un grand nombre de chiffres inattaquables[2], tant la
méthode du casier judiciaire est sûre et précise. Les
calculs faits à Paris méritent également toute confiance ;
car on a là des hommes éprouvés qui se consacrent exclusivement à ces études. Mais il est permis de croire que
pour ces renseignements complémentaires laissés à
l'appréciation individuelle d'un substitut ou d'un greffier,
les interrogations sont bien sommaires et les vérifications à peu près nulles. On se flattait autrefois de
distinguer dans les statistiques : 1º les accusés sachant
imparfaitement lire et écrire ; 2º les accusés sachant
bien lire et écrire ; 3º les accusés ayant une instruction
supérieure. On s'est aperçu que s'était là trop demander :
on a réuni la deuxième et la troisième qualification dans
une seule. On s'est privé ainsi de renseignements qui,
convenablement préparés, auraient pu être précieux,
mais qui, recueillis au hasard et sans beaucoup de
conscience, pouvaient être trompeurs. Il serait souhaitable qu'on imposât un questionnaire ou un mode de
recherches uniforme et simple : on ne craindrait plus les
appréciations de fantaisie et les additions faites au coup
d'œil.

Mais pour calculer l'influence du degré d'instruction, il
faudrait une autre statistique. Il faudrait pouvoir com-

---

[1] Je veux dire une exactitude suffisante et constatée avec un
certain sérieux.
[2] Et ce sont les plus importantes.

parer exactement, par exemple, le nombre des illettrés dans la population des accusés et dans la population totale. Or, une telle comparaison est difficile : « Il eût été dû plus haut intérêt, dit le *Compte général* de 1882, de voir par la comparaison avec le dénombrement de la population, dans quelle mesure l'instruction agit sur la moralité publique ; mais le recensement est muet sur ce point, sans doute à cause du peu de garantie qu'auraient offert les déclarations. » En 1872, pourtant, on a fait indiquer dans les recensements l'état d'instruction des habitants de plus de six ans, mais en se bornant à une seule distinction, celle des lettrés et des illettrés, sans marquer aucune nuance, sans indiquer aucun degré.

Un mode d'information peut-être plus sûr, c'est celui que nous fournissent les tableaux des conscrits ; car l'autorité militaire note l'instruction ou l'ignorance de chacun de ceux qui lui arrive.

Voyons si en combinant ces renseignements et en opérant sur de grands nombres, nous ne pourrions arriver à des conclusions probables.

II

On peut dire, sans craindre de se compromettre, que la nature, sinon le nombre et la gravité des infractions à la loi, varie selon le degré d'instruction de ceux qui les commettent. « Ainsi, disait le *Compte général* de 1860, l'homme cupide qui sait lire et écrire a, moins souvent que l'ignorant, recours au vol pour satisfaire sa cupidité : il emploie de préférence l'abus de confiance, l'escroquerie, le faux. » On ne peut être étonné non plus que les illettrés soient en minorité dans les accusations de banqueroute frauduleuse, et dans les accusations de faux-monnayage.

Mais le nombre des illettrés absolus qui comparaissent devant les tribunaux diminue beaucoup. De 1826 à 1830, on l'évaluait à 61 pour 100 accusés. Dans la période actuelle, cette proportion n'est plus guère que de 25 ; et il est certain qu'elle serait plus faible encore, si on défalquait les étrangers. Aussi, les illettrés ne forment-ils plus la majorité que dans deux groupes d'accusés, les accusés d'infanticide et les accusés d'empoisonnement, deux crimes de femmes l'un et l'autre.

Il n'y a rien d'étonnant non plus à ce que les illettrés soient plus poussés aux crimes contre les personnes qu'aux crimes contre les propriétés. Les principaux mobiles des crimes contre les personnes sont la cupidité, la haine, la jalousie, le désir de la vengeance. En ce qui touche à la cupidité, l'observation que j'ai faite, il y a un instant, subsiste. Mais pour d'autres passions, ne peut-on pas dire aussi que l'homme lettré a plus de moyens de les satisfaire par ruse, et qu'avant d'aller droit à son ennemi pour le frapper, il essayera plus volontiers de moyens détournés ? Je veux donc bien que l'illettré soit plus sauvage, et que, quand il se laisse entraîner au mal, il s'y porte avec plus de furie. Je veux bien encore que beaucoup de personnes aiment mieux se trouver avec des gens capables de les ruiner ou de porter atteinte à leur honneur qu'avec des hommes tout prêts à les assassiner. Mais les crimes contre les personnes sont plus souvent accidentels, et, s'ils supposent plus de passion, ils indiquent peut-être aussi moins de corruption. Encore, n'est-il pas sûr que la vie humaine soit, au bout du compte, plus épargnée par l'adoucissement apparent du crime. Quand il y avait un peu plus de violence sauvage, il y avait moins de suicides amenés par les effets de cette lutte masquée, où les plus habiles dépouillent et désespèrent les plus naïfs.

Certainement, s'il est une passion, s'il est un péril social que l'instruction (toutes choses égales d'ailleurs) ait chance d'atténuer, c'est la violence contre les autres. La plupart du temps, on peut croire que l'homme ignorant a vécu seul ou à l'aventure pendant ses années d'enfance, qu'il est, en conséquence, plus défiant, plus ombrageux, plus superstitieux, plus près enfin de la pure nature. Nous avons vu que, si tous les modes de criminalité ont augmenté depuis 1825, c'est la criminalité violente qui a progressé le plus faiblement. Elle ne s'est accrue que de 51 0/0. Il est donc permis de croire que, si le nombre des illettrés n'avait pas autant diminué dans la population totale, ces actes de violence se seraient multipliés davantage. Mais enfin, malgré les progrès considérables de l'instruction élémentaire, la violence, en augmentant moins que le reste, a augmenté, elle aussi. Quant à l'immoralité, quant à la paresse et à la misère, on a vu ce qu'il en était.

Suivant la méthode que nous avons adoptée partout, la comparaison des époques demande à être complétée par la comparaison des lieux. De 1825 à 1887, le nombre des écoles et celui de leurs élèves a varié beaucoup ; mais d'une partie à l'autre de la France, même en 1887 et 1888, les diversités sont encore grandes. Peut-on dire qu'elles correspondent aux variations de la criminalité locale ou régionale ?

Le *Compte général* de 1880 [1] nous dit : « En 1872,

[1] **Page xxvi.**

le recensement avait indiqué le degré d'instruction des habitants âgés de plus de six ans. Si, au nombre proportionnel des habitants on oppose celui des accusés, en formant six groupes distincts, on obtient les résultats que voici :

1º Il y a 6 départements qui ne comptent que de 7 à 10 illettrés par 100 habitants : c'est le chiffre le plus favorable. Or, ces départements n'ont que 9 accusés par 100,000 habitants, ce qui est une moyenne également bonne.

2º Viennent ensuite 13 départements qui ont de 11 à 20 illettrés : pour eux le chiffre des accusés monte à peu près dans les mêmes proportions, il s'élève à 13.

Jusqu'ici la statistique plaide éloquemment en faveur de l'action moralisante de l'instruction. Mais ici s'arrête l'appui qu'elle donne à la thèse. Dans les trois groupes qui suivent, le nombre des illettrés monte toujours, et le nombre des accusés baisse, il baisse de 13 à 11.

Vient le 6ᵉ et dernier groupe, composé de 11 départements : c'est celui qui contient le plus d'illettrés (de 51 à 61) et le moins d'accusés (8).

Comme le rapporteur du *Compte général* l'ajoute judicieusement : « Si l'ignorance était l'unique source du crime, les deux proportions resteraient les mêmes ; mais le plus souvent, des passions et des vices indépendants de toute question d'instruction sont les véritables mobiles des méfaits. Il faut donc renoncer à l'espoir de trouver dans la statistique seule le critérium de l'influence de l'instruction sur la moralité. »

La comparaison qui porte plus spécialement sur les conscrits donne les mêmes résultats.

Le département qui en 1886 avait le moins de conscrits illettrés était l'Hérault : il n'en comptait que 1 0/0. L'Hé-

rault, que M. Ch. Lucas pouvait mettre[1], en 1827, dans
« la France obscure », fait donc partie en ce moment de
« la France éclairée ». A la session du Conseil général
d'août 1880, l'un des rapporteurs pouvait dire à ses
collègues, chiffres en mains : « Nul département ne s'est
imposé de charges aussi lourdes pour l'instruction primaire... Vous votez chaque année une somme de 30,000
francs pour améliorer le traitement des instituteurs.
Cette dépense n'a cessé de figurer au budget du département que lorsque la loi générale est venue elle-même
accomplir l'amélioration à laquelle vous · aviez songé
avant le législateur. » On peut ajouter que collèges,
écoles primaires supérieures, cours complémentaires
surabondent dans l'Hérault. La ville de Béziers a deux
écoles primaires supérieures et un collège de 500 élèves.
Tout cela est louable assurément, et on aurait eu tort de
ne pas· le faire. L'instruction existe aujourd'hui, c'est
quelque chose : on peut espérer que demain on en fera
un usage irréprochable. Mais enfin si l'Hérault a gagné
beaucoup en instruction, il n'a pas moins perdu en
moralité, voilà le fait.

Qui voit-on immédiatement après ? l'Hérault dans
les départements éclairés ? Le Doubs, puis la Seine et
le Rhône (qui n'ont l'un et l'autre que 2 conscrits illettrés sur 100). Et qui trouve-t-on à l'autre extrémité
parmi les départements qui ont le plus d'illettrés ? Les
Deux-Sèvres et la Vendée avec 12 ; le Lot avait 12,50 ;
la Vienne avec 16 ; l'Indre et le Cher avec 17 ; la
Nièvre avec 18 ; les Côtes-du-Nord avec 24 ; le Morbihan avec 35. On reconnaît là toute la série de nos
départements les plus moraux. Quelques-uns sans doute,

---

[1] Ch. LUCAS, *Du système pénal*. Introduction.

comme le Jura et les Vosges, viendraient prouver, s'il le fallait, que l'instruction et la moralité peuvent aller de pair. Mais en face des autres chiffres peuvent-ils prouver davantage ? Peuvent-ils prouver que l'ignorance est une force abstraite, cause irrésistible de délit, et que les progrès de l'instruction suffisent pour faire baisser la criminalité d'un État ? Il faut bien reconnaître à quel point nous sommes éloignés d'une telle conclusion.

Comment expliquer, je ne dirai point pareil paradoxe, mais simplement pareil phénomène ?

III

Il faudrait ici distinguer deux choses : ceux qui parlent de l'influence de l'instruction veulent-ils parler des facilités et des ressources qu'elle assure dans la vie sociale ? Veulent-ils parler de l'action qu'elle exerce sur l'homme même et sur ses dispositions intérieures ?

Sur le premier point, il est bien clair que l'instruction, en se répandant, laisse subsister des degrés nombreux entre les divers groupes d'individus. Lorsqu'il y avait, je suppose, 3 millions de travailleurs qui ne gagnaient que 2 francs par jour, on était privilégié en en gagnant 3, à plus forte raison en en gagnant 4. Depuis que ces 3 millions en gagnent 4, celui qui en gagne exactement 4 cesse d'être un privilégié ; celui qui reste à 3 est dans un état d'infériorité notable. De même, il y a cinquante ans, celui qui savait signer son nom passait peut-être pour un homme instruit : aujourd'hui, celui qui ne sait que cela passe pour un ignorant. Or, les périls et les désavantages auxquels condamnent la pauvreté ou l'ignorance restent les mêmes, du·moment où les différences de degré entre les divers individus subsistent. Si donc l'instruction ne fait que donner plus de facilité pour trouver un emploi et gagner sa vie, on ne peut pas s'attendre à ce que les progrès de l'instruction diminuent les chances du délit qui tiennent à la concurrence, à la lutte, donc à la jalousie, à la rancune, à l'esprit de convoitise et de vengeance.

Je dirai même plus. Il est toujours à craindre que la richesse de ceux qui dépassent la moyenne ne rende l'existence plus dure à ceux qui n'ont pas pu l'atteindre. Il est à craindre également que le surplus d'instruction des uns (or, ce surplus, c'est là le grand point à observer, existera toujours) ne rende encore la lutte plus difficile à ceux dont l'intelligence aura été moins meublée et moins armée. Je dis que cela est à craindre, je dis que cela arrive : je ne dis pas que cela soit fatal ni qu'il y ait là une loi naturelle. Il faut que la société soit avertie, et il faut qu'elle ait bonne volonté. A cette double condition, elle peut faire que la richesse des uns adoucisse la pauvreté des autres ; elle peut faire surtout que l'intelligence et le succès des mieux doués viennent en aide aux simples et aux ignorants. Jusque-là, qu'on ne s'étonne pas si, malgré les progrès de l'instruction générale, la paresse et la misère ne cessent d'augmenter dans d'aussi tristes proportions

Reste l'autre question : Quelle peut être l'action de l'instruction proprement dite sur les âmes et sur la formation de la bonne volonté ?

Je ne reproduirai pas une fois de plus la page si souvent citée où M. Herbert Spencer demande comment le pouvoir de tracer des lettres et d'aligner des chiffres peut avoir le moindre rapport avec la bienveillance et avec le sentiment du droit d'autrui. Ceux qui avaient dit « ouvrez des écoles et vous fermerez des prisons », n'étaient cependant pas des utopistes. Ils auraient dû, ils devraient avoir raison. Les murs de l'école n'ont sans doute point de pouvoir mystique sur les dispositions des enfants ; mais la fréquentation régulière de l'école, c'est l'interdiction efficace du vagabondage précoce et de la maraude, c'est l'obéissance à une autorité, c'est la discipline, c'est (il faut l'espérer) la propreté. M. Spencer, très dur et très dédaigneux pour ceux qui aiment à relever les coïncidences des statistiques, dit : « Si l'on faisait le compte des gens qui se lavent les pieds et de ceux qui ne se les lavent pas, on trouverait peut-être que les seconds sont plus nombreux chez les criminels : en conclurait-on que cette habitude a une influence quelconque sur la moralité ? » Pourquoi pas ? Il est difficile d'aimer la propreté sur un coin quelconque de son corps sans l'aimer d'une manière générale. Or la propreté c'est de l'hygiène, c'est un commencement de souci pour sa dignité extérieure, donc pour une partie de sa dignité personnelle. Ce n'est pas une garantie de premier ordre, ni qui suffise ; mais, après tout, c'en est une, et il n'y en a pas une seule à dédaigner. Les hommes qui, comme M. Georges Picot, parlent d'une façon si persuasive en faveur des logements d'ouvriers, savent bien quelle est sur l'esprit de famille l'influence d'un domicile décent et ordonné. « Ce serait un grand tort, me disait un jour un ancien chef de la Sûreté [1], de ne pas tenir sévèrement à la propreté de la rue, surtout dans Paris. Laisser aller des gens déguenillés, tolérer des agglomérations de mendiants,

---

[1] L'honorable M. Jacob.

des hommes ou des enfants dormant sur des bancs, c'est une imprudence. Les chercheurs d'aventures sont tout de suite attirés là, comme certains insectes dans les coins où on a laissé de la saleté. » Il suffirait donc que l'école agît sur les habitudes extérieures et corporelles des enfants pour que son action ne fût pas sans utilité morale. N'oublions pas d'ailleurs que, depuis la multiplication de nos écoles, la criminalité des mineurs de moins de 16 ans n'a pas empiré comme la criminalité des autres âges.

C'est à partir de 16 ans que cette criminalité s'est aggravée. Il faut donc bien reconnaître que, chez nous tout au moins, l'école n'a pas encore tenu les promesses faites généreusement en son nom. La comparaison des âges donne même à croire que si l'école a fait du bien, c'est par cette vertu intrinsèque de la discipline et d'une sédentarité modérée. Ce qui est encore impuissant, c'est le mode d'instruction et d'éducation qui devrait laisser dans l'adolescent des traces profondes et qui n'en laisse que de si fugitives

Il serait facile de démontrer théoriquement que l'instruction scolaire *doit* pouvoir améliorer le moral des hommes et faire baisser le nombre des crimes. J'aime mieux montrer que cela s'est produit en fait quelque part. Il n'importe pas que les exemples soient nombreux ni qu'ils se soient prolongés à notre connaissance pendant des suites considérables d'années : il suffit qu'ils soient clairs et authentiques. N'eût-on réussi qu'une fois, dans un seul pays, à diminuer la criminalité par la seule influence de l'école, cet exemple serait digne d'être médité et... surtout d'être suivi.

Au Congrès de Stockholm, en 1879, un grand nombre de pays, de tous les coins de l'univers, ont envoyé des rapports circonstanciés sur la criminalité de leurs nationaux. Dans le rapport émané de la province de Mendoza (Amérique du Sud) on lit : « Quand nous avions 1 écolier par 27 habitants, nous avions 359 condamnations. Depuis que nous avons 1 écolier par 8 habitants, les condamnations sont tombées à 124, malgré l'augmentation de la population et malgré la crise régnante. » Voilà, dira-t-on, des chiffres qui viennent de loin. Soit : mais ils sont parfaitement précis, et ils sont couverts par l'autorité du congrès si bien organisé et si bien conduit auquel nous les devons.

En tout cas, nous avons eu à côté de nous l'exemple (il faut bien le reconnaître) du royaume de Prusse.

M. Quételet[1], qui analysait avec tant de soin les statistiques, avait dressé, en 1830, le double état de l'instruction et de la moralité dans les diverses provinces de la Prusse. Pour l'instruction il notait combien il y avait d'écoliers sur 1,000 enfants en âge de fréquenter les écoles ; pour la criminalité combien il y avait d'habitants pour un crime commis.

Sur ce double critérium il avait classé les provinces de Poméranie, Silésie, Westphalie Saxe, Posen. Brandebourg, et Prusse propre. Or, sans être absolue sur toute la ligne, la concordance des rangs obtenus pour le plus d'instruction et pour le moins de criminalité était remarquable. La Poméranie était la première partout, pour le plus d'instruction, pour le moins de crimes contre les personnes et pour le moins de crimes contre les propriétés. La Prusse proprement dite était la dernière partout, la Westphalie était la troisième partout. Pour les autres, la concordance était surtout

[1] Voyez QUÉTELET, *Physique sociale*, 2e éd., 1869, II, 284.

visible entre l'élévation de l'instruction et la diminution du crime contre les propriétés[1].

Faut-il croire que le maître d'école prussien inculquait à ses élèves le respect du droit et du bien d'autrui, mais qu'il ne réussissait pas aussi bien à tempérer leur rudesse native? Quoi qu'il en soit, la fréquentation de l'école a eu généralement en Prusse une influence moralisante. Est-ce à cause d'une assiduité mieux observée? Cela est possible ; la régularité en toute chose est une habitude précieuse. Une école fréquentée capricieusement, où les figures se renouvellent, où il suffit de venir de loin en loin pour esquiver les pénalités, où les élèves enfin sont tous en retard les uns sur les autres, une telle école est un lieu de désordre : on y apprend le laisser-aller, l'inconstance et le mépris de la règle. « Faites-vous là, me dira-t-on, le tableau de l'instruction primaire dans notre pays ? » Lisez la *Revue Pédagogique* (revue officielle), lisez les rapports des inspecteurs primaires dans les sessions des Conseils généraux et vous verrez s'il faut beaucoup adoucir les traits du tableau[2].

Il y a un point plus grave. Chez nos voisins, l'école n'est pas seulement pénétrée du respect de l'autorité civile ; elle ne se borne pas non plus à préparer les enfants au respect de la discipline militaire : elle est encore toute pleine de l'esprit religieux. En est-il de même chez nous? Je reconnais tout ce que nos révolutions, tout ce que nos préjugés de parti et nos haines mutuelles ont apporté ici de complications et de difficul-

[1] La seule exception qui rompît gravement la concordance était celle de la Saxe : on sait que ce pays fut de bonne heure plus instruit, plus riche, mais aussi plus dissolu que les autres.
[2] Voyez, entre autres, un rapport du recteur de l'Académie de Toulouse, 1887.

tés. Mais enfin, voici des questions bien simples. Reconnaît-on que l'esprit religieux (la liberté de conscience étant acceptée, les cultes étant respectés, cela va de soi) a une influence pacificatrice, consolante, portant les uns à la patience, les autres à la charité? Reconnaît-on que nulle part les hommes ne seront aussi véritablement égaux que devant l'infini et devant l'éternité ? — A ceux qui le nieraient, je n'ai rien à dire. S'il en est qui croient à la possibilité d'une morale entièrement nouvelle et qui se flattent de nous donner mieux que le Décalogue, c'est à eux à faire leurs preuves.

A ceux qui acceptent en principe cette influence, je dirai : Pourquoi comptez-vous sur les écoles pour redresser les générations futures ? Parce que vous comprenez que dans les trois quarts et demi des familles, le père et la mère n'ont pas le temps de donner une instruction suffisante à leurs enfants. Ils travaillent selon les nécessités impérieuses de la vie. Quelle que soit la nature de leur travail, ils y sont occupés du matin au soir, et l'heure où toute la famille est réunie ne peut guère être pour les parents que l'heure du repos. C'est pourquoi nous trouvons tous bon que les enfants soient soustraits, non pas toujours, mais pendant de longues heures, à cette existence de soucis, que leurs âmes grandissent plus doucement dans une atmosphère intellectuelle, qu'ils ne comparent les uns chez les autres que les dons de l'esprit et ceux du cœur, et qu'aucun des élans désintéressés de notre nature ne soit comprimé en eux par la dureté de la vie. Cela est très bien, mais à la condition que l'enfant soit aussi habitué de bonne heure à voir au-delà de la terre et au-delà de la vie. Or, après avoir compté sur l'école pour suppléer à l'insuffisance de la famille laborieuse, vous dites qu'ici vous comptez sur la

famille pour suppléer à l'abstention de l'école. Il y a là
ou une ironie qui n'est peut-être pas de très bon goût, ou
une contradiction difficile à déguiser. Que l'école soit
neutre entre diverses confessions, il le faut. Mais il faudrait aussi que cette neutralité fût bienveillante et, qui
plus est, secourable ; elle le peut sans attenter à la liberté
de personne. Actuellement elle n'est ni l'une ni l'autre.

Comment le nier puisque dans l'intérieur de l'école, il
n'est pas donné à l'enfant une minute pour apprendre
et réciter son catéchisme ? Comment le nier surtout
quand on voit l'image même du Christ enlevée des écoles
publiques ? Empêchait-on le maître d'y voir, s'il le voulait, l'image d'un ami quelconque de l'humanité ? Il est
probable que s'il lui prenait fantaisie de pendre à ses
murs les portraits des personnages les plus discutés de
la Révolution française, on lui en laisserait la liberté.
Pourquoi dès lors arracher ce qui est tout au moins le
symbole de l'humanité souffrante et régénérée ? On
parle toujours de solidarité. Où est-elle plus professée
que dans la doctrine de la réversibilité des mérites d'un
Dieu sur l'universalité des hommes ? Craignait-on d'of-
fenser les Juifs ? Les plus éminents d'entre eux, dans nos
chaires et dans nos académies, respectent tellement le
christianisme qu'ils s'en font traiter de cléricaux.
A-t-on eu souci des mahométans, nos nouveaux sujets de
l'Algérie ? Rien, dit-on, ne les éloigne plus de nous que
de nous voir si sceptiques. Un de nos hommes politiques raconte lui-même avec naïveté dans un de
ses livres qu'il voulait expliquer à un musulman de
Tunis comment il avait cessé d'être chrétien et de pro-
fesser aucune religion : le musulman lui tourna le dos [1].

---

[1] En revanche, un Arabe disait à un moine catholique : « Toi et
moi sommes les enfants d'un même père. »

— A-t-on voulu enfin respecter les exigences de la
« Philosophie critique » ? Mais elle conclut que s'il est
impossible de prouver que Dieu, l'âme, la liberté, la religion existent, il est également impossible de prouver
qu'ils n'existent pas, et que par conséquent l'âme humaine demeure maîtresse de croire ce qui la réconforte
ou l'apaise [1].

En attendant, on donne, je le sais, dans nos écoles
publiques, l'enseignement moral et l'enseignement civique. C'est là une bonne œuvre, à laquelle il est honorable de participer. Mais est-elle suffisante ? Dans un
rapport adressé, en 1888, au Conseil général de son
département, un inspecteur d'académie était amené à
renouveler par écrit cette observation déjà bien ancienne : de ces deux enseignements, disait-il, le second,
qui traite des droits, est beaucoup plus apprécié par les
élèves et développé par les maîtres avec beaucoup plus
de « conviction et d'animation ». Et ce fonctionnaire
qui écrivait cependant pour une assemblée « très avancée » ajoutait : « C'est au moment du tirage au sort,
dans les fêtes, dans toutes les réunions, qu'on remarque
le peu de progrès de l'éducation. » — « L'Enseignement
de l'éducation » s'améliorera sans doute comme l'enseignement du calcul et celui de la géographie. Mais quand
on vit avec les malfaiteurs, quand on voit par combien
de fissures le mal peut entrer dans l'âme humaine, quand
on voit surtout se multiplier les délinquants instruits, on
ne trouve guère exagérée cette parole de Guizot, qu'une
école sans religion n'est qu'un péril de plus.

---

[1] Il est vrai que beaucoup d'illustres adeptes de cette philosophie concluent surtout que celui qui a la force ou l'autorité est
maître de croire et d'appliquer ce qui lui agrée, dans le domaine,
toujours élargi du contingent.

Que devrait donc faire l'école ? demandera-t-on. Je reproduirai simplement ce que m'ont dit bien des fois certains habitants de nos quartiers populaires, de petits employés de la ville de Paris, des hommes qui ont toujours voté pour des candidats radicaux : « Que l'école laïque aide matériellement les enfants des familles chrétiennes à s'initier à leur religion ; qu'elle supplée la famille en cela comme dans le reste ; que, sans pénétrer dans le fond des choses, elle veille à ce que l'enfant se mette en état de participer au culte et de faire sa première communion. » Il s'agit, entre autres choses, d'arrêter la précocité du mal et de guérir la corruption croissante que les chiffres nous révèlent dans les rangs des adolescents. Que ceux qui ont mieux à proposer le disent, et surtout qu'ils fassent leur démonstration.

IV

Il est important que le jeune homme soit instruit des croyances qui soutiennent l'humanité ; il est essentiel que son âme s'ouvre aux grands sentiments inspirés par l'idée de la vie future et par la foi dans l'action de la divinité. Mais il est une autre instruction qui n'est pas moins nécessaire pour le préserver des écarts Il faudrait qu'il fût instruit de tout ce qui peut l'intéresser à la profession qui le classe et qui lui donne son gagne-pain ; il faudrait qu'il fût également instruit de ce qui est possible et de ce qui ne l'est pas dans la société dont il fait partie.

Les commissaires-enquêteurs de 1884 posaient[1] à

---

[1] Séance du 4 mars.

M. le sénateur Corbon, la question suivante : « L'ouvrier d'aujourd'hui est-il plus instruit de son métier que celui d'il y a cinquante ans ? » L'honorable sénateur, qui connaît si bien le monde industriel et qui l'aime, répondit : « Il travaille plus vivement quand il est aux pièces. Quand il est à la journée, il n'en prend qu'à son aise. Aux pièces, s'il est vrai de dire qu'il travaille plus qu'autrefois, il n'est pas moins vrai de dire que généralement il travaille plus mal. » Ainsi l'ouvrier travaille plus vite quand il est stimulé par le désir de terminer une œuvre quelconque pour en toucher le prix tout de suite...; mais, somme toute, il travaille avec moins de conscience et il travaille plus mal [1].

Cette conclusion peut étonner ceux qui ne regardent qu'aux œuvres achevées, mises sous nos yeux par le génie de l'industrie contemporaine, mais il faut remarquer que dans ces œuvres, la part de l'inventeur, la part de l'ingénieur et du constructeur de machines augmente toujours, tandis que la part de l'ouvrier diminue. Il en est de même pour l'agriculture. Si elle arrive à produire davantage, c'est grâce au concours de toutes les sciences et de tous les arts qui se mettent à son service; ce n'est point par le surplus d'expérience raisonnée et de bonne volonté des travailleurs individuels.

La transformation de l'industrie, en diminuant, au moins provisoirement, la part de l'action personnelle, a donc créé un danger. L'ouvrier apprend moins à compter sur son adresse et sur son idée: il s'intéresse moins à une œuvre qui n'est pas en entier l'œuvre de ses mains, il perd plus vite le goût de son métier; bref il se déclasse plus aisément, ce qui est le mal par excellence.

---

[1] Il n'y a pas été assez préparé d'ailleurs. Relire ce qui a été dit sur la décadence de l'apprentissage, chap. VI, § 5.

Mais l'homme a-t-il réagi suffisamment contre le péril industriel et économique ? La machine a beau étendre et varier de plus en plus son travail, elle ne fait pas tout. Visitez deux imprimeries montées l'une et l'autre avec les perfectionnements les plus modernes : elles pourront être extrêmement différentes, selon les habitudes des ouvriers. Dans l'une, les machines seront toujours en bon état, propres et luisantes, comme les chaudières d'un navire ou les engins d'un régiment d'artillerie bien tenu ; tout sera toujours à sa place, rien ne sera ni gaspillé, ni égaré, ni gâté ; l'exécution sera soignée dans toutes ses parties et dans toutes ses nuances. Dans l'autre, ce sera l'inverse. En définitive, nous avons beau regarder avec les microscopes et les télescopes les plus puissants : c'est notre œil qui regarde, et l'œil aura toujours besoin d'être attentif et intelligent. L'ouvrier a toujours eu des outils : or, qu'est-ce que la machine, sinon un outil plus compliqué, qui donne des résultats plus considérables, mais qui demande aussi à être connu, on peut même dire, à être aimé par celui qui en joue. Cette adaptation du travail individuel à l'emploi et à la direction de la machine a donc besoin d'être suivie. C'est à l'instruction professionnelle, c'est à l'apprentissage méthodique à y veiller. Tant que l'une et l'autre n'auront pas triomphé de la routine ou de la mauvaise volonté, le temps qui succède à l'école primaire sera rempli d'habitudes fâcheuses. Nos industries recevront des hôtes de passage toujours prêts à glisser dans la paresse et dans le mépris du devoir quotidien.

Est-ce dans une sorte de rêverie distraite et ennuyée de l'ouvrier devant sa machine que germent les mauvaises idées... l'idée du gain forcé, l'idée du bien-être, l'idée surtout des satisfactions à donner à toutes les

passions mauvaises? Il est des connaissances bien nécessaires à la paix sociale et qui pourraient enrayer l'essor
de ces idées. Le travailleur d'aujourd'hui (ouvrier, domestique, voiturier, journalier, employé de commerce ou
comptable), les a-t-il? Les a-t-il plus ou les a-t-il moins
qu'autrefois? C'est encore là une question qu'il faut se
poser pour expliquer l'accroissement du délit.

« Il est certain, disait M. Corbon [1], que l'ouvrier de
1848 était plus ignorant de certaines choses que l'ouvrier
de 1884. Cependant, quoique l'ouvrier de 1884 sache
généralement lire, écrire et calculer, il n'est pas beaucoup
plus intelligent, il ne comprend pas beaucoup plus les
lois de l'économie politique que dans ce temps-là. » Vous
avez eu la preuve de mon assertion dans certaines des
dépositions qui ont été faites devant vous, vous en aurez
bien d'autres... L'ouvrier n'a pas conscience des possibilités, il faut absolument qu'il arrive à en avoir conscience. »

Arrêtons-nous quelques instants à cette déposition si
sincère, elle en vaut la peine.

Assurément, nous venons de le dire nous-mêmes, il faut
que l'ouvrier soit instruit de ce qui est possible ou impossible dans la société où il vit. Être instruit des
grandes espérances et des grands devoirs de la vie, être
instruit de son métier, être instruit exactement de la
limite de ses droits, voilà trois genres d'instruction qui,
pour la grande majorité des hommes, priment tous les
autres. Ils les priment d'autant plus qu'une fois acquis,
il dépend de l'individu de ne jamais en perdre le fruit :
ces connaissances-là se mêlent à tous les actes de la vie
sociale et de la vie privée, elles se consolident dans la

---

[1] Voir ch. VI, § 5.

famille qu'elles consolident à leur tour, elles améliorent tout, adoucissent tout, transforment tout.

Mais les « possibilités » de la vie publique, est-ce là affaire de démonstration pure? On enseignera bien à un ouvrier les possibilités d'une machine et le point mathématique au-delà duquel elle éclatera. S'il n'est pas fou, il se le tiendra pour dit et manœuvrera en conséquence. Mais les possibilités sociales, il voudra toujours les reculer. Comme on ne cessera jamais d'avoir des individus plus savants, plus riches et plus forts que les autres, ces autres seront toujours enclins à dire aux premiers : « C'est à vous de trouver quelque chose de nouveau. Vous avez inventé de quoi vous enrichir plus que nous ; inventez maintenant de quoi nous faire vos égaux ; autrement nous allons cesser de travailler pour vous ; au besoin même, nous nous révolterons contre vous! » Les connaissances des travailleurs grandiront. mais l'inconnu grandira aussi et les appétits ne s'arrêteront pas. La science fera encore des prodiges ; mais plus elle en fera, plus elle avivera le désir de lui en voir faire de plus grands encore en faveur de ceux qui n'auront pas pu ou n'auront pas su profiter des précédents ; car ni l'ambition, ni l'envie, ni la tentation de faire réparer par les autres les effets des fautes qu'on a commises ne diminueront.

Je ne veux pas dire qu'il ne soit pas désirable de faire mieux comprendre à beaucoup d'hommes certaines possibilités et certaines impossibilités. Oui, l'on peut, l'on doit démontrer de plus en plus la possibilité de l'épargne, la possibilité de la mutualité, la possibilité de l'assurance, l'impossibilité de faire rien produire au travail sans le concours du capital accumulé, etc., etc. Je soutiens seulement que pour qu'un pareil enseignement

soit compris et accepté, la bonne volonté n'est pas moins
nécessaire que la connaissance de l'alphabet et des
quatre règles.

Du jour où l'instruction proprement dite sera encadrée
dans cet ensemble de croyances, de pratiques et de vertus sociales, elle aura un prix considérable : elle relèvera
la dignité humaine, elle accroîtra la force productive du
travailleur, elle permettra l'ascension indéfinie de ceux
qui se seront voués à la culture intellectuelle, elle pré-
parera aux grands savants une clientèle de disciples,
d'hommes capables d'appliquer utilement leurs découvertes partout, jusque dans les plus petites choses : elle
ralentira la marche du crime. Dans le cas contraire, elle
donnera des moyens nouveaux et plus puissants pour le
mal, elle fera pulluler les ambitieux, les envieux, les ba ·
vards, les déclassés et les paresseux, elle élèvera de
plus en plus le nombre des délits. C'est entre ces deux
directions bien divergentes que nous nous agitons aujourd'hui.

CHAPITRE XIV

LA FEMME

I. La femme ne subit pas les influences sociales de la même manière que l'homme. — Les proportions variables de la criminalité féminine. — II. Les influences qu'elle subit avec un plus grand détriment : la naissance illégitime, l'immoralité des parents, l'abandon, l'ignorance. — L'instruction des hommes et celle des femmes. — III. L'écueil redoutable : la prostitution. — Ses causes principales. — Elle mène au délit, le délit y mène. — Le désordre chez les filles mineures. — Résultats de l'enquête Roussel. — Charité insuffisamment éclairée. — Les responsabilités sociales.

I

Au fur et à mesure que nous examinions les influences capables de porter au crime, nous avions le plus souvent une réserve à faire : la femme ne subit pas tout à fait ces influences de la même manière que l'homme ; il y a presque toujours quelques différences, en plus ou en moins, dans l'intensité avec laquelle ces influences agissent sur les deux sexes. Essayons de réunir ici ces diversités avec quelque ensemble et essayons de les expliquer.

Nous savons que sur 100 accusés comme sur 100 prévenus, il n'y a guère en France que 14 femmes. En 1830,

la proportion était d'à peu près 20 0/0. La criminalité
légale de la femme a donc baissé depuis le commencement de la statistique. et elle a baissé d'une façon continue. Je me borne ici à renvoyer aux explications que
j'ai déjà données à ce sujet ; je n'insiste pas de nouveau
sur la part occulte ou impunie que la femme prend à la
criminalité masculine. Quelques mots seulement sur cette
moyenne, qui n'est qu'une moyenne, et dont quelques
régions du pays s'éloignent dans un sens ou dans un
autre.

C'est dans le midi que la proportion baisse le plus.
Dans le sud-est, par exemple, elle ne dépasse pas 8 0/0.
On en donne cette explication, que les femmes sont toujours en plus grand nombre parmi les accusés de crimes
contre les propriétés que contre les accusés de crimes
contre les personnes. Or, ce sont les premiers qui dominent dans les départements du midi, et ces crimes-là, il
est naturel que ce soient les hommes qui s'en chargent.

Les départements où la proportion des femmes pour-
suivies s'élève le plus haut sont les départements de
l'ouest, comme ceux de la Bretagne, de la Vendée, de la
Marche. Qu'on ne s'imagine pas que les femmes y soient
particulièrement mauvaises : le nombre réel de celles qui
y sont prévenues ou accusées n'y est pas plus grand
qu'ailleurs ; il l'est même moins. Seulement, la proportion paraît plus forte à cause de l'absence fréquente des
hommes partis pour la grande pêche ou temporairement
émigrés pour les travaux des villes. Peut-être aussi faut-
il dire que dans le reste de la France, la religion établit
une différence plus accentuée au profit des femmes, en
les préservant plus que leurs frères et que leurs maris.
Mais dans les régions de l'ouest, les hommes sont demeurés à peu près tous aussi religieux que les femmes ; c'est

pourquoi la moralité des uns et des autres tend davantage
à se ressembler [1].

Y a-t il quelques départements où l'on ait à donner
aucune de ces explications et où néanmoins la proportion des délinquantes s'élève au-dessus de la moyenne ?
Nous savons que le Calvados est dans ce cas : là il nous
a paru tout simplement que la corruption avait pénétré
plus profondément qu'ailleurs : elle y avait gagné des
éléments qui, dans l'ordre social actuel, résistent plus
efficacement que les autres [2].

II

Si les femmes en général payent à la criminalité légale
un tribut moindre que les hommes, ce n'est pas que
toutes les causes qui portent au mal aient sur elles une
faible prise, il s'en faut.

Dans son rapport de 1872, M. d'Haussonville le faisait
remarquer judicieusement : « La naissance illégitime,
l'absence d'éducation, l'immoralité des parents, l'abandon...., toutes ces circonstances portent encore plus de
tort à la moralité des filles qu'à celle des garçons. »
Nous ne saurions mieux dire. Heureux si nous pouvons
compléter cette assertion par des comparaisons nouvelles
et par des chiffres plus récents.

Que la femme soit faite pour la famille régulière, c'est-

[1] Cette observation m'a été suggérée. à la suite d'un de mes
cours près de l'Ecole de droit, par le regretté M. Beaussire. Il
avait d'autant plus d'autorité pour me l'adresser qu'il connaissait
bien ses compatriotes de la Vendée.
[2] Il faudrait encore signaler l'Oise. Mais dans l'Oise on peut
accuser l'influence de la maison centrale de Clermont.

à-dire une et perpétuelle, je ne vois pas qui l'a contesté. Ceux-mêmes qui ont demandé ou voté le divorce, ont pu dire qu'ils se préoccupaient, eux aussi, des intérêts de la famille stable. Ils voulaient que dans les cas exceptionnels, et en vue d'éviter de plus grands maux, il fût possible à des époux séparés de reconstituer, chacun de leur côté, un foyer légal hautement avoué et permanent. Que ce remède soit inoffensif pour tous et en particulier pour les enfants, qu'il augmente ou qu'il n'augmente pas le nombre des cas qu'il a la prétention de rendre moins graves, ce n'est pas ici le lieu de le discuter. Mais il est évident que la femme a toujours été faite pour être ménagée, on peut ajouter respectée par la passion même qu'elle inspire. C'est à ce prix qu'elle garde sa grâce et la vertu de son influence consolante. Or, sa dignité, qui est faite de délicatesse et de réserve, s'altère, nous l'avons dit, plus vite et plus profondément que celle de l'homme : car pour se réhabiliter elle n'a ni la vie active ni les effets publics du dévouement patriotique. Donc, moins le respect qui ménage sa pureté et le charme de sa faiblesse lui est assuré par les mœurs, plus il faut qu'elle soit protégée.

La première protection qui lui est, pour ainsi dire, due, c'est celle de la naissance. Bien responsable est celui qui a la naissance d'un fils naturel à se reprocher ; plus malheureux encore est celui qui a mis dans la société une fille illégitime. On a lu plus haut que si les envois d'enfants naturels dans les maisons de correction avaient baissé de 15 à 13 0/0 pour les garçons, ils restaient à 20 0/0 pour les filles.

Autre rapprochement : sur les 13,000 enfants abandonnés dont la ville de Paris est tutrice légale, elle n'en place pas en préservation plus de 75 à 80 par an, soit

1 sur 160 [1]. Mais cette moyenne, qui fait juger si favorablement l'éducation et la tutelle procurées à ces enfants, elle est obtenue par la réunion des filles et des garçons. Si on décompose les chiffres, la part des filles est de beaucoup la moins bonne. De 1876 à 1882 [2], sur un total de 84,336 pupilles de la ville, on avait dû envoyer en préservation 214 garçons seulement et 342 filles. Cependant, chez les enfants assistés, le nombre des garçons dépasse en général de beaucoup celui des filles : peu s'en faut qu'il n'atteigne le double. M. Th. Roussel n'a donc que trop raison lorsqu'il dit dans son enquête : « Les filles (parmi les enfants trouvés ou abandonnés) sont plus difficiles à garder que les garçons. »

Parmi les observations acquises à la science qu'avait faites Quételet [3], se trouvait celle-ci, elle complète bien celles qui précèdent : « Moins il y a d'instruction, plus les habitudes des femmes tendent à se rapprocher de celles des hommes. » Dans les temps préhistoriques, les femmes partageaient les luttes et la vie grossière des hommes : leurs squelettes et leurs crânes mêmes diffèrent moins qu'aujourd'hui des squelettes et des crânes masculins. Aujourd'hui dans les milieux moins moraux, la femme mal élevée partage les haines, les propos injurieux et l'alcoolisme de son mari. Les statistiques fonctionnaient à peine depuis quatre ans, qu'on y pouvait déjà relever ces proportions :

Parmi les accusés ayant une instruction supérieure, 56 fois moins de femmes que d'hommes.

---

[1] Voyez plus haut page 195.
[2] Voyez tableau communiqué par l'Assistance publique à la commission de la Chambre. Rapport, déjà cité, de M. Gerville-Réache, p. 106.
[3] *Physique sociale*, II, p. 29.

Parmi les accusés sachant bien lire et écrire, 12 fois moins.

Parmi les accusés sachant imparfaitement lire et écrire, 7 fois moins.

Parmi les accusés ne sachant ni lire ni écrire, 3 fois moins seulement.

Cette statistique n'a pas été continuée avec la même précision analytique. Mais nous voyons des faits donnant à croire que la même loi persiste à se faire sentir. Plus la peine infligée aux femmes est grave, plus on est sûr de trouver beaucoup d'illettrées parmi celles qui vont la subir. Il y a plus d'illettrées chez les femmes condamnées aux travaux forcés que chez celles qui sont condamnées à l'emprisonnement simple ou à la réclusion. Il n'en est pas de même pour les hommes : ce n'est pas parmi les forçats, c'est parmi les réclusionnaires qu'il y a le plus grand nombre d'hommes illettrés [1].

Je vois bien ce que l'on peut dire pour une certaine interprétation de ces statistiques. L'ignorance est moins fâcheuse en elle-même que comme indice de l'abandon, de la misère, du vagabondage où l'enfant a été laissée. Cela est très vrai, mais cela ne diminue en rien le bienfait de l'école : cela n'infirme point cette vérité intéressante que l'instruction, loin d'effacer nécessairement les caractères de la femme, peut rendre la femme encore plus femme, c'est-à-dire encore plus douce, encore plus éloignée des sentiments habituels de haine, de violence et de désordre sans lesquels il n'y aurait guère de délits. L'homme peut toujours valoir par la force utile qu'il est à même de mettre au service de ses semblables. Ainsi un arbre sauvage vaudra toujours quelque chose par l'am-

[1] Voyez *la Statistique pénitentiaire*, publiée par le Ministère de l'Intérieur, 1880.

pleur de ses branches, par l'épaisseur de son écorce et la solidité de son bois. Pour donner des fruits savoureux et des parfums délicats, il faut que l'arbuste soit greffé, la fleur cultivée.

Ce que nous disons là a-t-il à souffrir des réserves que nous avons faites sur l'instruction des hommes? En premier lieu, l'instruction primaire est restée plus imprégnée d'esprit religieux pour les filles que pour les garçons. Je n'en exclus pas les écoles laïques, j'en exclus encore moins les familles qui gardent leurs enfants chez elles; car à tous les rangs de la société, on persiste à tenir pour les filles à des pratiques religieuses qu'on néglige plus facilement pour leurs frères. En second lieu, la majorité des jeunes filles instruites n'a pas encore éprouvé jusqu'à présent le besoin d'une instruction professionnelle. Leur profession, c'est de se marier et de devenir mères de famille. Si ces deux conditions changeaient, tout porte à croire que les résultats changeraient aussi, et que les mêmes réflexions seraient à faire, sur les conséquences d'une éducation mal entendue, pour l'un et pour l'autre sexe. Deux ordres de faits, l'un en haut, l'autre en bas, sont là pour le faire craindre.

Pour le premier, il y a lieu d'être circonspect; car les faits sont encore peu nombreux et l'expérience commence à peine. N'y a-t-il pas lieu cependant d'être frappé par cette observation d'un homme comme M. Ch. Feré? Pour user hardiment dans son langage du privilège du médecin, il n'en est pas moins digne d'être écouté, et il ne mérite certainement pas qu'on le suspecte. « Or, nous dit-il, j'ai soutenu dans la presse qu'une fois qu'on avait admis les jeunes filles dans l'enseignement secondaire, il fallait les laisser continuer plus loin : les exclure des concours et des hôpitaux, ce serait les empêcher de trouver une profession, c'est-à-dire un emploi utile d'une instruction exceptionnelle. Leur instruction demeurerait ainsi incomplète, purement théorique, improductive, anti-sociale... On n'aboutirait alors qu'à créer une aristocratie de la prostitution ; j'avais des exemples sous les yeux, ils se sont multipliés depuis[1]. »

L'autre ordre de faits, le voici. L'industrie a fait appel à un grand nombre de mains féminines. Ces mains ont répondu d'autant plus volontiers, que les exigences réelles ou factices de la vie sont devenues plus pressantes et que la part, revenant à la maison, du salaire de l'homme, devient plus petite. Bref, nous n'avons plus seulement l'ouvrier, nous avons aussi l'ouvrière. Or, toute jeune fille destinée, par la pauvreté ou par la mort, par l'absence ou l'abandon de ses parents, à gagner sa vie elle-même, a autant besoin que les jeunes ouvriers d'une instruction qui la prépare aux nécessités de son existence. Un enseignement qui ne ferait que lui donner plus de facilité pour entretenir une correspondance ou pour lire des romans, lui serait encore plus funeste qu'aux garçons.

III

Cette dernière considération nous ramène aux filles mineures jetées hors des conditions qu'assure aux autres une famille régulière et honnête. L'écueil qui les attend, on le devine, c'est le désordre et, il faut bien l'appeler par son nom, la prostitution.

Celles qui succombent ne s'y jettent pas tout de suite.

[1] Ch. Feré, *Dégénérescence et criminalité*, p. 90.

Il y a comme des diminutifs de la débauche et des essais préparatoires à l'inconduite qui faussent gravement et de bonne heure la conscience des femmes. Avant d'être instruites de ce qu'elles pourraient encore ignorer sans inconvénient, elles ont ce sentiment vague que tout leur est permis à l'égard des hommes, parce qu'elles peuvent en quelque sorte tout payer par leurs complaisances. C'est là probablement l'une des causes d'un si grand nombre de vols domestiques. Mais cela n'est pas seulement vrai pour les filles : on peut le dire aussi d'un grand nombre de femmes mariées qui commettent des délits. Une femme qui vole, par exemple, regardera-t-elle beaucoup à se racheter par un adultère, si l'occasion s'en présente et si c'est là pour elle un moyen d'impunité ?

On est bien obligé de dire que l'homme fait à peu près tout ce qu'il faut pour entretenir ce sentiment, et que la plupart du temps c'est lui qui l'a fait éclore pour la première fois. Ce qu'on appelle galanterie dans un sexe et coquetterie dans l'autre ont vite fait de sortir du cercle banal des petits manèges inoffensifs. En tout pays la jeune fille qui n'est point gardée se voit tout de suite poursuivie par les regards, puis par les paroles qui, elles-mêmes, glissent peu à peu de la tendresse apparente à l'inconvenance de moins en moins dissimulée. Aux abords des ateliers mixtes ou dans les grands jardins de Paris, tout cela se passe publiquement.

De ce point de départ — surtout quand la jeune fille en part jeune — plusieurs chemins mènent au gouffre. Une liaison conclue par surprise et par abandon laisse encore un semblant d'espoir. On se fait des promesses pour l'avenir et on se jure fidélité. Si, après avoir été rompue, cette liaison est suivie d'une seconde, on peut

dire que dès lors la prostitution n'est pas bien loin : elle
sera clandestine ou publique suivant le degré d'intelligence et de ruse ou de grossièreté malhabile du sujet.
Là sera toute la différence.

J'ai longuement examiné les rapports de la prostitution
et du crime chez la personne coupable [1]. Au point de vue
social, je dirai ici que si le désordre des mœurs favorise
un grand nombre de délits, le délit à son tour conduit
presque fatalement la jeune fille au désordre. Celle qui a
volé, par exemple, ou qui après un acte grave a été tra-
duite devant la justice, celle même qui s'est fait « renvoyer » pour des faits d'indélicatesse prouvés et connus,
que peut-elle devenir ? Il semble aux yeux de beaucoup
d'hommes et finalement aux siens, qu'elle ne soit plus
bonne dans la société qu'à une seule chose... : c'est à
celle-là qu'elle va s'employer. « L'enquête a révélé, dit
un document législatif [2], que les filles mineures qui, par

---

[1] Voyez *Le Crime*, chap. ix. J'ajouterai seulement quelques
chiffres. On a longtemps relevé combien, parmi les femmes tra-
duites en cour d'assises, il y en avait qui eussent vécu en concubinage ou eussent donné naissance à des enfants naturels. De 1826 à
1836, cette proportion oscillait entre le quart et le tiers. En 1836,
c'était le tiers (les infanticides compris); les infanticides éliminés,
24 p. 0/0.

[2] *Rapport déjà cité* de M. Gerville-Réache, p. 11. — L'*Enquête
Roussel* (II, CLII) dit avec plus de détails : « Il est aisé de voir
comment, dans cette descente irrésistible, la première intervention
de la police, la première sévérité de la justice, consomment à jamais
la perte d'une adolescente qu'un asile ouvert à temps et quelques
efforts d'éducation auraient sauvée. Une jeune fille de quinze ans
est jetée, par une de ces causes vulgaires que l'Enquête révèle, hors
du toit maternel : elle erre cherchant du travail, peut-être cherchant des aventures : la police constate son état de vagabondage,
et la justice, pour la punir et la corriger, lui applique quinze jours
de prison. Cet arrêt est en réalité pour son avenir une peine capitale. La maison d'arrêt avait reçu une enfant coupable et malheu-
reuse à la fois. La détention en a fait une femme perdue ; elle

suite d'une condamnation, ont fait un séjour en prison,
si court fût-il, sont vouées à la prostitution. »

Pour tous ceux qui ont étudié de près cette maladie
sociale, la misère joue ici son rôle. Mais c'est rarement,
on peut même dire, ce n'est jamais la cause première et
initiale. Elle intervient presque à coup sûr comme un
épisode inévitable et qui précipite le dénouement. Mais
ce qui a ouvert la scène, c'est la coquetterie dans les
deux sens du mot : désir de plaire à un individu d'un
autre sexe et amour de la parure et du luxe [1]. Ces deux
sentiments peuvent se rencontrer chez un grand nombre
de jeunes filles qui ne succombent pas ; mais celles-là
sont élevées et surveillées ou garanties par toutes sortes
de précautions contre les conséquences sociales de leur
faute. Chez celles qui n'ont aucun de ces secours, le
libertinage arrive beaucoup plus vite qu'on ne le croit.
Il semble même que les filles soient plus précoces dans
l'immoralité proprement dite que les garçons. En 1883
et 1884, parmi les enfants envoyés en correction par
les tribunaux, on comptait proportionnellement quatre
fois plus de filles que de garçons coupables d'attentats à
la pudeur. Quand la femme pèche [2], c'est par là qu'elle
pèche : c'est là le délit par excellence auquel l'expose la
poursuite dont elle est l'objet, quand elle s'y prête.

Il faut bien que cela soit, pour que le nombre des filles
mineures qui viennent se faire inscrire à la police et que,

---

appartient désormais à la prostitution qui, seule, en règle générale,
pourra lui donner du pain Une série de faits, mis sous nos yeux
par l'Enquête, nous a montré comment la condamnation d'une mineure à quinze jours de prison devient pour elle un arrêt de mort
morale... ›

[1] Voyez PARENT-DUCHATELET, *La Prostitution*, etc., 3º édition. *Notes de ses continuateurs*, tome I, p. 62.

[2] Socialement, veux-je dire ; je ne parle pas du péché individuel.

malgré la loi, la police se voit contrainte[1] d'inscrire, soit si considérable. L'enquête Roussel nous a appris qu'en 1877, on en avait compté à Paris 1,500, la plupart de quinze à dix-huit ans. Dans les départements, on en avait compté 1,338. Mais de l'aveu unanime des administrateurs, ces chiffres devaient être « très inférieurs » aux nombres réels, car c'est surtout dans la prostitution clandestine que les mineures abondent.

Or, parmi les mineures si vite tombées dans l'abjection volontaire, on signale à chaque instant des enfants trouvées, des orphelines, des enfants abandonnées... Dans un ensemble de 60 villes françaises, on a constaté que les enfants trouvées avaient fourni un cinquième de la population des maisons de débauche[2].

On a pu noter également que la plupart des mineures inscrites dans l'Aube sont orphelines et que plusieurs de celles du Pas-de-Calais ont été élevées dans des orphelinats ou dans des maisons du Bon-Pasteur. Les 10 mineures inscrites dans la Charente au moment de l'enquête étaient toutes des orphelines, et 6 d'entre elles avaient été élevées dans des orphelinats d'où elles étaient sorties pour se placer comme ouvrières ou femmes de chambre. « Débauchées, disent les rapports administratifs, par des hommes qui ont abusé de leur inexpérience, abandonnées ensuite sans soutien, sans ressources, poussées aussi par de mauvais instincts, elles ont fini par entrer dans des maisons de tolérance. » A Bordeaux, sur 600 filles inscrites, on avait 98 mineures. De ces dernières, 44 semblaient s'être elles-mêmes perdues par leur propre faute. Les 54 autres avaient eu des conditions de famille anormales : 15 étaient orphelines de père et de mère,

---

[1] Voyez le Crime, p. 120.
[2] Enquête Roussel, I, 75 ; II, cxlix.

7 étaient à demi orphelines, 32 avaient été délaissées ou perverties par leurs parents.

En résumé, M. Th. Roussel avait raison de dire[1], avec sa haute autorité : « Quelque large part qu'il faille faire, dans les causes de la prostitution, à l'amour du plaisir et de la toilette, à l'horreur du travail, aux mau-vais instincts, la cause qui, dans les faits cités, apparaît partout comme la plus puissante et la plus générale, c'est le manque d'un foyer domestique, d'un foyer ma-ternel, soit que la mort ait éteint ce foyer, soit que la mineure l'ait déserté sous l'influence de la misère et du délaissement, soit qu'elle ait été mise en fuite ou chassée par le désordre ou par les sévices de ses parents. »

IV

L'union si évidente de la prostitution et du délit[2] nous dispense d'aller chercher plus loin les causes qui corrom-pent les femmes ou les filles. Nous en savons assez pour dégager quelques-unes des responsabilités qui incombent à la société tout entière, mais en particulier à celle de notre temps.

Il est de mode de traiter le désordre ou ce qu'on ap-pelle le plaisir avec légèreté. Il en a été ainsi à toute époque ; mais ce n'est pas une raison pour ne pas insister toujours sur les conséquences, pour ainsi dire, indéfinies

---

[1] *Enquête Roussel*, p. cc.

[2] Il est peut-être permis d'étendre ici le sens du mot et d'y rat-tacher le vice, l'oubli des devoirs conjugaux, l'infidélité, l'amour du luxe qui en est la suite, le vol qui vient après et quelquefois le meurtre ou l'empoisonnement, plus souvent encore l'infanticide.

que peut entraîner un acte de séduction. Si on s'adresse
à des filles déjà perdues, l'on se donne cette excuse facile
qu'elles le sont quand même et irrémédiablement. Mais
parmi ceux qui persévèrent dans l'habitude de s'absoudre
ainsi, combien y en a-t-il qui reculeraient devant le
plaisir de débaucher pour la première fois une fille encore
innocente ? La statistique n'enregistre point les cas dans
lesquels une jeune servante a été corrompue par son
maître, soit par un maître jeune, soit plus souvent peut-
être encore par un maître vieux. Elle n'enregistre point
les cas où une ouvrière a été entraînée au mal par un
patron, par un chef d'atelier, par un contre-maître. Il
est hors de doute que des centaines de créatures sont
ainsi gâtées pour la vie. Supposez qu'elles mettent des
enfants au monde, il faudra tous les prodiges d'une
charité intelligente pour arrêter les effets combinés de
l'abandon et de l'hérédité.

La charité à l'égard des filles abandonnées est active,
elle est pleine de sollicitude. Est-elle toujours éclairée ?
Est-elle toujours entendue de manière à être efficace ?
Pour les garçons j'ai observé qu'on était encore assez
loin du but : on en est beaucoup plus éloigné pour les
filles, et ici le péril est plus grave. On ne me reprochera
pas d'être prévenu contre les établissements qui se préoc-
cupent par dessus tout de développer le sentiment religieux dans les âmes jeunes. Mais si une certaine instruction sans religion mérite nos défiances, il ne faut pas
nous fier davantage à des pratiques religieuses que ne
soutiennent ni le bon enseignement, ni la bonne direction d'un travail utile. Il n'est pas une personne vouée
à la vie religieuse qui ne le proclame en principe. Il est
cependant trop connu que beaucoup d'orphelines sortent
de leurs asiles sans avoir appris un métier qui les pré-

serve. Les raisons de cet état de choses sont celles que
l'on signale aussi pour les garçons : on se laisse même
aller plus volontiers à employer les filles dans des travaux qui ne leur apprennent à peu près rien ; puis,
quand elles sortent, les dangers qui les attendent sont
d'autant plus grands que leurs ressources honnêtes sont
plus faibles

Le Directeur de Saint-Lazare faisait à un journaliste
bien connu[1] cette observation que le nombre des ouvrières
habituées au travail à la machine allait toujours en dé-
croissant dans la prison. « On n'en voit presque plus à
l'heure qu'il est », disait il. Celui qui recueillait ce renseignement ajoutait : « Cela tient à ce que le salaire,
relativement élevé de ces ouvrières les met à l'abri de
la misère et des tentations qui conduisent tant de mal-
heureuses à la prison. » Cette explication a sa valeur.
J'ajouterai, pour ma part, que quand une ouvrière a chez
elle une machine à coudre, cela prouve qu'elle est casée,
qu'elle a fait quelques économies et qu'elle compte sur
un travail régulier.

Quoi qu'il en soit, toute fille ou toute femme livrée à
l'inconduite constitue dans la société un foyer de délit.
Mais ce foyer, c'est la société qui l'allume, qui le nourrit
et qui l'attise. Nulle part on ne voit avec autant d'évidence la part des hommes instruits, classés, rangés et
considérés dans les crimes exécutés par des mains plus
viles. Nulle part on ne voit autant de motifs de prendre
en dérision la théorie métaphysique de l'atavisme, ou
toute doctrine qui voudrait concentrer le poids entier du
crime sur quelques individus mal nés, afin d'en décharger
tous les autres.

[1] Voyez *le Temps* du 8 février 1888, article de M. Hugues Le
Roux.

CHAPITRE XV

LA POLITIQUE ET LA LOI

I. Les foules dans la vie publique. — D'une classe de criminels qui la grossissent toujours. — Les journées révolutionnaires. — La criminalité collective. — Les auxiliaires de l'émeute et ceux qui en profitent. — Une catégorie d'électeurs parisiens. — Capital criminel créé par les révolutions, jamais amorti. — Les approches et les suites des années révolutionnaires. — L'éloge politique de certains crimes. — II. Les délits favorisés par la politique. — Les clientèles politiques et la fraude. — La mauvaise politique et ce qu'elle gâte, à l'école, dans les syndicats. — L'instabilité politique, les lois qu'elle empêche. — Les lois attendues.

I

Bien des fois, dans le cours de cette étude, nous avons rencontré devant nous la politique : je parle de ce qu'elle a de plus mauvais, la compétition passionnée, la lutte des classes, la vente et l'achat des consciences, l'insulte mutuelle, la propagande révolutionnaire corrompant les institutions les plus utiles et les œuvres même commencées sous les auspices de la charité. Mais la politique influe également sur la loi. Bonne ou mauvaise, la loi augmente ou diminue les occasions du délit : elle lui donne ou lui refuse un aliment, elle décourage les coupables ou surexcite leurs appétits, elle arrête ou elle achève, avec les institutions pénitentiaires, la formation du type criminel ébauché par les passions ou les faiblesses des individus. Cette action de la politique joue dans nos sociétés modernes un rôle trop considérable pour que nous ne lui ménagions pas une place spéciale où il soit possible d'apercevoir la suite de ses effets les plus importants.

Il y a bien des choses parmi nous qui datent de notre première révolution. La nature de mon sujet me condamne à ne parler que des mauvaises. Or, une des pires est l'intervention et le déchaînement des foules dans les moments critiques de la vie nationale. J'ai peut-être tort de dire qu'un tel phénomène date de 1789, on le trouve à chaque pas dans l'antiquité ; mais pour l'étudier sûrement dans des cas où nous puissions nous bien reconnaître nous-mêmes, il nous est difficile de ne point partir de ces terribles événements dont relève toute la société contemporaine.

Reportons-nous aux moments qui précédèrent notre grande journée révolutionnaire du 14 juillet. Il y avait alors à Paris une double cause de troubles populaires. Ce qui dominait l'ensemble, c'était, comme Bailly l'observait[1] sur place, le courant révolutionnaire modéré, raisonnable. Les hommes qui le composaient s'étaient donc armés pour combattre les desseins des nouveaux ministres, pour prêter main-forte à l'Assemblée, pour

[1] BAILLY, *Mémoires*, tome I, p. 337.

Ces préliminaires de la Révolution devaient être étudiés avec un soin tout particulier dans l'ouvrage inachevé de M. A. Chérest, sur la *Chute de l'Ancien Régime*. (Paris, Hachette, 3 vol. in-8°). On y trouvera des détails intéressants.

protéger enfin, s'il était nécessaire, l'œuvre de réforme dont tous les gens sensés désiraient le triomphe.

A côté de ce courant, il y avait la foule aveugle, déchaînée comme elle l'est toujours dans les moments d'émotion publique, perdant aisément le sens du possible et de l'impossible et surtout celui du juste et de l'injuste. La criminalité collective n'est guère autre chose que cet état d'entraînement où chaque individu faisant partie d'une foule, pour le moment toute puissante, se décharge sur elle, sans raisonner, de sa responsabilité personnelle. Tout d'abord il craint d'être sacrifié par la colère des autres, s'il paraît faire obstacle à leurs desseins. Il s'y associe extérieurement : ce n'est plus chez lui la volonté qui amène l'acte, c'est l'acte qui met en branle la portion imaginative, et peut-être plus encore la portion physique de la volonté. Il ne discute plus rien, même à part lui ; il se laisse prendre par les cris et par le bruit, il crie lui-même, il active la circulation de son sang par le remuement qu'il se donne. Son imagination s'exalte, elle devient crédule et subit toutes les suggestions. Il passe de l'idée à l'acte avec une promptitude terrible : le spectacle même des violences qu'il vient d'exercer communique à tout son être un mouvement qui s'accélère, et que rien ne peut plus arrêter [1].

Ce n'était cependant pas encore là, s'il faut en croire les témoignages contemporains, la partie la plus redoutable des foules révolutionnaires. Il y avait ce que Bailly et,

---

[1] Je me souviens d'avoir vu, en 1870, une foule poursuivre la voiture d'un général auquel on voulait arracher à tout prix un cri politique. Il y avait dans la cohue un jeune homme que je connaissais bien, garçon enthousiaste, mais doux et rangé, laborieux et bon, parfaitement honnête. Tout à coup il se mit à réclamer un revolver pour tirer sur le général récalcitrant. S'il avait eu l'arme entre les mains, je ne sais trop ce qui serait arrivé.

après lui bien d'autres, ont appelé les brigands, hommes
que l'on crut soudoyés (par qui? Personne n'a jamais
pu le dire) et qui n'étaient sans doute que des criminels
de profession, attirés de plus ou moins loin par le pressen-
timent du désordre et du pillage.

« L'aspect de Paris, dit Mathieu Dumas[1], était sombre
et triste ; les événements de la veille, l'inutile et mala-
droit essai de la force, les charges de cavalerie contre
la foule inoffensive, dans le jardin des Tuileries et sur les
boulevards, avaient indigné et affligé tous les honnêtes
citoyens. Un grand nombre de vagabonds étrangers à la
ville de Paris et qui s'y étaient fixés depuis le commencement des troubles, parcouraient les divers quartiers, se
grossissaient d'ouvriers qui désertaient leurs ateliers. Ils
s'étaient emparés çà et là de toutes sortes d'armes ; ils
poussaient des cris de révolte ; les habitants paisibles
fuyaient à l'approche de ces groupes ; toutes les maisons
se fermaient, et partout où ne se rencontraient point ces
hordes frénétiques les rues semblaient désertes et inha-
bitées. Lorsque j'arrivai chez moi dans le quartier Saint-
Denis, l'un des plus populeux de Paris, plusieurs de ces
brigands y répandaient l'épouvante en tirant des coups
de fusils en l'air ... »

L'autorité avait essayé de donner du travail, sur les
hauteurs de Montmartre, à vingt mille de ces individus ;
et ce n'était guère, assure Droz[2], que la moitié de cette
hideuse population. Mais un grand nombre d'entre eux
se mêlent à des contrebandiers qui les guident à plusieurs barrières. Ils entrent au couvent de Saint-Lazare
et ils le pillent. Ils pénètrent dans le garde-meuble et ils

---

[1] MATHIEU DUMAS, *Souvenirs*, tome I. p. 431.
[2] DROZ, *Histoire du règne de Louis XVI*, II, 230. Cf. FERRIÈRE,
Mémoires, 79.

le dévastent. « On en voit sortir des gens en haillons, dont les uns étaient couverts d'armures antiques, dont les autres portaient des armes précieuses par leurs richesses ou par leurs souvenirs historiques : un d'eux avait dans les mains l'épée de Henri IV [1]. »

Voilà le modèle, voilà le type, toujours prêt à ressusciter, de nos journées révolutionnaires. Voilà les auteurs des massacres, voilà ceux qui font cortège à la guillotine ou qui se disputent l'honneur des fusillades. Voilà ceux qui, se mélangeant à la foule irréfléchie et amie du tapage politique, lui communiquent bientôt leur férocité. Les femmes ne tardent pas à s'en mêler ; car ceux qui, sous un nom ou sous un autre, vivent de la prostitution, sont toujours là, ils disposent d'un personnel toujours prêt à allier à la débauche le vol et l'assassinat.

L'intervention de ces horribles personnages dans les troubles politiques a été bien observée depuis vingt ans. D'abord ces individus sont des flâneurs, toujours dans la rue, toujours au courant de ce qui s'y passe, liseurs de journaux dans les cabarets, liseurs d'affiches et de proclamations sur les murs, assidus dans les réunions publiques. Ils savent parfaitement que dans les heures ou dans les périodes quelquefois longues où la démocratie se développe sans frein, sans but et sans boussole, ils n'ont qu'à mélanger l'argot politique à leur argot habituel. L'un fait passer l'autre, et tout obstacle cède devant qui revendique d'une certaine manière ses droits de citoyen.

« La plupart des souteneurs sont électeurs et votent : avec leur carte ils pénètrent partout. Bon nombre ont cependant subi diverses condamnations, ce qui ne les empêche pas cependant de faire usage de leur qualité de

---

[1] Cf. TAINE, *La Révolution*, I, 18, 32, 41.

citoyen. Tout récemment, plusieurs de ces individus, arrêtés et ayant des antécédents judiciaires, ont été trouvés nantis de leurs cartes d'électeurs coupées à l'un des angles, indice certain qu'ils en avaient fait usage [1]. »

Voyez dès lors à quel point de pareils êtres sont préparés au rôle qu'ils se réservent dans les moments d'émeute ou dans les préliminaires d'élections plus passionnées ou plus bruyantes que les autres. « Dans les temps calmes, alors que les passions politiques apaisées ne donnent pas chaque matin assaut au pouvoir, l'administration de la police exerce sur eux un empire moral qui les retient un peu. Ils ne vivent qu'en se cachant, et l'approche des agents les fait fuir. Mais qu'il survienne un réveil d'opinion, que la presse quotidienne devienne agressive contre l'autorité, qu'elle entreprenne une campagne contre la légalité des actes du Préfet de police ; immédiatement ces gens-là deviendront arrogants et lèveront la tête. Ils résisteront aux agents et lutteront contre eux ; ils prendront part à toutes les séditions, et si une nouvelle mesure les frappe, ils se poseront en victimes politiques. Vienne une révolution, eux et leurs maîtresses qu'ils entraînent avec eux en deviendront les agents les plus cruels, les plus redoutables [2]. »

C'est lorsqu'on est battu par de pareils adversaires qu'on y regarde enfin, qu'on se renseigne et qu'on voit de quel acabit ils sont.

J'ai sauté des premières journées violentes de 1789, aux périls toujours menaçants de l'époque actuelle. Mais dans l'intervalle, que de journées où ce personnel a joué son rôle sinistre ! Que d'époques où il a su se mêler aux enthousiastes naïfs ! Que de fois ils ont pu se mettre au

[1] MACÉ, *Le service de la Sûreté*, p. 84.
[2] CARLIER, *Les deux Prostitutions*, p. 229.

service bien payé d'ambitieux qui ne regardent point aux mains dont ils se servent, et qui excusent tout en disant : il faut bien avoir une police, et on la recrute comme on peut ! Je ne veux pas remonter à la Terreur, rouge ou blanche, ni aux atrocités de plus d'une guerre civile. Tenons-nous-en à des époques relativement récentes. « En 1848, de nombreux vols à main armée, commis sur la voie publique, à l'aide de violences, avaient jeté l'effroi et l'épouvante dans les communes qui avoisinent Paris. Chaque jour ou plutôt chaque nuit de nouvelles agressions avaient lieu. Chaque jour de nouvelles victimes venaient se plaindre, et rien ne semblait devoir mettre un frein à ce flot d'attaques nocturnes, à ce torrent de vols qualifiés [1]. »

Pourquoi les gens paisibles ont-ils tant applaudi à la sanglante répression des journées de juin ? Pourquoi, fait plus étonnant, s'est-il trouvé tant d'hommes élevés dans le respect de la loi pour excuser le coup d'Etat de 1852 ? Pourquoi ces mêmes hommes ont-ils protesté contre l'amnistie générale des condamnés de la Commune ? Pourquoi ont-ils si peu approuvé les pensions données par la Troisième République aux victimes du 2 décembre ? Pour cette raison, toujours la même, qu'ils avaient vu trop de gens sans aveu, trop d'hommes ressemblant aux « brigands » de la première révolution se mêler aux insurgés de bonne foi et en souiller la cause. Je n'entends émettre ici, ni directement, ni indirectement, aucun jugement politique sur aucun parti : c'est en quelque sorte un fait psychologique que je relève. Mais il me paraît que cet empressement de la canaille à se glisser dans tout mouvement qui promet du trouble,

---

[1] *Mémoires* de Canler, p. 321.

est un fait constant, auquel on ne saurait donner une trop grande place dans les causes qui expliquent le mouvement de notre criminalité.

On dira : mais ce sont là des événements extraordinaires ; on ne les voit qu'aux époques de révolution ! Soit ! c'est déjà beaucoup dans un pays où toute génération voit la sienne et en voit plutôt deux qu'une. Nous ne faisons (en principe) de gros emprunts qu'en temps de guerre ; mais chaque emprunt une fois contracté, nous en payons indéfiniment les intérêts. Plus je prolonge cette étude, plus je crains que ces troubles périodiques ne créent chaque fois un capital de rébellion non moins difficile à amortir que celui de notre dette publique. Un rapport rédigé par la police en 1880 disait : « Depuis la rentrée des amnistiés de l'insurrection de 1871, il y en a en moyenne un tous les jours qui est arrêté pour délits de droit commun [1]. » L'année qui suivait la rédaction de ce premier rapport, trois cents de ces amnistiés furent encore arrêtés pour pareils délits. Ce n'est donc pas seulement dans l'année même où la révolution éclate, c'est dans celle où on la médite et dans celle qui la suit, que ce mélange du crime ordinaire et du désordre politique produit ses effets.

Les Comptes généraux du Ministère de la Justice en portent les traces. Dans le *Compte* de 1847, je lis : « L'année 1847 ne fut pas une année calme et prospère ; l'excessive cherté des subsistances qui fut la suite de la mauvaise récolte de 1846 devint une cause d'agitation et de troubles. Il y eut des désordres graves ayant presque partout pour but le pillage des grains. Déjà, quoique dans une moindre proportion, les mêmes symp-

[1] Macé, *Le service de la Sûreté*, p. 126, 213.

tômes s'étaient manifestés en 1840. » Oui, la cherté des grains souleva bien des tempêtes ; mais le vent de la politique soufflait ; 1848 se préparait. L'école de la barricade avait-elle d'ailleurs été fermée sous tout le règne de Louis-Philippe ?

En 1867, la criminalité qui avait baissé pendant les dix années précédentes, remonte tout à coup. L'optimisme officiel cherche d'abord toutes sortes de raisons. C'est au chef de l'Etat que le rapport est adressé ; on a pris l'habitude de constater tous les ans une amélioration dont on se fait gloire, il est pénible d'y renoncer. On allègue donc la cherté des subsistances, l'attrait de l'Exposition universelle (car les grandes fêtes sont comme les grands troubles, elles allument des foyers de vice et de délit qui durent). On dit aussi — ressource commode — que ce sont surtout les délits de pêche et de chasse qui ont augmenté. Mais en 1868, la sincérité éclairée prend le dessus : « En deux années, il y a eu une augmentation de 19,718 affaires correctionnelles. Ce fait semble d'autant plus grave que les causes signalées dans le *Compte* de 1867 n'ayant plus excercé la même influence en 1868, il y a lieu d'en chercher de plus générales. » Le rédacteur du *Compte* opère cette recherche avec prudence. Il n'en dit pas moins :

« Parmi les 26 catégories d'infractions les plus graves, 18 présentent une augmentation qui varie beaucoup d'un délit à l'autre... Elle est de 21 0/0 pour la rupture de ban, de 20 0/0 dans la maraude, de 19 0/0 dans la mendicité ainsi que pour le vagabondage, de 6 0/0 pour le vol. Cet accroissement de méfaits qui intéressent particulièrement l'ordre public est affligeant. C'est également avec regret que l'on constate une augmentation de 12 et de 9 0/0 à l'égard de certains délits contre l'autorité, tels que les outrages envers les fonctionnaires ou agents de la force publique et la rébellion. — Des faits moins graves dans l'ordre moral, quoiqu'ils conduisent souvent à tous les délits, comme les contraventions aux lois et règlements sur les douanes, les contributions directes et les forêts ont éprouvé aussi un accroissement de 19 et de 13 0/0. »

Tout ce passage est bien clair. C'est l'autorité qui se désorganise. On est dans un état de choses où il est fait usage, avec une égale incohérence et une même faiblesse nerveuse, de l'arbitraire ancien comme de la liberté qu'on essaye de réacclimater. C'est la réunion de ces éléments explosifs qu'on tentera d'annuler par la guerre de 1870 et qui se retrouveront sous la Commune.

Cette Commune a été réprimée. N'est-elle pas revenue ? Ne cherche-t-elle pas du moins à refleurir, tantôt par l'emploi savant des ressources légales, tantôt par la menace et par la préparation de journées révolutionnaires ? Je ne discute pas sur ce point. Mais chaque fois qu'on voit quelque orage politique poindre à l'horizon, les mêmes gens arrivent, comme certains animaux qui viennent de loin quand ils sentent un corps en décomposition. Chacun se dit : J'ai rencontré de ces figures qu'on ne voit jamais ; d'où est-ce que ces gens-là peuvent bien sortir ? — Pareille phrase a été prononcée par bien des Parisiens qui s'étaient promenés en curieux sur la place de la Concorde, lors de la dernière élection présidentielle.

Mais dans les intervalles même les plus paisibles en apparence, les violences les plus épouvantables sont approuvées et louées publiquement dans des journaux que protège ou que tolère la loi. « Nous avons crié victoire quand la nouvelle de l'exécution de Watrin nous est parvenue... ; l'exécution de Decazeville est une leçon.... ! » Il paraît que c'est là, sous la loi actuelle, l'expression d'une « opinion » politique Et l'organe de cette « opinion » s'intitule : *Le Cri du Peuple* [1] *!*

II

En tout cela cependant l'on peut dire à la rigueur que la politique n'est qu'une occasion. Il y a des cas où une certaine politique est la cause de désordres moins violents, mais plus continus ou plus renouvelés J'en indiquerai seulement quelques-uns et de ceux que tous les hommes réfléchis s'accordent à reconnaître.

Tout parti politique a une clientèle à suivre ; non seulement il la flatte et par cela même la corrompt, comme disait Platon dans le Gorgias ; mais en mainte circonstance il l'aide à se soustraire à la loi. Voici longtemps que les hommes appliqués à faire de la bonne et vraie politique se plaignent de l'énormité des fraudes. Ils s'en plaignent à juste titre dans l'intérêt du trésor public : nous avons le droit de nous en plaindre ici dans l'intérêt de la moralité. Tous les individus qui fraudent ne sont pas des contrebandiers, et tous les contrebandiers ne sont pas des assassins, pas plus que tous les braconniers. Mais beaucoup de fraudeurs se servent des contrebandiers, beaucoup le deviennent eux-mêmes. Beaucoup aussi se familiarisent avec le vol et, qui plus est, avec le faux [2]. Or, à quoi donc, de tous les côtés, a-t-on pu attribuer cette recrudescence de fraude, sinon

[1] Voyez annexes au procès-verbal de la séance du Sénat du 13 novembre 1888.

[2] Voyez plus haut ce que nous avons dit des fraudes dans le département de l'Hérault, p. 112.

à des raisons politiques, au marchandage électoral et à ce mépris de l'autorité et de la loi dont nos révolutions ne sont guère en état de nous guérir.

Si la haute police est souvent affaiblie par une dualité d'attributions, si les agents inférieurs sont souvent battus en brèche et empêchés d'accomplir leur devoir dans toute son étendue, si la magistrature même hésite parfois devant certaines poursuites, à quoi faut-il l'attribuer encore, sinon à ce qu'on appelle « les tristes exigences de la politique ? » Est-ce à cause de ces exigences qu'on n'ose pas enlever le droit de suffrage à ceux qui vivent de la débauche et qu'on tolère à Paris ces électeurs si zélés dont la police nous disait qu'on trouve toujours la carte « cornée ? » Est-ce à cause de ces exigences qu'on ne veut pas encourager, pas permettre de livret qui désignerait les bons ouvriers et dont la suppression a été comme une prime accordée au vagabondage ? Mais on n'a même pas à donner cette excuse pour les transformations que la politique des partis fait subir à des institutions sur lesquelles des hommes généreux pouvaient fonder de belles espérances.

C'est la politique qui a empêché l'école d'être vraiment neutre et qui, en maint endroit, fait passer l'école laïque pour un séjour où l'esprit religieux est une manifestation quasi séditieuse. C'est la politique qui vient témérairement au secours de tant de grèves violentes et qui fait toujours espérer une prompte amnistie pour les habiles auteurs de tant de crimes « connexes ». C'est la politique qui a fait des syndicats ouvriers une institution livrée à l'action malfaisante des meneurs, des ambitieux, des parasites ; c'est elle qui en écarte les ouvriers qui travaillent et y attire en foule les ouvriers qui ne travaillent pas.

Enfin, la mauvaise politique a une influence plus générale. Au Congrès pénitentiaire de Stockholm[1], le délégué
de la République Argentine faisait sur son pays la con-
fession suivante : « Nous devons signaler comme une
source de crimes le relâchement produit par les luttes
politiques si fréquentes dans notre pays... La politique
est la source de deux maux : les luttes qu'elle engendre
démoralisent le peuple, et leur continuel renouvellement
empêche que des lois fort utiles et dont on pourrait
attendre des résultats avantageux, ne soient promulguées,
ce qui entrave la marche du progrès, bien plus qu'on ne
le verrait dans d'autres circonstances »

Ce délégué de la République Argentine parlait sage-
ment; mais il était bien modeste, s'il croyait que son jeune
État fût seul à souffrir de ce double mal. Notre vieille
Europe en est là dans plus d'une de ses républiques et
dans plusieurs de ses monarchies. Ici, la politique entretient les « crimes agraires » et fait ajourner indéfiniment les lois qui devraient leur enlever toute raison.
Là, elle essaye de faire du socialisme qu'elle encourage
un instrument de gouvernement; elle le favorise dans
l'espoir d'y trouver, tantôt un épouvantail bon à terrifier
certains partis récalcitrants, tantôt une occasion ou un
prétexte à des lois qui centralisent une plus grosse partie
des épargnes populaires pour les mieux mettre toutes d'un
seul coup sous la main de l'autorité. Quant aux lois qui
rendraient la répression plus humaine et plus efficace,
qui fermeraient la moitié des prisons et qui transforme-
raient les autres, ce sont celles-là qui attendent le plus.

[1] Tome II, p. 441.

CONCLUSION

Voici terminée la seconde partie de notre étude sur le crime et les criminels. Nos premières vues sont-elles confirmées ou non par la nouvelle expérience que nous venons de faire ? En passant de l'individu à la société, avons-nous trouvé la part des causes physiques plus considérable ? Nous avons vu le crime augmenter ou diminuer dans les régions diverses du pays, dans les professions, dans les âges, dans les classes. Quelles sont les forces qui agissaient là sous nos yeux ? Quelle est la nature des dangers que l'action de ces forces crée parmi nous ?

La réponse ne paraît pas douteuse.

Si les étrangers affluent pour prendre la place des travailleurs français qui désertent : si ces étrangers succombent plus facilement qu'ils ne l'eussent fait sous les yeux des surveillants et des guides de leur jeunesse ;

Si la moitié de la France est appelée à combler les vides faits dans l'autre moitié par la raréfaction des naissances : si ces déplacements rompent les traditions, s'ils mettent un grand nombre de nos nationaux dans un état d'isolement analogue à celui des travailleurs étrangers ;

Si la capitale ajoute son action aux précédentes pour
faire sortir de leurs orbites des groupes errants qui se
désorientent, se heurtent mutuellement et se désorga-
nisent ;

Si le coupable, une fois puni par la Société contemporaine, en reçoit une flétrissure irréparable ; si celui qui
n'était pas encore déclassé avant d'entrer en prison,
l'est presque infailliblement lorsqu'il en sort ;

Si, grâce à l'accroissement des villes, l'adolescence
devient plus précoce, et si la liberté qu'on lui laisse
n'avive cette précocité que pour l'abus de ses facultés
naissantes ; si l'égoïsme imprévoyant des travailleurs
adultes empêche les jeunes de se classer dans les professions en temps voulu ; si la décadence de l'apprentissage
fait tripler la criminalité des adolescents ;

Si l'accroissement des prisonniers adultes augmente le
nombre de ces adolescents mal dirigés, et si l'accroissement de ces derniers augmente à son tour le nombre des
pères de famille dangereux pour la moralité de leurs
enfants ;

Si c'est la richesse nouvellement gagnée qui surexcite
le plus les appétits ; si la diminution des naissances,
notre grand péril national, n'est due qu'aux calculs volontaires de la convoitise ou de la vanité ;

Si cette altération profonde de la vie de famille tend à
multiplier certains attentats et à aggraver l'abus menaçant du divorce ;

Si l'appétit des salaires élevés a fait perdre de vue
la nécessité de la permanence dans les engagements et
dans le séjour, et si l'instabilité qui en résulte accroît
sans cesse le nombre des declassés ;

Si, entraînées par l'amour de la jouissance individuelle
et du plaisir du moment, les classes luttent les unes

contre les autres ; si l'ouvrier dépaysé, fuyant les responsabilités et les charges, ne connaît plus l'union que
sous la forme d'un socialisme militant, où les passions
haineuses sont seules à trouver un aliment et des satisfactions ;

Si les professions mal tenues se laissent envahir par
toutes sortes de parasites qui les rongent et y développent une irritation maladive ;

Si la richesse acquise hâtivement est plus voleuse que
la misère ; si les journées ou les années d'abondance ne
sont pas moins critiques que les temps d'infortune et de
disette ;

Si l'instruction incomplète qui laisse de côté le cœur et
l'action pratique est aussi dangereuse que l'ignorance ;

Si, sous l'empire de toutes ces causes, la femme a de
plus en plus de peine à se classer dans la famille, et si ce
qu'on appelle la galanterie la ravale au point de faire
d'elle l'instigatrice impunie d'une multitude de délits ;

Si les révolutions qui se succèdent et celles là même
qui se préparent, créent aux gens sans aveu des tentations
et des facilités renaissantes ; si les intrigues politiques
ne laissent ni au législateur le loisir de voter, ni à l'administration la possibilité d'appliquer des lois plus ré-
formatrices, plus prévoyantes et plus humaines ;

Dans tout cela. où donc est l'atavisme, tel que l'a
imaginé l'école italienne ? où donc est la régression vers
un type sauvage ? où donc la constitution d'un organisme criminel produit par les hasards de la naissance et
les combinaisons accidentelles de l'hérédité ?

Il est bien vrai que le crime ne laisse ni à l'individu
ni à la famille leur intégrité primitive. L'alcoolisme fait
dégénérer la race, la prison abâtardit ceux qui y séjournent, l'irrégularité dans le travail brise la volonté, la

défaillance amenée par les difficultés énormes de la réha-
bilitation enlève à l'organisme même tout son ressort,
l'affaiblissement des fonctions sociales se traduit par la
décadence visible du type et de la physionomie du condamné. Oui, tout cela est exact ; mais dans tout cela il
faut voir des effets plus que des causes du délit. Quand le
mal en est arrivé à produire une telle désorganisation,
l'action de l'hérédité physiologique est arrêtée par la
disparition des familles. Ce qui ne s'arrête jamais, c'est
la source toujours jaillissante des passions et des vices
dans l'âme de chacun ; c'est la conspiration universelle
vers le plaisir, c'est la lutte mutuelle entre tous ceux qui
veulent jouir quand même, jouir facilement et jouir vite.

Assurément il y a autre chose dans l'homme, autre
chose dans la société : il y a des efforts vers le mieux, il
y a une émulation et un concours pour parvenir à ce qui
est grand et noble, à tout ce qui rehausse et embellit la
civilisation. Dans ce milieu si complexe, où nous appor-
tons et où nous prenons tous quelque chose, il s'opère
deux modes de sélection : l'une qui va dans le sens du mal
pour produire le scélérat, l'autre qui agit dans le sens
opposé pour produire le saint, le grand homme et le
héros.

Serait-il vrai que ces deux efforts sont inséparables et
comme proportionnés l'un à l'autre ? Serait-il vrai que
le crime est une preuve de l'intensité de la civilisation
parce qu'il en est une conséquence fatale ?

On a présenté cette idée sous plusieurs formes.

Divers publicistes pensent que le crime est un signe
de force parce qu'il est un des résultats impossibles à
éviter de la lutte pour la vie. Les criminels, dit-on, sont
comparables aux blessés qui, par leur nombre et la gravité des coups donnés et reçus, témoignent de l'ardeur

de la bataille. Point de grands résultats sans efforts ; point d'efforts sans rivalité ; point de rivalité sans concurrence ; point de concurrence sans colères mutuelles ; point de colères enfin sans attentats et sans violences. Bref, l'accroissement de la criminalité ne peut que suivre d'un pas égal les progrès de la civilisation. C'est une phase nécessaire de la lutte inévitable, une préparation, un accompagnement ou une suite de la victoire...

Si une pareille théorie a jamais pu paraître spécieuse, ce n'est certainement pas aujourd'hui. Loin de trouver que le criminel soit un être fort, énergique et persévérant, nous venons de toucher du doigt son incohérence, sa faiblesse et sa lâcheté. Le délinquant n'attaque pas ouvertement la loi, il la tourne comme il peut ; puis s'il la trouve plus forte que lui, il en attend la vindicte, quelquefois avec rage ou avec terreur, beaucoup plus souvent avec une espèce de flegme paresseux ou de résignation passive et ennuyée.

Mais ici on transforme la théorie : on croit avoir trouvé un autre moyen de rattacher le crime à la civilisation même et de rendre les progrès de l'un comme inséparables de ceux de l'autre.

Les actes délictueux, les attentats, les faux, voilà, dit-on, les scories, voilà les « résidus » du travail social. Le crime n'est pas une force, soit ! Mais ne représente-t-il pas l'emploi à contre-sens ou la perte d'une certaine quantité de force en travail ? Plus une usine se développe, plus elle produit de gaz délétères, explosibles ou simplement inutiles...

— Peut-être ! Mais de là à pouvoir donner l'accroissement du crime comme un signe de prospérité et de civilisation, il y a loin. Une industrie qui a beaucoup de pertes et de résidus est, si l'on veut, une industrie qui travaille considérablement ; mais c'est une industrie qui travaille mal. Elle marche à la banqueroute ou à la dissolution : le premier progrès qui lui sera demandé par des actionnaires ou des gérants nouveaux sera précisément de diminuer ces pertes. Qu'il s'agisse de créer de la force en consommant de la matière, qu'il s'agisse de transformer en mille usages ou de transporter au loin une force donnée, le problème s'impose, et ceux qui perfectionnent les découvertes s'y appliquent tant qu'ils ne l'ont pas résolu. Admettons que le problème soit le même pour la société et pour l'industrie proprement dite, nous sommes obligés de constater que la seconde le comprend, l'étudie et finalement le résout beaucoup mieux que la première. L'une diminue les éléments inutiles et l'autre, en ce moment tout au moins, les accroît.

Qu'est-ce donc que la société doit faire ? Il suffit de poser cette question pour voir l'immense étendue de la science criminelle ou l'importance des rapports qui la rattachent à toutes les branches de la science sociale.

La société ne peut pas garantir et sauver malgré eux les individus, parce que les individus sont libres. Ceux qui nient la liberté conviennent en tout cas que chacun de nous a sa spontanéité, son mode particulier d'action conforme à sa nature et aux accidents spéciaux qui ont caractérisé son origine. C'est la même société d'ailleurs qui sème les tentations sur les pas du malfaiteur et qui offre au littérateur, à l'artiste, au chef d'école, à l'homme de génie, la matière de leurs ouvrages et les occasions de leurs succès. Dans une armée instruite et vaillante, vingt capitaines se distinguent, et l'un de ces vingt illustre à jamais son nom en sauvant le pays. Où se sont trouvés la volonté, l'effort, le mérite ? Partout ! Dans

ceux qui ont préparé les cadres de l'armée, dans les soldats qui ont accepté la discipline, dans les vingt capitaines qui ont surpassé leurs camarades et dans celui qui,
à force de réflexion et d'énergie, est devenu leur maître
à tous. Eh bien ! de même, dans un milieu corrompu,
dans un centre industriel troublé, désorganisé, surexcité,
vingt ouvriers provoquent un désordre exceptionnel :
vingt pères de famille se dérangent plus que les autres ;
puis, quelque jour, un ou deux d'entre eux assassinent
le contre-maître, un ou deux sont accusés d'un attentat
aux mœurs ou d'un inceste, une de leurs filles est con-
vaincue d'infanticide .. Où est la culpabilité ? où est la
responsabilité ? Partout ! Chez ceux qui ont mal sur-
veillé l'organisation du travail, chez ceux qui ont donné
de mauvais exemples, chez les meneurs et chez ceux qui
les ont suivis !

Sans vouloir récapituler ici encore toutes les influences
criminelles, il en est une qui a une importance considérable, et qu'on peut résumer d'un seul mot : le déclassement. La personne humaine a besoin d'être retenue et
soutenue par le milieu qui l'entoure. La famille, la
commune, l'école, la corporation, la patrie, autant de
groupes qui, solidement constitués, doivent nous enca-
drer tous. Tout ce qui brise par un endroit quelconque
l'un de ces cadres et en laisse échapper un individu, fait
par cela même un déclassé, presque inévitablement un
délinquant.

Or, la société ne peut-elle rien pour arrêter ce déclassement? Elle peut beaucoup pour l'empêcher, comme
elle peut malheureusement beaucoup pour le faciliter et
l'aggraver.

Il y a une pratique scolaire qui assure, il y en a une
autre qui empêche le classement des adolescents dans

une profession et par là dans la société. Le divorce est-il de nature à reconstituer plus de familles qu'il n'en trouble, et qu'il n'en dissout? Question grave et qu'on aurait tort de croire définitivement résolue dans le sens de la dernière loi. La législation actuelle sur les syndicats est-elle favorable au classement des ouvriers adultes? Est-elle conçue et appliquée de manière à donner aux professions plus de force par la concorde ou à les désorganiser par la lutte incessante? Une bonne loi sur la naturalisation peut faciliter le reclassement des immigrés, comme une mauvaise loi le retarde, et par là même prolonge l'isolement périlleux des étrangers...

Mais parmi toutes ces questions, et parmi celles dont on pourrait ainsi continuer longtemps la liste, il en est une à laquelle la suite de ces études nous amène plus directement.

Par la prison, la société consacre en quelque sorte le déclassement de ceux qu'elle punit. Fait-elle ce qu'elle doit pour n'en point déclasser ainsi plus que de nécessité et que de raison? Ceux qu'elle a frappés, s'occupe-t-elle de les reclasser, autant que possible, dans ses rangs? N'est-ce pas elle au contraire qui, par le mode d'application des peines et par le régime qu'elle impose à ses détenus, achève ce type de corruption que la faiblesse ou le désordre individuel avait ébauché dans le délinquant?

Quelle est ici l'étendue du mal, et quel serait le remède à y apporter? Ce sera l'objet de notre troisième et dernier volume.

TABLE DES MATIÈRES

CHAPITRE Ier.

LE CRIME A TRAVERS LE SIÈCLE (1825-1888).

I. L'Exposition du Centenaire: la statistique criminelle. — II. Crimes et délits. — Méthode de classement. — De 1835 à 1838. — III. De 1838 à 1888. — Le mouvement ascensionnel. — Ses temps d'arrêt. — Accroissements dits exceptionnels : accroissement continu de la criminalité. — IV. A-t-on créé de nouvelles incriminations? on en a créé, on en a supprimé. — Découvre-t-on mieux les crimes? Chiffre de ceux dont les auteurs restent ignorés : il s'élève sans cesse. — V. Caractères successifs du crime parmi nous : passion, cupidité, dépravation, lâcheté. — Formes diverses de la banqueroute : la défaillance universelle.   1

CHAPITRE II.

LE CRIME A TRAVERS LES DÉPARTEMENTS.

I. Moyenne criminelle de la France. — Les 25 départements les plus criminels. — Les 25 départements les plus honnêtes. — Paris et la frontière. — II. Nature de la criminalité dominante dans les grandes zones. — Nord et Midi. — D'une partie à l'autre d'un même département. — III. Les départements qui se sont améliorés. — Ceux qui se sont corrompus. — IV. Criminalité interne et criminalité externe. — Nouvelle distribution des départements. — Ceux qui y gagnent, ceux qui y perdent. — V. Statistique nouvelle. — Les gens qui sont meilleurs chez eux. — Les gens qui sont meilleurs au dehors. — Calculs divers sur l'émigration et les déplacements de population à l'intérieur de la France. — Intérêt du problème.   25

CHAPITRE III.

LES ÉTRANGERS — LES FRANÇAIS HORS DE CHEZ EUX — LES PARISIENS.

I. Le drame criminel, trois acteurs principaux. — II. L'é-
tranger; sa criminalité domine toutes les autres; elle s'accroît.
— Les étrangers qui viennent de près. — Les étrangers qui
viennent de loin. — Les étrangers bien accueillis, les étrangers mal accueillis. — Les naturalisations. — L'isolement.
— III. Le Français hors de chez lui: — Emigration permanente.
— IV. Emigration momentanée, émigration périodique, émigration à destination variable. — Une statistique faite à Saint-
Gaudens. — V. L'émigration temporaire à Paris — La Creuse
et le Limousin. — Les arrestations de provinciaux dans le département de la Seine. — VI. Qui apporte l'épidémie? Qui la fait
naître? — VII. Le milieu parisien. — L'affluence mal réglée.
— Les gens qui se cachent. — Les industries suspectes. —
Les hommes de plaisir. — Les hommes d'affaires. — L'importation, l'exportation et le transit du crime à Paris. — Ruines
et débris de familles parisiennes.........................   56

CHAPITRE IV.

VISITES ET ENQUÊTES DANS QUELQUES RÉGIONS CRIMINELLES.

I. Les foules à étudier. — II. La Corse : deux enquêtes,
un rapport inédit. — Le port d'armes universel, le banditisme,
le patronage des délinquants. — III. L'Hérault: la partie criminelle. — Un point malade — La région voisine. — L'état
général. — Cette. Les couche-vêtus, les anarchistes, les
parvenus. — Démoralisés par la richesse. — La fraude impunie. — La crise viticole : y a-t-il une part à lui faire? — Le port
de Marseille : insuffisance de travailleurs indigènes, excès d'é-
trangers. — IV Un foyer de criminalité spontanée. — La région
criminelle de la Normandie — Eure et Calvados. — Acte d'accusation contre un groupe de quatre arrondissements — V. La
faute en est-elle au vagabondage? — Mœurs nouvelles des
vagabonds. — La faute en est-elle à l'alcoolisme? bête perfectionnée, femme dégradée. — Prédominance d'une criminalité
rurale. — Richesse trop aisément gagnée. — Corruption par

le bien-être matériel. — Mollesse générale. — Restriction des naissances et débauche. — Divorces. — Naissances naturelles. — Avortements. — Décadence de la religion. — Décadence du patriotisme. — VI. Les caractères de race. — Diversité de mœurs et d'habitudes morales dans des villages rapprochés. — Comment se forme un foyer........................... 97

CHAPITRE V.

GENS DE PARTOUT, LES RÉCIDIVISTES.

I. Le crime et le délit se reproduisant d'eux-mêmes : la récidive. — II. L'accroissement du nombre des récidivistes. — La récidive vient du délit plus que du crime et porte au délit plus qu'au crime. — III. La récidive dans les divers genres de méfaits. — La nature de la première faute et son influence. — La nature des fautes ultérieures. — Séjours préférés des récidivistes. — IV. La cause de la récidive doit-elle être cherchée de préférence dans la prison ou dans le prisonnier? — L'instruction et la récidive. — Le pécule de sortie et la récidive. — La prison, foyer de criminalité........................... 164

CHAPITRE VI.

LA PRÉCOCITÉ DU MAL.

I. Milieux vastes, milieux restreints. — II. L'âge de la folie et l'âge du crime : les périodes de la vie. — L'âge de vingt-cinq ans. — L'abus de ce qu'on a, l'envie de ce qu'on n'a pas. — Jeunes voleurs et vieux débauchés. — III. Énorme accroissement de la criminalité de l'adolescence. — Deux explications de cette précocité. — IV. Enfants les plus exposés au mal : enfants naturels, enfants trouvés, enfants abandonnés. — Le bienfait de la loi Roussel. — Hérédité et éducation : la seconde plus forte que la première. — L'assistance publique. — L'épuration des impuretés parisiennes dans la Nièvre. — L'Ardèche. — Calculs sur les enfants incorrigibles et sur les enfants perfectibles. — A la Petite-Roquette. — L'École. — V. Pourquoi la situation morale est-elle moins bonne de seize à vingt-et-un ans? — Les enfants et leurs parents. — Les ouvriers et les apprentis. — Les petits métiers faciles et la décadence de l'apprentissage........................... 179

CHAPITRE VII.

LA DIMINUTION DE LA FAMILLE.

I. Suite de la question de la vie de famille : nouvel aspect. — II. Si les célibataires donnent plus de coupables, est-ce uniquement parce qu'ils sont jeunes ? — Les vraies proportions. — Plus l'homme est engagé dans la vie de famille, moins il paye de tribut au crime. — III. Crimes et délits des célibataires; crimes et délits des gens mariés. — Les gens mariés qui n'ont point le respect de la famille. — Les mariages prématurés : une statistique allemande. — IV. Avenir qui menace la famille française. — Le divorce. — Sous le Directoire et aujourd'hui. — Qui use le plus du divorce? — V. La diminution des naissances. — La stérilité involontaire et l'infécondité voulue. — Quel est le genre de richesse qui exerce ici son influence ? — De quelques départements qui se dépeuplent. — La faute en est-elle au Code civil ? — Craint-on pour le bien-être de ses enfants ou pour le sien propre ? — VI. Effet général de la diminution des naissances dans une moitié de la France et des déplacements qu'elle provoque dans l'autre moitié.................... 222

CHAPITRE VIII.

LE DÉCLASSEMENT DES PROFESSIONS.

I. Domicile rural, domicile urbain, absence de domicile. — II. Les professions. — Le réceptacle où tombent les mauvais éléments des diverses professions. — Le danger du parasitisme. — Les domestiques attachés à la personne. — Les commerçants. — Les industriels du transport. — Les professions libérales : une catégorie qui a beaucoup perdu. — Les propriétaires ou rentiers. — Les deux pôles de l'activité humaine. — III. L'agriculteur et l'ouvrier. — Il s'agit moins de savoir comment on vit dans une profession que de savoir comment on s'expose à en sortir.................... 250

CHAPITRE IX.

LA PRATIQUE ET L'ABANDON DE LA VIE RURALE.

I. Les différentes formes de la vie rurale. — C'est dans l'homme et non dans le sol, qu'il faut chercher les sources du délit. — II. Qualités et défauts du paysan français. — Les crimes auxquels il est exposé. — Les crimes souvent inconnus ou impunis. — Le braconnage. — III. Une statistique allemande sur les causes de ruine à la campagne. — La crise agricole et ses causes morales. — Exigences et instabilité de l'ouvrier des champs. — Quelques causes de cette instabilité. — Exemples individuels. — Conséquences. — Le vagabondage dans les campagnes de la Marne et de l'Aisne............. 264

CHAPITRE X.

L'INDIVIDUALISME ET LE SOCIALISME DE L'OUVRIER.

I. Les qualités de l'ouvrier français. — Ses défauts. — Imprévoyance systématique. — Pourquoi elle est voulue. — L'enquête de 1884. — La théorie de l'imprévoyance. — Plus de règlements. — Les ouvriers qui redoutent de devenir patrons. — Le refus de voir autre chose que le salaire. — Le salariat devenu l'esclavage du patron. — Le chômage périodique et volontaire. — II. Les chefs d'industrie : leur responsabilité morale : de quand date-t-elle ? jusqu'où va-t-elle ? — Distinction des chefs d'industrie qui produisent et des intermédiaires qui ne produisent pas. — Les intermédiaires utiles, les inutiles, les nuisibles. — III. Les parasites de l'ouvrier. — Ceux qu'il entretient et qu'il ménage. — La rupture des liens nécessaires. — Les défiances de classes. — IV. Deux extrêmes qui s'engendrent : individualisme du travailleur, socialisme du syndicat. — Socialiste et ouvrier ; l'un devrait exclure l'autre. — Statistique des chambres syndicales. — Elles avaient en vue la paix ; elles n'organisent actuellement que la lutte. — Rapports du travail et du capital dans divers départements : à quel point la nature de ces rapports influe sur la criminalité............. 287

CHAPITRE XI.

UNE ALLIANCE PRÉSERVATRICE.

I. Instabilité industrielle : élément de stabilité donné par le sol et la culture, si petite qu'elle soit. — Exemples : quelques îlots sains et moraux dans la région criminelle de la Normandie. — Limoges et le Berry. — Les industries du centre de la France. — Saint-Étienne et Roanne. — Dans le Doubs. — Situations critiques résolues. — Autres exemples. — Une

monographie sur l'Ariège. — II. L'alliance du travail industriel et du travail agricole n'enrichit pas beaucoup : ce qu'elle
donne et ce dont elle préserve. — Quand l'alliance se dissout,
à qui est la faute ? — Il y a plus d'une forme de la prévoyance.   323

CHAPITRE XII.

RICHESSE ET MISÈRE.

I. Les forces abstraites. — Les moyennes en statistique. —
Ceux qui sont au-dessus : ceux qui sont au-dessous — Instabilité souhaitable et possible de ces moyennes. — II. La misère : elle est souvent innocente. — Imprévoyances des pauvres, imprévoyances des riches. — Les victimes à plaindre. —
III. Le crime a pourtant augmenté, tandis que la richesse augmentait. — Les salaires et le mode d'existence. — La vie
autrefois, la vie aujourd'hui. — Témoignages de l'enquête de
1884. — IV. Ceux que l'accroissement de la richesse générale
appauvrit au lieu de les soulager. — Est-ce fatal ? — Sont-ce
les pauvres qui volent le plus ? — Statistiques des vols. —
Témoignages de la police : affirmations de M. Macé. — Les
crimes des années de disette, les crimes des années d'abondance.
— Les crimes et les suicides des jours de paye. — Observation
faite à Marseille. — V. Le malheur immérité rend moins coupable que le malheur mérité........................   341

CHAPITRE XIII.

INSTRUCTION ET IGNORANCE.

I. Quelques incertitudes de la statistique. — II. Modes de
culpabilité de l'homme instruit : modes de culpabilité de
l'homme ignorant. — La question de l'influence moralisatrice
de l'instruction. — Comparaison des temps. — Comparaison des
lieux. — III. Utilité et moralité. — Les résultats de l'école
avant seize ans ; les résultats après seize ans, en France. — Ce
que l'école a obtenu en Amérique, en Prusse. — Pourquoi ne
l'obtient-elle pas encore chez nous ? — La religion, la famille et
l'école. — IV. L'instruction qui ne s'acquiert pas à l'école. —
L'ouvrier d'aujourd'hui est-il plus instruit de son métier que
celui d'autrefois ? — Est-il plus instruit des possibilités et des
impossibilités ? — Témoignages de M. Corbon. — La méconnaissance voulue du possible et de l'impossible............   267

CHAPITRE XIV.

LA FEMME.

I. La femme ne subit pas les influences sociales de la même manière que l'homme. — Les proportions variables de la criminalité féminine. — II. Les influences qu'elle subit avec un plus grand détriment : la naissance illégitime, l'immoralité des parents, l'abandon, l'ignorance. — L'instruction des hommes et celle des femmes. — III. L'écueil redoutable : la prostitution. — Ses causes principales — Elle mène au délit, le délit y mène. — Le désordre chez les filles mineures. — Résultats de l'enquête Roussel. — Charité insuffisamment éclairée. — Les responsabilités sociales.................................... 389

CHAPITRE XV.

LA POLITIQUE ET LA LOI.

I. Les foules dans la vie publique. — D'une classe de criminels qui la grossissent toujours. — Les journées révolutionnaires. — La criminalité collective. — Les auxiliaires de l'émeute et ceux qui en profitent. — Une catégorie d'électeurs parisiens. — Capital criminel créé par les révolutions, jamais amorti. — Les approches et les suites des années révolutionnaires — L'éloge politique de certains crimes. — II Les délits favorisés par la politique. — Les clientèles politiques et la fraude. — La mauvaise politique et ce qu'elle gâte, à l'école, dans les syndicats. — L'instabilité politique, les lois qu'elle empêche. — Les lois attendues........................ 404

CONCLUSION 417

TABLE DES MATIÈRES 425

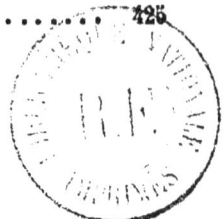

BIBLIOTHEQUE   NATIONALE

SERVICE DES NOUVEAUX SUPPORTS

58, rue de Richelieu,   75084 PARIS CEDEX 02   Téléphone   266 62 62

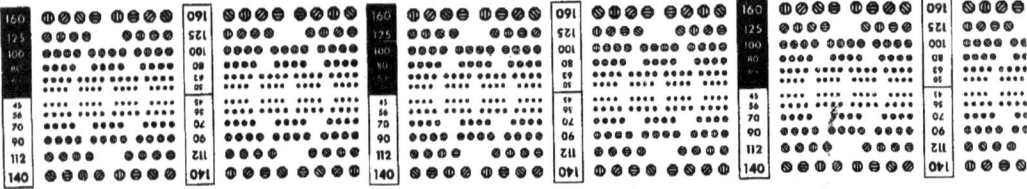

Achevé de micrographier :   20 / 6 / 1977

Défauts constatés sur le document original

Contraste insuffisant ou
différent, mauvaise qualité
d'impression

Under-contrast or different,
bad printing quality

www.ingramcontent.com/pod-product-compliance
Lightning Source LLC
Chambersburg PA
CBHW071953270326
41928CB00009B/1419